GESCHICHTSVEREIN LANDKREIS TUTTLINGEN/
KREISARCHIV TUTTLINGEN (HG.)

600 JAHRE HAUS ENZBERG IM RAUM MÜHLHEIM/TUTTLINGEN
1409–2009

GESCHICHTSVEREIN LANDKREIS TUTTLINGEN/
KREISARCHIV TUTTLINGEN (HG.)

600 JAHRE HAUS ENZBERG IM RAUM MÜHLHEIM/TUTTLINGEN 1409–2009

Jan Thorbecke Verlag

Mix
Produktgruppe aus vorbildlich
bewirtschafteten Wäldern, kontrollierten
Herkünften und Recyclingholz oder -fasern
www.fsc.org Zert.-Nr. SGS-COC-003993
© 1996 Forest Stewardship Council

Für die Schwabenverlag AG ist Nachhaltigkeit ein wichtiger Maßstab ihres Handelns.
Wir achten daher auf den Einsatz umweltschonender Ressourcen und Materialien.
Dieses Buch wurde auf FSC-zertifiziertem Papier gedruckt. FSC (Forest Stewardship Council)
ist eine nicht staatliche, gemeinnützige Organisation, die sich für eine ökologische und sozial
verantwortliche Nutzung der Wälder unserer Erde einsetzt.

Bibliografische Information Der Deutschen Nationalbibliothek
Die Deutsche Nationalbibliothek verzeichnet diese Publikation in der Deutschen
Nationalbibliografie; detaillierte bibliografische Daten sind im Internet
über http://dnb.d-nb.de abrufbar.

Herausgeber: Geschichtsverein für den Landkreis Tuttlingen mit Unterstützung
des Kreisarchivs Tuttlingen
Konzeption/Bearbeitung: Dr. Hans-Joachim Schuster
Redaktion: Dr. Hans-Joachim Schuster, Dr. Horst-Dieter Freiherr von Enzberg
Gesamtherstellung: Jan Thorbecke Verlag, Ostfildern
Hergestellt in Deutschland
ISBN 978-3-7995-0841-4

INHALT

VORWORT DES HERAUSGEBERS

Im Jahr 2009 blickt das Haus Enzberg auf 600 Jahre Tradition in Mühlheim und in der Region um Tuttlingen zurück. Anno 1409 erwarben Friedrich und Engelhard von Enzberg von ihren Verwandten Konrad und Volz von Weitingen die ehemals zollerische Herrschaft Mühlheim und Bronnen. Sie verlagerten ihren Herrschaftsmittelpunkt von ihrem alten Stammsitz an der Enz an die obere Donau, wo es ihnen gelang, einen gefestigten und relativ geschlossenen Herrschaftskomplex aufzubauen. Mühlheim wurde Residenz eines kleinen reichsritterschaftlichen Territoriums, zu dem in der frühen Neuzeit die Dörfer Nendingen, Stetten, Buchheim, Irndorf, Mahlstetten, Böttingen und Königsheim gehörten. Die Herren von Enzberg genossen den Status der Reichsunmittelbarkeit, d.h. sie unterstanden direkt dem Kaiser des Hl. Römischen Reiches deutscher Nation.

Die verdienstvolle Arbeit von Friedrich Bauser, die 1909 anlässlich der Feier des 500-jährigen Bestehens der Herrschaft erschien, vermag dem Leser auf rund 60 Seiten nur Ausschnitte der Geschichte der Herrschaft und der Familie zu vermitteln. Aus diesem Grunde setzte sich der Geschichtsverein für den Landkreis Tuttlingen zum Ziel, im Jubiläumsjahr 2009 ein Geschichtswerk herauszugeben, das die Historie des Adelshauses und der Herrschaft Enzberg aus unterschiedlichen Blickwinkeln beleuchtet. Das Haus Enzberg bildet einen wesentlichen Bestandteil der Geschichte unserer Region. Diese zu erforschen gehört zu den Hauptaufgaben des Geschichtsvereins für den Landkreis Tuttlingen; ihm ist es gelungen, namhafte Autoren und profunde Kenner der Materie – Landes- und Regionalhistoriker, Archivare und Kunsthistoriker – für eine Mitarbeit an der vorliegenden Publikation zu gewinnen.

Mit dem Jan Thorbecke Verlag nahm ein renommierter landesgeschichtlicher Verlag das Werk in sein Verlagsprogramm auf. Dank gebührt von der Herausgeberseite allen, die zum Gelingen des Buchprojekts beigetragen haben: dem Landkreis Tuttlingen für die vielfältige Unterstützung durch das Kreisarchiv bei der Herausgabe, dem Adelshaus mit Herrn Wilfried Freiherr von Enzberg an der Spitze, der Stadt Mühlheim und dem Heimatverein Mühlheim sowie Herrn Dr. Horst-Dieter Freiherr von Enzberg für die tatkräftige Mitarbeit bei der Realisierung dieser Veröffentlichung. Entstanden ist ein Buch, das ganz unterschiedliche Aspekte der Geschichte des Adelshauses und der Herrschaft betrachtet und untersucht. Die Themenpalette reicht von der Herrschaftsgeschichte über Familienhistorisches bis zu den Beziehungen des Hauses Enzberg zur Hegau-Ritterschaft sowie zu den Städten Mühlheim und Rottweil. Der Sammelband präsentiert neueste bau- und kunsthistorische Erkenntnisse zu den enzbergischen Schlössern in Mühlheim, die wechselvolle Geschichte des Familienarchivs und zu guter Letzt auch Gedanken zur Situation eines Adelshauses an der Schwelle zum 21. Jahrhundert.

Dr. Hans-Joachim Schuster
1. Vorsitzender des Geschichtsvereins für den Landkreis Tuttlingen

GELEITWORT

Mit großer Freude und Dankbarkeit feiert die Familie, deren Sprecher ich bin, den 600. Jahrestag ihrer engen Verbundenheit mit der Stadt Mühlheim an der Donau und der sie umgebenden Region. Dem Jubiläum, das wir in diesem Jahr zusammen mit einer erfreulich breiten Öffentlichkeit begehen dürfen, geht ein »negativer« Gedenktag voraus: Im Jahr 1384 wurde die Burg, nach der unsere Familie seit rund 800 Jahren ihren Namen trägt, in einer kriegerischen Auseinandersetzung von stärkeren Nachbarmächten zerstört. Selbstverständlich ist es also keineswegs, dass es den Herren von Enzberg gelang, vom Unterlauf der Enz an die etwa 200 km entfernte junge Donau überzusiedeln und dort einen neuen Herrschaftssitz zu erwerben und durch zahlreiche Krisen und Gefährdungen hindurch über Jahrhunderte zu behaupten.

Die aus Anlass dieses Jubiläums geplanten Veranstaltungen gehen überwiegend auf die Initiative der Stadt Mühlheim an der Donau und des Landkreises Tuttlingen zurück, was ich mit besonderer Dankbarkeit vermerken möchte, ist dies doch auch ein deutliches Zeichen dafür, dass unsere Familie auch nach allen politischen Veränderungen der vergangenen 200 Jahre in der heutigen Gesellschaft und Staatsform ihren anerkannten Platz gefunden hat und wahrnimmt. Seitens der Stadt Mühlheim möchte ich die gute Zusammenarbeit mit Herrn Bürgermeister Jörg Kaltenbach, dem Gemeinderat und den Mitarbeitern der Verwaltung hervorheben, ebenso das alle Anerkennung verdienende Engagement des Heimatvereins Mühlheim unter seinen Vorsitzenden, Herrn Ludwig Henzler und Herrn Alfons Linke. Alle Beteiligten werden aber darin übereinstimmen, dass die Mehrzahl der guten Ideen und das nachhaltige Bemühen um deren Verwirklichung Herrn Kreisarchivar Dr. Hans-Joachim Schuster zuzuschreiben sind, der hierin die starke »Rückendeckung« von Herrn Landrat Guido Wolf MdL hatte. Angefangen von der Ergänzungserschließung eines Teils unseres Familienarchivs über die Ausstellungen wertvoller und inhaltlich bedeutender Urkunden und die Exkursionen zu Orten, die mit der Geschichte unserer Familie in besonderer Beziehung stehen, bis hin zum vorliegenden Sammelband reichen diese Aktivitäten.

Lang werden wir alle uns an dieses Festjahr erinnern; am längsten wird aber wohl dieses Buch Bestand haben, das erstmals die maßgeblichen Aspekte der Geschichte des Hauses Enzberg, der einstigen Herrschaft Mühlheim und Bronnen und der Baugeschichte der beiden Mühlheimer Schlösser behandelt. Allen Autoren – dem Herausgeber des Werkes voran – danke ich herzlich für ihre Bereitschaft zur Mitarbeit und die aufgewandte Mühe. Dem vorzüglich geschriebenen und reich bebilderten Werk wünsche ich zahlreiche Leser; ich bin sicher, dass Fachhistoriker daraus ebenso einen Erkenntnisgewinn ziehen werden wie Freunde der Heimatgeschichte.

Wilfried Freiherr von Enzberg

GELEITWORT

Im Jahr 1409 erwarben die Herren von Enzberg die Herrschaft Mühlheim und Bronnen mit Besitz und Rechten in
mehreren Orten im Donautal und auf dem Heuberg. Seither
ist es der Adelsfamilie über 600 Jahre hinweg – in insgesamt
18 Generationen – gelungen, ihren Familienbesitz in Mühlheim und Umgebung dauerhaft zu bewahren. Nach der Verlagerung ihrer Herrschaft von der Enz an die obere Donau
konnten die Herren von Enzberg hier ein kleines Territorium
mit Mühlheim als Residenz aufbauen. Das Adelshaus hat
über viele Jahrhunderte hinweg die Geschichte der Stadt
Mühlheim und der zur Herrschaft gehörigen Dörfer Nendingen, Stetten, Irndorf,
Buchheim, Böttingen, Mahlstetten und Königsheim maßgeblich geprägt und die
Geschicke dieser Orte gelenkt. Das Haus Enzberg büßte im frühen 19. Jahrhundert
zwar seine hoheitlichen Funktionen ein, gleichwohl ist es bis heute ein wesentlicher
gesellschaftlicher und wirtschaftlicher Faktor in Mühlheim und Umgebung geblieben.

600 Jahre Haus Enzberg in Mühlheim und im Landkreis Tuttlingen: Das ist
nicht nur für das Adelshaus selbst, sondern für die Stadt Mühlheim und den Landkreis Tuttlingen Anlass, dieses Jubiläum feierlich zu begehen. Das Haus Enzberg,
die Stadt Mühlheim, der Landkreis Tuttlingen, der Geschichtsverein für den Landkreis Tuttlingen und der Heimatverein Mühlheim haben im Jubiläumsjahr gemeinsam ein vielseitiges Veranstaltungsprogramm mit Konzerten, Ausstellungen, Füh-
rungen, Vorträgen und Exkursionen zusammengestellt. Zudem ist die vorliegende
Publikation mit fundierten Beiträgen zu unterschiedlichen Facetten der Geschichte
des Adelshauses und der Herrschaft Enzberg entstanden. Der Geschichtsverein für
den Landkreis Tuttlingen hat sich dankenswerterweise bereit erklärt, dieses Werk
im Jubiläumsjahr herauszugeben und zu finanzieren. Damit leistet der Geschichtsverein einen wertvollen Beitrag zur Erforschung der regionalen Historie, aber auch
der Landesgeschichte insgesamt. Der Landkreis Tuttlingen hat deshalb dieses wichtige Buchprojekt auch gerne unterstützt.

Die vorliegende Veröffentlichung verdient eine gute Resonanz und viele interessierte Leser. Dem Haus Enzberg wünsche ich über die 600 Jahre Tradition in Mühlheim hinaus für viele weitere Generationen eine glückliche Zukunft hier in unserem
Landkreis.

Guido Wolf MdL
Landrat des Landkreises Tuttlingen

GELEITWORT

Fachwerkromantik und verwinkelte Gassen bestimmen bis zum heutigen Tage das Bild der mittelalterlichen Mühlheimer Oberstadt. Hier ist die Geschichte aus längst vergangenen Tagen spürbar und erlebbar. Seit nunmehr 600 Jahren prägt die Familie der Freiherren von Enzberg die Historie Mühlheims maßgeblich mit und hat dem Stadtbild ihren Stempel aufgedrückt. Gebäude wie das sich über dem Donautal erhebende Hintere Schloss mit den beiden mächtigen Türmen, das Vordere Schloss, das ehemalige Bräuhaus, der Bierkeller oder Kleindenkmale wie die Epitaphe von Mitgliedern des Hauses in der St. Galluskirche und vieles mehr sind stumme Zeugen einer beeindruckenden Baukultur im Laufe der Jahrhunderte.

Bis zum Verlust der Reichsunmittelbarkeit im Jahr 1806 waren die Herren von Enzberg mit weitreichenden Hoheits- und Gerichtsrechten ausgestattet, die in unserer heutigen, aufgeklärten Gesellschaft fast unvorstellbar sind. Im Laufe der Jahre und Jahrhunderte hat sich das Verhältnis zwischen der Familie von Enzberg, der Bürgerschaft und der politischen Gemeinde mehrfach gewandelt. Seit vielen Jahren besteht ein von gegenseitigem Respekt geprägtes Miteinander zwischen dem Adelshaus und der bürgerlichen Gemeinde.

Bis auf den heutigen Tag ist die Familie von Enzberg ein aktiver und unverzichtbarer Bestandteil des kulturellen und geschichtlichen Bewusstseins der Mühlheimerinnen und Mühlheimer. Nicht nur in den Köpfen der Bevölkerung, sondern auch und gerade in Fragen der Stadtentwicklung war und ist die Familie von Enzberg ein zentraler Faktor. Ohne die Bereitschaft der von Enzberg, die Entwicklung unserer Stadt im positiven Sinne zu begleiten, wäre in der Zeit nach dem Zweiten Weltkrieg die prosperierende Entwicklung der Vorstadt mit heute über 2000 Bewohnern und gleichzeitig Schwerpunkt der gewerblichen Wertschöpfung nicht möglich gewesen. Ein großer Teil dieser Flächen war ehemals im Besitz der Familie von Enzberg.

Das Zusammenleben zwischen der Bürgerschaft und der freiherrlichen Familie ist heute von einer sympathischen Normalität gekennzeichnet. Von der Besonderheit des herrschaftlichen Anwesens und seiner jahrhundertelangen Geschichte ist unsere Stadt bis auf den heutigen Tag geprägt. Die Mühlheimerinnen und Mühlheimer möchten »ihr« Adelshaus nicht missen. Das Bewusstsein einer 600-jährigen gemeinsamen Geschichte ist ein starkes einendes Band. Es spricht somit vieles dafür, dass die Familiengeschichte der Freiherren von Enzberg noch weit in die Zukunft hinein sehr eng mit der Geschichte der Stadt Mühlheim verbunden sein wird.

Jörg Kaltenbach
Bürgermeister der Stadt Mühlheim

Konstantin Huber

DIE GESCHICHTE DES HAUSES ENZBERG BIS INS 15. JAHRHUNDERT.
AUFSTIEG UND NIEDERGANG IN KONKURRENZ ZUR REICHSABTEI MAULBRONN

Mit der Geschichte der Familie von Enzberg in ihrem Stammgebiet befasste sich ausführlich erstmals der Enzberger Ortschronist Friedrich Wißmann in seinem 1952 veröffentlichten Heimatbuch.[1] Allerdings besteht seine Darstellung im Wesentlichen aus der Aneinanderreihung von Urkundeninhalten. Wißmanns Quellen waren in erster Linie das 1849 bis 1913 erschienene Württembergische Urkundenbuch,[2] die 1854 publizierte Regestensammlung für das Kloster Maulbronn von Karl Klunzinger,[3] dessen Angaben Wißmann häufig wörtlich übernahm, sowie die Beschreibung des Oberamts Maulbronn von 1870.[4] Darüber hinaus zog Wißmann ergänzend andere Quellen wie die Herrenalber oder Rechentshofer Urkunden heran.

Ausgehend von der geleisteten Erschließung des Enzberger Familienarchivs gab Hansmartin Schwarzmaier 1967 einen fundierten Überblick über die Anfänge des Hauses.[5] Speziell mit der Maulbronner Klostervogtei beschäftigt sich der 1974 erschienene Aufsatz von Werner Rösener.[6] Die anlässlich der 900-Jahrfeier herausgegebene zweite Enzberger Ortsgeschichte mit dem Beitrag von Andreas Butz fasst insbesondere die Beziehungen der Familie zum namengebenden Ort zusammen.[7] Mit einer besonderen Urkunde und dabei ein Stück weit auch mit der Familie von Enzberg beschäftigte sich zuletzt Arthur D. Mosher in einem 2007 erschienenen Aufsatz.[8]

Im Folgenden soll ein knapper Überblick über die Geschichte der Familie von Enzberg im Raum Pforzheim gegeben werden, der sich primär auf die bisherige Literatur stützt, was die Ursprünge des Hauses sowie die Periode betrifft, in der die Enzberger als Schirmherren in engster Beziehung zum Kloster Maulbronn standen. Ausführlicher als bislang wird daran anschließend der Niedergang des Hauses betrachtet, was anhand der Regesten der erhaltenen Urkunden aus der zweiten Hälfte des 13. sowie vor allem des 14. und 15. Jahrhunderts geschieht.[9] Erstmals wird dabei auch ein Blick auf die verschiedenen Linien der stark verzweigten Familie gerichtet.

Die Ursprünge des Hauses Enzberg

Namengebend für die Familie war die Burg oberhalb des heutigen Mühlacker Stadtteils Enzberg, die vermutlich schon im 11. Jahrhundert erbaut wurde.[10] Sie diente als Herrschaftszentrum der hochadeligen Familie, deren Angehörige nach ihren Leitnamen als Zeisolf-Wolframe zusammengefasst werden. Diese Familie stand in enger Beziehung zum salischen Königshaus und übte Grafenrechte im Kraichgau, aber auch im Elsenzgau, im Pfinzgau und im Enzgau aus, dessen Mittelpunkt die Burg Enzberg gewesen sein dürfte. Die Zeisolf-Wolframe gehörten zum Schenkerkreis des Klosters Hirsau, und Bischof Johann von Speyer, ein Familienmitglied, sowie seine Nichte Adelheid, mehrfach als »Gräfin von Enzberg« bezeichnet, statteten um 1100 das von ihm gegründete Kloster Sinsheim mit reichem Familienbesitz im Enzgau aus, darunter mit Gütern in Enzberg, Dürrmenz, Kieselbronn, Dalfingen (abgegangen bei Enzberg), Zaisersweiher und Lienzingen.[11] Knapp 100 Jahre später waren die gräflichen Besitzungen im Enzgau an die Erben der Zeisolf-Wolframe übergegangen, darunter die Burg Enzberg selbst. Diese übertrug in den 1190er Jahren Graf Konrad von Calw dem Erzbischof von Trier und erhielt sie von ihm als Lehen wieder, was eine Stärkung der Position Konrads bedeutete.

Um diese Zeit wird erstmals die Familie fassbar, die Gegenstand des vorliegenden Beitrags ist: Die Herren von Enzberg sind stammesgleich mit den Herren von Niefern und Dürrmenz, den beiden Nachbarorten enzauf- bzw. enzabwärts. Diese drei Orte bildeten im 13. Jahrhundert den Kern der Herrschaft Enzberg; und sie galten sowohl politisch als auch kirchlich zunächst als Einheit. Die nahe Verwandtschaft drückt sich im gemeinsamen Wappen bzw. Siegel der Familie aus: einem goldenen Fingerring mit rotem Stein (Rubin) auf blauem Grund. Die Stammburg dieser Familie stand in Niefern; der erste urkundlich bekannte Vertreter war Heinrich von Niefern, der dreimal in den Jahren 1186 und 1188 als Ministeriale der Kirche von Speyer Urkunden bezeugte.[12] 1219 treten zwei Brüder »Heinricus de Niveren et Gerlacus frater eius« auf, ebenfalls als Ministeriale bezeichnet.[13] Einer der beiden dürfte vor 1236 seinen Sitz auf der Burg Enzberg genommen und sich nach ihr benannt haben. Dieser Vorgang steht also am Beginn der Linie Enzberg, deren Mitglieder uns später ebenfalls als Ministeriale des Bistums Speyer, aber auch als solche des Reiches begegnen.[14] Auf welche Weise Speyer die Lehenschaft über die Burgen im Enztal erworben hatte, auf die der Bischof seine Ministerialen setzte, ist bislang unklar.[15]

Siegel Konrads von Enzberg aus dem Jahre 1283

Von der Nieferner Linie spalteten sich vor 1282 noch die Herren von Dürrmenz ab, die erst im frühen 18. Jahrhundert ausstarben.[16] Der Zweig Niefern erlosch wohl im 15. Jahrhundert im Mannesstamm.[17] Sowohl die Herren von Niefern als auch die von Dürrmenz bleiben in der vorliegenden Arbeit außer Betracht. Eine Kontinuität zwischen der Familie des hochadeligen Reichskanzlers und Speyrer Bischofs Ulrich von Dürrmenz (gest. 1163) mit den Ministerialen von Niefern-Enzberg-Dürrmenz, wie früher angenommen,[18] verbietet sich angesichts der Standesunterschiede.[19] Auch gehören andere Adelige namens von Enzberg, die in Turnierbüchern von Halle und Schaffhausen für das frühe 12. Jahrhundert genannt werden, sowie ein Trierer Vasall namens Friedrich von Entzenberg (um 1195) vermutlich nicht dem Geschlecht an, mit dem wir uns im Folgenden näher beschäftigen wollen.[20]

Aufstieg und Verhängnis: Die Schirmherrschaft über das Kloster Maulbronn

Im Jahr 1236 lässt sich in der urkundlichen Überlieferung des Zisterzienserklosters Maulbronn[21] erstmals ein Mitglied des Zweiges Enzberg auch unter diesem Namen fassen: Eine Übereinkunft der Abtei mit den Bauern des benachbarten Ortes Ötisheim wird mit dem »sigillo advocati de Encenberch«, also dem Siegel des Vogtes von Enzberg, beglaubigt.[22] Im Folgejahr 1237 tritt dieser, nun als »Heinricus, miles de Enzeberc« (Heinrich, Ritter von Enzberg) bezeichnet, als Schiedsrichter bei einem Vergleich über maulbronnische Rechte in Iptingen erneut in Erscheinung.[23] Heinrich von Enzberg, der erste und zugleich wohl bedeutendste Vertreter seiner Familie im Mittelalter,[24] nahm also Vogteirechte über das Kloster Maulbronn wahr.

Wie kam es nun aber zur enzbergischen Klostervogtei und was beinhaltete diese? Geistliche Institutionen wie Klöster und Bistümer bedurften weltlicher Amtsträger, die sie bei weltlichen Geschäften vertraten und darüber hinaus als sogenannte Schirmvögte in ihrer Rechtsstellung beschützten sowie – nötigenfalls mit Waffengewalt – verteidigten. Die 1138/47 gegründete Abtei Maulbronn stand zunächst direkt unter kaiserlichem Schutz. So wurde 1156 die Vogteifrage durch Friedrich I. (Barbarossa) geregelt, der verfügte, dass das Kloster außer dem Kaiser selbst keinen Vogt haben solle. Diese Handlung ist vor dem Hintergrund der Hausmachtpolitik der Staufer zu sehen, die in den 1180er Jahren auch Schirmvögte des Hochstifts Speyer wurden. Natürlich konnte der Kaiser den Klosterschutz nicht persönlich erfüllen, sondern setzte Vertreter für diese Funktion ein, die im Falle Maulbronns wohl vor allem der Reichslandvogt in Wimpfen wahrnahm. Noch 1232 bestätigte Kaiser Heinrich VII. die kaiserliche Schirmvogtei, die 1231 auch vom Bischof in Speyer anerkannt worden war. Maulbronn stand in sehr enger Beziehung zu Speyer, denn Bischof Günther (gest. 1161) hatte das Kloster auf altem Speyrer Besitz mitbegründet und durch Schenkungen in der Folgezeit stark gefördert.

Die Beziehungen zwischen Speyer und Maulbronn blieben auch Mitte des 13. Jahrhunderts eng, als während der Auseinandersetzung der Stauferkaiser mit dem Papsttum und dem folgenden Interregnum große Rechtsunsicherheit im römisch-deutschen Reich herrschte. Die Speyrer Bischöfe nahmen damals selbständig Schirmfunktionen für Maulbronn wahr und traten als Schiedsrichter bei Streitigkeiten auf. Und solche Streitigkeiten gab es zuhauf. Denn die Abtei erhielt durch Schenkungen und zielstrebige Erwerbungspolitik Besitzungen und Ansprüche in mehr als 100 Orten, was zu vielfältigen Differenzen mit anderen Rechtsinhabern führte. Die damalige Rechtsprechung muss dabei als nur wenig wirksam bezeichnet werden. Gerichtliche Auseinandersetzungen zwischen einzelnen Herrschaftsträgern fanden angesichts der Schwäche der königlichen Zentralgewalt häufig nicht vor ständigen Gerichten statt, sondern wurden im Rahmen von Schiedsgerichten

geregelt. Die Durchsetzung der ergangenen Schiedssprüche erwies sich dabei nicht selten als schwierig, da sie in besonderem Maße vom guten Willen der Parteien abhing, der freilich bei weitem nicht immer gegeben war. Also schien in unmittelbarer Nähe Maulbronns ein zuverlässiger Schutzherr notwendig, so dass der Bischof auf Bitten der Mönche eine Art Unterschirmvogt einsetzte. Und hierfür erwählte er seinen Dienstmann Heinrich von Enzberg, der seinen Sitz auf der damals mächtigsten Burg der Umgebung nur wenige Kilometer vom Kloster entfernt hatte und wohl über beachtlichen Güterbesitz verfügte. Mit der Übertragung der Klostervogtei wurde Heinrichs Ansehen immens gestärkt. Andererseits erhielten die Beziehungen der Familie von Enzberg zur Abtei, zu der sie ja im Herrschaftsaufbau durchaus in Konkurrenz stand, mit diesem Auftrag eine neue Dimension.

Wappen der Herren von Enzberg im Wappenbuch des Abts Ulrich in St. Gallen

Heinrich von Enzberg wurde als Vogt vereidigt und musste dem Speyrer Bischof als Pfand eine Geldsumme hinterlegen. Wann die Einsetzung erfolgte, ist nicht überliefert. Möglicherweise war Heinrich bereits zwischen 1232 und 1236 von Kaiser Friedrich II. vorübergehend in dieselbe Funktion eingesetzt worden. Im Jahr 1252 verzichtete Heinrich von Enzberg vermutlich unter bischöflichem Druck auf sämtliche Vogteirechte über das Kloster Maulbronn,[25] wurde aber vier Monate später erneut vom Bischof als Beschützer Maulbronns eingesetzt – allerdings nicht als Vogt (advocatus), sondern lediglich als Schirmherr (tutor) und ausdrücklich in nur persönlicher und widerruflicher Eigenschaft.[26] Offenbar hatte sich die Gefahr abgezeichnet, dass Heinrich seine Befugnisse missbrauchen würde oder die Enzberger erbliche Ansprüche auf die lukrativen Vogteirechte erheben könnten. Obgleich die Vogteiausübung prinzipiell unentgeltlich zu erfolgen hatte, so waren doch freiwillige Zuwendungen des Klosters möglich, und allein die Schirmfunktion über die an Reichtum stark wachsende Abtei bedeutete einen beachtlichen Grad an Macht. Sicherlich nutzte Heinrich von Enzberg diese zum Ausbau der eigenen Position, womit er automatisch in Gegensatz sowohl zum Kloster als auch zu seinem bischöflichen Lehensherrn geriet.

Dennoch blieb Heinrich von Enzberg, der den Beinamen »Binezherre« führte, vermutlich bis zu seinem Tod (um 1268) Maulbronner Schirmherr; eine Bestätigung hat sich jedenfalls für 1262 erhalten. Zwar hatte 1255 König Wilhelm von Holland die Abtei in seinen und des Reiches Schutz genommen, musste aber nach Protest dem Speyerer Bischof das Recht einräumen, dort einen Schirmvogt einzusetzen. Wilhelm sprach zugleich den Mönchen das Privileg ab, einen solchen selbst zu erwählen. Auf Heinrich von Enzberg folgte um 1268 sein gleichnamiger Sohn in derselben Eigenschaft nach, das heißt als Schirmherr, widerruflich und nicht erblich. Heinrich II. aber forderte mit Gewalt Vogteirechte und wurde deshalb mit dem Kirchenbann belegt. Bald darauf starb auch er, nachdem er zuvor noch auf seine Ansprüche verzichtet hatte. Seine Söhne (Heinrich III., Konrad, Gerhard und Albrecht) sowie sein Bruder Konrad schreckten vor weiteren bewaffneten Auseinandersetzungen jedoch nicht zurück. Sie gingen plündernd und sengend gegen das Kloster vor, töteten einen Laienbruder und verwundeten mehrere Mönche, was das Eingreifen des Bischofs zur Folge hatte. Obwohl die Enzberger 1270 förmlichen Verzicht auf die Vogtei über das Kloster und seine Besitzungen geleistet hatten, insbesondere in den Dörfern Ölbronn und Diefenbach und den Höfen Elfingen und Füllmenbach, an denen sie besondere Rechte zu besitzen vermeinten, hielten sie an ihren Forderungen fest. In dieser Auseinandersetzung bediente sich übrigens der Speyrer Bischof des Mittels der Urkundenfälschung: Die angeblich 1147 ausgestellte Gründungsurkunde des Klosters Maulbronn entstand wohl kurz vor 1270 und ist nur eine von mehreren Fälschungen, die unter Beteiligung der Abtei vorgenommen wurden – die neuere Literatur spricht sogar von einem »Fälscherkonsortium«.[27]

Im Jahr 1273 endete mit der Wahl Rudolfs von Habsburg zum König des Hl. Römischen Reiches die Zeit des sogenannten Interregnums. Rudolfs Revindikationspolitik zielte auf Rückführung der seit der Stauferzeit entfremdeten Reichsgüter mit Hilfe von Reichslandvögten. Nun vermochte die Abtei Maulbronn ihre reichsunmittelbare Stellung stärker zur Geltung zu bringen. Auf Bitten der Mönche mussten die Enzberger nochmals um 1275/76 und endgültig 1285 auf Vogteirechte über Ölbronn, Diefenbach und die beiden Klosterhöfe verzichten. In der Folgezeit wurde mehrfach der durch den Bischof von Speyer (1280) bzw. durch Reichslandvögte (1297, 1307) auszuübende Schutz Maulbronns bestätigt. 1309 drohte Friedrich von Enzberg nach einem Streit mit dem Kloster Maulbronn die Exkommunikation. 1325 wurde richterlich entschieden, dass Friedrich und sein Sohn auf ihre Ansprüche auf Klostergüter in Kapfenhart (östlich von Weissach), Wiernsheim, Öschelbronn, Niefern und Kieselbronn verzichten und vielmehr die Abtei schirmen und fördern sollen, wogegen diese auf Burg und Stadt Enzberg keinen Anspruch erheben dürfe. Einen solchen hatte Maulbronn daraus abgeleitet, dass Friedrich von Enzbergs Bruder Konrad selbst als Mönch in die Abtei eingetreten war.[28] Es scheint – entgegen der bisherigen Annahme[29] – allerdings mehr als fraglich, ob diese Urkunde tatsächlich die Übertragung von Vogteirechten meint oder nicht vielmehr der Begriff schirmen im Sinne von respektieren zu verstehen ist.[30] Mit dem Übergang der für Niederschwaben zuständigen Reichslandvogtei an Württemberg bzw. Kurpfalz verloren die Herren von Enzberg jedenfalls im weiteren 14. Jahrhundert jede Möglichkeit, nochmals Schirmrechte über Maulbronn auszuüben.

Niedergang der Familie im 14. Jahrhundert

Aufstieg der Territorialherren

Wir haben gesehen, dass die Familie von Enzberg zwar dem Hochstift Speyer ihren Aufstieg verdankte und mit der Vogtei über das Kloster Maulbronn eine beachtliche Position einnehmen konnte. Es blieb ihr jedoch verwehrt, in das Machtvakuum an der mittleren Enz, das durch das Aussterben der Zeisolf-Wolframe und ihrer Erben entstanden war, dauerhaft einzutreten. Denn durch die Auseinandersetzungen mit ihrem Schutzobjekt Maulbronn hatte sich die mittlerweile stark verzweigte

Familie in Konfrontation zu Speyer und zum Reich gestellt, was freilich nur mit Machtverlust einhergehen konnte. Die Situation verschlechterte sich im 14. Jahrhundert für die Enzberger weiter. Diese Zeit ist nämlich vom Aufstieg der drei hochadeligen Herrschaftsträger gekennzeichnet, die bis zum Beginn der Neuzeit nicht nur im Bereich Pforzheim – Vaihingen – Bretten fast sämtliche Hoheitsrechte erwerben konnten, sondern schließlich zu den führenden Territorialmächten Südwestdeutschlands gehörten: die Pfalzgrafen bei Rhein, die Grafen von Württemberg und die Markgrafen von Baden. In ihrem Umfeld wurden die Niederadelsfamilien, deren finanzielle Lage sich durch die Folgen der großen Wirtschaftsdepression in der zweiten Hälfte des 14. Jahrhunderts zudem verschlechterte, geradezu zerrieben. Durch Geldnot oder ihr Schutzbedürfnis veranlasst, gerieten zahlreiche Familienangehörige in Abhängigkeit von den Landesherren, indem sie diesen ihre Besitzungen verkauften oder zu Lehen auftrugen. So gewannen in dieser Zeit alle drei Territorialherrschaften (Baden 1321/1381, Kurpfalz 1356 und Württemberg 1374) auch an der Burg Enzberg Lehens- bzw. Öffnungsrechte. Am stärksten lehnte sich die Familie von Enzberg an die Markgrafschaft an.[31] So konnten zum Beispiel Friedrich von Enzberg und seine drei Söhne 1393 im Streit mit Württemberg durch Vermittlung Markgraf Bernhards im Besitz der Pfandschaft über Nagold, Haiterbach und Bondorf verbleiben.[32] Die Beziehungen der Enzberger zu Württemberg waren insgesamt weitaus weniger intensiv als zu Baden und zur Kurpfalz. Insbesondere mit letzterer geriet die Familie im späten 14. Jahrhundert in einen Konflikt, der ihren Niedergang vollends besiegelte.

Bündnisse des Niederadels

Zur Stärkung der eigenen Position und Abwehr landesherrlicher Machtbestrebungen formierten sich in der zweiten Hälfte des 14. Jahrhunderts nach dem Vorbild der zunächst ebenfalls gegen die Territorialherren gerichteten Städtebünde zahlreiche Niederadelsfamilien zu Ritterbünden.[33] In zwei davon sollten Mitglieder des Hauses Enzberg eine bedeutende Rolle spielen. Es handelte sich bei derartigen regional und zeitlich begrenzten Vereinigungen um reine Personenverbände auf freiwilliger Basis, wenngleich der Gruppendruck einen Großteil der Ritter einer Region zusammenführte. Sie hofften dabei auf königliche Unterstützung. Das gemeinsame Interesse lag in der Schwächung der Territorialherren zugunsten einer Stärkung der Zentralgewalt, unter der sich der Niederadel seine Rechte zu sichern hoffte.

Für Nordschwarzwald und mittleren Oberrhein war der am Martinstag 1366 gegründete und daher »Martinsvögel« genannte Ritterbund bedeutend, dem Georg von Enzberg angehörte. Ein direkter Zusammenhang zwischen den »Martinsvögeln« und dem spektakulären Überfall auf Graf Eberhard II. (den Greiner) von Württemberg und seinen Sohn Ulrich 1367 in Wildbad unter der Führung des Grafen Wolf von Eberstein und des Ritters Wolf von Wunnenstein, des »Gleißenden Wolfs«, ist zwar unwahrscheinlich.[34] Über Margarethe von Enzberg, die erste Frau des Letztgenannten, und andere Heiratsverbindungen waren die Enzberger jedoch mit den Wunnensteinern mehrfach verwandt bzw. verschwägert, die auf diese Weise Besitz an der mittleren Enz erworben hatten.[35]

Die Zerstörung der Burg Enzberg (1384)

Viele verarmte Adelige versuchten sich durch Straßenraub, Plünderungszüge und Fehden zu bereichern, wobei das prinzipiell legitime Instrument der Fehde vermehrt als Vorwand für räuberische Übergriffe missbraucht wurde. Die ältere Forschung verwandte hierfür den heute umstrittenen Begriff des Raubrittertums. Die königliche Zentralgewalt versuchte dergleichen Gewalttaten durch das Rechtsinstrument des Landfriedens zu verhindern. König Wenzel hatte 1383 zur Wahrung des Landfriedens zwischen mächtigen Konfliktpartnern vermittelt und im Folgejahr in der »Heidelberger Einigung« unter Beteiligung von Pfalzgraf Ruprecht I. (1353–1390) einen Vertragsabschluss erreicht, der für zwölf Jahre Frieden bringen sollte. Doch 1384 schädigte – wie schon gut 100 Jahre zuvor Mitglieder seiner Familie – Ritter Albrecht Schuhlin von Enzberg das Kloster Maulbronn »mit mord und mit roube«, was Pfalzgraf Ruprecht als damaligen Schirmherrn der Abtei herausfordern

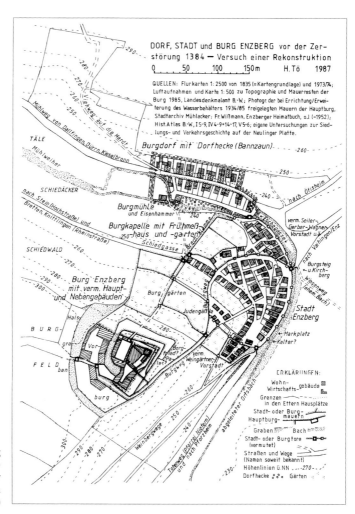

Dorf, Stadt und Burg Enzberg vor der Zerstörung 1384 – Versuch einer Rekonstruktion (von Heinrich Tölke)

musste.[36] Dieser bot daher eigene Truppen auf, rief solche der rheinischen und schwäbischen Städte zu Hilfe und erhielt Unterstützung durch den Erzbischof von Mainz. Mit den beiden Kurfürsten (Mainz und Pfalzgraf) hatten die Enzberger zwei der mächtigsten Fürsten des Reiches gegen sich, deren Ziel die völlige Zerstörung des Familiensitzes war, um neue Übergriffe zu verhindern.

Die Enzberger konnten jedoch ebenfalls eine stattliche Anzahl Adeliger mobilisieren, um ihre Burg zu verteidigen. Darunter befanden sich mehrere Mitglieder der verwandten Linien Niefern und Dürrmenz sowie Ritter aus dem Nordschwarzwald und aus dem Gebiet um Jagst und Kocher. Auch ein Büchsenschütze war dabei, was für diese Zeit der aufkommenden Feuerwaffen besonders erwähnenswert ist. Dennoch gelang es dem starken Bündnisheer, nach erfolgter Belagerung den Enzberger Familiensitz zu erobern. Es zerstörte diesen vollständig und mit ihm vermutlich die zwischen 1311 und 1374 mehrfach als Stadt bezeugte Siedlung unterhalb der Burg, die in Anlehnung an das wohl schon zuvor bestehende Dorf gegründet worden war. Die Enzberger Familienmitglieder Friedrich d. Ä., Hans, Goler, Georg, Albrecht Schuhlin und Friedrich d. J. mussten 1384 einem Waffenstillstand zustimmen. Mit weiteren Familienmitgliedern, die teilweise Schadensersatzansprüche gestellt hatten, einigte sich der Pfalzgraf in den folgenden Jahren vertraglich. Burg und Stadt Enzberg wurden aller Wahrscheinlichkeit nach nicht wieder aufgebaut,[37] so dass die Siedlung seither auf das Dorf begrenzt blieb.

Die Rittergesellschaft mit dem Schlegel

Doch auch nach der Zerstörung von 1384 war einigen Mitgliedern der Familie von Enzberg ausreichend Besitz und Macht verblieben, um innerhalb des Niederadels gewisse Führungspositionen zu bekleiden. So spielte bald darauf der Name Enzberg beim letztlich erfolglosen Aufbäumen der Ritter gegen die fürstliche Übermacht eine Rolle. Denn an der Spitze der sogenannten Rittergesellschaft mit dem Schlegel (Schleglerbund) erschienen Mitglieder der Familie von Enzberg.[38] Diese Vereinigung erlangte durch Ludwig Uhlands Gedicht »Drei Könige zu Heimsen« Bekanntheit – als Könige bezeichnete man die an der Spitze der Ritterbünde stehenden Hauptleute. Der Schleglerbund war vermutlich nach einer silbernen Keule (Schlegel) benannt, welche die Mitglieder als Anhänger trugen. Diese Rittergesellschaft, der auch Städte wie Worms und Speyer beitraten, bildete sich im letzten Jahrzehnt des 14. Jahrhunderts. Sie ist gewissermaßen in der Nachfolge der »Martinsvögel« zu sehen, mit diesen aber keinesfalls – wie schon häufig geschehen – gleichzusetzen. Mangels eines Bundbriefes ist über die Absichten der Schlegler wenig bekannt, die spärlichen Kenntnisse über sie stammen aus dem Lager ihrer Gegner. Immerhin vermochten die Schlegler für kurze Zeit reichspolitische Bedeutung zu erlangen, denn König Wenzel hoffte, sie als Gegenpart zur aufstrebenden fürstlichen Macht nützen zu können, und unterstützte sie finanziell.

Als Reaktion auf den Schleglerbund bildete sich erneut ein hochadeliger Zusammenschluss unter Führung der beiden Kurfürsten, nun Pfalzgraf Ruprecht II. und der Mainzer Erzbischof Konrad, denen sich unter anderen Bischof Nikolaus von Speyer und Markgraf Bernhard von Baden anschlossen. Auch Graf Eberhard III. (der Milde) von Württemberg und 14 schwäbische Reichsstädte formierten sich gegen den Ritterbund. Die Schlegler sammelten sich 1395 im Schwarzwald, um gegen Württemberg und die Reichsstadt Rottweil vorzugehen. Als sich mehrere Mitglieder in Heimsheim aufhielten, ließ Eberhard das Städtchen erobern und zerstören, wobei er sechs Niederadlige, darunter die »Schleglerkönige« Reinhard (gen. Nix) und Friedrich von Enzberg, vorübergehend gefangen nahm. König Wenzel sah sich nun gezwungen, den Schleglerbund zu verbieten, der sich 1396 angesichts der erneut und stärker formierten Übermacht nach Verhandlungen in Pforzheim zu einem Waffenstillstand bereit erklären und einem fürstlichen Schiedsgericht unterwerfen musste; dieses erklärte den Bund für aufgelöst. Weil diese Ritterbünde vom Hochadel sehr ernst genommen und entschieden bekämpft worden waren, konnten Niederadelsfamilien ihre Reichsunmittelbarkeit in Südwestdeutschland überwiegend nur in Randbereichen der aufstrebenden Territorialherrschaften behaupten.

Nutznießer des Enzberger Niedergangs
Weder Württemberg noch die Kurpfalz oder Baden profitierten in erster Linie vom Machtverlust der Familie von Enzberg, sondern die Zisterzienserabtei Maulbronn, mit der das Schicksal der Enzberger ja so eng verflochten war und die schließlich ganz unter fürstlichem Schutz stand. Während Adelsbesitz im Laufe der Generationen auf verschiedene Familienzweige zersplittert werden konnte, hatte eine geistliche Institution nicht mit dem Problem der Erbteilungen zu kämpfen. Maulbronn konnte sogar dem benachbarten Niederadel bei dessen wachsenden finanziellen Schwierigkeiten aushelfen, indem die Ritter dem Kloster Besitzungen verkauften oder verpfändeten, die dieses dann in aller Regel dauerhaft zu behalten vermochte. Darüber hinaus profitierte die Abtei von Schenkungen des Niederadels aus religiöser Motivation. Ein beachtlicher Teil der enzbergischen Besitzungen gelangte so bis um 1450 an das Maulbronner Kloster, dem der Aufbau eines flächendeckenden Klosterterritoriums zwischen Vaihingen, Leonberg, Pforzheim und Bretten gelang. Umgekehrt konnte kein Fall ermittelt werden, in dem die Familie von Enzberg als Maulbronner Rechtsnachfolger erscheint. Das Maulbronner Hoheitsgebiet umfasste schließlich weit über zwanzig Dörfer, in denen die Abtei einen Großteil oder gar alle Herrschaftsrechte innehatte.

Mit dem Verkauf von Anteilen am Stammsitz Enzberg an Maulbronn begann im Jahr 1405 Georg von Enzberg, dessen gleichnamiger Vater einer der Verantwortlichen für die Übergriffe auf das Kloster gewesen war. Die Abtei verknüpfte mit dem Erwerb die Bedingung, dass Georg auf jegliche Rache und Schadensersatz wegen der Zerstörungen verzichten werde.[39] 1438 erwarb das Kloster ein Viertel von Enzberg; um diese Zeit war die Abtei auf dem Zenit ihres Reichtums angelangt.[40] Die Enzberger spielten als Konkurrenten kaum noch eine Rolle. Ein letzter Verkauf von enzbergischen Besitzanteilen am Stammort selbst (vermutlich die restlichen drei Viertel an der Ortsherrschaft) fand 1506 statt. Es waren bereits Mitglieder der 1409 nach Mühlheim an der Donau verzogenen Linie des Hauses Enzberg, Friedrich und Hans Rudolf, die ihre Rechte am Burgstadel sowie an den Dörfern Bauschlott und Niefern (und an der Pfarrei Kleinglattbach) an ihren Vetter Konrad von Wallstein verkauften.[41] So profitierte vom Aussterben der Enzberger Stammlinie und deren Ausverkauf im engsten Kern der einstigen enzbergischen

Herrschaft neben dem Kloster Maulbronn also auch eine andere Niederadelsfamilie. Der Stammsitz der Wallstein, die zum fürstenbergischen Lehensadel gehörten, ist Waldstein bei Fischerbach im heutigen Ortenaukreis.[42]

Der Großteil des den Enzbergern verbliebenen Besitzes im nordöstlichen Enzkreis (Lienzingen, Schmie, Zaisersweiher, Schützingen, Illingen) war schon 1413 und 1425 ebenfalls an Maulbronn gelangt. Im Heckengäu südöstlich Pforzheims sind nach 1380 keine Besitzungen der Enzberger mehr nachgewiesen. Auch hier folgte weitgehend das Zisterzienserkloster nach. So schenkte der Augsburger Propst Engelhard von Enzberg 1360 das mit der Burg Kapfenhart in Verbindung stehende Patronat in Weissach an Maulbronn. Im Zabergäu sind bereits nach 1363 keine enzbergischen Besitzungen mehr zu belegen. Diese gingen an verschiedene Herrschaftsträger über, insbesondere an die Familie von Sternenfels.[43] Außer Maulbronn und den genannten Adelsfamilien Sternenfels und Wallstein profitierten in erwähnenswertem Umfang weitere Klöster vom Niedergang der Enzberger und dem Ausverkauf ihres Besitzes. Vor allem Herrenalb, Rechentshofen und die Dominikanerinnen in Pforzheim sind hier zu nennen.

Die verschiedenen Linien der Familie

Wie bereits angedeutet, befand sich die Familie von Enzberg in einer besonders prekären Lage, weil deren starke Verzweigung dazu geführt hatte, dass zwar der Fortbestand des Geschlechts zunächst nicht gefährdet war, jedoch der Eigenbesitz immer geringer wurde und keinem Vertreter der Familie eine wirklich mächtige Position mehr zukam. Zur Unterscheidung trugen die einzelnen Zweige verschiedene Beinamen; es sind dies in der Reihenfolge ihres urkundlichen Auftretens: Rumler/Rummeler, von Kapfenhart, Gemminger, Hehenriet, von Streichenberg, Göler, Schuch/Schuhelin und Bitscher. Im Folgenden sollen zu diesen Linien zumindest einige Eckdaten und Grundzüge verdeutlicht werden.

Der insgesamt am längsten, nämlich eineinhalb Jahrhunderte (1289–1435), nachgewiesene Beiname Rum(me)ler, findet sich vor allem bezüglich Besitzungen im engeren Stammgebiet, abgesehen von Jagdrechten an der Nagold. Der erste nachgewiesene Vertreter war »Cunradus de Enzeberg dictus Rummeler«, der 1289 als Siegler überliefert ist.[44] Dieser Konrad war ein Urenkel des Stammvaters Heinrich. Die Rumler hatten umfangreichen Besitz in Enzberg selbst und erscheinen 1384 auch unter der Burgbesatzung. Nach der Zerstörung des Stammsitzes ist der Beiname nur noch vereinzelt überliefert.

Die nur für zwei Generationen in den Jahren 1294 bis 1299 nachgewiesene Linie Kapfenhart benannte sich nach der gleichnamigen Burg bei Weissach, wohin vermutlich Konrad von Enzberg, einer der Söhne des Stammvaters, seinen Sitz verlegt hatte. Seine Witwe Elisabeth jedenfalls erwarb 1283 käuflich von den Herren von Nippenburg das Recht des Namens Kapfenhart.[45] Außer in Weissach sind noch Rechte dieses Zweiges in Zaisersweiher und dem abgegangenen Neidlingen (bei Göbrichen) bekannt.

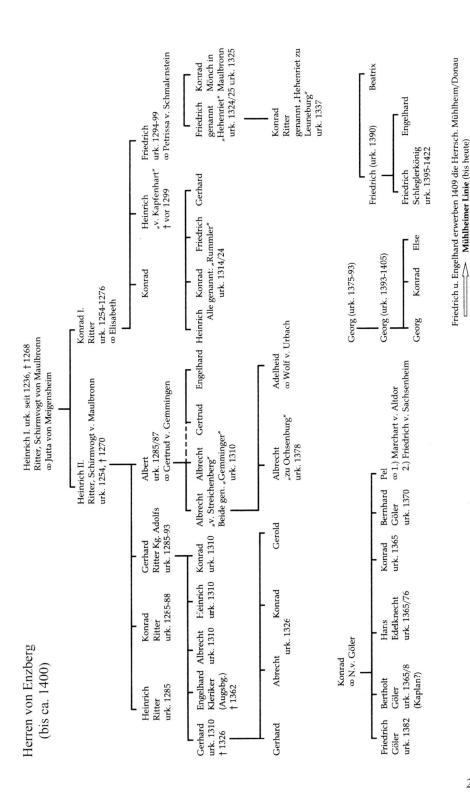

Herren von Enzberg
(bis ca. 1400)

Heinrich I. urk. seit 1236, † 1268
Ritter, Schirmvogt von Maulbronn
⚭ Jutta von Meigensheim

Heinrich II.
Ritter, Schirmvogt v. Maulbronn
urk. 1254, † 1270

Konrad I.
Ritter
urk. 1254-1276
⚭ Elisabeth

Konrad
Ritter
urk. 1285-88

Gerhard
Ritter Kg. Adolfs
urk. 1285-93

Albert
urk. 1285/87
⚭ Gertrud v. Gemmingen

Konrad

Heinrich
„v. Kapfenhart"
† vor 1299

Friedrich
urk. 1294-99
⚭ Petrissa v. Schmalenstein

Friedrich
genannt
„Hehenriet" Maulbronn
urk. 1324/25 urk. 1325

Konrad
Mönch in
Maulbronn

Heinrich
Ritter
urk. 1285

Engelhard
Kleriker
(Augsbg.)
† 1362

Albrecht
urk. 1310

Heinrich
urk. 1310

Konrad
urk. 1310

Gerhard
urk. 1310
† 1326

Albrecht
„v. Streichenberg"
Beide gen. „Gemminger"
urk. 1310

Gertrud

Albrecht

Engelhard

Heinrich   Konrad   Friedrich
Alle genannt: „Rummler"
urk. 1314/24

Gerhard

Konrad
Ritter
genannt „Hehenriet zu
Leuneburg"
urk. 1337

Gerhard

Abrecht   Konrad
urk. 1326

Gerold

Adelheid
⚭ Wolf v. Urbach

Albrecht
„zu Ochsenburg"
urk. 1378

Konrad
⚭ N.v. Göler

Hans
Edelknecht
urk. 1365/76

Konrad
urk. 1365

Bernhard
Göler
urk. 1370

Pel
⚭ 1.) Marchart v. Altdor
2.) Friedrich v. Sachsenheim

Georg (urk. 1375-93)

Georg (urk. 1393-1405)

Georg   Konrad   Else

Friedrich (urk. 1390)

Friedrich
Schleglerkönig
urk. 1395-1422

Engelhard

Beatrix

Friedrich
Göler
urk. 1382

Bertholt
Göler
urk. 1365/8
(Kaplan?)

Friedrich u. Engelhard erwerben 1409 die Herrsch. Mühlheim/Donau
⟹ **Mühlheimer Linie** (bis heute)

Stammtafel der Herren von Enzberg bis um 1400 (von Andreas Butz)

21

Der Beiname Gemminger (nachgewiesen 1310–1314) ist mit dem Vornamen Albrecht (Albertus) eng verknüpft: Albrecht, ein Enkel des Stammvaters der Enzberg, war mit Gertrud von Gemmingen verheiratet, weshalb zwei seiner Söhne – interessanterweise beide ebenfalls Albrecht benannt – diesen Beinamen führten. Entsprechend lagen ihre Besitzungen im Kraichgau-Zabergäu-Gebiet; nachgewiesen sind solche in Gölshausen und vielleicht Ochsenburg.[46] Dort und im Bereich Leonbronn – Zaberfeld – Michelbach – Kleingartach waren die vermutlich eng mit den Gemmingern verwandten Enzberger mit dem 1357 bis 1363 erwähnten Beinamen von Streichenberg begütert, benannt nach der Burg bei Stebbach. Auch hier findet sich vor allem der Name Albrecht.

Auf den Vornamen Konrad und seinen Vater Friedrich indes blieb der Beiname von Hehenriet (Heinriet, Hohenriet) beschränkt, der nur ein Jahrzehnt lang (1334–1344) im Zusammenhang mit Besitzungen in Kieselbronn, Öschelbronn und bei Kleingartach nachgewiesen ist.

Wie die Gemminger, so dürften auch die von Enzberg mit Beinamen Göl(l)er ihre Benennung der Verbindung mit einer Adeligen namens Göler (von Ravensburg) verdanken. Für diese Linie ist 1365 bis 1373 Besitz in Kieselbronn, Lienzingen, Schmie, Schützingen, Zaisenhausen und Unteröwisheim nachgewiesen. Vermutlich gehörte der 1384 im Zusammenhang mit der Zerstörung der Burg Enzberg mehrfach nachgewiesene Göler (Goler, Golir) von Enzberg zu dieser Linie.

Der Beiname Schuhlin (Schuch, Schühelin) ist erstmals mit den gewaltsamen Übergriffen auf das Kloster Maulbronn durch Albrecht Schuhlin 1384 belegt. Vermutlich derselbe erscheint 1387 bis 1396 mit Besitzungen in Kieselbronn, Münchingen und bei Bühl. Bis um 1430 sind weitere Enzberger mit Beinamen Schuch nachgewiesen.

Der Namenszusatz Bitscher (Bitzscher, Bicscher, Butscher) steht immer im Zusammenhang mit dem Vornamen Friedrich.[47] Die urkundlichen Nachweise (1404–1455) bleiben topographisch auf Enzberg, Niefern, Kieselbronn und Pforzheim beschränkt. Der letzte Friedrich war mit Elsa von Straubenhart verheiratet und wurde in der Nieferner Kirche bestattet.[48]

Eine Sonderstellung nehmen die ab 1395 häufig bezeugten Niederadeligen namens Nix genannt Enzberger ein, die ab 1447 auch als Nix von Hoheneck, teils weiterhin mit Beinamen Enzberger, erscheinen. Sie führten ein eigenes Wappen, weshalb ihre Stammesverwandtschaft mit den Herren von Enzberg als fraglich gilt. Bekanntester Vertreter dieser Familie war Johann Nix von Hoheneck genannt Enzberger, der 1459 bis 1464 als Bischof von Speyer amtierte und 1467 in Pforzheim bestattet wurde.[49] Im 15. Jahrhundert erscheinen mehrere Nix von Hoheneck in markgräflichen Diensten.[50]

Das 15. Jahrhundert: Wegzug nach Mühlheim und Restbesitz in der alten Heimat

Die Brüder Engelhard und Friedrich von Enzberg (der oben genannte Schleglerkönig) zogen die Konsequenzen aus den militärischen Niederlagen und den letztlich ausweglosen Versuchen, ihre Stellung gegen die Ansprüche der Territorialherrschaften Pfalz, Württemberg und Baden sowie des Klosters Maulbronn zu behaupten. Sie erkauften 1409 von den Brüdern Konrad und Volz von Weitingen die Stadt Mühlheim an der Donau mit umfangreichen zugehörigen Rechten und Besitzungen in der Umgebung und begannen, diese Herrschaft zu ihrem neuen Besitz- und Herrschaftsschwerpunkt auszubauen. Der Grundstock muss schon über eine Heiratsverbindung gelegt worden sein, denn die Gebrüder von Weitingen bezeichneten die Enzberger als ihre Vettern; und mit der oben erwähnten Pfandschaft über Nagold, Haiterbach und Bondorf hatten Friedrich und Engelhard von Enzberg schon im 14. Jahrhundert ihre Fühler nach Süden ausgestreckt.[51] Wie an der mittleren Enz einst die Maulbronner Klostervogtei der Schlüssel zum Aufstieg gewesen war, so wurde für die Herren von Enzberg an der oberen Donau die Vogtei über das Augustinerchorherrenstift Beuron zum Objekt ihrer Begierde – und sie gab den Anstoß zum erneuten Abstieg.[52] Hiervon jedoch ist an anderer Stelle im vorliegenden Band ausführlich die Rede.

Die meisten Angehörigen der allerdings inzwischen längst nicht mehr so kopfreichen Familie von Enzberg verfügten nicht über ausreichend Macht und Vermögen, um andernorts einen ähnlichen Neuanfang wagen zu können. Ihnen verblieben in ihrer angestammten Heimat in bescheidenem Umfang Eigentum und Herrschaftsrechte. Auch hatte der inzwischen in Mühlheim ansässige Familienzweig bis 1409 bei weitem nicht alle Besitzungen veräußert. Überhaupt sind – zumindest in den einschlägigen Regestenübersichten Württembergs, Badens, der Kurpfalz und Maulbronns – keine Veräußerungen von Friedrich bzw. Engelhard von Enzberg in der alten Heimat nachgewiesen, die den Mühlheimer Kaufpreis von 8.500 Gulden immerhin bar bezahlt zu haben scheinen.[53]

Noch 1448 verkaufte Engelhards Sohn Friedrich Anteile an Enzberg, Niefern und Bauschlott an Hans von Enzberg, der seit spätestens 1444 als Rat und Hofmeister in badischen Diensten stand und vermutlich in Pforzheim lebte. Noch 1439/40 ist wohl derselbe als pfälzischer Rat überliefert.[54] Hans von Enzberg kam ein bedeutender Anteil an der Vorbereitung der für das markgräfliche Haus dynastisch sehr wichtigen badisch-habsburgischen Hochzeit von 1447 in Pforzheim zu.[55] Er verfügte nachweislich seines Testaments auch über Güter in Kieselbronn, Dürrn, Dürrmenz, Nöttingen, Ettlingen, Staffort und in der linksrheinischen Pfalz.[56] 1454 verkaufte er seine Hälfte am Patronat und Laienzehnten in Nöttingen dem Kloster Herrenalb und trug dafür seine Herrschaftsanteile an Bauschlott und Niefern den Markgrafen von Baden zu Lehen auf.[57] Der Eintritt in fürstliche Dienste stellte für den Niederadel eine Möglichkeit dar, über ein relativ gesichertes Einkommen und gewisses Prestige zu verfügen. Ein weiterer Hans (der Jüngere) ist ab 1457 als badischer Rat genannt.[58]

Ein Konrad von Enzberg besaß 1468 bis 1492 ein Sechstel an Burg und Vogtei von Weiler bei Pforzheim als Lehen des Markgrafen.[59] Auch er wohnte zumindest zeitweilig in Pforzheim, wo letztmals 1497 enzbergischer Besitz in Form seines Hauses mit Hofraite nachgewiesen ist, den sich seine beiden Brüder teilten, der Weseler Stiftspropst Engelhard von Enzberg und der Schwäbisch Haller Johanniterkomtur Friedrich von Enzberg.[60] Damit wird zumindest ein Grund des Aussterbens der einst so weit verzweigten Familie in ihrem Stammgebiet sichtbar: die

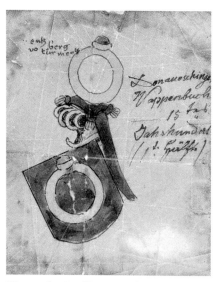

Wappen der Familie von Enzberg und Dürrmenz aus dem Donaueschinger Wappenbuch

Erlangung eines geistlichen Amtes. Den letzten größeren Besitz der Familie von Enzberg im Pforzheimer Raum bildeten Vogteianteile und der Kirchensatz in Kieselbronn, der 1518 von Friedrich von Enzberg an den Grafen von Löwenstein überging.[61] Spätere Belege nennt auch Enzbergs erster Ortschronist Wißmann nicht. Die Erzählung »Gerhard von Enzberg«, die der Maulbronner Stadtpfarrer Paul Lang (1846–1898) in seinem 1887 erschienenen »Maulbronner Geschichtenbuch«[62] im 16. Jahrhundert ansiedelte, entsprang der Phantasie des als Schriftsteller wirkenden Geistlichen.

Immerhin wählte Lang mit Gerhard einen der Leitnamen der Familie von Enzberg für seine Erzählung. Auffallend sind schon beim älteren Haus Niefern die Vornamen Heinrich, Konrad, Albrecht und Friedrich, die allesamt zu Leitnamen der Enzberger wurden – vor allem die beiden erstgenannten, die sprichwörtlichen »Hinz und Kunz«. Hinzu traten (in weitaus geringerem Umfang) außer dem oben erwähnten Gerhard noch Reinhard, Georg, Engelhard und später Hans. Damit sind bis auf ganz wenige Ausnahmen die Vornamen aller urkundlich überlieferten männlichen Familienmitglieder in der alten Heimat erfasst. Diese in Adelskreisen freilich nicht ungewöhnliche Erscheinung erschwert die genealogische Zuordnung und urkundliche Identifikation der einzelnen Personen ungemein. Zum 500-jährigen Herrschaftsjubiläum in Mühlheim 1909 veröffentlichte Friedrich Bauser auf der Basis der Regestensammlung von Karl Pfaff eine Stammtafel der Herren von Enzberg,[63] die allerdings in einigen Fällen nicht mit dem Urkundenbefund übereinstimmt. Wißmann vermied die Erstellung einer Stammtafel für die Linie Enzberg; Butz legte eine solche vor,[64] die weitgehend zuverlässig erscheint, wenngleich darin nicht alle Familienmitglieder aufgeführt, geschweige denn zugeordnet werden konnten. Eine Erweiterung um weitere Filiationen war im Rahmen des vorliegenden Aufsatzes nicht möglich, zumal innerfamiliäre Verträge relativ selten vorhanden bzw. erhalten sind. So ist für die Genealogie der Familie von Enzberg bis 1409 bis auf Weiteres die von Butz erarbeitete Stammtafel als verbindlich anzusehen.

Anmerkungen

1 Friedrich Wißmann, Das ehemalige Städtchen Enzberg. Ein Heimatbuch, Enzberg [1952], v.a. S. 59–81. Leider verzichtete Wißmann weitgehend auf Quellenangaben; auch sein im Stadtarchiv Mühlacker aufbewahrter Nachlass erweist sich diesbezüglich nicht als hilfreich.

2 Württembergisches Urkundenbuch [WUB] ca.700–1300, Band 1–11, Stuttgart 1849–1913 (Online-Version: http://maja.bsz-bw.de/wubonline/).

3 Karl Klunzinger, Urkundliche Geschichte der vormaligen Cisterzienser-Abtei Maulbronn. Mit einer Regesten enthaltenden Beilage, Stuttgart 1854. Viele der dort mit »St.A.U« (Staatsarchiv, Urkunden) bezeichneten Urkunden befinden sich im Bestand Hauptstaatsarchiv Stuttgart A 502.

4 Beschreibung des Oberamts Maulbronn [OAB Maulbronn], herausgegeben von dem Königlichen statistisch-topographischen Bureau, Stuttgart 1870 (ND Magstadt 1974), S. 218–221.

5 Hansmartin Schwarzmaier, Das Archiv der Freiherrn von Enzberg und der Aufbau ihrer Herrschaft, in: ZWLG 26 (1967), S. 62–78, hier S. 63–66.

6 Werner Rösener, Südwestdeutsche Zisterzienserklöster unter kaiserlicher Schirmherrschaft, in: ZWLG 33 (1974), S. 24–52, hier S. 30–39.

7 Andreas Butz, Von der Frühzeit bis zum 18. Jahrhundert, in: Dussel, Konrad (Hrsg.), Enzberg. Vom römischen Gehöft zur modernen Industriegemeinde (Beiträge zur Geschichte der Stadt Mühlacker 4), Ubstadt-Weiher 2000, S. 13–106, hier S. 26–43.

8 Arthur D. Mosher, Ein Vertrag zwischen Else von Frauenberg, Witwe von Reinhard Enzberger, und Reinhard Nix, genannt Enzberger, aus dem Jahr 1425, in: Der Enzkreis. Historisches und Aktuelles, Band 12 (2007), S. 103–119.

9 Als Grundlagen dienten vor allem: WUB; Klunzinger, Maulbronn; Wißmann, Enzberg; Enzberg-Archiv Mühlheim [ehemals Staatsarchiv Sigmaringen Dep. 31], bearbeitet von Hansmartin Schwarzmaier, 9 Bände, Typoskript 1965–1966; Württembergische Regesten von 1301 bis 1500 (Online-Version: https://www2.landesarchiv-bw.de/ofs21/olf/suche.php?bestand=3703); Regesten der Markgrafen von Baden und Hachberg [RMBH] 1050–1515, Band I–IV, Innsbruck 1892–1915; Regesten der Pfalzgrafen am Rhein 1214–1508, Band 1–2, Innsbruck 1894–1939; Gottfried Carl, Regesten zur Geschichte der Stadt Pforzheim 1195–1431 (Materialien zur Stadtgeschichte 12), Pforzheim 1998. Ergänzungen stammen aus den Dokumentationsbänden von Kunstdenkmalen bzw. Inschriften; dies sind im Wesentlichen: Emil Lacroix/Peter Hirschfeld/Wilhelm Paeseler, Die Kunstdenkmäler des Amtsbezirks Pforzheim Land (Die Kunstdenkmäler Badens 9.7), Karlsruhe 1938; dies., Die Kunstdenkmäler der Stadt Pforzheim (Die Kunstdenkmäler Badens 9.6), Karlsruhe 1939; Renate Neumüllers-Klauser (Bearb.), Die Inschriften des Enzkreises bis 1650 (Die Deutschen Inschriften 22), München 1983; Anneliese Seeliger-Zeiss (Bearb.), Die Inschriften der Stadt Pforzheim (Die Deutschen Inschriften 57), Wiesbaden 2003.

10 Das Folgende v. a. nach Schwarzmaier, Archiv, und Butz, Enzberg.

11 Vgl. hierzu ausführlich: Oliver Fieg, 1100 – eine Urkunde und ihre Folgen. Die Gründung des Michaelsklosters in Sinsheim und der Enzgau, in: Der Enzkreis. Jahrbuch 9 (2001), S. 9–15.

12 WUB II.446 (S. 244f); II.454 (S. 252f), II.455 (S. 254). Evtl. derselbe auch 1207 (WUB II.455, S. 254).

13 WUB III.623 (S. 91).

14 Rösener, Zisterzienserklöster, S. 35.

15 Schwarzmaier, Archiv, S. 65.

16 Vgl. hierzu: Wißmann, Enzberg, S. 50–59, und Karl Knöller, Unser Dürrmenz-Mühlacker. Ein Ortsbuch für Haus und Schule, Dürrmenz-Mühlacker 1928, S. 233–244.

17 Vgl. zur Linie Niefern: Wißmann, Enzberg, S. 45–50.

18 Z.B. Wißmann, Enzberg, S. 45f.

19 Butz, Enzberg, S. 301, Anm. 16.

20 Butz, Enzberg, S. 26.

21 Zu den folgenden Ausführungen über die Schirmherrschaft über das Kloster: Rösener, Zisterzienserklöster

22 WUB III.872 (S. 369f).

23 WUB III.900 (S. 403f).

24 Wißmann, Enzberg, S. 59; Butz, Enzberg, S. 28.

25 WUB IV.1231 (S. 300).

26 WUB IV.1237 (S. 305f).

27 Vgl. hierzu: Peter Acht, Studien zum Urkundenwesen der Speyerer Bischöfe im 12. und Anfang des 13. Jahrhunderts (Speyer in seinem Verhältnis zur Reichskanzlei), in: Archiv für Urkundenforschung 14 (1936), S. 262–306, hier S. 287f., bzw. neuerdings Peter Rückert, Alles gefälscht? Verdächtige Urkunden aus der Stauferzeit. Archivalie des Monats März 2003 im Hauptstaatsarchiv Stuttgart, Stuttgart 2003, S. 32–39.

28 Hauptstaatsarchiv Stuttgart A 502 U 801.

29 Wißmann, Enzberg, S. 64; Schwarzmaier, Archiv, S. 66; Butz, Enzberg, S. 30. Rösener, Zisterzienserklöster, erwähnt den Vorgang nicht.
30 Ich danke Christoph Florian, Fellbach, für wertvolle Hinweise.
31 Findbuch zum Enzberg-Archiv Mühlheim Urkunden, Band 1, S. III.
32 Enzberg-Archiv Mühlheim Urkunden 48.
33 Vgl. hierzu ausführlich Konrad Ruser, Zur Geschichte der Gesellschaften von Herren, Rittern und Knechten in Süddeutschland während des 14. Jahrhunderts, in: ZWLG 34/35 (1975/76), S. 1–100.
34 So Hermann Ehmer, Der Gleißende Wolf von Wunnenstein. Herkunft, Karriere und Nachleben eines spätmittelalterlichen Adeligen (Forschungen aus Württembergisch Franken 38), Sigmaringen 1991, S. 100.
35 Ehmer, Wunnenstein, passim.
36 Zum Folgenden: G[ustav] Bossert, Die Zerstörung von Enzberg 1384, in: Württembergische Vierteljahrshefte für Landesgeschichte 10 (1887), S. 48–50, und Butz, Enzberg, S. 36–39.
37 Findbuch zum Enzberg-Archiv Mühlheim Urkunden, Band 1, S. IV.
38 Zum Folgenden: Heimsheim – einst und heute, hrsg. von der Stadt Heimsheim, Heimsheim 1992, S. 23–25; Butz, Enzberg, S. 39f.; Ehmer, Wunnenstein, S. 70ff.
39 Hauptstaatsarchiv Stuttgart A 502 U 805.
40 Kurt Andermann, Zur Besitz- und Wirtschaftsgeschichte des Klosters Maulbronn, in: Maulbronn. Zur 850jährigen Geschichte des Zisterzienserklosters, hrsg. vom Landesdenkmalamt Baden-Württemberg (Forschungen und Berichte der Bau- und Kunstdenkmalpflege in Baden-Württemberg 7), Stuttgart 1997, S. 31–42, hier S. 35.
41 Hauptstaatsarchiv Stuttgart A 502 , Bü 105, fol. 22f.
42 Vgl. Otto von Alberti, Württembergisches Adels- und Wappenbuch, Stuttgart 1899–1916 (ND Neustadt/Aisch 1975), S. 982.
43 Wißmann, Enzberg, S. 72.
44 WUB IX.3828 (S. 259f.).
45 WUB VIII.3284 (S. 420f.).
46 Letzterer betrifft den 1328 nachgewiesenen »Albrecht von Gemmingen, genannt von Entzeberg« (RMBH I.838; S. 84), der ein Mitglied der Familie von Gemmingen gewesen sein kann.
47 Nicht zu verwechseln mit den Bitscher ist der 1254 belegte persönliche Beiname Bintzherr (Binezherre) für den Maulbronner Vogt Heinrich von Enzberg.
48 Neumüllers-Klauser, Enzkreis, Nr. 85 (Grabstein 1938 noch existent, inzwischen abgegangen).
49 Vgl. Seeliger-Zeiss, Inschriften Pforzheim, S. XXXVI. Sie interpretiert aus seiner Bestattung im Chor der Barfüßerkirche eine Verwandtschaft mit den Enzberg, die dort ihre Grablege hatten.
50 RMBH III und IV, passim.
51 Die Urkunde vom 25. Juli 1393 hatten übrigens Volz und Konrad von Weitingen besiegelt (Enzberg-Archiv Mühlheim Urkunden 48).
52 Schwarzmaier, Archiv, S. 68.
53 Enzberg-Archiv Mühlheim Urkunden 75.
54 RMBH III.5991 (S. 107), 6031 (S. 111f).
55 Konrad Krimm, Baden und Habsburg um die Mitte des 15. Jahrhunderts. Fürstlicher Dienst und Reichsgewalt im späten Mittelalter (Veröffentlichungen der Kommission für geschichtliche Landeskunde in Baden-Württemberg B 89), Stuttgart 1976, S. 29, 123.
56 Hauptstaatsarchiv Stuttgart A 502, Bü 105, fol. 36–44, hier fol. 41f.
57 RMBH IV.7697, 7699 (S. 12).
58 Laut Enzberg-Archiv Mühlheim Urkunden, Band 1, S. IV, Sohn Hans' d. Ä. Nach dessen Testament (HStAS A 502, Bü 105, fol. 36–44) war sein Sohn Hans 1466 nicht mehr am Leben.
59 RMBH IV.9591 (S. 234), 10561 (S. 344).
60 Enzberg-Archiv Mühlheim Urkunden 367.
61 Enzberg-Archiv Mühlheim Urkunden 458.
62 Paul Lang, Maulbronner Geschichtenbuch, 1. Auflage Stuttgart 1887, S. 37–86.
63 Friedrich Bauser, Mühlheim an der Donau und die Herren von Enzberg. Ein Gedenkblatt zur Feier des 500jährigen Besitzes der Herrschaft, Coburg 1909, nach S. 40.
64 Butz, Enzberg, S. 43.

WILFRIED SCHÖNTAG

DIE ZOLLERISCHEN BESITZUNGEN MÜHLHEIM UND BURG BRONNEN UND DIE VOGTEI ÜBER DAS STIFT BEURON BIS ZUM KAUF DURCH DIE HERREN VON ENZBERG (1409)

Die Brüder Friedrich und Engelhard von Enzberg kauften mit Urkunde vom 23. September 1409 von den Rittern Konrad und Volz von Weitingen umfangreichen Besitz und Rechte an der Donau, die als Streubesitz um das Augustinerchorherrenstift Beuron, um Mühlheim und auf dem Großen Heuberg lagen.[1] Die Herren von Enzberg machten damals das, was viele andere niederadelige Familien auch taten. Sie wichen dem Druck stärkerer Nachbarn aus, die ihr Territorium auf Kosten der kleineren erweitern wollten, und suchten sich einen neuen Herrschaftsbereich in einer Region, die ein wirtschaftliches Auskommen und, wenn möglich, Chancen einer Erweiterung bot. In ihrem angestammten Herrschaftsraum, der durch die Orte Enzberg, Dürrmenz und Niefern umschrieben werden kann, hatten die Herren von Enzberg eine kleine Herrschaft aufgebaut. Als Lehnsleute des Hochstifts Speyer erlangten sie im dritten Jahrzehnt des 13. Jahrhunderts die Vogtei über das Zisterzienserkloster Maulbronn. Nach kurzer Zeit schon ergaben sich Differenzen mit dem Bischof von Speyer, und die Herren von Enzberg verbrauchten viele Kräfte, um sich als Vögte von Maulbronn zu behaupten. In dieser angespannten Lage sahen sie wahrscheinlich im Kauf der von den Herren von Weitingen angebotenen Güter und Rechte fernab ihrer angestammten Herrschaft eine Möglichkeit, in einem Raum, der nicht umstritten war, günstiger wirtschaften zu können. Während die Herren von Enzberg in der ersten Hälfte des 14. Jahrhunderts im Enzgebiet fast alle Besitzungen verloren hatten, konnten sie nun im Raum Mühlheim ihre Herrschaft ausbauen. Über Jahrhunderte hinweg lag in der zu einem Schloss umgebauten Burg der Mittelpunkt der Familie der Freiherren von Enzberg, die heute noch das Schloss bewohnt.

Die Grundlagen für diese Herrschaft legten im 13. und 14. Jahrhundert die Grafen von Zollern bzw. von Zollern-Schalksburg. Auf engem Raum lassen sich exemplarisch die Strukturen einer niederadeligen Herrschaft und die Bedingungen für ihr Wachsen oder ihren Niedergang herausarbeiten. Gemeinhin wird von einer »Herrschaft Mühlheim« gesprochen, die die Herren von Enzberg 1409 von den Herren von Weitingen gekauft haben. Sieht man sich aber die Quellen genauer an, so kann davon nicht die Rede sein. Die Enzberger kauften einen rechtlich nicht sehr homogenen Besitz, der als Streubesitz um Mühlheim herum lag. Erst sie machten daraus in den folgenden Jahrhunderten eine gefestigte Herrschaft, die bis zum Ende des Alten Reiches Bestand hatte. Wir werden uns daher mit den einzelnen Bausteinen dieser Herrschaftsbildung bis zum Jahr 1409 beschäftigen, die über zwei Jahrhunderte lang von den Grafen von Zollern und nach der Erbteilung 1288 von den Grafen von Zollern-Schalksburg betrieben wurde.

Vom Dorf zur Stadt: Mühlheim als zollerischer Verwaltungsmittelpunkt

Die Quellenlage für den Mühlheimer Raum ist für das 8. bis 12. Jahrhundert dürftig und ergibt kein geschlossenes Bild. Die Veränderungen des 13. und 14. Jahrhunderts führen uns dagegen zwei Konstanten vor Augen. Große Teile der Grundherrschaften an der oberen Donau waren im 8. und 9. Jahrhundert an die Reichsabteien St. Gallen und Reichenau gelangt. So soll nach einer späten Nachricht von Gallus Öhem Graf Gerold um 790 dem Kloster Reichenau Besitzungen in Tuttlingen, Nendingen und Mühlheim geschenkt haben.[2] Aber auch dem Kloster St. Gallen wurde in diesen Orten umfangreicher Besitz übertragen.[3] Benachbarte Adelige übten die Vogteigewalt über diese Besitzungen aus und dürften bis ins 12. Jahrhun-

Mühlheim und Umgebung auf der Karte des Generalmajors Johann Heinrich von Schmitt, 1797

28

Ausschnitt aus der »Charte von Wirtemberg«, 1802

dert hinein zahlreiche Rechte an sich gezogen haben. Ein großer Teil der Macht dieser Adelsfamilien beruhte daher auf der Herrschaft über Kloster- und Kirchengut. Trotz der Entfremdung von Kirchengütern durch regionale Gewalten stellen wir im kirchlichen Bereich eine große Besitzkontinuität fest. Demgegenüber fehlt diese fast vollständig bei den weltlichen Herrschaften. In Mühlheim, dem Dorf im Wulfbachtal, lagen im 8. Jahrhundert wahrscheinlich Güter der alamannischen Herzöge[4], die auf dem Erbweg aufgeteilt und teilweise an Klöster verschenkt worden sind. Schriftliche Quellen setzten erst wieder ein, nachdem sich der Adel im 11. Jahrhundert neu formiert und neuartige Herrschaften aufgebaut hatte. In unserem Zusammenhang sind die Grafen von Nellenburg, die Grafen von Zollern und die mit ihnen stammverwandten Grafen von Hohenberg, die Grafen von Veringen oder die Grafen von Württemberg zu nennen.

29

Die Frühzeit der Herrschaftsbildung der 1063 erstmals genannten, sich nach der Höhenburg Zoller bezeichnenden Herren von Zollern wirft zahlreiche Fragen auf.[5] Wir wissen weder, welchem familiären Umfeld wir die ersten Namensträger zuordnen sollen, noch woher ihre materielle Grundlage, d. h. die Rechte und Güter, stammen. Sie erscheinen in der Mitte des 11. Jahrhunderts in einer Zeit des Umbruchs. In der Forschung wird von einem sich zwischen 1050 und 1250 abspielenden Verherrschaftungsprozess gesprochen. Alte Strukturen lösten sich damals auf und neue Familien konstituierten sich, die in Konkurrenz miteinander standen. Vor allem Kaiser Heinrich IV. förderte den schwäbischen Adel und ermöglichte zahlreichen Ministerialen und Leuten von niedriger Herkunft, in hohe Reichsämter aufzusteigen.[6] Hierzu zählten die Zollern sicherlich nicht, die dem hohen Reichsadel angehörten. Sie nannten sich wie die Grafen von Urach-Achalm oder die Staufer oder die Zähringer nach einer Höhenburg und schufen sich eine neuartige Machtbasis, die auf Grafschaftsrechten, Vogteien über Kirchengüter, Eigengütern und Lehen vor allem von Kirchen und Klöstern beruhte. Herrschaftsrechte verlieh das Königtum, aber auch die Vogteirechte über Kirchengut konnten für die Verdichtung des eigenen Machtbereichs genutzt werden, der erweitert oder auch ganz verloren gehen konnte. Es war ein ständiger Kampf um Einfluss und Herrschaft, der darüber entschied, wer sich in diesem Überlebenskampf bis zum Ende des 13. Jahrhunderts als Landesherr behaupten konnte, wer sich Mächtigeren unterordnen musste oder aus diesem »Spiel« ganz ausschied. Zu diesen jüngeren, aber emporstrebenden Adelsfamilien – Stefan Weinfurter bezeichnet sie als »Aufsteiger« – gehörten auch die Herren, dann Grafen von Zollern. Sie konzentrierten ihren Herrschaftsaufbau zunächst bei ihrer Stammburg auf dem Zoller. Diese wurde der Bezugspunkt für den Aufbau und die Verwaltung der neuartigen Herrschaft. Sie bauten im 13. Jahrhundert überall dort ihre Macht aus, wo Besitz und Rechte vor allem der Reichsabteien St. Gallen und Reichenau, aber auch anderer Klöster nachzuweisen sind. Es ist sicherlich kein Zufall, dass die Nachricht über den Tod der beiden Zollern Burchard und Wezil im Jahr 1063 von einem Chronisten aus der Abtei Reichenau vermerkt wurde. Die Zollern besaßen zahlreiche Reichenauer Lehen, Söhne traten als Mönche in das Kloster ein, und einer wurde 1135 sogar zum Abt gewählt.

Die Grafen von Zollern hatten im 13. Jahrhundert drei Herrschaftsbereiche ausgebaut. Kern dieses Gebiets war die namengebende Burg mit Bisingen, Hechingen und den Besitzungen im Steinlachtal. Hier errichteten sie ihre Residenz und das Verwaltungszentrum Hechingen und hier stifteten sie ihr Hauskloster Stetten, nachdem sie aus dem Benediktinerkloster Alpirsbach herausgedrängt worden waren. Im Süden schloss sich mit dem Verwaltungsmittelpunkt Balingen und der Herrschaft Schalksburg ein Komplex an, den die Grafen von Zollern nach 1200 wahrscheinlich von den Grafen von Veringen (Schalksburg) und von den Grafen von Urach-Freiburg-Fürstenberg nach 1250 erworben hatten. Fast zeitgleich werden erstmals die Besitzungen entlang der Donau genannt. Nach der Herrschafteilung um 1288 standen die südlichen Gebiete den Grafen von Zollern-Schalksburg zu, die sich im 14. Jahrhundert auf die Burgen Schalksburg und Bronnen sowie die Städte Balingen und Mühlheim stützten.

Die zollernschen Rechte und Besitzungen entlang der Donau, die im Osten von dem Augustinerchorherrenstift Beuron und im Westen von Wurmlingen (Kreis Tuttlingen) begrenzt werden, sind erst im 13. Jahrhundert quellenmäßig zu fassen. Bemerkenswert ist, dass nach den Besitzungen um den Zoller dieser Komplex als zweiter Besitzschwerpunkt greifbar wird. Erst in einem dritten Schritt haben die Grafen von Zollern die Herrschaft Schalksburg mit Balingen an sich gezogen. Bei diesem Erwerb scheint es darum gegangen zu sein, eine Verbindung vom Zoller nach Mühlheim herzustellen. Zunächst gab es keinen übergreifenden Begriff für die einzelnen an der Donau gelegenen Besitzungen. Die Benennungen in den Urkunden legen nahe, dass es sich um kleinteilige Bereiche handelte, die erst von den Grafen von Zollern zusammengefasst worden sind.

Mittelpunkt dieses neuen Gebiets wurde die in der ersten Hälfte des 13. Jahrhunderts von den Grafen von Zollern gegründete Stadt Mühlheim. Auf dem gegenüberliegenden Donauufer hatte es im Wulfbachtal einen durch eine Karstquelle gespeisten Bach gegeben, der ganzjährig drei Mühlen antrieb.[7] Hier entstand in alamannischer Zeit ein Dorf mit einer Pfarrkirche, dessen Patronat St. Mauritius und St. Gallus auf Herrschaftsrechte des Klosters St. Gallen verweist. Hatte das Dorf mit seinen Mühlen eine große wirtschaftliche Bedeutung, so kam hinzu, dass unterhalb der späteren Burg Mühlheim eine Donaufurt lag, die zu einer vom Bodensee über Liptingen, Mühlheim und Wehingen nach Norden führenden Straße gehörte. 1241 hören wir erstmals von einer Stadt Mühlheim, die Graf Friedrich von Zollern

St. Gallus-Kirche in
Mühlheim-Altstadt, um 1930

Mühlheim-Altstadt mit
St. Gallus-Kirche, um 1930

und seinem Sohn gehörte.[8] Beide gestatteten damals zu ihrem Seelenheil dem Zisterzienserkloster Salem, ein Haus und eine Hofstätte in der Stadt zu besitzen, die von allen städtischen Abgaben und Diensten befreit waren. Verbunden war dieses Entgegenkommen jedoch mit der Auflage, dass das Kloster keinen weiteren Besitz in der Stadt erwerben dürfe. Über die ersten Jahrzehnte der Stadtentwicklung sind wir nur durch Urkunden aus dem Salemer Archiv informiert. Schon 1241 war die Stadt Mühlheim voll entwickelt, da von Steuern und Abgaben sowie von Nachtwächterdiensten die Rede ist, ebenso von gräflichen Beamten und Bürgern, die alle Arten von Abgaben erheben konnten. Für den Grafen und seine Beamten muss es ein »Amtshaus« gegeben haben, da hier in Anwesenheit der Bürger Gerichtsverhandlungen geführt und Urkunden ausgestellt worden sind. 1255 erfahren wir, dass der Graf den Platz für das Haus in einer Ecke innerhalb der Stadtmauern festgelegt hat.[9] Unter den Zeugen erscheinen neben dem gräflichen Kaplan und dem Schenken die Ritter Albero von Werenwag und Gero von Walterstein (Burgruine Gemeinde Kolbingen), die als zollerische Ministeriale aus den Besitzungen an der Donau anzusprechen sind. Elf Jahre später wird ein Walter von Wurmlingen unter den zollerischen Zeugen genannt. Die Orte Werenwag und Wurmlingen begrenzten den

32

Einflussbereich der Grafen von Zollern, in dessen Mittelpunkt Mühlheim und Bronnen lagen. An einer 1266 in Mühlheim von den Grafen von Zollern sowie dem Schultheißen und der Bürgerschaft von Mühlheim gemeinsam ausgestellten Urkunde ist dann erstmals das Siegel der Bürger von Mühlheim überliefert.[10] Bemerkenswert ist, dass das Stadtsiegel nicht das Wappen des Stadtherrn, den zollerischen quadrierten Schild, als Bild aufweist, sondern ein Mühlrad. Das redende, auf den Ortsnamen bezogene Bild zeigt, dass die Bürgerschaft von Mühlheim bei der Gestaltung des Stadtsiegels eine starke Verhandlungsposition gehabt hat und durchsetzen konnte, dass nicht wie üblich das stadtherrliche Wappen, sondern ihr örtliches, auf die lange Tradition des Dorfes verweisendes Zeichen zum Siegelbild erhoben worden ist. Mühlheim entwickelte sich neben Balingen zu einem zollerischen Verwaltungsmittelpunkt, in dem die Grafen Gericht abhielten, Urkunden ausstellten und, da die Stadt an einer Reichsstraße – einer öffentlichen Straße – lag, Landgerichtstage abhielten.

Die Burg Bronnen und die zollerische Vogtei über Besitz des Stifts Beuron

Wenden wir uns nun der Burg Bronnen zu. Die frühesten schriftlichen Quellen stammen aus dem Ende des 13. Jahrhunderts. 1293 wird ein verstorbener Albert, Vogt in Bronnen, genannt, der Besitz in Buchheim gehabt hatte.[11] Albert ist wahrscheinlich ein auf der Burg Bronnen wohnender Untervogt gewesen. Erstmals berichtet eine Urkunde von 1303 anlässlich der Verpfändung von Mühlheim, Bronnen und der Vogtei über Beuroner Besitz durch Gräfin Udelhild von Zollern-Schalksburg und ihren Sohn Graf Friedrich II. d. Junge gen. von Merckenberg an das Hochstift Konstanz ausführlich über den Umfang der Besitzungen und deren Rechtsverhältnisse.[12] An erster Stelle der Besitzaufzählung steht die Burg Bronnen. Die Burg war ständig von einer Burgbesatzung (»burgsatzen«) bewohnt, die die Burg bewachte (»burghuter«). Nachdem die Burg zunächst verpfändet, dann als Leibgeding und – nachdem Erben vorhanden waren – als Konstanzer Lehen wieder an die Grafen von Zollern-Schalksburg vergeben worden war, leistete die Burgbe-

Schloss Bronnen von Norden mit Bronner Hof, Ölgemälde von Conrad Zoll, 1760er Jahre (Hinteres Schloss Mühlheim)

satzung dem Bischof einen Eid. 1303 wird keine Verbindung zwischen Bronnen und den Rechten in der Stadt Mühlheim oder dem Vogteirecht über das Stift Beuron hergestellt, alle drei stehen unverbunden nebeneinander. Erst aus einer Urkunde von 1391 ergibt sich, dass die Grafen von Zollern im 14. Jahrhundert die Rechtsbeziehungen innerhalb der Besitzungen an der Donau neu strukturiert und Bronnen zum Verwaltungsmittelpunkt für die mit der Vogtei über das Stift Beuron zusammenhängenden Rechte gemacht haben. Als 1391 Graf Friedrich V. von Zollern-Schalksburg die oberhalb des Stifts Beuron gelegene Festung Bronnen an die Herren von Weitingen verkaufte,[13] stellte er fest, dass zu der Burg die Vogtei- und Herrschaftsrechte in Kolbingen, Beuron im Tal, Irndorf, Buchheim und Worndorf gehörten. Eine ähnliche Struktur, bei der eine Burg Mittelpunkt einer teilweise weit gestreuten Herrschaft war, finden wir bei der Burg Kallenberg. Zur Herrschaft Kallenberg, die spätestens im 14. Jahrhundert unter die Herrschaft der Grafen von Hohenberg gelangte, gehörten die weitab liegenden Orte Nusplingen, Obernheim, Dormettingen und Erlaheim. Ähnlich weit gestreut waren die zur Herrschaft Werenwag gehörigen Besitzungen.

Wenn man die Nennung der zur Burg Bronnen gehörenden Rechte und Dörfer in beiden erwähnten Urkunden vergleicht, ergibt sich, dass die 1391 genannten Namen 1303 unter den zur Beuroner Vogtei gehörenden Orten aufgeführt werden. Die Vogtei erstreckte sich auf die Güter und Leute in Beuron im Tal, auf die Leute, Güter und das Ortsgericht in Irndorf, auf die Beuroner Leute und Güter in Ober- und Niederschwandorf, Buchheim und Riedern, das Gut in Winzeln und die zur Herrschaft Winzeln gehörenden Leute und Güter in Tieringen, Hausen unter Win-

Mühlheim mit dem Hinteren Schloss auf einer Gouache von Jakob Eggli, 1843

zeln, Hossingen, Meßstetten, Böttingen (einschließlich des Gerichts), die Leute, das Gut und den Kirchensatz in Oberdigisheim, die Leute und das Gut in »Ecklichoven«. Hier endet die Aufzählung der Beuroner Rechte und es schließt sich eine Aufzählung von Besitzungen der Grafen von Zollern-Schalksburg an. Bemerkenswert ist, dass die Vogteirechte über den Beuroner Besitz zwischen 1303 und 1391 stark dezimiert worden waren. Der gesamte, einst zur Herrschaft Winzeln gehörende Besitz wird nicht mehr aufgeführt.

Wie die Vogtei über den Beuroner Besitz an die Grafen von Zollern gelangt war, liegt im Dunkeln. 1253 übte Graf Eberhard von Nellenburg gemeinsam mit Graf Friedrich von Zollern Vogteirechte über Beuroner Besitz in Irndorf aus, Ende des 13. Jahrhunderts besaßen die Habsburger die Vogteirechte über das Beuroner Eigentum in der Stadt Mengen und Umgebung.[14] Da das Stift Beuron nicht über die freie Vogtwahl verfügte, versuchte es im 12. Jahrhundert, diese durch Fälschung von Urkunden durchzusetzen.[15] Die regionalen Gewalten waren jedoch nicht bereit, auf die Erbvogtei über die jeweils in ihrem Herrschaftsbereich liegenden Beuroner Güter zu verzichten. Zu diesen Vogtherren zählten auch die Grafen von Zollern, wobei wir nicht wissen, auf welchem Wege und wann sie die Vogteirechte erlangt haben. Vogteirechte über Kirchengüter hatten den Vorteil, dass der Vogt Herrschaft ausüben konnte, ohne das Land und die Leute besitzen zu müssen. Das Eigentum über Land und Leute trat in den Hintergrund, »die Herrschaft trennte sich vom Besitz.«[16] Durch die Zusammenfassung von Vogteirechten über Güter mehrerer Klöster – im Falle der Grafen von Zollern waren dies im Wesentlichen die Klöster St. Gallen, Reichenau und das Stift Beuron – konnte somit eine flächige Herrschaft geschaffen werden. Die Vogteirechte über die Beuroner Güter nördlich der Donau passten sich in den Besitz der Grafen von Zollern ein. Die Urkunde von 1303 nennt als gräflichen Besitz das Dorf Königsheim mit Leuten, Gütern und Gericht, das Dorf Aggenhausen mit Leuten, Gütern, Gericht und Kirchensatz, das Dorf Mahlstetten mit Leuten, Gütern und Gericht, das Dorf »Alspach« (Allenspacher Hof) mit Leuten, Gütern, Gericht und Kirchensatz, die zollerischen Leute und Güter in Dürbheim, im Spaichinger Tal, in Kolbingen, Leute, Güter, halbes Gericht und Kirchensatz in Renquishausen, Leute, das Gut und das halbe Gericht in Heinstetten, in Worndorf den Kirchensatz, das halbe Gericht und Leute und Güter. Hinzu kam noch Streubesitz, der im Norden vom Lochen und im Osten von der Schmicha/Schmeie begrenzt wurde. In die Verpfändung waren 1303 die Leute und Güter nicht einbezogen, mit denen der Graf vom Kloster St. Gallen belehnt war. Der versteckt angebrachte Hinweis auf die Grenzziehung am Lochen und an der Schmiecha/Schmeie ist von großer Bedeutung. Der Lochen ist eine Berggruppe, die einen Abschnitt des Albtraufs südlich von Balingen bildet. Die beiden markanten Punkte sind das Lochenhörnle (956 m) und der Lochenstein (963 m). Östlich von letzterem verläuft der Lochenpass (920 m), der Balingen und das Eyachtal mit dem Tal der oberen Bära verbindet, die bei Fridingen in die Donau mündet. Der Lochenpass war für die Grafen von Zollern-Schalksburg also eine wichtige Verkehrsverbindung, um von ihrer Herrschaft Schalksburg mit dem Verwaltungsmittelpunkt Balingen zu den an der Donau gelegenen Besitzungen zu gelangen. Wenige Kilometer westlich des Passes lag der Mittelpunkt der Herrschaft Winzeln[17] (Gemeinde

Hausen am Tann). Heute weist noch die Burgruine Wenzelstein auf diese Vergangenheit hin. Die Herren von Winzeln – wegen ihres Leitnamens »Landolt« waren sie wahrscheinlich Verwandte der Vögte des Klosters Reichenau – hatten in strategischer Lage eine Herrschaft aufgebaut. Nachdem sie sich aus unbekannten Gründen am Ende des 13. Jahrhunderts aus diesem Raum zurückgezogen hatten, gelangten die Güter und Besitzungen an verschiedene neue Herren. Einen nicht unbeträchtlichen Teil zog das Stift Beuron an sich. Über die Vogteirechte erlangten die Grafen von Zollern-Schalksburg Einfluss auf Ortschaften entlang der Straße durch das obere Bäratal nach Mühlheim (Höhenstraße) und Beuron (Talstraße). Die Auflösung der Herrschaft Winzeln zeigt uns, dass die zollerischen Besitzungen an der Donau zunächst ein – von den Burgen Zollern oder Schalksburg aus betrachtet – weit entfernt gelegener Streubesitz waren, welche in dem Raum südlich des Albtraufs und westlich der Schmiecha/Schmeie lagen, die von Ebingen über Straßberg nach Süden fließt und westlich von Inzigkofen in die Donau mündet.

Der Beuroner Besitz in den Dörfern (Ober-)Digisheim, »Aeklikon« (1303: »Ecklichoven«), Tieringen, Hausen, Winzeln, Hossingen, Meßstetten und Heinstetten (»Honstetten«) wird 1305 nochmals genannt.[18] Der Konstanzer Bischof Heinrich II. von Klingenberg bestätigte nochmals die Verpfändung von 1303 und stellte fest, dass diese Rechte und der Besitz nun dem Grafen Friedrich II. von Zollern-Schalksburg als Leibgeding übertragen worden waren. Der gesamte Besitz war damals in das Eigentum des Hochstifts Konstanz übergegangen und dem Grafen stand nur noch ein Nutzungsrecht auf Lebenszeit zu. Als ein neuer Pfandschaftsvertrag

Ansicht des Klosters Beuron, um 1835

geschlossen wurde – der Betrag war auf 1400 Pfund Heller erhöht worden –, stellte Bischof Heinrich klar, dass in den genannten Orten die innerhalb des Etters (»in den invaengen«) liegenden Güter und Rechte zwar nicht verpfändet worden, diese aber in dem alten Leibgedingvertrag von 1303 weiterhin eingeschlossen seien. Diese Aufzählung zeigt, dass die genannten Orte, die alle 1303 als ehemals zur Herrschaft Winzeln gehörend bezeichnet wurden, innerhalb des Beuroner Besitzes und damit auch innerhalb der Vogteirechte der Grafen von Zollern eine Sonderstellung einnahmen. In den folgenden Jahrzehnten gingen sie dem Stift Beuron wieder verloren. Später erschienen sie unter der Oberherrschaft der Grafen von Hohenberg und nach dem Verkauf der Grafschaft 1381 unter der des Hauses Österreich.

Die zollerischen Besitzungen an der Donau als Lehen des Hochstifts Konstanz

Dass Gräfin Udilhild, Witwe des Grafen Friedrich I. von Zollern-Schalksburg, und ihr Sohn Friedrich II. den Besitz an der Donau 1303 dem Bischof Heinrich II. von Konstanz zunächst als Pfand und Leibgedinge übertragen hatten, zeigt die große wirtschaftliche Not der Schalksburger Grafen. Ein weiterer Grund war die damals noch bestehende Unsicherheit, ob der einzige Sohn, Graf Friedrich II., Kinder haben würde. Udilhild und Friedrich I. hatten zwei Kinder, den Grafen Friedrich II. und eine Tochter Udilhild.[19] Mutter und Sohn hatten sich daher für alle Fälle ausbedungen, dass das Leibgeding in ein Lehen umgewandelt würde, wenn Graf Friedrich II. Kinder bekäme. Friedrich II. heiratete eine Gräfin Agnes von Nellenburg und hatte mit ihr vier Kinder; er starb 1319. Friedrich III. übernahm die Schalksburger Herrschaft, sein Bruder Friedrich trat in den geistlichen Stand ein. Die Schwester Agnes wurde Nonne im Hauskloster Stetten und Udilhild (oder Adelheid) heiratete Graf Heinrich von Veringen. Damit war es möglich geworden, das Konstanzer Leibgedinge in ein Lehen umzuwandeln.

Vor diesem Hintergrund stellt sich die Frage, warum Gräfin Udilhild und ihr Sohn die Besitzungen an der Donau nicht an die Vettern von Zollern-Hohenzollern verpfändet haben. Der, wenn auch moderne, Gedanke, den zollerischen Besitz zusammenzuhalten, scheint damals keine Rolle gespielt zu haben. Den Schlüssel zur Antwort liefert die Politik des Konstanzer Bischofs Heinrich II. von Klingenberg.[20] Obwohl sich das Domkapitel für Graf Friedrich von Zollern, Dompropst in Augsburg, Sohn des Grafen Friedrich V. von Zollern-Hohenzollern, als neuen Bischof ausgesprochen hatte, setzte Heinrich von Klingenberg seine Kandidatur erfolgreich durch und der Zoller wurde abgefunden. Bischof Heinrich betrieb dann eine geschickte Territorialpolitik. Als 1298 die Abtei Reichenau dem Hochstift Konstanz unterstellt worden war, konnte der Bischof auch über die umfangreichen Lehen der Abtei verfügen. Und dies betraf beide zollerische Grafenlinien, die mit umfangreichen Reichenauer Lehen belehnt worden waren. Nachdem sich Bischof Heinrich intensiv für die Weihe des Abts von St. Gallen, Heinrich von Ramstein, eingesetzt hatte, verkaufte dieser dem Hochstift zum Dank die St. Galler Herrschaft Konzenberg. Verwaltungsmittelpunkt war der Ort Wurmlingen,[21] mit dessen Vogtei die Grafen von Zollern von den Äbten von St. Gallen belehnt worden waren. Mit Urkunde vom 19. Mai 1301 versicherte Bischof Heinrich II. von Konstanz dem Grafen Friedrich d. Ä. von Zollern(-Schalksburg), dass, wenn er in Wurmlingen eine Stadt gründe, niemals zollerische Eigenleute als Bürger aufgenommen werden sollten.[22] Der Bischof wollte hiermit zollerische Befürchtungen aus dem Weg räumen, dass zollerische Eigenleute aus diesem Raum in die neue Stadt flüchteten und ihnen somit entzogen würden. Daraufhin hat Graf Friedrich auf die Vogteirechte verzichtet und diese dem Hochstift übergeben.[23] Seit 1252 werden zollerische Ministeriale in Wurmlingen genannt und der Lehnsverzicht erfolgte nach Beratung mit seinen Ministerialen in Wurmlingen. Dieser eigenartige Handel beleuchtet die starke Stellung des Bischofs gegenüber dem Grafen, der für eine vage Absichtserklärung auf wertvolle Vogteirechte verzichtete. Bischof Heinrich hatte also schon mit Graf Friedrich Mülli Verhandlungen über einen hochstiftischen und zollerischen Interessenausgleich geführt, an die nach seinem Tode die Witwe anknüpfte und 1303 die Verpfändung vornahm.

Die territorialpolitischen Vorstellungen von Bischof Heinrich II. wirkten lange nach. Das Domkapitel muss mit dem Erwerb der zollerischen Besitzungen bei Mühlheim Pläne verfolgt haben, die sich nach dem Tode Heinrichs nicht mehr realisieren ließen. Dennoch stellte es in den Wahlkapitulationen des 14. Jahrhunderts jeweils die Forderung auf, die Burg Bronnen und die Stadt Mühlheim bei einer Erledigung nicht wieder als Lehen zu vergeben, sondern in den Händen des Bischofs zu behalten.[24] Hier hatte wohl ein Plan bestanden, aus der Herrschaft Konzenberg und Mühlheim ein unmittelbar dem Bischof bzw. dem Domkapitel unterstehendes Territorium zu schaffen.

Nachdem sich die Grafen von Zollern-Schalksburg mit ihren Besitzungen an der Donau unter den Schutz des Hochstifts Konstanz gestellt hatten, in dem unter Bischof Heinrich II. eine weit reichende und unter anderem auch den oberen Donauraum berührende Territorialpolitik betrieben wurde, bekamen die Besitzungen für die Grafen eine neue Bedeutung. Die Stadt Mühlheim wurde stark aufgewertet, nachdem auch hier ein Totengedächtnis für einen Schalksburger Grafen gestiftet und die gesamte Bürgerschaft damit in die Memoria und das Gebet für die Grafen einbezogen worden war. Die traditionellen Begräbnisorte für die Grafen von Zollern-Schalksburg waren das Kloster Stetten bei Hechingen und die Pfarrkirche in Balingen[25]. Nach dem Tode von Graf Friedrich II. von Zollern-Schalksburg stiftete seine Witwe Agnes 1319 ein Totengedenken und eine ewige Messe, die vor dem Marienaltar der Kapelle in Mühlheim zu feiern war.[26] Agnes und ihr Sohn, Graf Friedrich III., dotierten auf Rat des Domstifts Konstanz, ihres Vetters, Graf Friedrich VIII. gen. Ostertag von Zollern-Hohenzollern, einiger Ritter und der Bürgerschaft zu Mühlheim ein Totengedächtnis in der Kapelle in der Stadt und nicht in der Pfarrkirche im alten Dorf. Die umfangreichen Einkünfte für die Seelenmessen aus Liegenschaften in der Stadt wie einer Mühle im Dorf Mühlheim betrugen sieben Pfund Heller und sieben Malter Getreide. Ein geeigneter Priester sollte ohne Behinderung durch den Rektor der Pfarrkirche jeden Morgen eine Totenmesse lesen, und wenn es dem Rektor und den Bürgern gefiele, eine wöchentliche Messe in der Pfarrkirche für die dort beerdigten Toten.

In diesen Jahren festigte sich das Herrschaftsgefüge der Zollern in den Besitzungen an der Donau. In der Stadt Mühlheim war eine Landgericht eingerichtet worden. Sieben Ritter, die teilweise von weither gekommen waren, urteilten als Schöffen unter dem Gerichtsherrn, dem Grafen von Zollern, an einem öffentlichen Ort (»an des Riches strazze«).[27] Die gewachsene Bedeutung von Mühlheim gegenüber der bisher dominierenden Stadt Balingen zeigt sich darin, dass von Graf Friedrich III. (ca. 1319 – nach 1378) zwei Urkunden überliefert sind, in deren Intitulatio er sich als »Herr in Mühlheim« bezeichnet. Er nannte sich 1319 und 1328 als Urkundenaussteller »Graf von Zollern, Herr zu Mühlheim«, auf seinen Siegeln hatte er dagegen die traditionelle Umschrift des Senioratssiegels beibehalten, teilweise versehen mit dem Zusatz »Herr von Schalksburg«. Die Stadt Mühlheim war neben Balingen und der Schalksburg zu einem Verwaltungszentrum ausgebaut worden, in dem regelmäßige gräfliche Gerichtstermine und Verwaltungsverhandlungen geführt wurden.[28] Zollerische Ministeriale werden genannt, die den gräflichen Einflussbereich abstecken. Zwei Ritter von Werenwag traten als Urteiler auf. Die 1319 als Ratgeber und Siegler tätigen Ritter von Lichtenstein (abgegangene Burg bei Neufra, Landkreis Sigmaringen) und von Werenwag und ein Walter von Schalkenberg (abgegangene Burg bei Nendingen) waren zollerische Lehensleute. Die Ritter von Werenwag[29] erscheinen, wie oben schon festgestellt, seit 1256 als Gefolgsleute der Zollern. In diesem Jahr wird auch ein Ritter Gero von »Waltenstein« (abgegangene Burg Walterstein bei Kolbingen) genannt.

Der wirtschaftliche Niedergang der Grafen von Zollern-Schalksburg ließ sich jedoch auf Dauer nicht aufhalten. Die Einkünfte der Herrschaft reichten nicht mehr aus, um ein standesgemäßes Leben zu führen. Ihnen fehlte wohl auch das Durchsetzungsvermögen, ihre Herrschaft auszuweiten. Schon 1364 verkaufte Mechthild von Vaihingen mit Zustimmung ihres Mannes, Graf Friedrich IV., ihre Ansprüche auf das Erbe ihres Bruders für 7500 Pfund Heller den Grafen von Württemberg. 1368 verzichtete sie auch auf ihre Erbansprüche, die sie aus ihrer Heirat mit Markgraf Hermann IX. von Baden hatte. Um Geldeinkünfte zu erhalten, waren schon Jahre früher die Grafen von Zollern-Schalksburg in den Dienst Kaiser Ludwigs des Bayern und der Herzöge von Österreich eingetreten.[30] In den Dienstverträgen mussten sie sich verpflichten, persönlich zu dienen und in Kriegsfällen ihre Städte und Burgen dem jeweiligen Dienstherrn zu öffnen. Als Graf Friedrich III. und sein Sohn Friedrich sich 1377 an dem von der Reichsstadt Rottweil geführten Bündnis beteiligten[31], verpflichteten sie sich, dem Bund mit den Burgen (»unser vestina«) Schalksburg, Balingen und Mühlheim und allen Dörfern, Dienern, Bürgern und Bauern Hilfe zu leisten. Besonders werden die zollerischen Lehensleute Walger Kerus von Bisingen und Heinrich von Werenwag genannt, die sich mit ihren Leuten und Heinrich mit seiner halben Burg Werenwag an der zollerischen Hilfe beteiligen sollten. In einem von diesem Bündnis geführten Krieg kam Graf Friedrich IV. am 14. Mai 1377 bei Reutlingen ums Leben.

Es waren aber nicht nur die regionalen Wirtschaftskrisen oder die durch die große Pestwelle bedingten Einkünfteminderungen in der Mitte des 14. Jahrhunderts, die die Grafen in wirtschaftliche Schwierigkeiten brachten. Graf Friedrich III. und seine Frau Sophia von Schlüsselburg hatten neun Kinder, die es standesgemäß zu versorgen galt. Die Ehe von Graf Friedrich IV. mit der Gräfin Mechthild von Vaihingen war kinderlos geblieben. Der jüngere Graf Friedrich V. übernahm dann die Herrschaft. Da sein Sohn Graf Friedrich auch noch zu seinen Lebzeiten am 10. Juli 1403 starb, war er der letzte seines Stammes. Drei weitere Brüder traten in den geistlichen Stand, ebenso zwei Schwestern. Eine weitere Schwester heiratete Swigger von Gundelfingen, eine andere Graf Heinrich von Fürstenberg. Alle neun Kinder hatten gleichen Anteil an der zollerischen Herrschaft Schalksburg und waren zu gleichen Teilen erbberechtigt. Erbteilung bedeutete bei den Grafen von Zollern, dass eine Nutzungsteilung vorgenommen wurde. Erst 1402 änderten die Grafen von Zollern, zumindest die der Linie Zollern-Hohenzollern, ihr Erbrecht.[32] Die in den geistlichen Stand eingetretenen Söhne oder Töchter wurden vom Erbrecht zu gleichen Teilen ausgeschlossen und mit einer Leibrente von jährlich 50 Pfund Heller abgefunden. Diese Änderung der Familienverträge, die dem geschlossenen Erhalt der Herrschaft diente, hatte für die Schalksburger Linie keine Bedeutung mehr.

Ein weiterer Gesichtspunkt für den Niedergang der Grafen von Zollern-Schalksburg in der zweiten Hälfte des 14. Jahrhunderts lag in der territorialpolitischen Entwicklung. Mit dem Kauf der Grafschaft Hohenberg im Jahr 1381 hatten die Habsburger eine starke Stellung in diesem Raum erlangt. Über Jahrhunderte hinweg übten sie Druck auf die Herrschaft Mühlheim aus. Auch die Grafen von Württemberg fassten an der oberen Donau Fuß. Nachdem die Herren von Wartenberg auf dem von der Abtei Reichenau erhaltenen Lehnsgut die Stadt Tuttlingen gegründet hatten, gelangte diese über die Grafen von Sulz vor 1377 an die Grafen von Württemberg. Auch wenn die Stadt immer wieder verpfändet wurde, besaßen die Württemberger hier einen wichtigen strategischen Platz. Der Kauf der Herrschaft Schalksburg mit der Stadt Balingen im Jahr 1403 ergänzte diese Position. Nicht so erfolgreich war der württembergische Versuch, über die Stadt Sigmaringen von Osten her in diesen Raum vorzudringen. Nachdem zunächst die Habsburger zwischen 1287 und 1290 die Stadt kaufen konnten, wurde sie schon 1323 wieder an die Grafen von Württemberg verpfändet. Auch wenn Württemberg das Eigentum erlangen konnte, verpfändete es die Stadt 1399 an die Grafen von Werdenberg, die 1459 ihrerseits die Eigentumsrechte an Sigmaringen erlangten. Die zollerischen Besitzungen an der Donau waren daher auf allen Seiten von aufstrebenden Territorialherren eingeengt.

Der Verkauf der zollerischen Besitzungen an die Herren von Weitingen

Seit etwa 1380 war die Herrschaft Zollern-Schalksburg stark überschuldet. 1382 verpfändeten die drei zollerischen Brüder, Graf Friedrich V., sein Bruder Friedrich, Mönch auf der Reichenau, und Friedrich, Mönch in St. Gallen, an die Ritter von Weitingen ihre gesamten Einkünfte in der Stadt Balingen in Höhe von 335 Pfund Heller jährlich.[33] Mit den erlösten 2000 Pfund Heller mussten sie eine weit höhere Schuld, die sie bei den Herren von Bubenhofen hatten, zumindest teilweise abtragen. Bei anderen Rittern waren sie ebenfalls verschuldet. Die Ritter von Weitingen nutzten jedoch die prekäre Lage der Grafen von Zollern-Schalksburg am stärksten aus.

Diese beendeten selbst innerhalb weniger Jahre ihre Herrschaft in den Besitzungen an der Donau. 1389 verpfändete Graf Friedrich V. die Burg Bronnen mit zugehörigen Dörfern und Gütern an Swigger von Gundelfingen gegen 230 böhmische Goldgulden und 200 Pfund Heller.[34] Ein wichtiger Teil der Herrschaftsrechte war aus der Hand gegeben, obwohl nach dem Vertrag mit dem Bischof von Konstanz von 1305 die Grafen keine Verpfändung von Lehnsbestandteilen vornehmen durften.

1391 sah sich Graf Fritz von Zollern gen. Mülli, Herr der Schalksburg, gezwungen, den Eigenbesitz (Allodialgüter) und alle zum Konstanzer Lehen gehörenden Besitzungen und Rechte an der Donau für 10.500 Pfund Heller an den Ritter Konrad von Weitingen zu verkaufen.[35] Die Kaufgegenstände werden genau beschrieben. Es gab immer noch keine übergreifende Bezeichnung für die Lehnsherrschaft, da die Bestandteile einzeln aufgezählt werden. Zuerst wird die Stadt Mühlheim an der Donau genannt. Dann folgt die oberhalb des Stifts Beuron gelegene Burg Bronnen, mit der die Vogteirechte über Kolbingen, die Besitzungen im Donautal, über Irndorf, Buchheim und Worndorf verbunden waren.[36] Mit »Vogtei« wird hier die Niedergerichtsbarkeit in den Dörfern bezeichnet. Mühlheim und Bronnen mit allem

Schloss Bronnen, Lithografie von Maximilian Ring, 1849

41

Zubehör waren Lehen des Hochstifts Konstanz, und der Verkäufer verpflichtete sich, die Lehen zu resignieren, damit der Bischof von Konstanz den Käufer belehnen könne. Weiterhin werden als zollerischer Eigenbesitz die Dörfer Königsheim, Böttingen, Mahlstetten und Stetten mit allen Gütern, Rechten und der Vogtei verkauft. Als letzter Komplex wird das Stift Beuron im Donautal mit allen Rechten und Gewohnheiten genannt, die die Grafen von Zollern seit jeher inne gehabt haben. Zunächst könnte die Formulierung »Wir habent Im vnd sinen erben och in dem obgeschrieben koff ze koffent geben burren daz Closter ...« so interpretiert werden, dass Beuron als Eigenstift verkauft worden sei. Die späteren Einlassungen weisen dann jedoch darauf hin, dass es sich hier um eine erbliche Vogtei über das Stift handelte, die natürlich zahlreiche Eingriffsmöglichkeiten in die Verwaltung des Stifts ermöglichte. Die Aufzählung der Rechte in den Dörfern zeigt bestimmte Gruppenbildungen, innerhalb deren z. B. Stetten eine Sonderstellung einnimmt, die auf eine Zusammenfassung ursprünglich eigenständiger Rechte hinweist. Sichtbar wird diese Gruppierung bei der Aufzählung der in dem Kauf inbegriffenen Bewohner der Dörfer. Ihre Rechtsstellung variierte von Eigenleuten, Leute anderer Herren, über die man aber die Vogteirechte besaß, bis hin zu Leuten, die einem Altar zinspflichtig waren (»an altar luten«), oder in Abhängigkeit von einem Kloster oder einer Kirche (»an gotzhuser luten«) standen. Auch die außerhalb der drei genannten Herrschaften Mühlheim, Bronnen und Beuron lebenden Eigenleute waren in den Kauf einbezogen. Die Formulierung »Was och lut usser den obbeschribenen herrschaft saessent oder wonent ...« verdeutlicht, dass es sich damals nicht um eine homogene Herrschaft gehandelt hat, sondern um auf unterschiedlichen Rechtsgrundlagen beruhende Komplexe.

Der Verkauf von 1391 ist ein bedeutender Schritt hin zur die Auflösung der Herrschaft der Grafen von Zollern-Schalksburg. Graf Mülli bekennt, dass er die Burg Bronnen und die Dörfer Buchheim, Worndorf, Irndorf und die Besitzungen im Donautal, ausgenommen das Stift Beuron, verpfändet habe und verpflichtet sich gegenüber Konrad von Weitingen, diese innerhalb der nächsten fünf Jahre wieder auszulösen. Auch die zu der Stadt Mühlheim gehörenden verpfändeten Güter und Leute, ausgenommen Böttingen und der Allenspacher Hof, wollte er selbst wieder auslösen. Böttingen jedoch sollte der Käufer entsprechend dem Pfandbrief auslösen. In den Verpfändungen spiegelt sich die wirtschaftliche Notlage der Grafen von Zollern-Schalksburg am Ende des 13. Jahrhunderts wider. Auch der Verkauf der Besitzungen im Süden der Herrschaft Zollern-Schalksburg schaffte nur wenig Abhilfe, da ein großer Teil des Erlöses für die Auslösung der Pfänder verwendet werden musste. Der Bedeutung des Verkaufs entsprechend hat Graf Friedrich eine Absicherung innerhalb des Familienverbandes vorgenommen. Als Gewährsleute und Bürgen setzte Graf Mülli seinen Bruder, Graf Friedrich gen. Weißgraf, Mönch in der Abtei Reichenau, seinen Onkel Graf Wolfram von Veringen und seine drei Vettern von der Linie der Grafen von Zollern-Hohenzollern ein. Damit hatte er Vertreter der gesamten Familie einbezogen und deren Zustimmung zu dem Verkauf erlangt. Es ging ja nicht nur um den Verkauf von Lehen- und Eigengut. Graf Mülli musste 1396 dem Bischof von Konstanz für dessen Zustimmung zu dem Verkauf des Lehens Mühlheim sein bisher als freies Eigen besessenes Dorf Tailfingen (Stadt

Albstadt) als Lehen auftragen.[37] Am gleichen Tag, als ihn der Bischof in Konstanz mit Tailfingen belehnte, wurde auch der Ritter Konrad von Weitingen mit den Lehen des Hochstifts Konstanz in Mühlheim und Bronnen belehnt.

In der Zwischenzeit hatte Graf Mülli weitere Rechte an der Donau abgestoßen. Am 21. Januar 1392, also nur wenige Wochen nach dem oben beschriebenen Besitzwechsel, verkaufte Graf Friedrich von Zollern-Schalksburg dem Ritter Konrad von Weitingen das Dorf Nendingen, wenige Kilometer westlich von Mühlheim gelegen, für 700 Pfund Heller.[38] Der Ort war Lehen der Abtei Reichenau. Ausgenommen war nur das Zehntrecht, das Benz Unfrid zustand. Unter den Bürgen war wiederum sein Bruder Graf Friedrich, der Weißgraf, Mönch auf der Reichenau.

Die Auflösung der zollerischen Herrschaft Schalksburg erfolgte in zwei großen Schritten. Noch zu Lebzeiten seines Sohns verkaufte Graf Friedrich V. die südlichen, an der Donau gelegenen Herrschaftsteile und konzentrierte seine Herrschaft auf den Raum um Balingen und die namengebende Burg Schalksburg. Nachdem sein einziger Sohn, Graf Friedrich, 1403 gestorben war, verkaufte er in diesem Jahr auch diesen Bereich an die Grafen von Württemberg. Die Linie der Zollern-Schalksburg erlosch mit dem 1408 verstorbenen Graf Friedrich V. im Mannesstamm, da seine drei überlebenden Brüder alle in den geistlichen Stand eingetreten waren. Die machtpolitische Lage in diesem Raum hatte sich gegenüber dem 13. Jahrhundert wesentlich verändert. Nicht mehr die Grafen von Zollern gaben den Ton an, sondern die Grafen von Württemberg, die Herzöge von Österreich, die 1381 die Grafschaft Hohenberg gekauft hatten, und nicht zuletzt einige niederadelige Familien wie die Herren von Weitingen oder von Enzberg, die gut gewirtschaftet hatten und sich Herrschaften zusammenkaufen konnten. Die Schalksburger Herrschaft war daher in fremde Hände übergegangen und nicht an die Vettern der Linie Zollern-Hohenzollern.

Die Auflösung der Herrschaft der Grafen von Zollern-Schalksburg an der Donau ist quellenmäßig gut belegt. Hier zeigt sich die Struktur einer für die damaligen Zeit »normalen« Herrschaft, die aus Eigengütern und Lehen verschiedener Klöster bestand. Güter und Rechte wurden als Lehen erworben, Eigengüter wurden als Lehen aufgetragen und Lehen konnten auch in Eigengüter umgewandelt werden. Daher ist große Vorsicht geraten, in dieser quellenarmen Zeit Vorbesitzer allein durch genealogische Konstruktionen bestimmen zu wollen.

Das Zwischenspiel der Herren von Weitingen in Mühlheim

Die Herren von Weitingen[39] behielten die Besitzungen an der Donau nicht sehr lange. Sie hatten zu den Familien gehört, die im 13. Jahrhundert von ihrem Stammsitz bei Weitingen (Gemeinde Eutingen im Gäu) aus jede Gelegenheit nutzen, ihre niederadelige Herrschaft auszudehnen. Sie standen seit 1236 im Dienst der Grafen von Hohenberg und wurden, als diese 1381 ihre Grafschaft an das Haus Österreich verkauften, deren Gefolgsleute. Vermutlich hatte Konrad von Weitingen die zollernschen Besitzungen und Rechte entlang der Donau gekauft, um seine Herrschaft auszuweiten. Sein baldiger Tod machte diesem Vorhaben ein Ende. Sein Erbe, zumindest die Besitzungen an der Donau, ging an seinen Bruder Volz von Weitingen über.[40] Die Erbauseinandersetzungen zwischen Volz von Weitingen und der Witwe Konrads, Anna von Stein, sind so zu deuten, dass Volz an diesen Besitzungen wenig Interesse hatte. Zunächst wurde Anna als Witwengut das Schloss Mühlheim zugewiesen.[41] In den folgenden Jahren entstanden Erbstreitigkeiten zwischen Anna und ihrem Schwager, die erst Ende 1406 durch einen Vergleich beigelegt worden sind.[42] Hierbei ging es vor allem um Mühlheim, ohne dass wir etwas über die Einzelheiten wissen. Als Erbe seines Bruders ließ sich Volz vom Abt Friedrich von Reichenau mit dem Dorf Nendingen belehnen.[43] Volz starb bald darauf und seine Söhne Konrad, Volz und Hans von Weitingen traten 1407 sein Erbe an. Sie hatten wenig Interesse an den von ihren sonstigen Besitzungen abgelegenen Gütern. Es ist möglich, dass der Verkauf der Besitzungen an der Donau die Vorstufe oder ein Bestandteil einer im Juli 1410 erfolgten Teilung der Güter[44] der Herren von Weitingen zwischen den Brüdern Volz und Konrad war.

Die Herren von Enzberg verlagern ihren Sitz nach Mühlheim

Der Ritter Friedrich von Enzberg wusste über die schwierige wirtschaftliche Lage der Grafen von Zollern Bescheid, denn er hatte 1402 den drei Grafen von Zollern-Schalksburg 100 rheinische Gulden geliehen.[45] Daher ist davon auszugehen, dass er auch über die Beschaffenheit der Besitzungen an der Donau Kenntnis hatte. Als die Ritter von Weitingen diese Güter verkaufen wollten, griffen die Brüder von Enz-

Das Siegel der Stadt Mühlheim an einer
Urkunde aus dem Enzberg-Archiv von 1579

berg daher zu. Mit Urkunde vom 23. September 1409 verkauften die Brüder Konrad und Volz die Konstanzer und Reichenauer Lehen und anderen Eigenbesitz für 8500 Gulden an die Herren Friedrich und Engelhard von Enzberg, die ihre Vettern waren.[46] Der Besitz wird detailliert aufgeführt: die Stadt Mühlheim, Burg und Veste Bronnen, die Vogtei, Rechte und Gerechtsame in den Dörfern Kolbingen, Beuron im Tal, Irndorf, Buchheim (»Buochen«) und Worndorf, alles Lehen vom Hochstift Konstanz, dann die Dörfer Königsheim, Böttingen und Mahlstetten, Güter, Rechte, Vogtei und Gewaltsame in Stetten, alles Eigengüter des Verkäufers, sodann das Augustinerchorherrenstift Beuron mit allen hergebrachten Rechten, Gewaltsamen, Lehen, Vogteien und Gewohnheiten, ferner das Dorf Nendingen, Lehen der Abtei Reichenau, auch den Eigenbesitz des Verkäufers in Worndorf und zuletzt das Weingeld in Zelle, das an Graf Eberhard von Werdenberg verpfändet ist.

Auch die Übertragung der ehemaligen zollerischen Rechte und Besitzungen von den Herren von Weitingen auf die von Enzberg wurde gut abgesichert. Unter den Bürgen erscheinen unter anderen die Grafen Rudolf VI. von Hohenberg-Wildberg, Friedrich von Hohenzollern gen. der Öttinger und Friedrich von Hohenzollern gen. Eitelfritz. Auch die Grafen der Linie Zollern-Hohenzollern hatten wiederum ihre Zustimmung erteilt, die Zollern-Schalksburger Linie war ja 1408 mit dem Tod von Graf Friedrich V. gen. Mülli in der männlichen Linie ausgestorben.

Die Herren von Enzberg haben die gekauften Besitzungen konsolidiert und zu einer Herrschaft verdichtet. In einen festen reichsrechtlichen Rahmen wurde diese mit der Aufnahme in die Reichsritterschaft gestellt. Im Gegensatz zur früheren Geschichte lassen sich die Handlungen und Taten der Enzberger sehr gut verfolgen, da das umfangreiche Familienarchiv über die Jahrhunderte hinweg sorgsam gepflegt worden ist.[47]

Anmerkungen

1   Original im Enzberg-Archiv Mühlheim Urkunden 75; Regest bei Eugen Schnell, Frühe Dynastengeschlechter in Hohenzollern, besonders die Herren von Weitingen, in: Mitteilungen zur hohenzollerischen Geschichte 9 (1875/76), S. 1–33, hier S. 5 Nr. 7.

2   Hans-Joachim Schuster, Alamannische Besiedlungsgeschichte an der oberen Donau im Spiegel der Ortsnamen, Urkunden und archäologischen Funde, in: Dorothee Ade, Bernhard Rüth, Andreas Zekorn (Hrsg.), Alamannen zwischen Schwarzwald, Neckar und Donau, Stuttgart 2008, S. 69–73, hier S. 73 mit weiterer Literatur.

3   Vgl. unter anderem die Schenkungen (genannte Orte: Schörzingen, Reichenbach, Trossingen, Mühlheim, Meßstetten) von Graf Adalhart II. im Thurgau an die Kirche St. Verena in Burc (Straßberg), die er dem Kloster St. Gallen überträgt. Württembergisches Urkundenbuch, Bd. 1, Nr. 109, S. 127; leicht einsehbar im Württembergischen Urkundenbuch Online (www.wubonline.de).

4   Elmar Blessing, Mühlheim an der Donau. Geschichte und Geschichten einer Stadt, Sigmaringen 1985, S. 1.

5   Wilfried Schöntag, Hohenzollern, in: Handbuch der baden-württembergischen Geschichte, Bd. 2: Die Territorien im Alten Reich, Stuttgart 1995, S. 360–378, hier S. 362 f., ältere Literatur, S. 360f.; ders., Die Herrschaftsbildungen der Grafen von Zollern vom 12. bis zur Mitte des 16. Jahrhunderts, in: Zeitschrift für hohenzollerische Geschichte 32 (1996), S. 167–228, hier S. 170f., 184f., 194f.

6   Thomas Zotz, Ottonen-, Salier- und frühe Stauferzeit (911–1167), in: Handbuch der baden-württembergischen Geschichte, Bd. 1: Allgemeine Geschichte, Stuttgart 2001, S. 381–528, hier S. 422f.; Stefan Weinfurter, Herrschaftsbildung in staufischer Zeit mit Blick auf den unteren Neckar, in:

Hansmartin Schwarzmaier, Peter Rückert (Hrsg.), Das Land am mittleren Neckar zwischen Baden und Württemberg (Oberrheinische Studien 24), Ostfildern 2005, S. 95–109, hier S. 97f.

7 Ausführlich Blessing, Mühlheim, S. 16f.

8 Württembergisches Urkundenbuch, Bd. 4, Nr. 959, S. 5; vgl. Rudolph Freiherr von Stillfried und Traugott Maercker (Hrsg.), Monumenta Zollerana. Urkundenbuch zur Geschichte des Hauses Hohenzollern, Bd.1, Berlin 1852, S. 62f.

9 Württembergisches Urkundenbuch, Bd. 5, Nr. 1369, S. 137 zu 1255 Dezember 31, verhandelt in der Burg Zollern; zur Lage des Salemer Pfleghofs in einer Ecke an der südöstlichen Stadtmauer vgl. die Karte bei Blessing, Mühlheim, S. 33.

10 Württembergisches Urkundenbuch, Bd. 6, Nr. 1876, S. 269f. zu 1266 Oktober 8, Mühlheim.

11 Regest bei Karl Th. Zingeler, Geschichte des Klosters Beuron im Donauthale, Sigmaringen 1890, S. 86 zu 1293 März 13.

12 Monumenta Zollerana, Bd. 1, Nr. 247, S. 111f.; Ausfertigung Hauptstaatsarchiv Stuttgart A 602, Württembergische Regesten, Nr. 4984; die noch von Blessing, Mühlheim, S. 1f. zum Vergleich herangezogene Urkunde von 1253 (Monumenta Zollerana 1 Nr. 179, S. 68f.) ist eine gelehrte Fälschung des 18. Jahrhunderts. Vgl. Wilfried Schöntag, Erwerb der Reichsunmittelbarkeit durch Kauf von Hoheitsrechten oder durch Fälschung von Texten? Die Fälschungen des Beuroner Kanzleidirektors Johann Bartholomäus Pizenberger († 1772), in: Zeitschrift für hohenzollerische Geschichte 28 (1992), S.23–66, hier S. 35f. mit Teilabbildung der angeblichen Urkunde im Hauptstaatsarchiv Stuttgart A 193 Urk. 1.

13 Monumenta Zollerana, Bd. 1, Nr. 421, S. 295f.

14 Hauptstaatsarchiv Stuttgart H 162, Bd. 1: Habsburger Urbar, Aufstellung über Mengen.

15 Wilfried Schöntag, Augustinerchorherren im Donautal, in: Wilfried Schöntag (Hrsg.), 250 Jahre Abteikirche Beuron. Geschichte, geistliches Leben, Kunst, Beuron 1988, S. 11–25, hier S. 15.

16 Weinfurter, Herrschaftsbildung, S. 105.

17 Der Landkreis Balingen. Amtliche Kreisbeschreibung, 2 Bde, Stuttgart 1960–1961, hier Bd. 2, S. 414f.

18 Monumenta Zollerana, Bd. 1, Nr. 249, S. 118f.

19 Julius Grossmann, Ernst Berner, Georg Schuster, Karl Theodor Zingeler, Genealogie des Gesamthauses Hohenzollern, Berlin 1905, S. 60.

20 Helmut Weidhase, Heinrich II. von Klingenberg. Kanzler im Reich, Herrscher im Bistum, Mäzen der Kunst, in: Elmar L. Kuhn, Eva Moser u.a. (Hrsg.), Die Bischöfe von Konstanz, Bd. 2: Kultur, Friedrichshafen 1988, S. 214–238, bes. S. 217f.; Anneliese Müller, Besitzgeschichte des Hochstifts, in: ebenda, Bd. 1, S. 277–287, bes. S. 280f., Karte S. 281.

21 Zum Umfang des St. Galler Besitzes in Wurmlingen, Mühlheim und Stetten (Stadt Mühlheim) vgl. das Einkünfteverzeichnis Württembergisches Urkundenbuch, Bd. 5, S. 400f., Nr. 18 e; Wurmlingen war 797 von Graf Warin dem Kloster geschenkt worden, ebenda, Bd. 1, Nr. 44, S. 46.

22 Monumenta Zollerana, Bd. 1, Nr. 245, S. 109f.

23 Monumenta Zollerana, Bd. 8: Ergänzungen und Berichtigungen, Berlin 1890, Nr. 59, S. 25f. zu 1302 Mai 17.

24 Wahlkapitulationen von 1326 Juli 2 (Rudolf III. von Montfort) RC Nr. 4087; 1334 April 13 (Elekt Nikolaus) RC Nr. 4428; 1387 Dez. 13 (Burkart von Hewen) RC Nr. 7098.

25 Grossmann, Genealogie, S. 487 (Balingen), S. 515 (Stetten bei Hechingen).

26 Monumenta Zollerana, Bd. 1, Nr. 266, S. 132f. zum 15. März 1319, Mühlheim.

27 Ebenda, Bd. 1, Nr. 247, S. 134 zu 1319 November 16, Mühlheim »in der stat«.

28 Urkundenausstellungen in Mühlheim: 1241, 1266, 1268, 1278, 1319 (zwei Urkunden), 1333; alle Belege in Monumenta Zollerana, Bd. 1.

29 Codex diplomaticus Salemitanus, hrsg. von Friedrich von Weech, Bd. 1, 1883, Nr. 323, S. 362 zu 1256 Dez. 31, »actum in Zollre«; Monumenta Zollerana, Bd. 1, Nr. 323, S. 363, datiert auf 1255 Dez. 31.

30 1330 Juni 1: Vertrag, 30 Jahre lang den Herzögen Albrecht und Otto von Österreich mit 20 Helmen im Krieg zu dienen (Monumenta Zollerana, Bd. 1, S. 144). Kurz darauf wechselte der Graf zu Ludwig dem Bayern über, das Dienstgeld betrug 1200 Pfund Heller (ebenda, S. 145 zu 1330 August 6); am 13. Juni 1331 neuer Dienstvertrag, mit seinen Burgen und »aller miner macht« und im Kriegsfall mit 10 Helmen Ludwig dem Bayern zu dienen (ebenda, Bd. 8, S. 29). 1350 standen die Brüder Graf Friedrich und Graf Friedrich von Zollern-Schalksburg im Dienst von Herzog Albrecht von Österreich, das Dienstgeld betrug 1500 Gulden (ebenda, Bd. 1, S. 178, 180).

31 Monumenta Zollerana, Bd. 1, Nr. 370, S. 232f. zu 1377 Januar 29.
32 Schöntag, Herrschaftsbildung, S. 214f.
33 Monumenta Zollerana, Bd. 8, Nr. 105, S. 45f. zu 1382 Mai 25; vgl. auch Nr. 107, S. 48f. zu 1383 Mai 1.
34 Monumenta Zollerana, Bd. 1, Nr. 415, S. 288f.
35 Ausfertigung vom 28. September 1391 im Enzberg-Archiv Mühlheim Urkunden 44; Druck: Monumenta Zollerana, Bd. 1, Nr. 171, S. 295f.
36 Monumenta Zollerana, Bd. 1, Nr. 171, S. 295: »daz alles zuo brunnen der vestin gehoeret.«
37 Ebenda, Bd. 8, Nr. 123, S. 67f. zu 1396 Januar 24.
38 Ebenda, Bd. 8, Nr. 119, S. 61f.
39 Schnell, Frühe Dynastengeschlechter, in: Mitteilungen zur hohenzollerischen Geschichte 8 (1874/75), S. 41–102; 9, 1875/76, S. 1–33; Casimir Bumiller, Studien zur Sozialgeschichte der Grafen von Zollern im Spätmittelalter, Sigmaringen 1990, S. 102.
40 Monumenta Zollerana, Bd. 1, Nr. 482, S. 384.
41 Schnell, Frühe Dynastengeschlechter, S. 5, Nr. 3 zum 26. Januar 1401.
42 Ebenda S. 5, Nr. 4, 6 zum 15. November 1406. Anna hatte inzwischen Georg von End geheiratet.
43 Ebenda S. 5, Nr. 5 zum 10. Dezember 1403; Ausfertigung im Archiv der Freiherren von Enzberg; Druck: Monumenta Zollerana, Bd. 1, Nr. 482, S. 384. Bei dem Abt handelte es sich um Graf Friedrich von Zollern-Schalksburg gen. Weißgraf, der im Mai 1402 zum Abt gewählt worden war.
44 Hansmartin Schwarzmaier, Das Archiv der Freiherrn von Enzberg und der Aufbau ihrer Herrschaft, in: Zeitschrift für württembergische Landesgeschichte 26 (1967), S. 62–78, hier S. 69.
45 Monumenta Zollerana, Bd. 8, S. 71 zu 1402 Dez. 20.
46 Original im Enzberg-Archiv Mühlheim Urkunden 75.
47 Schwarzmaier, Archiv Enzberg, S. 68f.

König Maximilian verleiht Hans Jakob von Bodman als Vormund der Brüder Friedrich und Hans Rudolf von Enzberg das Hochgericht und den Blutbann zu Mühlheim, 1469.

K ARL A UGUSTIN F RECH

DIE HERRSCHAFT MÜHLHEIM
VON 1409 BIS ZUM ENDE DES ALTEN REICHES

Die Herrschaft bis zum Übergang an das Haus Enzberg

»Mühlheim ist eine ansehnliche Herrschaft an der Donau, gehört der freiherrlichen Familie von Enzberg [...] Sie ist ganz katholisch und hängt in einem zusammen, indem die zween Orte, die abgesondert liegen, durch die fortlaufende Jurisdiktion mit den andern verbunden sind. Sie hat ein Appellationsgericht, woher die Beamtung den Titel eines Oberamts führt. Sie enthält ein Städtchen und 11 Dörfer, Höfe und einzelne Gebäude [nämlich:] Mühlheim, Aggenhausen, Allenspach, Bettingen oder Böttingen, Bronnen, Buchheim, Irrendorf, Königsheim, Kraftstein, Mahlstetten, Nendingen und Stetten.«

Diese Beschreibung der Herrschaft Mühlheim aus dem Jahr 1797 steht in der Landesbeschreibung Schwabens aus der Feder von Philipp Roder.[1] In den Druck kam sie nur wenige Jahre, bevor die alte Herrschaft Mühlheim in den Napoleonischen Kriegen und deren Folge 1806 ihr Ende fand. Neben der Stadt Mühlheim und den sieben zugehörigen Dörfern sind darin die damals bereits abgegangenen und nur noch als Gemarkung erhaltenen Orte Aggenhausen (Kirche, Gemarkung Mahlstetten) und Allenspach als Bestandteil der Herrschaft aufgezählt sowie die Burg Bronnen[2] und die von der Stadt Mühlheim gekaufte ehemalige Burg Kraftstein mit Hofgut.[3]

Ihren Anfang hatte die Herrschaft Mühlheim in den Zeiten des Mittelalters. Wie sie vor dem Ende des 13. Jahrhunderts strukturiert und aufgebaut war, entzieht sich unserer Kenntnis. Spätestens seit der Mitte des 13. Jahrhunderts aber gehörte sie den Grafen von Zollern. Diese Tatsache ergibt sich aus verschiedenen Urkunden. So bestätigte Graf Friedrich von Zollern 1241 dem Kloster Salem den Besitz eines Hauses in seiner Stadt Mühlheim (»in burgo nostro Mulhaim«).[4] Im nächsten Jahrzehnt (1255) stellte der Zollergraf auf seiner Zollernburg eine Urkunde aus, in der er erneut dem Kloster Salem ein Haus in Mühlheim überließ. Weitere Urkunden mit ähnlichem Inhalt zum Nutzen des Klosters Salem erließ Friedrich von Zollern 1266 und 1268 in Mühlheim.[5]

Aus diesen Hinweisen ergibt sich die Tatsache, dass zumindest seit der Mitte des 13. Jahrhunderts die Grafen von Zollern auch Herren zu Mühlheim waren. Die Frage, seit wann genau das der Fall war, lässt sich nicht beantworten, denn für die Erforschung dieses Problems fehlen alle Quellen. Ebenso schlecht ist es um die Frage bestellt, was alles zu dieser im Besitz der Zollerngrafen befindlichen Herrschaft gehörte und wie deren Umfang im 13. Jahrhundert war.[6] Weitere Besitzungen der Mühlheimer Stadtherren zu jener Zeit lagen abseits des Besitzkomplexes im

Donautal und gruppierten sich um die beiden Herrschaftszentren Hohenzollern mit Hechingen und Schalksburg mit Balingen.

Ein erstes Dokument, das Einblicke in den Aufbau, die Zusammensetzung und Struktur der zollerischen Herrschaft Mühlheim erlaubt, stammt aus dem Jahr 1303. Damals waren die Gräfin Udilhild und ihr Sohn Friedrich von Zollern, mit dem Beinamen von Merkenberg, gezwungen, Mühlheim an den Bischof Heinrich von Konstanz zu verpfänden.[7] In der über diesen Handel aufgesetzten Urkunde ist der Gegenstand der Verpfändung genau beschrieben. Verpfändet wurde Mühlheim, aber nicht nur die Stadt, sondern die gesamte Herrschaft. Deshalb ist der Bestand dieses Herrschaftskomplexes in dem Vertrag minutiös beschrieben.

Die Mühlheimer Besitzung des Hauses Zollern umfasste zu diesem Zeitpunkt folgende Bestandteile:
1. die Burg Bronnen
2. die Stadt und Burg Mühlheim
3. die Vogtei über das Kloster Beuron und dessen Besitz.

Die Inhaber übergaben mit der Urkunde die Mühlheimer Herrschaft dem Bistum Konstanz; sie erhielten dafür 1000 Pfund Heller und nahmen die Herrschaft vom Bischof als Lehen. Zwei weitere Dokumente aus dem Jahr 1305 haben das Mühlheimer Besitzkonglomerat zum Gegenstand; einerseits verpflichtet sich »Graue Friderich von Zolr dem da nemmet von Merkenberg«, seine Lehen nicht weiter zu veräußern, der andere Vertrag regelt die Modalitäten einer Einlösung der Herrschaft.[8]

Im Jahr 1391, am 28. September, endete die Herrschaft der Zollergrafen über Mühlheim. An diesem Tag verkaufte der »Graf fritz von zolr den man nempt Graf Mully, herr zu Schaltzburg« seinen Mühlheimer Besitz für 10.500 Pfund Heller an den Ritter Konrad von Weitingen.[9] In diesem Kaufvertrag wird naturgemäß der genaue Umfang des Mühlheimer Besitzes erneut detailliert in allen Einzelheiten beschrieben. Die Herrschaft setzte sich 1391 zusammen aus folgenden Bestandteilen:

– die Stadt Mühlheim: »Mulhain vnser Stat an der Tunow gelegen«
– die Burg Bronnen: »brunnen vnser burg und vestin«
– die Vogtei über Kolbingen, Beuron, Irndorf, Buchheim und Worndorf als Zubehör der Burg Bronnen: »vnser Vogtayn reht vnd gewaltsamy ze kolbingen, ze burren Im tal, ze vrndorf, ze buchen und ze worndorf, daz alles zu brunnen der vestin gehoret«
– die Dörfer Königsheim, Böttingen und Mahlstetten sowie Besitz und Rechte in Stetten: »kungshain vnser dorff, bettingen vnser dorff, Malstetten vnser dorff vnd allu unsru reht, guter vogty vnd gewaltsamy ze Stetten dem dorff«
– das Kloster Beuron: »burren daz Closter«.[10]

Weiterhin gibt der Vertrag Auskunft darüber, dass Mühlheim und Bronnen Lehen des Bistums Konstanz sind (»du stat Mulhain vnd brunnen du vestin mit allen iren zugehorden, lehen ist vnd ze lehen gat von ainem byschoff ze Costentz«), während es sich bei den drei Heubergdörfern um Allodialbesitz (freies Eigentum) handelt und Bronnen samt allem Zubehör versetzt ist.[11] Ebenfalls versetzt sind Allenspach und Böttingen (»alspan vnd butingen«).

Bereits am 21. Januar 1392 setzte sich der Ausverkauf der ehemals zollerischen Herrschaft Mühlheim fort, als Konrad von Weitingen dem Grafen Friedrich Mülli auch noch dessen Lehen Nendingen für 700 Pfund Heller abkaufte.[12] Damit war die Ablösung der Zollern als Herrscher im Besitzkomplex Mühlheim abgeschlossen.[13] Alles, was ehedem die Zollergrafen hier in den Händen hatten, war nunmehr an Konrad von Weitingen übergegangen. Der Käufer konnte sich an seinem Besitz allerdings nicht lange erfreuen, denn schon 1400 ist er gestorben. Das Erbe des Konrad in Mühlheim trat sein Bruder Volz von Weitingen an, der mit Beatrix von Enzberg verheiratet war. Volz hatte in der Folge einige Konflikte mit Anna von Stein, der Witwe seines Bruders, auszufechten, auch um das Eigentum an der oberen Donau.[14] Über Volz von Weitingen kam der Komplex nach dessen Tod über den Erbweg an seine Söhne Konrad und Volz von Weitingen, die im Jahr 1409 ihr Erbe an die Brüder ihrer Mutter veräußerten.

Die Familie Enzberg und der Kauf von Mühlheim

Am 23. September 1409 kauften Friedrich VI. und Engelhard von Enzberg die Herrschaft Mühlheim von ihren Neffen Konrad und Volz von Weitingen. Die Freiherren von Enzberg stammten ursprünglich aus dem gleichnamigen Ort.[15] Seit 1236 waren Vertreter der Familie Schirmvögte über das Kloster Maulbronn,[16] ein Amt, das den Herren von Enzberg letztmals 1325 verliehen wurde. Auf Kosten des Klosters versuchten sie, den eigenen Machtbereich zu vergrößern.

Seit Mitte des 14. Jahrhunderts sind Enzberger Familienangehörige mehrfach als Ritter und Ritterführer in den Soldlisten italienischer Städte und Potentaten genannt.[17] Das steht vermutlich im Zusammenhang mit der Tatsache, dass ihnen im Kampf um die Vogtei über das Kloster Maulbronn in Pfalzgraf Ruprecht ein übermächtiger Gegner entgegentrat, der schließlich 1384 die heimatliche Stammburg der Familie in Enzberg zerstörte.[18] Um das Jahr 1393 waren die Herren von Enzberg wesentlich an der Gründung der Rittergesellschaft der Schlegler beteiligt, in der sie zwei Anführer, sogenannte Schleglerkönige stellten. 1395 fielen drei Schleglerkönige bei der Niederlage ihres Heeres dem Grafen Eberhard von Württemberg in die Hände, darunter Friedrich von Enzberg, der einer der Erwerber der Herrschaft Mühlheim werden sollte.[19]

In diese für die Familie politisch prekäre Situation, in der die heimatliche Machtposition im Symbol der eigenen Burg zerstört, die Vogtei über Maulbronn entzogen und die Strategie der ritterschaftlichen Bündnisse in der Niederlage des Schleglerbunds gegen die Landesherren gescheitert war, fiel der Erwerb der Herrschaft Mühlheim. Die Umorientierung in eine neue Lebensregion wurde durch die Zerstörung der bisherigen Grundlagen der Macht erzwungen, wollte man den gewohnten gesellschaftlichen Rang und die bisherige Lebensweise beibehalten.

Dies war die Lage, als der Kauf der Herrschaft Mühlheim anfiel. Der Herrschaftsschwerpunkt der von Weitingen lag im Neckartal zwischen Horb und Rottenburg; Mühlheim war für diese Familie eine abgelegene Randbesitzung. In der bedrängten Lage der Familie von Enzberg verkauften Konrad und Volz von Weitin-

Grundsteinlegung für 600 Jahre Tradition und Familienbesitz in Mühlheim: Am 23. September 1409 verkaufen Konrad und Volz von Weitingen die Stadt Mühlheim an der Donau, die Burg Bronnen und weiterer Besitz und Rechte in Kolbingen, Beuron, Irndorf, Buchheim, Worndorf, Königsheim, Böttingen, Mahlstetten, Stetten und Nendingen an Friedrich und Engelhard von Enzberg.

gen ihr Mühlheimer Besitztum ihren beiden Onkeln und boten deren Familie dadurch die Möglichkeit zur Schaffung eines neuen Lebens- und Besitzzentrums.

Am 23. September 1409 kam es zum Verkauf (»Ich Conrat vnd ich Voltze von Wytingen gebrüdere her Voltzen von Wytingen Ritters seligen sune ... verkouffen ... den fromen vesten Friderichen vnd Engelharten von Entzberge gebrudern vnsern lieben Vettern«). Die Brüder Friedrich und Engelhard von Enzberg kauften die Herrschaft[20] im Großen und Ganzen in dem Umfang, den sie bis zu ihrem Ende haben sollte, mit peinlich genau aufgelisteten Ansprüchen und Rechten: »Stette vestin dorffere,... hofe lüte vnd gute gantze ... mit allen iren rechten herlichkhaiten lohnung vnd lyhung gaistlicher vnd weltlicher gaabe kirchen kirchenschetzen pfrunde lihunge leygenzehenden mit Vogtyen wiltbennen welden wassern vnd weyden, mit aller gewaltsame husern hofen hofstetten Eckern Wisen wingarten Keltern, Kelterrechten mühlinen, Mühlhoff Stätten, boten, steuren, Diensten, fronndiensten, mit allen Zinsen gülten vnd andern zugehorungen an Heller gülten korngülten genßgülten hüner gülten vnd ouch andere gülten wie es alles namen hat zwinge und Benne ob erden vnd vnd erden gefundenes und ungefundenes.«

Sie bezahlten für ihre Erwerbung 8500 Gulden (gegenüber 10.500 Pfund Heller, welche die von Weitingen 18 Jahre zuvor dafür aufzubringen hatten). Die Mühlheimer Herrschaft bestand am Anfang des 15. Jahrhunderts, zum Zeitpunkt ihres Übergangs an die Familie Enzberg – ihre langfristigen und letzten Inhaber – aus folgenden Bestandteilen:

1. die Stadt Mühlheim an der Donau (»Mühlheimb vnsere Stadt an der Thonawe«)
2. die Burg Bronnen (»Brunnen vnsere burge und vestin«)
3. die Vogtei über Kolbingen, Beuron, Irndorf, Buchheim und Worndorf als Zubehör der Burg Bronnen (»vnsere vogtyen rechte vnd gewaltsame ze Kolbingen, ze Buren Im tal zue Üwerndorff, ze Buchen vnd ze Wormdorff daz alles zu Brunnen der Vöstin gehöret«)
4. Königsheim, Böttingen und Mahlstetten (»Kungßheim vnßere dorffe, Bettingen vnsere dorffe, Malstetten vnsere dorffe«)
5. Stetten (»alle vnsere rechte, güeter, Vogteyen, gewaltsambe zue Stetten, dem dorff, mit alle Zuegehörd nichtzig vßgenommen«)
6. Kloster Beuron (»Buren das Clouster an der Thonaw gelegen mit allen den rechten gewaltsambe Leehen vogtien und gewonheiten«)
7. Nendingen (»Nandingen das dorff«)
8. ein Teil von Worndorf (»vnsern eigen teil zu Warndorff der da Bilgerich von Hochdorff seligen waz«).

Stellt schon diese geographische Auflistung die Herrschaft als ein Konglomerat verschiedener Besitzgruppen dar, die untereinander nur lose zusammenhängen, so verstärkt sich dieser Eindruck noch, wenn man den Blick auf den Rechtsstatus der einzelnen Besitzungen richtet. Die Stadt Mühlheim und die Burg Bronnen mit ihrem Zubehör, d.h. auch die Vogteirechte über Kolbingen, Beuron, Irndorf, Buchheim und Worndorf, sind ein bischöflich konstanzisches Lehen.[21] Dagegen handelt es sich bei den nächsten Positionen im Vertrag, den drei Heubergdörfern Königsheim, Böttingen und Mahlstetten, sowie den Rechten und Besitzungen in Stetten an der Donau um Allodialbesitz, um freies Eigentum.[22] Nicht ganz so klar ist der Rechtsstatus des Besitzes über das Kloster Beuron formuliert; die Weitinger verkauften die Augustinerpropstei so, wie sie selbst diese besessen hatten.[23] Offenbar bestand ein rechtlicher Unterschied zwischen dem Kloster Beuron und der Vogtei über Beuron (wohl das Dorf); während letztere als Zubehör zur Burg Bronnen ein konstanzisches Lehen war, basierte der Besitz über das Kloster auf einer anderen Grundlage; die Formulierung ist allerdings in diesem Fall wenig konkret, so dass auch die Interpretation der Rechte über das Kloster als Allod möglich wurde. Konkreter ist die rechtliche Zuordnung der nächsten Besitzung: Nendingen war ein reichenauisches Lehen.[24] Und in Worndorf schließlich wurde – neben der bereits zuvor als Zubehör von Bronnen und konstanzisches Lehen genannten Vogtei – ein Teil des Dorfs verkauft, der zuvor Bilgeri von Heudorf gehört hatte und den die Verkäufer wohl als Allod verstehen.[25]

Demnach bestand die Mühlheimer Herrschaft, als sie am 23. September 1409 in den Besitz des Hauses von Enzberg kam, aus Allodialbesitz (den drei Heubergdörfern Böttingen, Königsheim und Mahlstetten sowie Stetten an der Donau), dem reichenauischen Lehen Nendingen, dem konstanzischen Lehen Mühlheim und Bronnen samt Zubehör sowie dem rechtlich in dem Vertrag nicht näher konkretisierten Besitz des Klosters Beuron.

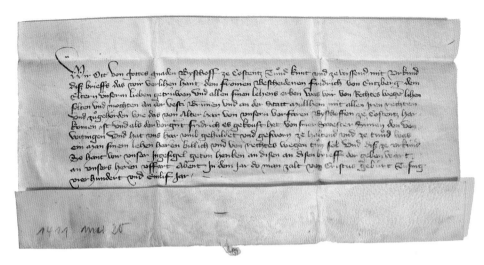

Pergamenturkunde vom 20. Mai 1411: Der Konstanzer Bischof belehnt Friedrich von Enzberg mit der Feste Bronnen und der Stadt Mühlheim.

Abgeschlossen wurde die Besitznahme des neu erworbenen Territoriums durch die Herren Friedrich und Engelhard von Enzberg aber nicht durch den Kaufver-

Der Abt des Klosters Reichenau belehnt am 18. Juni 1411 Friedrich von Enzberg mit dem Dorf Nendingen.

trag. Für den rechtlich verbindlichen Übergang war zusätzlich die Belehnung durch die Lehensherren nötig. Diese erfolgten am 20. Mai und am 18. Juni 1411. Zu dem früheren Zeitpunkt belehnte Bischof Otto von Konstanz die Enzbergbrüder mit den seinem Bistum lehenbaren Besitzungen Mühlheim und Bronnen. Am 18. Juni belehnte Abt Friedrich von Reichenau die Brüder mit dem reichenauischen Lehen Nendingen. Schon im Jahr zuvor war am 15. Juni 1410 der Huldigungseid der Untertanen erfolgt, durch den sie den neuen Herren Gehorsam und Treue geschworen hatten,[26] einen Tag bevor der Stadtherr den Bürgern der Stadt Mühlheim erstmals ihre Rechte bestätigte.[27]

Durch die Belehnungen und den Untertaneneid wurde der Kaufvertrag vom 23. September 1409 quasi vollzogen und die Brüder von Enzberg wurden zu Herren in der Herrschaft Mühlheim und all deren Bestandteilen.

Entwicklung der Herrschaft im ersten Jahrhundert

Bereits im Kaufvertrag zeigte sich ein Manko, das sich über Jahrhunderte durch die enzbergische Besitzgeschichte der Herrschaft Mühlheim ziehen sollte. Schon von Anfang an gehörte die Herrschaft zwei enzbergischen Brüdern, Friedrich und Engelhard. Dieser Umstand, dass zwei oder noch mehr Brüder sich die Herrschaft teilen mussten, sollte sich in den nächsten Jahrhunderten noch häufiger ergeben und trug nicht zu deren positiver Entwicklung bei.

Auf die beiden Erwerber der Herrschaft folgte der Sohn Friedrichs VI., der ebenfalls Friedrich hieß. Ungeklärt ist der Zeitpunkt des Übergangs, da weder die Todesdaten Friedrichs VI. noch die Engelhards bekannt sind. Friedrich (VII.), der in der Stammtafel bei Schwarzmaier, nicht aber in der bei Bauser erwähnt wird, war verheiratet mit Engeltrud von Talheim und ist letztmals 1437 genannt.[28] Auf diesen Friedrich folgte dessen Sohn, der hier der Tradition folgend als Friedrich VII. gezählt werden soll; er starb vor 1468. Da somit – nach den Erwerbern der Herrschaft – fast 60 Jahre lang der Besitz vom Vater auf den einzigen (bekannten) Sohn überging, stellte sich in den ersten drei Generationen die Frage der Teilung nicht. Geändert hat sich das mit dem Tod Friedrichs VII.; er hinterließ mindestens sechs Kinder, davon zwei Töchter (Beatrix und Margarethe), die Nonnen in Rottenmünster und Lindau waren, und vier Söhne, Friedrich VIII., Hans I., Wendel und Konrad, wobei letzterer Kleriker war. Da Wendel 1469 verstorben war, teilten sich in der Folge Friedrich VIII. und Hans I. die Herrschaft.

Am 4. Oktober 1470 teilten die beiden Brüder das Erbe ihrer Eltern und ihres Bruders Wendel vertraglich unter sich auf. Das alte Schloss in Mühlheim samt der Hälfte der Einnahmen der Stadt und der dortigen Besitzungen, ein Weinrecht in Sipplingen, Nendingen, Mahlstetten und Stetten, Vogtrecht und Heiligenpflege in Böttingen sowie Zehnt und Zinskorn in Königsheim erhielt Friedrich, wohingegen an Hans das neue Schloss samt der Hälfte der Einnahmen der Stadt und der dortigen Besitzungen, ebenfalls ein Weinrecht in Sipplingen, die Vogtei über Beuron, Bronnen, Böttingen, Königsheim, Buchheim, Worndorf und Irndorf sowie die Ein-

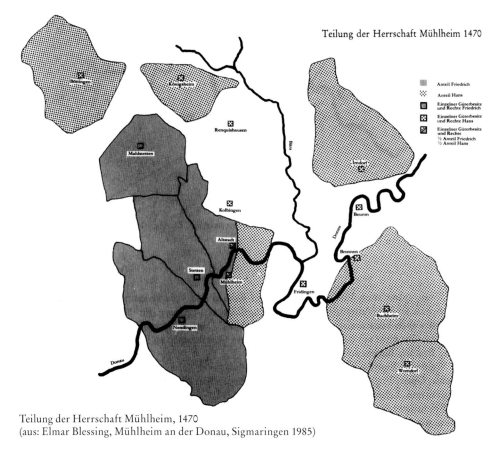

Anteil Friedrich

Anteil Hans

Einzelner Güterbesitz
und Rechte Friedrich

Einzelner Güterbesitz
und Rechte Hans

Einzelner Güterbesitz
und Rechte
½ Anteil Friedrich
½ Anteil Hans

Teilung der Herrschaft Mühlheim, 1470
(aus: Elmar Blessing, Mühlheim an der Donau, Sigmaringen 1985)

künfte aus Renquishausen, Kolbingen und Fridingen fielen. Auffälligerweise sind
außer den Gütern in Mühlheim selbst nur Königsheim und Böttingen geteilt. Neben Gebäuden, Wiesen und Äckern, Rechten und Zinsen wurden einige wirtschaftliche bzw. landwirtschaftliche Einrichtungen in dem Vertrag genannt, die
einen kleinen Einblick in das Alltagsleben und die Wirtschaftsstruktur ermöglichen. So sind die Zehntscheuern und das Fischrecht (»Fischenz«) erwähnt, ebenso
wie Mühle und Walke in der Alten Stadt, eine Mühle unter der Stadt, die Gallus-
mühle und die Badstube in Mühlheim, Hanf-, Kraut- und Baum- (also Obst-) Gärten. Zu beachten ist, dass alle diese wirtschaftlichen Zentraleinrichtungen in Mühlheim gelegen waren; in den Dörfern der Herrschaft sind nur landwirtschaftlicher
Besitz und Rechte, Vogtei und Herrschaftsrechte sowie Zehnt etc. angeführt. Abgesehen vom gegenseitigen Vorkaufsrecht ist die Herrschaft durch den Vertrag in zwei
selbständige Besitzungen getrennt worden.[29] Vermutlich war aber Friedrich VIII.
derjenige, der die gesamte Herrschaft verwaltete, da Hans in den Diensten Eber-
hards von Württemberg stand und ein ritterliches Leben führte, das ihn 1472 auf
einer Reise bis nach Jerusalem brachte und ihm 1475 zu einer kaiserlichen Beloh-
nung verhalf. In den burgundischen Kriegen hatte er sich nämlich hervorragende

Verdienste erworben. In Anerkennung derselben bestätigte ihm Kaiser Friedrich III. am 3. Juli 1475 den Kauf und Besitz der Herrschaft Mühlheim und alle damit verbundenen Jagd- sowie Obrigkeitsrechte und Freiheiten und verlieh erstmals Galgen und Blutbann; seit dieser Zeit konnte die Mühlheimer Herrschaft Todesstrafen verhängen.[30]

Bereits im Jahr 1478 konnte die Teilung revidiert werden, indem Hans die Hälfte seines Bruders kaufte (nachdem er schon 1474 Nendingen gekauft hatte) und damit die Herrschaft wieder vereinigte.[31] Offensichtlich hatte Hans in württembergischen und kaiserlichen Diensten ein erhebliches Vermögen erworben, das ihm den Rückkauf der anderen Herrschaftshälfte ermöglichte. Hans I. starb vermutlich 1487 und hinterließ vier Söhne, von denen jedoch zwei (Hans und Wendel) bereits vor 1496 starben; die beiden verbliebenen, Friedrich IX. (bezeugt 1487–1535) und Hans Rudolf I. (gest. 1516), übten die Regierung anfangs gemeinsam aus, teilten dann aber erneut die Herrschaft.

Ein weiteres Phänomen, das ein erhebliches Handicap darstellte, tritt in dieser Generation der Familie zutage. Nicht nur die Zahl der Kinder und die daraus resultierenden Teilungen erwiesen sich als hinderlich, sondern fast noch mehr die Tatsache, dass häufig der Inhaber der Herrschaft schon starb, während seine Söhne noch minderjährig waren und daher eine vormundschaftliche Verwaltung eingesetzt werden musste. Dies war etwa am 29. Mai 1496 der Fall, als Hans Jakob d. Ä. von Bodman Vormund der Enzberg-Brüder war und von König Maximilian I. Hochgericht und Blutbann in der Herrschaft Mühlheim verliehen bekam.[32] Da die Großmutter Friedrichs IX. und Hans Rudolfs I. Beatrix von Bodman war, ist anzunehmen, dass es sich bei dem Vormund um einen Großonkel seiner Mündel handelte.

Im Jahr 1501 hatten Friedrich und Hans Rudolf die Volljährigkeit erreicht, erhielten sie doch am 24. März jenes Jahres von der kaiserlichen Kanzlei Blutbann und Hochgericht zu Mühlheim bestätigt.[33] Im Jahr 1509 teilten sie die Herrschaft unter sich auf, wobei die Einkünfte in der Stadt Mühlheim wieder geteilt wurden und Hans Rudolf darüber hinaus Böttingen, Mahlstetten, Königsheim und Stetten zufielen.[34]

Wie sein Vater Hans stand auch Hans Rudolf in auswärtigen Diensten. Vermutlich eine wirtschaftliche Zwangslage und vor allem ein ritterlich-militärisches Ethos brachten ihn zum Militär; dass er allerdings auf der »falschen Seite« kämpfte, führte rund ein Jahrhundert nach dem Erwerb Mühlheims die Freiherren von Enzberg fast in die Katastrophe. Im Jahr 1516 wurde Hans Rudolf von Enzberg von Kaiser Maximilian I. als Reichsfeind geächtet und seine Besitzungen wurden vom Reich eingezogen. Die am 16. Januar in Augsburg ausgestellte Urkunde nennt den Enzberger zwar nicht namentlich, doch ist Hans Rudolf einer jener »geraisig und fußknecht von Teutscher nacion des Adels [...] sovil der noch bey dem Frannzosen in dienst sein« und deshalb »des hailigen Reiches Acht und Aberacht« erleiden solle. Maximilian I. ächtete mit dem Dokument alle adeligen Angehörigen des deutschen Reiches, die als Söldner den König von Frankreich gegen ihn im Kampf um Mailand unterstützten, welcher schon seit den letzten Jahren des 15. Jahrhunderts im Gang war und 1515 einen erneuten Höhepunkt gefunden hatte.[35] Die Reichsstände werden in dem Dokument aufgefordert, die Besitzungen der Geächteten einzuziehen, deren »Weiber unnd Kinder in das ellennd« zu jagen.

Die Tatsache, dass Hans Rudolf I. von Enzberg einer der von Maximilian I. geächteten deutschen Söldner war, geht aus dieser Anordnung nicht hervor, dafür aber aus dem Lehenrevers seines Bruders Friedrich IX. von Enzberg. Friedrich war zugleich der Erbe seines 1516 verstorbenen Bruders und stellte schon am 23. April 1516 in Innsbruck, dem Sitz der vorderösterreichischen Regierung, eine Urkunde aus. Darin erwähnt er die Ächtung seines seligen Bruders »nachdem derselb von Entzberg dem Künig von Frannckreich zu Eroberung Maylannd wider die kayserlich Mayestät gedient hat« ebenso wie die in deren Folge vorgenommene Konfiskation von dessen »Flecken, Stuckh und Gueter«.[36] Von der kaiserlichen Majestät habe er, Friedrich, als Erbe Hans Rudolfs die diesem entzogenen Güter in einem Gnadenakt zurückerhalten, allerdings unter der Bedingung, dass er »die Dörffer Bettingen und Künigsen mit Leuten, Gülten und Güetern, welches mein freyes Aygen ist, dem löblichen Haus Österreich zu lehen mache«. Friedrich von Enzberg übergibt damit sein freies Eigentum Böttingen und Königsheim dem Haus Österreich und gibt seine Eigentumsrechte daran auf, erhält beide Orte aber im Gegenzug als österreichische Lehen wieder verliehen. Der Enzberger unterstellt sich durch diesen Akt dem Kaiser, aber in dessen Funktion als Erzherzog von Österreich, und wird dadurch zum österreichischen Lehensmann. Als Gegenleistung für die Überlassung der beiden Lehendörfer an sich und seine Erben muss der Herr von Mühlheim dann auch – wie all seine Nachfolger – Treue gegen das Haus Österreich schwören.

Gegenstück zu diesem Lehenrevers ist der Lehenbrief Kaiser Maximilians I. vom 22. Juli 1517.[37] Auch Maximilian rekapituliert die Vorgänge, durch welche Hans Rudolf von Enzberg der Acht und Aberacht verfallen war und in deren Folge dessen Besitzungen eingezogen worden waren. Dem Friedrich von Enzberg seien die konfiszierten Besitzungen wieder zugestellt worden, nachdem er sich vertraglich verpflichtet habe, all seine Schlösser, Güter und Besitzungen dem Haus Österreich zu überlassen und von diesem als Lehen zu nehmen. Als Kaiser verzichtet Maximilian im Namen des Deutschen Reiches auf diese ehemals konfiszierten Besitztümer und nunmehrigen Lehen, um sie als Erzherzog von Österreich in Besitz zu nehmen. Hat Friedrich von Enzberg in seinem Lehenbrief dem Haus Österreich die beiden bisher eigenen Orte Böttingen und Königsheim überlassen, so ist in dem kaiserlichen Gegenstück von beiden Dörfern keine Rede. Maximilian I. tut vielmehr so, als sei alles, was Friedrich von Enzberg besitzt, nunmehr österreichisches Lehen. Da aber Mühlheim, Bronnen, Irndorf, Buchheim und Worndorf konstanzische Lehen sind, Nendingen reichenauisches, kann Friedrich von Enzberg diese nicht abgetreten haben. Königsheim und Böttingen dagegen gingen nun in das österreichische Eigentum über.

Eine Änderung trat für die enzbergische Regierung ein, indem nun auch für Königsheim und Böttingen immer, wenn der Lehensherr (d.h. der Erzherzog von Österreich) oder der Lehensmann (d.h. der regierende Freiherr von Enzberg) verstorben war und einen neuen Nachfolger erhalten hatte, erneut um die Belehnung ersucht werden musste, wie es für die anderen Besitzungen bisher schon der Fall war. Das führte dazu, dass durch die Jahrhunderte – bis zum Ende des 18. Jahrhunderts – sehr viele Lehenbriefe und Lehenreverse bezüglich der beiden nun Österreich lehenbaren Heuberggemeinden ausgestellt wurden und großteils auch erhalten sind. In ihnen werden die Lehen Königsheim und Böttingen pauschal vergeben, die Dörfer mit Leuten, Gülten (d. h. Abgaben) und Gütern.[38]

Die Herrschaft Mühlheim hatte in diesen entscheidenden Jahren einen veränderten Zuschnitt erhalten. Neben die Lehennahme vom Bischof von Konstanz (für Mühlheim und Bronnen samt deren Zubehör) und vom Abt von Reichenau (für Nendingen) war jene vom österreichischen Erzhaus (für Böttingen und Königsheim) getreten. Unklar bleibt, warum Maximilian I. nicht auch die Kommendation von Mahlstetten und Stetten verlangte, die ebenso Allodien waren wie Böttingen und Königsheim. Möglicherweise waren diese beiden Orte in der fraglichen Zeit verpfändet, jedenfalls konnte Friedrich von Enzberg sie zurückhalten. Durch den weiteren Besitz dieser beiden freien Eigengüter gelang es dem Haus Enzberg, die Reichsfreiheit zu bewahren. Wären auch diese beiden Orte an Österreich gefallen, so wäre die gesamte Herrschaft Lehen und nicht mehr reichs-, sondern landständisch gewesen. Österreich war aber als ein stark auf Ausweitung seiner Einfluss- und Herrschaftssphäre dringender Lehensherr bestrebt, seinen Besitz zu vergrößern und geschlossene Herrschaftsterritorien daraus zu formen. Mit der Forderung Maximilians, dass Friedrich von Enzberg »dem Kaiser und seinem Hause [die beiden Orte] mit der Lehenschaft inkorporiere«, hatte Österreich einen Fuß in der Herrschaft Mühlheim, denn »Böttingen und Königsheim blieben ein voderösterreichisches Mannlehen der Familie Enzberg« mit einer ganzen Reihe strittiger und nicht abgegrenzter Einflussbereiche.[39]

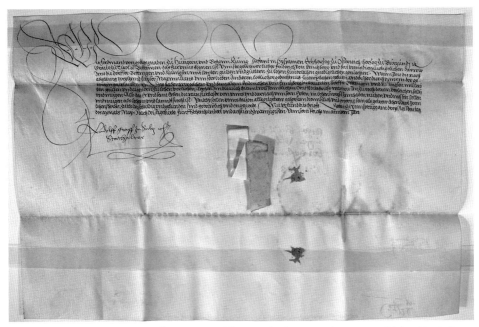

König Ferdinand, Erzherzog zu Österreich, belehnt Friedrich von Enzberg am 30. Mai 1528 mit den Dörfern Böttingen und Königsheim.

Die Herrschaft als solche blieb durch die einschneidenden Ereignisse von 1516 aber unverändert. Bis auf die Lehennahme von Österreich blieb alles beim Alten. Friedrich IX. übte seine Regierung über die gesamten enzbergischen Besitzungen aus. Er wurde am 15. Mai 1518 durch Abt Georg von Reichenau mit Nendingen belehnt und am 15. Dezember durch Bischof Hugo von Konstanz mit Mühlheim und Bronnen. Am 20. März 1520 schließlich verlieh ihm Kaiser Karl V. den Wildbann und das Hochgericht.[40] Wie schon zuvor sein Bruder war auch Friedrich IX. militärisch tätig. Er war unter anderem 1519 in der Truppe des Georg von Waldburg (»Bauernjörg«) bei der Einnahme Tuttlingens, das Herzog Ulrich von Württemberg abgenommen wurde. Er zeichnete sich bei der Niederschlagung der Bauernaufstände unter dem Bauernjörg 1525 ebenso aus wie bei der Verteidigung Wiens gegen die Türken 1529. Auch in der eigenen Herrschaft schlug er die Bauernunruhen nieder, möglicherweise mit Hilfe des großen Heeres des Bauernjörg, das am 5. Mai 1525 bei Mühlheim lagerte und von hier aus nach Württemberg zog; Aufstände und Bauernunruhen sind aus Böttingen und Mahlstetten bekannt. So war letztere Gemeinde am 16. Oktober 1525 gezwungen, Friedrich von Enzberg Urfehde zu schwören und eine Strafe von 140 fl. dafür zu akzeptieren, dass sie sich auf die Seite der aufständischen Bauern geschlagen hatte.[41] Der in der Zimmerischen Chronik erwähnte, vor Meßkirch aufgetauchte Haufen von »enzbergischen pauren und andere[n]«[42] dürfte aber wohl eher nicht vom Heuberg gekommen sein.

Probleme mit Nachbarn und Untertanen

a) Spannungen mit den Herren von Zimmern

Seit den 50er Jahren des 15. Jahrhunderts hatten die (in Meßkirch ansässigen) Herren von Zimmern als Pfand von Österreich die Herrschaft Gutenstein inne. Durch diese Besitzung, die mit einem ausgedehnten Wildbann im Donautal (»wildpann an halden an der Tanaw bis in Milhaimer thaal«[43]) verbunden war, sind die Zimmern noch näher an das enzbergische Territorium herangerückt. Wegen der teilweise nur unzureichend umschriebenen Rechte, insbesondere was den Wildbann angeht, konnten Spannungen nicht ausbleiben.

Zu solchen kam es spätestens in den 70er Jahren, als der Streit unter anderem um bestimmte Herrschaftsrechte in Buchheim ging, die in der Folge Enzberg zugesprochen wurden.[44] Der Konflikt zwischen den beiden Herrschaften eskalierte aber vor allem wegen der strittigen Forstgerechtigkeiten. Werner von Zimmern (1423–1483) beanspruchte den Wildbann, wie aus der Zimmerischen Chronik ersichtlich, donauaufwärts bis nach Mühlheim, während Hans von Enzberg das Jagdrecht innerhalb der Gemarkungen seiner Herrschaft (insbesondere Mühlheim und Bronnen) für sich einforderte. An das Jagdverbot der Gegenpartei hielt er sich daher nicht, weshalb Werner mehrere jagende enzbergische Bauern in Wildenstein gefangen setzte.

Datiert ist die Erzählung in der Zimmerischen Chronik nicht, doch da Hans von Enzberg der Widerpart ist, dessen Vater Friedrich (VIII.) vor 1468 starb, sind die späten 60er und 70er Jahre zu Grunde zu legen. Nach Schilderung der parteiischen

Familien-Chronik ist die Schlichtung bei Erzherzog Sigmund von Österreich ergebnislos verlaufen. Völlig anders stellt sich der Streit jedoch aus enzbergischer Sicht dar. Die Freiherren von Enzberg haben in ihrem Archiv ein Urteil des Schultheißen von Rottweil, der am 27. Mai 1478 feststellte, das Jagdrecht in Mühlheim, Bronnen, Beuron und an der Donau stehe nur der Herrschaft Enzberg, aber nicht Zimmern/Gutenstein zu.[45]

Doch wenige Jahre später flammte der Konflikt erneut auf. Bereits 1486 soll gemäß der Aussage der Zimmern-Chronik Johann Werner von Zimmern (1454–1495) einen enzbergischen Forstknecht bei der Jagd ertappt und gefangen genommen haben. In der Schlichtung soll Herzog Sigmund den Enzbergern das Jagen verboten haben. Der nächste Schritt in dem Konflikt war 1513 erreicht, als Gottfried Werner von Zimmern (1484–1554) erneut einige enzbergische Diener gefangen setzen ließ, wobei der Ritterkanton Hegau die Schlichtung übernommen habe. Gottfried Werner habe sich aber ansonsten wenig um die Herrschaft und seine Rechte gekümmert und daher der Herrschaft Mühlheim 1518 das Jagdrecht stillschweigend überlassen.[46] Die Darstellung der Chronik widerspricht nicht nur einigen äußeren Fakten, sondern steht auch in einem inneren Widerspruch. So wird darin behauptet, dass die Enzberger im Konflikt mit der Grafschaft Hohenberg um die Mitte des 16. Jahrhunderts (vgl. unten) geplant hätten, ihre Herrschaft an Zimmern zu verkaufen, dann auch – wegen des Konflikts um Beuron (vgl. unten) – Bronnen und Beuron an Zimmern abzutreten. Das eine sei an der Zögerlichkeit Gottfried Werners von Zimmern, das andere an der Treulosigkeit des Kaufvermittlers gescheitert.[47] Offenbar gab es immer ein Konfliktpotenzial in der Forstangelegenheit, doch war es wohl so, dass Zimmern gegen weitestgehend anerkannte Rechte der Herrschaft Mühlheim verstoßen hat.[48]

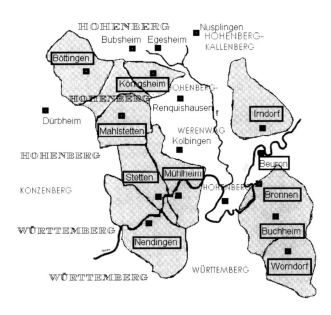

Karte: Die Herrschaft Mühlheim und ihre Nachbarn (aus: Königsheim – eine Heuberggemeinde, Horb 2003)

b) Forststreit mit Hohenberg

Ähnlich gelagert, aber in seinem Umfang erheblich bedeutender und in seinen Folgen gefährlicher war der Konflikt mit der österreichischen Grafschaft Hohenberg um den Wald. Erstmals kam es im Jahr 1472 zum Streit, als die Pfalzgräfin Mechthild in ihrer Funktion als Inhaberin der Grafschaft Hohenberg Hans I. von Enzberg verbot, ohne Nachweis des ihm zustehenden Rechts in ihrem Forst zu jagen. Hinter dem Jagdrecht stand aber die Absicht, die einzelnen Herrschaftsrechte zur Territorialherrschaft zu verdichten. Das Jagdrecht und der Wildbann waren nicht das Ziel, sondern die Mittel zur Schaffung eines zusammenhängenden Machtbereichs. Das ergibt sich aus einem Prozess, der 1501 vor dem kaiserlichen Regiment in Nürnberg geführt wurde. Die Brüder Friedrich (X.) und Hans Rudolf von Enzberg klagten damals gegen die Herrschaft Hohenberg, weil diese ihr Recht auf das Hochgericht in Böttingen bestritten hatte. Die Frage war also: Wer entscheidet Strafsachen in Böttingen, wer hat die Macht?[49]

Ein weiterer Vorfall ereignete sich in der ersten Hälfte des 16. Jahrhunderts, als der Hauptmann der Herrschaft Hohenberg, Jos Niclaus von Hohenzollern, den Enzbergern das Jagen im Hohenberger Forst untersagte und diese daraufhin dort einen hohenbergischen Forstmeister erschossen.[50] Der Hauptmann hat daher 1540 zwei (nicht benannte, aber in der Oberamtsbeschreibung Tuttlingen plausibel als Böttingen und Königsheim identifizierte) enzbergische Dörfer besetzt und auch die Einnahme Mühlheims erwogen.[51] Mehrfach ist er in den enzbergischen Machtbereich eingefallen, einmal mit 300 Mann, und hat enzbergische Gerichte verhindert. Daran ist leicht zu erkennen, dass der Streit sich nicht um die Jagd im eigentlichen Sinn drehte, sondern es vielmehr die zentrale Frage war, wer die oberste Instanz im Bereich der Mühlheimer Herrschaft sei: der Freiherr von Enzberg oder der Erzher-

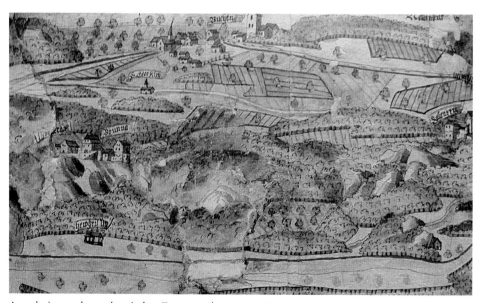

Ausschnitt aus der enzbergischen Forstgrenzkarte von 1544

zog von Österreich, vertreten durch den Hauptmann der Herrschaft Hohenberg. Die Enzberger wollten beweisen, dass
- die Stadt und Herrschaft Mühlheim mit Hoch- und Niedergericht ihr erblicher Besitz sei
- die Dörfer Böttingen, Königsheim, Mahlstetten, Nendingen, Stetten, Beuron, Irndorf, Buchheim, Worndorf und die Feste Bronnen sowie der Allenspacher Hof zur Mühlheimer Herrschaft gehören
- alle Vergehen in diesen Dörfern in Mühlheim bestraft werden

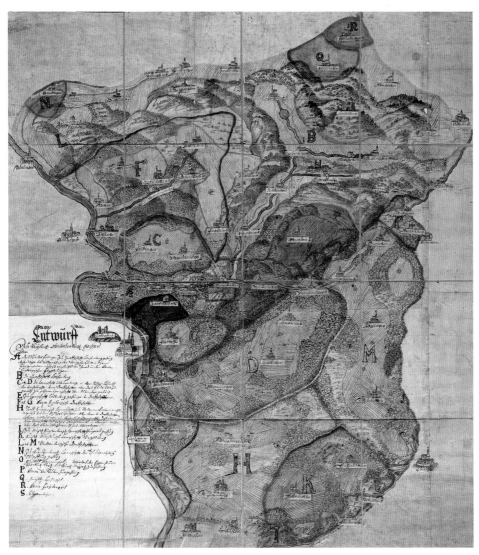

Oberhohenberger Forstkarte, um 1700

– und sie in der Stadt und den Dörfern als Inhaber der hohen und niederen Gerichtsbarkeit alle Rechte in der Herrschaft, auch das der Jagd, traditionell genutzt hätten.

Der Streit zog sich von 1472 über mehrere Jahrzehnte hin und wurde erst im Jahr 1544 durch den Abschluss eines Vertrages zwischen König Ferdinand und den Freiherrn Friedrich X. und Hans Rudolf II. von Enzberg beigelegt. Das Dokument vom 31. März beinhaltet, dass dem Haus Enzberg

– die hohe und forstliche Obrigkeit rechts der Donau
– die hohe Obrigkeit innerhalb und außerhalb des Etters in Mühlheimer Altstadt, Stetten und bei den Mühlen am linken Ufer der Donau
– die Hochgerichtsbarkeit mit Strafen und Bußen innerhalb des Etters in den Dörfern Irndorf, Königsheim, Böttingen, Mahlstetten und Allenspacher Hof
– die Niedergerichtsbarkeit außerhalb der Etter dieser Dörfer, so weit sich deren Gemarkung erstreckt,
– sowie jährlich ein Hirsch und zwei Sauen aus dem Hohenberger Forst, welche die hohenbergischen Amtleute in Mühlheim abzuliefern haben, zustehen.

Dagegen soll zur Herrschaft Hohenberg gehören:
– alle forstliche und mit dieser zusammenhängende Obrigkeit links der Donau
– hohe Gerichtsbarkeit außerhalb des Etters in den Dörfern Irndorf, Königsheim, Böttingen, Mahlstetten und Allenspacher Hof.

Jeder Seite wird erlaubt, bis an die Donau zu jagen.[52]

Es ist schnell ersichtlich, dass es zwar auch um das Jagen im hohenbergischen Forst ging, aber darüber hinaus vor allem um mit der Jagd zwar zusammenhängende, jedoch erheblich weiter reichende Rechte. Die Donau wurde als Grenze der Grafschaft Hohenberg definiert, bis zu welcher deren Forst und Forstgerechtigkeit reichten. Der Familie Enzberg aber wurde eine geschlossene Territorialherrschaft nicht eingeräumt, weil die Obrigkeit außerhalb des Etters der Dörfer nicht enzbergisch, sondern hohenberg-österreichisch sein sollte. Innerhalb der Grafschaft Hohenberg besaßen die Enzberger demzufolge zwar die Dörfer Irndorf, Böttingen, Mahlstetten und Königsheim sowie den Allenspacher Hof, doch verblieben grundlegende Bestandteile der Landesherrschaft über diese Orte bei Österreich (über die Lehenbarkeit von Königsheim und Böttingen hinaus). Die Gemeinden Worndorf, Buchheim und Nendingen berührte der Streit mit Hohenberg um die Forstgerechtigkeit nicht.

Das Jagdrecht in dem von ihm beherrschten Bereich des Hohenberger Forsts konnte im Jahr 1684 der Freiherr Nikolaus Friedrich von Enzberg für 57 fl. 10 kr. pachten,[53] was verdeutlicht, dass es den österreichisch-hohenbergischen Amtleuten nicht um die Jagd an sich, sondern um die Landeshoheit ging. Möglicherweise hatten die Enzberger recht, wenn sie die Jagd und Obrigkeit in den Gemarkungen ihrer Dörfer für ihr traditionelles Recht hielten. Seit dem späten 15. Jahrhundert begann allerdings Herzog Sigmund von Österreich seine Stellung in Schwaben auszubauen sowie die Rechte und Herrschaften zu systematisieren. Jedenfalls ist der Vertrag von 1544 das Produkt des Ringens zwischen David und Goliath, aber noch nicht das Ende des Ringens. Bereits 1562 kam es zum Streit zwischen Enzberg und der österreichischen Grafschaft Nellenburg. Auch in diesem Fall war die Forsthoheit das Vehikel, mit dem Österreich seinen Territorialausbau betrieb.[54] Treffend sah das schon der Verfasser der Zimmerischen Chronik und Zeitgenosse der Vorgänge, Graf Froben Christoph von Zimmern, der zu den Vorfällen um 1540 bemerkte, es sei so weit gekommen, »das die Enzberger irer güeter in großen sorgen sthen muesten, denn das haus Österreich kam ins spill, das het ain große anforderung«.[55]

c) Kloster Beuron

Ein dritter Konfliktherd hatte im Ringen um die Rechte der Herrschaft Mühlheim noch größere Tradition als die Auseinandersetzungen mit der Grafschaft Hohenberg um die Forstrechte: der Streit mit Beuron. Die Klostervogtei war seit den Anfängen fester Bestandteil der enzbergischen Herrschaft Mühlheim. Um das Kloster bzw. um die Ausgestaltung der Klostervogtei herrschte seit 1409 oftmals ein heftiger Kampf. Schon 1419 soll die enzbergische Herrschaft den Beuroner Propst gefangen genommen und erst auf Befehl des Bischofs von Konstanz wieder frei gelassen haben.[56] Besser verbürgt ist aber eine Auseinandersetzung in den Jahren vor und nach 1435. In dieser Zeit setzte Abt Johann von Kreuzlingen als Visitator der deutschen Augustinerprovinz mit Zustimmung der Mehrheit des Beuroner Konvents den Bruder Georg Kilchherr von Kreuzlingen als Propst in Beuron ein, dem sich vier Konventsangehörige und der enzbergische Vogt widersetzten. Diese erhoben statt dessen Johann Lopach. Die Angelegenheit warf so hohe Wellen, dass sich sogar Kaiser Sigismund einmischte und am 21. Juli 1435 Friedrich von Enzberg befahl, den von Abt Johann gewählten Kandidaten Georg Kilchherr anzuerkennen; trotz der kaiserlichen Aufforderung setzte sich schließlich der Gegenkandidat Johann Lopach durch; er war von 1437 bis 1466 Propst von Beuron.[57]

Dennoch war das Verhältnis zwischen dem Vogt und seinem Schützling nicht ungetrübt; am 25. Mai 1451 beritten der Hohenberger Obervogt Hans von Hornstein und Werner von Zimmern den Wildensteiner Wildbann (vor der Verpfändung an Zimmern), wobei sie im Kloster im Donautal Rast machten. Gegenüber diesen beiden Herren beklagten sich die Mönche über ihren Vogt Friedrich von Enzberg, der »kein Schirmer, wohl aber ein Schädiger des Klosters sei«.[58] Die Angelegenheit eskalierte weiter und im Jahr darauf, am 16. März, kündigte Propst Johann seinem Vogt Friedrich von Enzberg die hohe Gerichtsbarkeit und den Wildbann des Klosters und übergab sie an Herzog Sigmund von Österreich.[59] Diese Maßnahme, die vermutlich keine Wirkung erlangte, stellt für das 15. Jahrhundert die letzte Reibung zwischen dem Kloster und seinen Vögten dar. 1479 bedachte der Vogt den Beuroner Konvent mit einer Stiftung; zugleich wurde vertraglich vereinbart, dass im Kloster täglich eine Messe zum Gedenken der verstorbenen Angehörigen der Familie Enzberg gelesen werden musste, und wenn ein Familienmitglied auf Bronnen wohnte, dort drei Mal wöchentlich in der Kapelle.[60]

Weitere Informationen über diesen Konfliktbereich stammen erst aus den dreißiger Jahren des 16. Jahrhunderts. Während der Reformationswirren war das Donautal-Kloster mehrere Jahre lang nicht besetzt und stand leer. Der Wahl des Kreuzlinger Konventualen Wilhelm von Arnsberg zum Propst verweigerten die beiden enzbergischen Brüder ihre Zustimmung. Daher kam es am 7. März 1538 in Radolfzell zu einem Treffen zwischen Vertretern des Klosters Kreuzlingen sowie Friedrich und Hans Rudolf von Enzberg. Dabei akzeptierten die Vögte die Wahl, legten aber Wert darauf, dass künftige Pröpste mit Wissen des Vogts ernannt werden sollten und ihre Rechte als Vögte anerkannt werden.[61] Trotzdem sollen die Enzberger bereits im Januar 1539 das Kloster überfallen und den Propst als Gefangenen nach Mühlheim geführt haben. Erst nach zweimonatiger Gefangenschaft sei er auf Befehl der Regierung in Innsbruck entlassen worden. Anschließend sah Propst Wilhelm sich gezwungen, auf Klosterbesitzungen nach Mengen zu fliehen. Im Dezember 1539 legten die Brüder Friedrich und Hans Rudolf von Enzberg ihren Protest gegen ein von Propst Wilhelm veranlasstes Schreiben der Regierung an sie ein. Die Vögte verlangten Präsenz des Propstes im Kloster, sorgfältige Erfüllung der seelsorgerlichen Pflichten und Pflege des Klosterbesitzes. Offensichtlich hatte der Propst das Kloster für längere Zeit verlassen.[62]

Weiterhin klagten die Vögte vor dem geistlichen Gericht in Konstanz gegen den Propst, weil er seine Präsenzpflicht nicht erfülle, die Gottesdienste vernachlässige und die Felder des Klosters verkommen lasse. Auf einer Tagsatzung in Radolfzell am 25. September 1548 wurde schließlich entschieden, dass das Donautal dem Kloster frei gehöre und dort nur Strafgelder an den Vogt fallen sollen.[63]

Ähnliche Konflikte wiederholten sich noch mehrmals, etwa 1571 oder 1596. Sie entzündeten sich oft an Kleinigkeiten und drehten sich fast ausschließlich um unterschiedliche Auslegung der gegenseitigen Rechte. So konnten differierende Interpre-

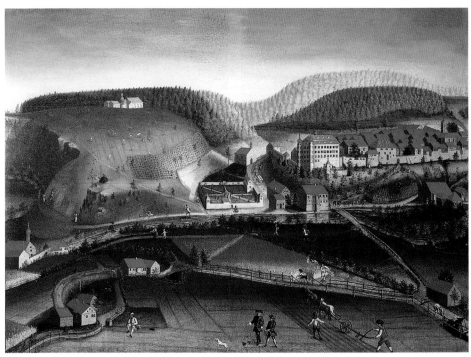

Mühlheim an der Donau auf einem Ölgemälde von Conrad Zoll, im Hintergrund die Wallfahrtskirche Mariahilf auf dem Welschenberg, 1760er Jahre (Hinteres Schloss Mühlheim)

Schloss Bronnen mit Bronner Mühle und Jägerhaus, Mitte des 18. Jahrhunderts (Hinteres Schloss Mühlheim)

tationen des Gastungsrechts der Vögte im Kloster die schlimmsten Vorfälle hervorrufen. Unbestritten war, dass das Kloster die Vögte bei Besuchen bewirten musste, doch war die Frage, ob dabei der beste oder ein billiger Wein zu servieren war. Konfliktstoff bot auch jede neue Propstwahl; sollte der Vogt bei der Wahl beteiligt sein und vor oder nach der Einsetzung über die Person des neuen Prälaten informiert werden? Jahrzehntelang war es das Bestreben des Klosters, die enzbergische Vogtei durch eine österreichische zu ersetzen, und die österreichischen Instanzen unterstützten dieses Bemühen.

Nach all diesen Auseinandersetzungen, die sich mit Prozessen vor verschiedenen Gerichten fast zwei Jahrhunderte hingezogen hatten, verzichtete Sigmund von Enzberg am 15. März 1615 vertraglich auf seine Vogteirechte, überließ das Niedergericht im Donautal und Dorf Beuron selbst dem Kloster für 3000 fl. und hielt nur die hohe Gerichtsbarkeit für sich zurück.[64]

d) Territoriale Veränderungen

Einige territoriale Veränderungen der Herrschaft haben sich in den ersten beiden Jahrhunderten auch ergeben. Schon 1400 hatte Graf Friedrich Mülli von Zollern seine Besitzung Allenspach verkauft und dadurch in das zuvor geschlossene Territorium der drei Heubergdörfer mit der Enklave Allenspach ein Loch gerissen. Am 20. Januar 1484 gelang es den Kirchenpflegern von Böttingen, diese Besitzung gegen eine dauerhafte Zinszahlung zu erwerben.[65] Da auch der Kirchensatz von Böttingen am 6. März 1536 zusammen mit dem Maierhof zu Böttingen, das sogenannte Lupfensche Lehen, von Friedrich von Enzberg für 200 fl. gekauft werden konnte,[66] dienten beide Erwerbungen der Abrundung der enzbergischen Herrschaftsrechte. Über die Böttinger Kirche als Eigentümerin wurde Allenspach wieder in die Herrschaft integriert, und der mit dem Kirchensatz verbundene Maierhof diente der

Herrschaftsverdichtung in Böttingen. Bereits 1473 hatte die enzbergische Herrschaft Irndorf an das Kloster Beuron verkauft, ein Handel, der durch Rückkauf 1522 wieder revidiert werden konnte.[67]

Eine weitere günstige Gelegenheit bot sich im Jahr 1538. Damals verkaufte die Stadt Schaffhausen die weiter abgelegenen Güter des in der Reformation aufgelösten Klosters Allerheiligen, das seit dem 11. Jahrhundert auch in der Region Tuttlingen begütert war. Am 11. November 1538 vereinbarte Friedrich XI. von Enzberg mit dem Rat und den Bevollmächtigten des Klosters Schaffhausen einen Kauf. Der Rat der Stadt verkaufte als Rechtsnachfolger des Klosters dessen Leibeigene in der Herrschaft Mühlheim – in Mühlheim, Worndorf, Buchheim, Nendingen, Stetten, Mahlstetten, Böttingen, Königsheim und Irndorf – für 85 fl.[68] Ein weiteres Dokument sagt zwar nichts Näheres über diese Leibeigenen oder den ehemaligen Besitz von Allerheiligen aus, aber doch einiges über die Zustände jener Zeit, über die Leibeigenschaft und die Verhältnisse im Haus Enzberg. Am 11. Dezember 1538 beendete Friedrich X. als Schlichter einen Streit zwischen Friedrich XI. und Hans Rudolf III. um diese ehemaligen Eigenleute von Allerheiligen. In der Schlichtung wird festgelegt, dass die Menschen Leibeigene Friedrichs d. J. sein sollen. Die inzwischen (d. h. seit dem Kauf) gestorbenen oder von Friedrich getöteten Leibeigenen soll er mit seinem Bruder teilen und ihm die Hälfte von ihrem Besitz überlassen. Die außerhalb der Mühlheimer Herrschaft erstandenen Leibeigenen sollen Eigentum des Hans Rudolf sein; falls solche im Kaufvertrag nicht eingeschlossen sein sollten, dann sind Hans Rudolf fünf Ehepaare in Mühlheim zu übergeben.[69] Aus der zweiten Urkunde ergibt sich, dass Friedrich d. J. die Leibeigenen zwar gekauft hatte, danach aber aus unersichtlichem Grund mit seinem Bruder über den Kauf in Streit geraten war. Der Zwist wurde offenbar heftig geführt und zwar vor allem auf dem Rücken der neuen Untertanen, von denen mehrere dabei ihr Leben lassen mussten. Deren Erbschaft wurde unter den Brüdern aufgeteilt.

Eine weitere Veränderung der Herrschaft trat im Jahr 1578 ein. Damals wurde das Dorf Worndorf, Zubehör der Burg Bronnen und wie diese bischöflich konstanzisches Lehen, verkauft.[70]

Ein Jahrhundert der Händel

a) Die Herrschaft am Beginn des 17. Jahrhunderts

Zukäufe und Neuerwerbungen wurden oftmals ermöglicht durch Eheschließungen von enzbergischen Söhnen, die attraktive Erbschaften vermittelten. So fiel durch die Heirat der Agathe von Neidegg um 1543 mit Hans Rudolf II. die reiche Erbschaft ihrer Familie dem Ehemann zu. Es handelte sich um Besitz in und um Ravensburg und Amtzell sowie die Herrschaft Ellhofen.

Auf der anderen Seite mussten aber heiratswillige Töchter des Hauses mit einer ansehnlichen Mitgift ausgestattet werden, die häufig nur durch Verpfändung oder Verkauf eigener Besitzungen und Rechte aufgebracht werden konnte. Und auch die Eheschließungen bargen für die Herrschaft eine Gefahr in sich. So verursachte die Heirat Friedrichs X. mit Apollonia Schad von Mittelbiberach 1536 in den Jahren nach 1551 eine Folge von Prozessen. Der Ehevertrag hatte der Frau im Fall des Todes ihres Mannes das alleinige Erbrecht zugesprochen. Nach dem Tod Friedrichs aber übernahm Hans Rudolf II. die Herrschaft, was zu langen Auseinandersetzungen, zuerst mit Apollonia Schad, dann deren Mutter und schließlich ihren weiteren Erben führte.[71]

In diesem Gegeneinander von kleiner Neuerwerbung und Verpfändung spielte sich das Wirtschaftsleben der Herrschaft nicht nur in den ersten beiden Jahrhunderten, sondern eigentlich in ihrer ganzen Geschichte ab. »So konnte die Herrschaft in ihrem Umfang im wesentlichen gehalten werden, ohne daß ihre Wirtschaftsverwaltung organisiert und modernisiert worden wäre. Diese zeigte die Sorglosigkeit einer von Generation zu Generation neu aufgebauten, durch das Ausstattungsgut der Töchter verminderten, durch Erbschaft und Heirat vermehrten Besitzmasse ohne die Möglichkeit umfangreichen Zugewinns. An das Mark der Familie griff der jahrhundertlange Streit mit dem Kloster Beuron, der schließlich 1615 zum Vergleich unter Aufgabe der Vogteirechte im Klosterbereich führte«.[72]

Die Praxis der Herrschaftsteilungen bzw. gemeinschaftlicher Regierung und die Notlage der vormundschaftlichen Verwaltung zog sich weiter wie ein roter Faden durch die Herrschaftsgeschichte. So waren am Ende des 16. Jahrhunderts, nach dem Tod ihres Vaters Hans Rudolf II. um 1580, dessen fünf Söhne an der Herrschaft beteiligt. Insgesamt hatte Hans Rudolf II. aus zwei Ehen mindestens acht Kinder, zwei Töchter und sechs Söhne, von denen Hans Jakob wohl als Kind starb und Wendel später Johanniterkomtur – aber dennoch an der Herrschaft beteiligt – war.[73] Erschwerend kam hinzu, dass in jener Zeit zumindest einige der Erben noch minderjährig waren; am 13. Dezember 1600 jedenfalls beurkunden die Brüder Bruno und Sigmund von Enzberg (auch für ihren Bruder, den Malteserritter Wendel) die Endabrechnung ihrer Vormundschaft. Diese drei Brüder waren die Söhne Hans Rudolfs (II.) aus dessen zweiter Ehe mit Magdalena von Hornstein, deren Bruder Balthasar II. von und zu Hornstein (1555–1630) wie schon zuvor sein Onkel Balthasar I. von und zu Hornstein (1518–1898) ihr Vormund war. In dieser Endabrechnung erklären die drei Brüder, dass diese für Enzberg mit einer Schuld von 4250 fl. beendet sei. Um dieses ansehnliche Vermögen aufzubringen, musste die Familie Enzberg das Dorf Mahlstetten verpfänden.[74] Die Brüder dürften wohl bereits 1597 aus der Vormundschaft entlassen worden sein, da aus diesem Jahr eine erste Belehnungsurkunde für alle gemeinsam ausgestellt wurde. Nur zwei Jahre nach der Vormundschaftsabrechnung verkaufte die Gemeinde Mahlstetten für 1000 fl. Einnahmen aus ihren Liegenschaften mit Zustimmung ihres Herrn, Brunos von Enzberg. Daraus ist mit aller Wahrscheinlichkeit abzuleiten, dass Mahlstetten an Bruno gefallen war, d. h. die Gesamtherrschaft unter den Erben in die Einzelteile aufgeteilt wurde.[75]

Im Spätmittelalter und an der Wende zur Neuzeit lassen sich in vielen adeligen Territorien Versuche einer Herrschaftsintensivierung beobachten. Dies war sicherlich auch eine Reaktion auf die spätmittelalterliche Agrarkrise, die den niederen Adel in besonderem Maße traf. Auf die Versuche der Herrschaft, ihre Rechte auf Kosten der breiten Bevölkerung auszudehnen – und insbesondere auch die wirtschaftlich nutzbaren Rechte –, hatten die Bauern im Bauernkrieg in ganz Süddeutschland reagiert und sich auf ihre alten Privilegien und Gerechtigkeiten, auf das Herkommen und die bisherigen Verhältnisse berufen. Die Herrschaften haben es auch durchaus verstanden, ihre Einnahmen von den untergebenen Bauern zu erhöhen. Dies geschah zunächst durch die Einführung neuer Abgaben und Dienste (Fronen), dann durch die Intensivierung der Gerichtsherrschaft und der damit verbundenen Leistungen. Dabei waren die Herrschaften getrieben von dem Interesse, die ihnen unterstellten Territorien, welche von den unterschiedlichsten Lehengebern stammten und mit den verschiedensten Rechten ausgestattet waren, zu vereinheitlichen; im Fall der Herrschaft Enzberg etwa die konstanzischen, reichenauischen, österreichischen und anderen Lehen.

So verlangte die Herrschaft 1611 beispielsweise in Königsheim, den gesamten Gemeindewald abzuholzen und nach Mühlheim zu liefern – und zwar in zusätzlicher Fronarbeit; beim selben Anlass am 25. Februar erklärte Friedrich von Enzberg, der junge Herr, seinen Königsheimer Untertanen, »sie besäßen gar nichts, sondern das Dorf und alles, was dort ist, gehöre ihm«.[76] Ähnliche Maßnahmen und vor allem neue Fronen wurden auch in den anderen Gemeinden ergriffen, jedoch mit nur mäßigem Erfolg. Die Untertanen haben sich gegen die neue Herrschaftsinterpretation zur Wehr gesetzt und gegen die Herrschaft geklagt.

Allerdings hat in den Jahren 1610/11 ein Heer der evangelischen Reichsstände unter Markgraf Joachim Ernst von Brandenburg in der Herrschaft Enzberg gewütet. In diesem Zusammenhang ist in Mühlheim die Rede von Pest, Seuchen und Viehsterben. Eine Pestepidemie ist auch ansonsten für 1610/11 in Süddeutschland verbürgt.[77] In Böttingen und Königsheim soll im Jahr 1610 etwa die Hälfte der Einwohner gestorben sein. Ohne diese Zahlen auf die gesamte Herrschaft hochzurechnen, bedeutet das dennoch, dass die Abgabenleistung eines jeden einzelnen Untertanen erheblich erhöht werden musste, sollte das frühere Einnahmeniveau gehalten werden. Daher versuchten die Herren zu Beginn des 17. Jahrhunderts, die Fronen zu erhöhen, neue Frondienste einzuführen und die Abgabenstruktur umzustellen. Zunehmend wurde statt bäuerlicher Dienstleistung die Abgabe von Früchten verlangt, die Naturalabgaben wurden auf Geldabgaben umgestellt.[78]

b) Der Dreißigjähriger Krieg

Vom Dreißigjährigen Krieg, der zwischen den konfessionellen Parteien 1618 entflammte, war die Mühlheimer Herrschaft stark betroffen. Allein in den Jahren bis 1624 musste die Stadt elfmal ihre Mauern für verschiedene Heere öffnen. Die Kosten für die Unterbringung und Verpflegung von durchziehenden Soldaten beliefen sich für die gesamte Herrschaft bis 1624 auf 7000 fl. Bezahlt hat die Unkosten aber nicht die Obrigkeit, sondern sie wurden auf die Stadt Mühlheim und die Dörfer des Territoriums umgelegt. Um ihren Anteil aufbringen zu können, musste z. B. die Gemeinde Königsheim im Jahr 1626 einen Kredit in Höhe von 300 fl. aufnehmen. Als Sicherheit diente die Viehweide der Gemeinde. Das macht den Ernst der Situation deutlich: Die Gemeinde setzte die Zukunft ihrer Viehwirtschaft aufs Spiel, um den Kredit abzusichern.[79]

1628 kam es zu umfangreichen Einquartierungen verschiedener Truppenkontingente. Neben der Last der Unterbringung und den Belästigungen durch die Truppen musste die Einwohnerschaft aber jeweils auch noch deren relativ hochwertige Verpflegung bezahlen. In den Jahren 1628/29 kosteten die militärischen Durchzüge und Quartiere die Herrschaft Mühlheim erneut 4519 fl., doch waren diese wirtschaftlichen Einbußen und Lasten im Vergleich zu den Ereignissen ab 1632 harmlos.[80] Im Sommer jenen Jahres fielen 1000 Schweden in das Mühlheimer Territorium ein, welche in der Stadt mordeten und brandschatzten. Die Bürger flohen in alle Himmelsrichtungen. Von Mühlheim aus plünderten die Soldaten das Kloster Beuron und die Dörfer der Umgebung. Im Februar 1633 metzelte ein kaiserliches Heer die Schweden in Mühlheim nieder, aber schon im April hatten die Schweden in der Herrschaft wieder die Oberhand. Im August 1633 fand bei Nendingen eine Schlacht zwischen kaiserlichen Truppen sowie württembergischen und französischen Soldaten statt. Die in Mühlheim liegende schwedische Garnison konnte nicht eingreifen, wurde aber nach dem Sieg der Katholisch-Kaiserlichen ebenfalls angegriffen und niedergemacht.

Die Nachrichten aus Mühlheim machen deutlich, dass die Gegend, insbesondere die Herrschaft Enzberg, in jenen Jahren immer wieder unter verschiedenen Heeren zu leiden hatte. Vor allem die Schweden hausten hier, doch war der Schaden, den der Feind anrichtete, nicht unbedingt größer als der von befreundeten Heeren verursachte. Verbunden mit den militärischen Ereignissen waren in der Folge Hungersnot und Seuchen. Nach einer Mühlheimer Tagebuchnotiz über die Kriegsjahre gab es in der Herrschaft um 1635 kein lebendes Haustier mehr; demzufolge konnte die Bestellung der Felder nicht mehr vorgenommen werden – ganz abgesehen von der Beeinträchtigung durch den Krieg. Verbunden mit einer Dürre kam es 1635 zu einer Missernte, welche die Getreidepreise in astronomische Höhen trieb. Zu kaufen gab es Lebensmittel im weiten Umkreis nicht – erst wieder in Schaffhausen. Die Menschen ernährten sich von Waldbeeren, Wurzeln und Gras. Und auf die Hungersnot folgte die Pest.[81] Wer konnte, floh in die Schweiz.

Die Bevölkerung wurde durch diese Ereignisse erheblich vermindert. Die Bevölkerungszahlen des Herzogtums Württemberg sanken auf etwa die Hälfte. In der Stadt Mühlheim wurden vor dem großen Krieg 96 Bürger gezählt, noch 28 Bürger im Jahr 1635. Ähnlich sind die Zahlen für die Gemeinden der Herrschaft. Es drängt sich der Eindruck auf, dass in den Krisenjahren nach 1633 ein erheblicher Bevölkerungsschwund stattgefunden hat, sei es durch Ermordung, Seuchen oder durch Flucht. Wenn man die Zahlen der Abgabenlisten auf die Bevölkerung hochrechnen darf, dann dürfte durch das Kriegsübel die Bevölkerungszahl in einzelnen Orten der Herrschaft Mühlheim auf weniger als ein Drittel des Vorkriegsstandes gesunken sein.

Der Dreißigjährige Krieg war zwar der schlimmste, jedoch nicht der letzte des Jahrhunderts; 1675 zogen französische Truppen durch Süddeutschland mit dem Ziel, das Reich ihres Sonnenkönigs zu vergrößern. Sie lagen im Winter im Mühlheimer Territorium im Quartier. Weitere Truppendurchzüge fanden Ende der 80er Jahre statt, und 1701–14 wurde der Spanische Erbfolgekrieg in Süddeutschland ausgetragen. Auch in der Region an der oberen Donau kam es zu blutigen Kämpfen. Im Winter 1702/03 lagen erstmals Truppen in der Mühlheimer Herrschaft im Winter-

Bischof Johann von Konstanz belehnt Hans Friedrich von Enzberg am 19. Juli 1641 mit der Feste Bronnen und der Stadt Mühlheim sowie den Dörfern Irndorf und Buchheim, Pergamenturkunde mit anhängendem Siegel in Holzkapsel

quartier, und bis 1713 gab es wiederholt Durchzüge und Quartierlasten. Allein im Jahr 1703 soll die Herrschaft Mühlheim 600 Ochsen verloren haben.[82]

c) Die Überschuldung der Herrschaft

Der Dreißigjährige Krieg hat die Bevölkerung dezimiert, das Land verwüstet und die Menschen verunsichert. Unter wirtschaftlichem Aspekt aber brachte die Katastrophe für die Bauern auf mittlere Sicht auch eine Erleichterung, denn wenn die Herrschaft die Bestellung ihrer Höfe sicherstellen wollte, so musste sie den Bauern bessere Konditionen einräumen. Da die Bevölkerungszahl nicht nur lokal, sondern in einem weiten Landstrich erheblich reduziert worden war, hatten die Herrschaften den Untertanen bei der Gestaltung ihrer Lebensbedingungen entgegenzukommen oder die Menschen wanderten in ein anderes Territorium mit günstigeren Konditionen ab.

Die Herrschaft hatte somit unter einer doppelten Belastung zu leiden. Einerseits waren durch den Krieg die Wirtschaftsleistung, Steuerkraft und der gesamte Ertrag der enzbergischen Besitzungen stark reduziert, andererseits aber ließ sich nach dem Krieg aufgrund dieser Veränderungen die nötige Herrschaftsintensivierung und

Ertragssteigerung nicht durchsetzen. Hinzu kam der durch die Kriegskosten etc. explosionsartig vervielfachte Schuldenstand. Die durch die Beuroner Streitsache, den Konflikt mit Hohenberg und andere Grenzkonflikte vor dem Krieg angefallenen Schulden konnten schon damals nicht zurückgezahlt werden; der Krieg verhinderte aber nicht nur die Rückzahlung dieser Ausgaben, sondern bewirkte zudem enorme neue Schulden. Der zu Beginn des 17. Jahrhunderts bei über 16.000 fl. liegende Schuldenstand erhöhte sich bis zur Katastrophe von 1610 noch auf etwa 25.000 fl., wuchs vor dem Dreißigjährigen Krieg um weitere ca. 19.000 fl. an und im Verlauf des Kriegs nochmals um dieselbe Summe. Bis zum Jahr 1662 war ein Schuldenstand von über 73.000 fl. aufgelaufen – ohne rückständige Zinsen.[83]

In dieser aussichtslosen Lage strengten nach dem Tod des Hans Friedrich im Jahr 1661 die Gläubiger vor dem Landgericht Wangen einen gemeinsamen Prozess an, in dem sie für ihr Geld in die Besitzungen der Herrschaft eingewiesen wurden, deren Nutzung ihnen bis zur Abzahlung der jeweiligen Schulden zugesprochen wurde.[84] Erleichtert wurde das Verfahren der Gläubiger erneut durch die Tatsache der Minderjährigkeit des Inhabers der Herrschaft. Zwar hatte dessen Mutter Anna Maria von Herbstheim stattliche Güter bei Radolfzell am Untersee in die Ehe eingebracht, doch reichten diese nicht aus, die Gläubiger zu befriedigen.

Nach seiner Volljährigkeit versuchte Nikolaus Friedrich von Enzberg die Schuldenlast durch fremde Dienste zu mildern; er wurde Offizier beim Schwäbischen Kreis und zeitweise General in der russischen Armee. Auf diesem Weg versuchte er Ansehen und Vermögen zu gewinnen, doch ist dieser Versuch gescheitert, da er dadurch eher zu einem Lebenswandel auf großem Fuß gezwungen war, als daraus hohe Einnahmen zu haben.[85]

Ebenso muss ein weiterer Versuch als gescheitert betrachtet werden, mit dem die Einnahmen der Herrschaft gehoben werden sollte. Wie die benachbarten Territorien wollte auch Enzberg am ersten industriellen Boom teilhaben und errichtete in Bronnen einen Schmelzofen für Eisen und ein Hammerwerk. Allerdings wurde das Erzvorkommen im Mühlheimer Bereich viel zu hoch angesetzt, und das Eisenwerk Bronnen hatte noch mit der Konkurrenz in unmittelbarer Umgebung in Tuttlingen-Ludwigstal, im Bäratal und im Harras zu kämpfen. Aber »das völlig verfehlte Projekt [...], das von 1700 bis 1730 arbeitete, jedoch nie zu wirklicher Rentabilität gelangte«, führte nicht zum Abbau der Außenstände, sondern hat im Gegenteil »die Schuldenlast vervielfacht [...]«.[86]

d) Schuldenabbau im 18. Jahrhundert

All diese Maßnahmen trugen wenig zu einer Verminderung des Schuldenstands bei, vielmehr wuchs dieser sukzessive. Daher wurde die Verwaltung der Herrschaft im Jahr 1717 an den Benediktinermönch und konstanzischen Baumeister Christof Gessinger aus dem Kloster Isny (1670–1738) übergeben, der versprochen hatte, die Wirtschaft zu sanieren. Allerdings hatte er dabei nicht den gewünschten Erfolg, obwohl er eine geordnete Amtsrechnung einführte und die gesamte Wirtschaft systematisch ordnete. Deshalb bat General Nikolaus Friedrich von Enzberg 1720 den Ritterkanton Hegau um die Übernahme der Verwaltung. Diese Administration wurde 1722 auf sechs Jahre vertraglich geregelt und ihr folgten verschiedene Subadministrationen. Allerdings waren diese Fremdverwaltungen keineswegs erfolgreicher als die Ausübung der Herrschaft durch Angehörige des Hauses Enzberg; der Schuldenstand wurde keineswegs reduziert, sondern wuchs auch in den Jahren der ritterschaftlichen Administration auf bis zu 220.000 fl. Aufgrund einer kaiserlichen Kommission, welche in den 30er Jahren die Verwaltung der Herrschaft durch die Ritterschaft untersuchte, wurde diese 1738 dem Ritterkanton Hegau entzogen und der Ritterbezirk Allgäu-Bodensee damit beauftragt. Seit 1738 stand an der Spitze der Herrschaft der Oberamtmann Jakob Barxel, der aufgrund eines Admodiationsvertrags die Herrschaft quasi auf sechs Jahre gepachtet hatte. Eine Besserung trat auch hier nicht ein. Nach 1745 führte das Haus Enzberg Prozesse gegen die Erben Barxels wegen Veruntreuungen.[87] Die Einnahmen stiegen erst unter dem Oberamtmann Antoni Heusler (seit 1750) in nennenswertem Umfang an. Und das lag auch in diesem Fall nicht nur an Maßnahmen der Verwaltung, sondern auch an einer glücklichen Eheschließung. Nikolaus Karl, der Sohn des Generals Nikolaus Friedrich, heiratete Maria Ursula von Hallweil, die ihrem Mann zahlreiche Besitzungen in der Schweiz zuführte. So konnte der Schuldenstand abgebaut und nach 1751

Maria Ursula Freifrau von Enzberg geb. Freiin von Hallwyl/Hallweil (1701–1767), Ehefrau des Freiherrn Nikolaus Karl, betrieb und finanzierte maßgeblich den Umbau von Schloss Mühlheim in den Jahren 1750–1755.

sogar das Mühlheimer Schloss grundlegend renoviert werden. Aber erst in der zweiten Hälfte des 18. Jahrhunderts, unter der Regierung der Freiherren Franz (gest. 1814) und Ludwig (gest. 1817), wurden die seit 1661 verpfändeten Besitzungen nach und nach wieder pfandfrei.[88]

e) Probleme der Herrschaft mit den Orten

Die Ausbildung eines modernen Staats und eigenständigen Territoriums war in der Herrschaft Enzberg durch die Verpfändungen der einzelnen Herrschaftsbestandteile an verschiedene Gläubiger so gut wie ausgeschlossen. Der Systematisierung der Herrschaft widersetzten sich aber über Jahrhunderte hinweg auch die Untertanen, sowohl die einzelnen als auch die Gemeinden. Bereits vom Beginn des 17. Jahrhunderts sind Beschwerdeschriften der Untertanen gegen die Herrschaft bzw. einzelne Maßnahmen derselben überliefert. Zwischen den Untertanen und der Mühlheimer Verwaltung war eine ganze Reihe von Fragen strittig und führte zu Konflikten, die häufig über Jahrhunderte hinweg ausgetragen wurden und teilweise erst im 19. Jahrhundert nach dem Übergang der Mühlheimer Herrschaft an die Nachfolgestaaten obsolet wurden.

Ein Streitpunkt war beispielsweise die Bezeichnung der Untertanen als »Leibeigene«, was diesen seit dem 17. Jahrhundert zunehmend missfiel und wogegen sie sich häufig verwahrten. Ähnlich verhielt es sich mit einer anderen terminologischen Frage: Seit dem Ende des 17. Jahrhunderts bezeichnete die Verwaltung die bäuerlichen Lehen, d. h. die von der Herrschaft an Bauern ausgegebenen Höfe und Güter in den Dörfern, zunehmend als »Schupflehen«. Dagegen verstanden die Bauern, welche diese Lehen bewirtschafteten, diese als »Erblehen«. Der Streit war aber keiner um Worte; hinter der Bezeichnung »Schupflehen« verbarg sich der Anspruch der Herrschaft, dass sie einem Leheninhaber seinen Bauernhof oder sein Gut jederzeit entziehen könnte, wohingegen in der durch die Bauern verlangten Bezeichnung »Erblehen« die Aussage steckte, dass die Lehen von deren Inhabern, also den Bauern, an ihre Kinder vererbt werden konnten. Die Herrschaft verstand somit die Lehen als ihr Eigentum, das sie nach Belieben an den Meistbietenden vergeben konnte, während die Bauern diese Höfe als ihren Besitz verstanden, der sie allerdings zu gewissen Abgaben an die Herrschaft verpflichtete.

Ein weiterer Kampf spielte sich um die »Leibhennen« ab. Die Leibhenne war die Abgabe, welche die Leibeigenen jährlich als Anerkennungszins ihrer Abhängigkeit zu entrichten hatten – ledige Männer zwei, verheiratete drei. Die Abgabe der Leibhenne war aber seit Beginn des 17. Jahrhunderts in allen Herrschaftsorten umstritten, oft wurde diese Abgabe verweigert. Daher stellte die Herrschaft diese Naturalabgabe frühzeitig auf eine Geldzahlung um; nun war für viele Leibeigene aber die Höhe der Zahlung strittig. Oft wurde die verlangte Summe als zu hoch betrachtet, nicht zuletzt auch weil sie höher war als der Preis für die entsprechenden Hennen.

Umstritten waren auch die Frondienste. Die Untertanen waren verpflichtet, die Herrschaftsgüter zu bewirtschaften, Brenn- und Bauholz für die Herrschaft zu schlagen und zu fahren, zum Unterhalt der herrschaftlichen Gebäude in Mühlheim und den einzelnen Orten beizutragen und etwa die der Herrschaft gehörenden Mühlen instand zu halten. Die Fronen waren aber der Gegenstand ewigen Zankes.

Es stellte sich die Frage, wie viele Tage ein Untertan fronen musste, ob die Untertanen bei einer bestimmten Aufgabe zum Frondienst herangezogen werden durften, wie viel Brot und Wein die Herrschaft einem Frondienst Leistenden pro Tag verabreichen musste etc.

Ähnliche Konflikte gab es aber auch zwischen den Gemeinden der untertänigen Orte und der Herrschaft. Hier stellte sich beispielsweise die Frage, ob der Gemeindewald der Gemeinde gehört oder Eigentum der Herrschaft ist und von dieser der Gemeinde nur zur Nutzung überlassen wird (was dann auch widerrufen werden kann). Ähnlich gelagert ist die Frage, wem die dörfliche Allmende gehört oder die Reuten, d. h. das neu erschlossene Feld. Gehören die Flächen der Herrschaft, dann kann sie die Nutzung verbieten oder gestatten, die Nutzungsgebühr nach Belieben festsetzen und auch festlegen, wer zur Nutzung berechtigt ist. In Dörfern, deren Bevölkerungszahlen seit Ende des 17. Jahrhunderts wieder stark anstiegen und in denen fast alle Menschen in irgendeiner Weise auf die Bewirtschaftung eines Stücks Land angewiesen waren, musste diese Frage einen enormen Sprengsatz in sich bergen.

Ebenfalls heftig umstritten zwischen den Gemeinden und der Herrschaft war oft die Frage der Besteuerung. Muss die Gemeinde für alle Grundstücke Steuern an den Ritterkanton zahlen, auch für die, welche die Herrschaft für sich beansprucht? Solche Fragen wurden aber nun nicht einfach mit der Verwaltung diskutiert. Es standen sich in aller Regel zwei in der Sache unversöhnliche Positionen gegenüber. Die Herrschaft war aufgrund ihrer Verschuldung gezwungen, die wirtschaftliche Leistungsfähigkeit zu erhöhen, und übte daher entsprechenden Druck auf Untertanen und untertänige Gemeinden aus. Die Gemeinden andererseits sahen die Verschuldung der Herrschaft, wussten darum, dass sie und ihr Besitz weithin als Pfänder versetzt waren, strebten daher nach größerer Freiheit und wünschten sich unter Umständen den Anschluss an einen größeren Herrschaftsverbund. Unterstützung fanden sie in diesen Bestrebungen bei den österreichischen Beamten und Instanzen der Nachbarschaft, beim Oberamt von Hohenberg in Rottenburg, beim Oberamt von Nellenburg in Stockach, aber auch bei den Regierungen in Innsbruck oder Freiburg. Diese Instanzen unterstützten die enzbergischen Gemeinden oder auch enzbergische Untertanen beim Kampf gegen ihre Herrschaft. So gestärkt führten die Gemeinden manchmal mehrere Prozesse über die Höhe der Abgaben, über bestimmte Besitzungen oder Fragen der juristischen Zuständigkeit etc. parallel. Manche dieser Prozesse dauerten über Jahrzehnte, eine Reihe davon konnte im Alten Reich überhaupt nicht abschließend geklärt werden.[89] Und viele Gemeinden führten durch die ewigen Rechtshändel sich selbst ebenso an den Rand des Ruins wie die Herrschaft.

Recht und Wirtschaft in der Herrschaft

a) Die Stadt Mühlheim als wirtschaftlicher Zentralort der Herrschaft

Die Untertanen in den Herrschaftsdörfern Stetten, Nendingen, Irndorf, Buchheim, Mahlstetten, Böttingen und Königsheim waren in der Regel rechtlich schlechter gestellt als die Bürger der Stadt Mühlheim. Im Unterschied zu den Leibeigenen auf den Dörfern waren die Mühlheimer als Stadtbewohner persönlich frei, frei auch von Frondiensten, und hatten gegenüber der Herrschaft als Stadtherren ganz andere Rechte als die Dorfbewohner in den Herrschaftsorten, etwa dasjenige der Selbstverwaltung und der Wahl der städtischen Beamten. Das Stadtrecht hatte Mühlheim vermutlich seit seiner Gründung, jedenfalls bereits in zollerischer Zeit. Die Stadtrechte verbürgten Friedrich von Enzberg den Mühlheimern im Jahr nach dem Kauf der Herrschaft 1410 und seine Nachfolger in den Jahrhunderten danach immer wieder. Im Jahr 1511 wurde zwischen der Herrschaft und den Bürgern von Mühlheim ein neues, zeitgemäßes Stadtrecht vereinbart, das aber dennoch nicht die Spannungen zwischen beiden Instanzen vermeiden half. Die Streitereien zogen sich – nicht anders als bei den Herrschaftsorten – durch die Jahrhunderte. Sie bestanden aus Auseinandersetzungen über die Stadtrechnung, Konflikten um die Waldnutzung, um die Aufnahme ins Bürgerrecht und vor allem um Zuständigkeit in Rechtsfragen.[90]

Mühlheim war nicht nur der Sitz der Herrschaft, sondern zugleich die einzige Stadt im Territorium und nahm dementsprechend die wichtigsten Zentralfunktionen wahr. Während in den enzbergischen Dörfern überwiegend Bauern und bäuerliche Taglöhner lebten, waren in Mühlheim außerdem immer Handwerker angesie-

Blick auf Schloss Bronnen, Lithografie von Eberhard Emminger, um 1850

77

delt. Die Bauern in den Orten waren nicht nur in die herrschaftlichen Mühlen gebannt – d. h. sie durften nur dort ihr Getreide mahlen lassen –, sondern sie mussten ihre Waren auch in Mühlheim auf dem Markt verkaufen.[91] Der Verkauf andernorts war nur gestattet, wenn er zuvor auf dem Mühlheimer Markt gescheitert war. Die Bedeutung der Mühlen für die Stadt erschließt sich schon aufgrund ihres Namens; in Mühlheim gab es drei Fruchtmühlen und daneben noch eine im Lippachtal. Neben den Abgaben waren die Mühleneinnahmen für die Herrschaft ein ganz wichtiger wirtschaftlicher Faktor. Bedeutend als Zentralort war Mühlheim auch durch sein Marktrecht; es wurden früh Jahr- und Wochenmärkte veranstaltet, wobei in den Jahren vor 1605 längere Zeit kein Wochenmarkt mehr stattgefunden hatte, demnach die Untertanen für ihre Produkte einen anderen Absatz gefunden haben müssen. Zudem gab es für Bier ein Monopol; nur in Mühlheim durfte es gebraut werden, und auch Salz durften die Untertanen nur im Hauptort erwerben.[92]

Nicht nur die Bauern waren nach Mühlheim ausgerichtet, sondern auch die Handwerker. In den einzelnen Gemeinden sollten ursprünglich nur Handwerker aus Mühlheim arbeiten. So gab es z. B. für die weiter abgelegenen Orte den Dispens, dass sie andere als Mühlheimer Schmiede aufsuchen durften. Oder im 17. Jahrhundert gab es die Bestrebung, das Weberhandwerk aus den Dörfern zu verbannen und nur in der Stadt zu erlauben. Im Zuge der Stadtentwicklung haben sich in Mühlheim auch frühzeitig Handwerkszünfte entwickelt; in diesen waren die Handwerker aus den enzbergischen Dörfern (als im 17. und vor allem im 18. Jahrhundert auch dort zunehmend Handwerksberufe ausgeübt wurden) Mitglieder, allerdings nicht immer freiwillig. So mussten die Dorfvögte deren Zwangsabgaben an die Zunft oft mit Druck einziehen. Der Zunftzwang war im 18. Jahrhundert nicht unumstritten, wie auch die Anordnung, dass im Bereich der Mühlheimer Herrschaft nur Mühlheimer Handwerker tätig werden sollten. Aus dem Gesagten geht hervor, dass die Verwaltung den Untertanen vorschreiben konnte, ob sie einen bestimmten Beruf ausüben durften oder nicht.[93]

b) Verwaltung und Recht

An der Spitze der Herrschaft stand der Amtsinhaber aus dem Haus Enzberg – in nicht gerade seltenen Fällen auch mehrere gleichberechtigte Familienmitglieder oder im Fall von Vormundschaften der Vormund des künftigen enzbergischen Herrn. Der Herr führte jedoch seine Amtsgeschäfte meist nicht selbst, jedenfalls nicht in den späteren Jahrhunderten, sondern hatte für diese Aufgabe einen Oberamtmann. Unter diesem standen »Jäger«, für den Wald zuständige Beamte, und die Dienerschaft des Herrscherhauses.

In der Stadt Mühlheim bestimmte die Herrschaft den Schultheißen, der bei der Wahl von Rat und Gericht eine wesentliche Position hatte. Jährlich wurde von der Bürgerschaft der Bürgermeister gewählt, der mit dem Schultheißen zusammen die Auswahl von zwölf Richtern vornahm. Zusammen mit dem Gericht wählte der Schultheiß weitere zwölf Personen als Räte. Die Ämter der Stadt wurden ebenfalls jährlich von Schultheiß und Gericht besetzt. Als Vertrauensmann der Herrschaft hatte der Schultheiß eine zentrale Position und war bei wichtigen Entscheidungen beteiligt, aber dennoch den Herren gegenüber in Ratsangelegenheiten zum Stillschweigen verpflichtet.

Was in der Stadt die Bürgerschaft war, das war in den enzbergischen »Flecken« die Gemeinde. Dieser stand an jedem Ort der jeweilige von der Herrschaft eingesetzte Vogt vor. Die »Gemeinde« (die Versammlung der Untertanen im Herrschaftsort) wählte aus ihrer Mitte einen oder zwei Bürgermeister, die vor allem für die Finanzen der Gemeinde zuständig waren und Steuern einziehen mussten. Die Gemeinde wählte auch sechs oder zwölf Gerichtsmänner und besetzte ebenfalls alle anderen Funktionen in der dörflichen Gemeinschaft. Die Bewohner der Orte trafen sich zur Gemeinde, d.h. zur politischen Versammlung, auf der die örtlichen Verhältnisse geregelt wurden. Eine wichtige Funktion der Gemeinde war auch das Abhalten der Rüg- oder Jahrgerichte. Diese dienten vorrangig dem Ziel, die öffentliche Ordnung aufrecht zu erhalten. Alle Bürger waren verpflichtet, an ihnen teilzunehmen. Bei ihrer Eröffnung wurden die Verordnungen verlesen – die Polizeiordnung, Feldordnung, Holzordnung etc. Bei den Rüggerichten, zu denen die Gemeinde sich (theoretisch) jährlich versammeln sollte, musste ein jeder der Obrigkeit berichten, was im Dorf nicht korrekt war und wer gegen die Regeln verstoßen hatte, was dann die entsprechende Rügung und Bestrafung nach sich zog. Solche Gerichte wurden aber tatsächlich nicht jedes Jahr gehalten, sondern fielen immer wieder auch aus. Häufiger fanden die Rüggerichte für mehrere Gemeinden gemeinsam statt, etwa für die drei Heuberggemeinden der Herrschaft Enzberg, Mahlstetten, Königsheim und Böttingen. Den Vorsitz führte jeweils der dienstälteste anwesende Vogt (aus diesen drei Gemeinden), der in dieser Funktion den Titel »Stabhalter« führte. Die Strafen fielen zu drei Vierteln an die Herrschaft, ein Viertel blieb der Gemeinde.[94]

Schwerwiegendere Vergehen wurden jedoch von der Herrschaft bestraft; für Diebstahl oder bandenmäßigen Diebstahl wurden etwa Strafen wie die Verbannung aus der Herrschaft verhängt oder die Verpflichtung, in Ungarn drei Jahre gegen die Türken zu kämpfen.[95] Das Mühlheimer Gericht verhängte für Mord, jedoch auch für Diebstahl und andere schwere Delikte die Todesstrafe; Exekutionen erfolgten am Galgen, am Rad, mit dem Schwert und durch Ertränken. Und auch mehrere Hexenverbrennungen fanden in Mühlheim in der ersten Hälfte des 17. Jahrhunderts statt.[96]

c) Anteile der Gemeinden

Interessant wäre eine Untersuchung, wie hoch die Abgaben der einzelnen Orte waren und wie stark sie zum Haushalt der Herrschaft beigetragen haben. Allerdings ist diese Frage schwierig zu beantworten, weil durch die Verpfändungen die Abgabenlisten stark variieren. Zudem trugen Käufe und Verkäufe von Eigentum sowie auch äußere Einflüsse wie Witterung oder kriegerische Einwirkungen ihren Teil dazu bei, dass es in der einzelnen Wirtschafts- oder Abgabeneinheit kaum wirtschaftliche Konstanz gab. Änderte sich beispielsweise die Anzahl der Lehenhöfe in einer Gemeinde, so veränderten sich dadurch auch die Abgaben. Einige Vergleichszahlen sollen aber dennoch einen Einblick in die Verhältnisse bieten. So erhielt die Herrschaft etwa im Jahr 1619

aus der Stadtmühle	143 Malter Frucht
aus der Lippachmühle	36 Malter
aus Irndorf	34 Malter
aus Königsheim	17 Malter
aus Böttingen	6 Malter
aus Nendingen	4 Malter.

Jedoch lieferten 1621, nur zwei Jahre danach, Irndorf und Buchheim Veesen, Königsheim dagegen gar nichts.[97]

Im 18. Jahrhundert, nach der Umstellung auf Geldabgaben, bringen bei der Herbstrechnung 1723

Buchheim	189 fl.
Irndorf	117 fl.
Nendingen	65 fl.
Böttingen	62 fl.
Königsheim	32 fl.

in die herrschaftlichen Kassen.

Schon aus dem Vergleich dieser beiden Abrechnungen ergibt sich, dass die Abgaben der einzelnen Orte starken Schwankungen unterworfen waren. Auch war an den meisten Orten die Herrschaftsstruktur und die Durchdringung unterschiedlich ausgeprägt. War das Haus Enzberg in Königsheim praktisch der einzige Lehensherr, so standen in den meisten anderen Orten neben der Herrschaft mehrere weitere Lehengeber. Die Begrenztheit der Aufstellung ergibt sich auch daraus, dass in beiden Listen Mühlheim, Stetten und Mahlstetten fehlen, in der ersten darüber hinaus auch noch Buchheim.

d) Das Ende der Herrschaft

Die Ausbildung eines modernen Staatswesens im eigentlichen Sinn war der Herrschaft Mühlheim verwehrt. Wurden entsprechende Bemühungen im 17. und der ersten Hälfte des 18. Jahrhunderts durch Kriege, Verschuldung und Verpfändung verhindert, so machten es in der zweiten Hälfte des 18. Jahrhunderts die vielen Prozesse unmöglich, welche die Herrschaft gegen die Gemeinden und gegen einzelne Untertanen zu führen hatte. Diese juristischen Auseinandersetzungen hielten die obrigkeitlichen Rechte in vielen Bereichen in einem Schwebezustand. Und als gegen Ende des 18. Jahrhunderts eine Reihe von Prozessen abgeschlossen werden konnte, war es für die Staatwerdung eines Kleinterritoriums zu spät, da die Französische Revolution und ihre Folgen die alte Ordnung völlig beseitigten.

Seit 1796 wurden die französischen Revolutionsarmeen auch in Süddeutschland offensiv. Als im Oktober 1796 eine Armee von 2500 Franzosen in die Herrschaft Mühlheim einzog, verursachte sie einen Schaden von 13.273 fl. In Irndorf wurden im Oktober mehrere Franzosen von kaiserlichen Truppen, unterstützt von Irndorfer Bauern, niedergemacht, weshalb die abrückende Armee den größten Teil Irndorfs abbrannte und eine Reihe von Menschen tötete. Der Rückzug der ca. 5–6000 Mann starken Truppe führte über Bärenthal, Böttingen und Königsheim.[98] Hier haben die Truppen erneut geplündert; allein Königsheim verlor dabei nach

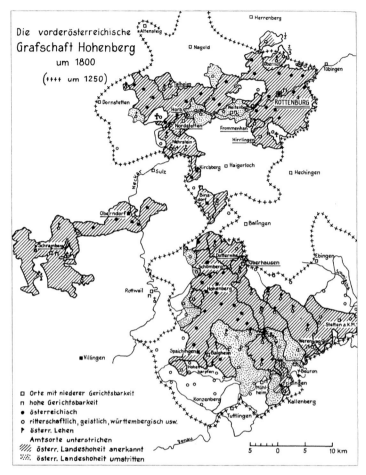

Karte der vorder-
österreichischen
Grafschaft Hohen-
berg, um 1800
(aus: E. Stemmler, Die
Grafschaft Hohen-
berg und ihr Über-
gang an Württem-
berg, Stuttgart 1950)

Angaben der Ortschronik Vieh, Lebensmittel, Getränke, Heu, Kleider, Mobilien
und Gegenstände des täglichen Gebrauchs im Wert von 9200 fl.[99]

Bald danach folgten auf die Franzosen kaiserliche Truppen; nun mussten diese
versorgt werden. Bis 1799 beliefen sich die Kriegskosten des Amts Mühlheim auf
fast 27.000 fl. Im März 1799 waren die Franzosen wieder da und mehr als 5000 Mann
mussten in der Herrschaft versorgt und untergebracht werden. Danach kamen kaiserliche Truppen, die im Mai 1800 von französischen wieder vertrieben wurden, die
in großer Zahl nach Osten zogen. All diese Truppen hatte die Herrschaft zu verpflegen; die Herrschaftsorte mussten aber auch Verpflegung für die verschiedenen
Armeen an weiter entfernte Plätze in Süddeutschland liefern.

Die beiden ersten Koalitionskriege der alten Mächte gegen das revolutionäre
Frankreich hatten die Herrschaft weit über 40.000 fl. gekostet.

Noch während der Napoleonischen Kriege wurden durch den Reichsdeputationshauptschluss 1803 die alten Verhältnisse völlig umgestaltet. Unter Napoleon
wurde das alte System zerschlagen und die Kleinstaaten zugunsten der früheren

Mittelstaaten aufgelöst. Im Dezember 1805 übernahm Württemberg die Macht in der Herrschaft Mühlheim und in all ihren Orten. Nach einem kurzen badischen Zwischenspiel einigte man sich, dass Mühlheim mit sämtlichen Herrschaftsorten an Württemberg fallen und Buchheim badisch werden sollte. Das war das Ende des Römischen Reichs Deutscher Nation und das Ende der reichsunmittelbaren Herrschaft Mühlheim.

Anmerkungen

1   Philipp Roder, Geographisches statistisch-topographisches Lexikon von Schwaben III, Ulm 1797, S. 303f.
2   Vgl. Christoph Bizer, Oberflächenfunde von Burgen auf der Schwäbischen Alb. Ein Beitrag zur Keramik- und Burgenforschung, Stuttgart 2006, S. 315f.
3   Kraftstein ist ein auf dem Heuberg südlich von Mahlstetten gelegenes Hofgut, das die Stadt Mühlheim in den Jahren 1386 und 1387 von den Vorbesitzern aus dem Haus Wartenberg kaufte, vgl. Beschreibung des Oberamts Tuttlingen, Stuttgart 1879, S. 385f.; Elmar Blessing, Mühlheim an der Donau. Geschichte und Geschichten einer Stadt, Sigmaringen 1985, S. 70ff.
4   Württembergisches Urkundenbuch (WUB) IV, Stuttgart 1883, S. 5 n. 959; Monumenta Zollerana. Urkundenbuch zur Geschichte des Hauses Hohenzollern I–VIII, hrsg. von R. v. Stillfried/T. Maercker, Berlin 1852–1890, I S. 62 Nr.170; Wilfried Schöntag, Die Herrschaftsbildung der Grafen von Zollern vom 12. bis zur Mitte des 16. Jahrhunderts, in: Zeitschrift für Hohenzollerische Geschichte 32 (1996), S. 167–228, hier S. 181, 205; Wilfried Schöntag, Der Kampf der Zollern und Hohenberger um die Herrschaft Schalksburg im 13. Jahrhundert, in: Andreas Zekorn/Peter Thaddäus Lang/Hans Schimpf-Reinhardt (Hrsg.), Die Herrschaft Schalksburg zwischen Zollern und Württemberg, Epfendorf 2005, S. 43–67, hier S. 55f.; Casimir Bumiller, Das »Schalksburgische Jahrhundert« in der Hohenzollerischen Geschichte, ebd. S. 69–104, hier S. 75; Casimir Bumiller, Geschichte der Schwäbischen Alb, Gernsbach 2008, S. 92, 96.
5   WUB V, Stuttgart 1889, S. 137 n. 1369; Monumenta Zollerana I, S. 71 Nr. 182; Schöntag, Kampf um die Herrschaft Schalksburg, S. 56; WUB VI, Stuttgart 1894, S. 269 n. 1876; Monumenta Zollerana I, S. 82 Nr. 201; Schöntag, Kampf um die Herrschaft Schalksburg, S. 56; WUB VI, S. 363 n. 1971; Monumenta Zollerana I, S. 87 Nr. 209.
6   Schöntag, Herrschaftsbildung der Grafen von Zollern, S. 205; Schöntag, Kampf um die Herrschaft Schalksburg, S. 54f.
7   Monumenta Zollerana I, S. 111 Nr. 247: »Wir Vdelhilt diu Grauinne, Grauen Fridrichs saligen wirtinne von zolre, des iungen der man da sprichet von Merchenberg, vnd Ich Grave Fridrich von zolre, der vorgenanten Gravinne sun«; Karl Th. Zingeler, Geschichte des Klosters Beuron im Donauthale, Sigmaringen 1890, S. 87ff.; Oberamtsbeschreibung Tuttlingen, S. 379, 384; Schöntag, Herrschaftsbildung der Grafen von Zollern, S. 205f., 213; Bumiller, Das »Schalksburgische Jahrhundert«, S. 75ff., 84f.; Schöntag, Kampf um die Herrschaft Schalksburg, S. 55f.; Karl Augustin Frech, Königsheim in Mittelalter und Früher Neuzeit, in: Königsheim. Eine Heuberggemeinde, Horb 2003, S. 14–113, hier S. 14–25, 45ff.; Andreas Bihrer, Der Konstanzer Bischofshof im 14. Jahrhundert. Herrschaftliche, soziale und kommunikative Aspekte (Residenzenforschung 18), Ostfildern 2005, S. 118, 131, 268.
8   Monumenta Zollerana I, S. 116 Nr. 248; R. v. Stillfried/T. Maercker, Forschungen zur älteren Geschichte des erlauchten Hauses Hohenzollern, Berlin 1847, S. 137f.; Monumenta Zollerana I, S. 118 Nr. 249; Stillfried/Maercker, Forschungen, S. 138ff.; Zingeler, Beuron, S. 88f.
9   Enzberg-Archiv Mühlheim Urkunden 44; Monumenta Zollerana I, S. 295 Nr. 421; E. Schnell, Die früheren Dynasten-Geschlechter in Hohenzollern II, in: Mitteilungen des Vereins für Geschichte und Altertumkunde Hohenzollerns 9 (1875), S. 1–33, hier S. 4f. Nr. 1; Stillfried/Maercker, Forschungen, S. 159ff.; Oberamtsbeschreibung Tuttlingen, S. 379, 385; Friedrich Bauser, Mühlheim an der Donau und die Herren von Enzberg. Ein Gedenkblatt zur Feier des 500jährigen Besitzes der Herrschaft (23. September 1409), Coburg 1909, S. 7; Hansmartin Schwarzmaier, Das Archiv der Freiherrn von Enzberg und der Aufbau ihrer Herrschaft, in: Zeitschrift für württembergische Landesgeschichte 26 (1967), S. 62–78, hier S. 67f.; Bumiller, Das »Schalksburgische Jahrhundert«,

S. 84f.; Schöntag, Kampf um die Herrschaft Schalksburg, S. 55; Frech, Königsheim, S. 47ff.; Bumiller, Schwäbische Alb, S. 116f., vermutet, dass die Weitinger ein als Söldner in Italien erworbenes Vermögen in Mühlheim investierten.

10 Alle Zitate Monumenta Zollerana I, S. 295; aus S. 299 ergibt sich, dass es sich bei Königsheim, Böttingen und Mahlstetten um Allodien handelt: *obgeschriben aignen dorffern*. Bauser, Mühlheim, S. 12; Schöntag, Herrschaftsbildung der Grafen von Zollern, S. 206, 213, 218.

11 Seit 1380 an Swigger von Gundelfingen, der 1389 seinen Neffen Hans von Zimmern, den Inhaber der Herrschaft Messkirch und der Burg Wildenstein, in die Pfandgemeinschaft aufnahm; vgl. Zimmerische Chronik (Die Chronik der Grafen von Zimmern, hrsg. v. Hansmartin Decker-Hauff, Darmstadt 1964–1972) I, S. 142; Monumenta Zollerana I, S. 288 Nr. 415; Stillfried/Maercker, Forschungen, S. 137f.; Oberamtsbeschreibung Tuttlingen, S. 379; Bauser, Mühlheim, S. 7; Bumiller, Das »Schalksburgische Jahrhundert«, S. 84; Monumenta Zollerana I, S. 297.

12 Monumenta Zollerana VIII, S. 61 Nr. 119 ; Bauser, Mühlheim, S. 12.

13 Den Abschluss fand der Ausverkauf des Mühlheim-Schalksburger Zweiges der Zollerngrafen im Jahr 1403, als Graf Friedrich Mülli auch noch die Herrschaft Schalksburg mit Balingen und den umliegenden Dörfern veräußern musste, vgl. Bauser, Mühlheim, S. 12; Andreas Zekorn (Hrsg.), Die Herrschaft Schalksburg, darin v.a. Schöntag, Kampf um die Herrschaft Schalksburg, S. 57; Bumiller, Das »Schalksburgische Jahrhundert«, S. 75ff., 101ff., und Volker Trugenberger, Der Erwerb der Herrschaft Schalksburg 1403 und die württembergische Territorialpolitik, S. 105–138, hier S. 112.

14 Schnell, Dynastengeschlechter II, S. 5f. Nr. 2ff.

15 Heute Ortsteil von Mühlacker im Enzkreis. Die Zählung der Personen gleichen Namens folgt der von Bauser, Mühlheim, eingeführten unter dem Vorbehalt, dass insbesondere für die Zeit vor 1409 nicht eindeutig gesagt werden kann, wer als erster Träger eines so häufig vergebenen Vornamens wie »Friedrich« oder »Hans« anzusprechen ist; vgl. Anm. 28.

16 Vgl. das erste urkundliche Zeugnis für die Familie in einem Maulbronner Dokument WUB III, S. 369, sowie die Nennungen von Burg und Familie unter Kaiser Heinrich VI. 1193: Johann Friedrich Böhmer/Gerhard Baaken, Regesta Imperii IV 3, 1: Die Regesten des Kaiserreiches unter Heinrich VI., Köln – Wien 1972, Nr. 286a unter König Rudolf 1275 und 1285: Johann Friedrich Böhmer/Oswald Redlich, Regesta Imperii VI 1: Die Regesten des Kaiserreiches unter Rudolf, Adolf, Albrecht, Heinrich VII., Innsbruck 1898, Nr. 468a, 515, 1929; König Adolf 1283: Johann Friedrich Böhmer/Oswald Redlich/Vincenz Samanek, Regesta Imperii VI 2: Die Regesten des Kaiserreiches unter Rudolf, Adolf, Albrecht, Heinrich VII., Innsbruck 1933, Nr. 214; Die Urkunden des Reichsstifts Obermarchtal. Regesten 1171–1797, bearbeitet von Hans-Martin Maurer und Alois Seiler, hrsg. von Wolfgang Schüle und Volker Trugenberger, Konstanz 2005, Nr. 393 – hier ist Friedrich von Enzberg, den man nennt Rumlr, am 17. April 1411 Zeuge in Reutlingen für Marchtal; vgl. Bauser, Mühlheim, S. 19ff. und S. 55ff.; Schwarzmaier, Archiv der Freiherrn von Enzberg, S. 63ff.

17 So 1352, 1353 und 1354 im Dienst der kirchenstaatlichen Provinz Tuszien, vgl.: O. v. Stotzingen, Schwäbische Ritter und Edelknechte im italienischen Solde im 14. Jahrhundert, in: Württembergische Vierteljahreshefte für Landesgeschichte NF 23 (1913), S. 76–102, hier S. 84; Karl Heinrich Schäfer, Deutsche Ritter und Edelknechte in Italien während des 14. Jahrhunderts I (Quellen und Forschungen aus dem Gebiet der Geschichte 15), Paderborn 1911, S. 88, 112; zu den ritterlichen Söldnern in Italien vgl. Bumiller, Schwäbische Alb, S.113ff.

18 Vgl. die Urkunde Pfalzgraf Ruprechts von der Pfalz vom 4. September 1403, in der er seine Schulden gegenüber dem Kloster Maulbronn auflistet, die sein Vater u. a. für die Brechung des Schlosses Enzberg aufgenommen hatte, Regesten der Pfalzgrafen am Rhein 1214–1508 II, Innsbruck 1894, Nr. 3094; Gustav Bossert, Die Zerstörung von Enzberg 1384, in: Württembergische Vierteljahreshefte für Landesgeschichte 10 (1887), S. 48–50; Bauser, Mühlheim, S. 26f.; Schwarzmaier, Archiv der Freiherrn von Enzberg, S. 67.

19 Christoph Florian, Graf Eberhard der Milde von Württemberg (1392–1414). Friede und Bündnisse als Mittel der Politik (Tübinger Bausteine zur Landesgeschichte 6), Ostfildern 2006, S. 96; Bauser, Mühlheim, S. 26f.; Schwarzmaier, Archiv der Freiherrn von Enzberg, S. 67f.; Bumiller, Das »Schalksburgische Jahrhundert«, S. 95; Konrad Ruser, Zur Geschichte der Gesellschaften von Herren, Rittern und Knechten in Süddeutschland während des 14. Jahrhunderts, in: Zeitschrift für Württembergische Landesgeschichte 24 /25 (1975 / 1976), S. 1–100, hier S. 82 Nr. 44.

20 Enzberg-Archiv Mühlheim Urkunden 75; Monumenta Zollerana I, S. 423 Nr. 516; der Kaufvertrag ist auch ediert von Bauser, Mühlheim, S. 47–54, die Zitate, hier S. 47f.; vgl. Stillfried/Maercker, Forschungen, S. 159f.; Zingeler, Beuron, S. 140f.; Oberamtsbeschreibung Tuttlingen, S. 379f.; Bauser, Mühlheim, S. 13ff.; Schwarzmaier, Archiv der Freiherrn von Enzberg, S. 68; Max Kotterer, Geschichte von Buchheim, in: Max Kotterer/Walter Lang/Kurt-Erich Maier, Beiträge zur Geschichte der Heuberggemeinde Buchheim, Buchheim 1978, S. 13–72, hier S. 17f.; Blessing, Mühlheim, S. 76; Blessing, Stetten, S. 23; Frech, Königsheim, S. 51ff.; Bumiller, Schwäbische Alb, S. 112.

21 Bauser, Mühlheim, S. 47: »das Alles die Stat Mulheim vnd Brunnen die Vöstin mit allen Iren zugehörden lehen ist und ze lehen gat von einem Bischoff ze Costantz«.

22 Bauser, Mühlheim, S. 48: »diß alles rechte eigen heisset vnd ist«.

23 Bauser, Mühlheim, S. 48: »mit allen den rechten gewaltsambe Leehen vogtien vnd gewonheiten als wir vnd vnsere vordere diß danne alles bißher haben inne gehapt«.

24 Bauser, Mühlheim, S. 48f.: »Nandingen [...] daz da leehen ist von einem vogt vßer der Richenowe.«

25 Bauser, Mühlheim, S. 49: »vnsern eigen teil zu Warndorff der da Bilgerich von Hochdorff seligen waz«.

26 Enzberg-Archiv Mühlheim Urkunden 77 und 78; Bauser, Mühlheim, S. 27f.

27 Hauptstaatsarchiv Stuttgart A 602 Nr. 13690.

28 Während Schwarzmaier von einer Zählung ganz absieht, wird hier an der von Bauser eingeführten festgehalten, um keine Verwirrung hervorzurufen.

29 Enzberg-Archiv Mühlheim Urkunden 236; Bauser, Mühlheim, S. 28; Blessing, Mühlheim, S. 8f.; Blessing, Stetten, S. 23; Böttingen. Geschichte und Gegenwart, Böttingen 2002, S. 26f.; Frech, Königsheim, S. 55.

30 Enzberg-Archiv Mühlheim Urkunden 261; Joseph Chmel, Regesta chronologico-diplomatica Friderici III. Romanorum imperatoris II, Wien 1859, n. 6992; Oberamtsbeschreibung Tuttlingen, S. 380; Bauser, Mühlheim, S. 28; Schwarzmaier, Archiv der Freiherrn von Enzberg, S. 74; Blessing, Mühlheim, S. 368ff.; allerdings war strittig, ob es sich dabei um die Erstverleihung oder nur um eine Bestätigung des Rechts handelte.

31 Bauser, Mühlheim, S. 28; Blessing, Mühlheim, S. 9; Blessing, Stetten, S. 23.

32 Enzberg-Archiv Mühlheim Urkunden 362; Johann Friedrich Böhmer/Hermann Wiesflecker, Ausgewählte Regesten des Kaiserreiches unter Maximilian I 1493–1519 II 2 (RI XIV 2), Wien – Weimar – Köln 1993, Nr. 7031.

33 Regesta Imperii XIV 3,2 Nr. 1501.

34 Oberamtsbeschreibung Tuttlingen, S. 381; Bauser, Mühlheim, S. 29; Blessing, Mühlheim, S. 10; Böttingen, S. 27; Frech, Königsheim, S. 55.

35 Enzberg-Archiv Mühlheim Urkunden 448.

36 Hauptstaatsarchiv Stuttgart B 31/32 U 95; Enzberg-Archiv Mühlheim Urkunden 448; Oberamtsbeschreibung Tuttlingen, S. 381; Bauser, Mühlheim, S. 29f.; Schwarzmaier, Archiv der Freiherrn von Enzberg, S. 74; Schwarzmaier,Repertorium des Archivs der Freiherrn von Enzberg, S. V (Typoskript im Staatsarchiv Sigmaringen); Blessing, Mühlheim, S. 10; Böttingen, S. 27f.; Frech, Königsheim, S. 55ff.

37 Hauptstaatsarchiv Stuttgart B 31/32 U 97; Nr. 448.

38 Erstmals durch König Ferdinand von Ungarn und Böhmen als Erzherzog von Österreich am 30. Mai 1528 (Enzberg-Archiv Mühlheim Urkunden 493; vgl. weiterhin Nr. 552, 565, 649, 708, 737, 785, 801, 844, 865, 877, 884, 888, 917, 952, 956 oder die Liste in Amtsbücher R 12).

39 Bauser, Mühlheim, S. 30.

40 Enzberg-Archiv Mühlheim Urkunden 459 (Abt Jörg v. Reichenau belehnt Friedrich v. E.); Nr. 461 (Bischof Hugo v. Konstanz belehnt Friedrich v. E.); Nr. 466 (Kaiser Karl V. bestätigt dem Friedrich v. E. die Urkunde seines Vorgängers Maximilian, in der dieser den Hans Jakob von Bodman d. Ä. als Vormund Friedrichs Wildbann und Hochgericht in Mühlheim verliehen hatte. Am 2. Januar 1527 erneuerte Karl V. diese Urkunde und verlieh Mühlheim mit allen Rechten samt Blutbann und Hochgericht (Urkunde Nr. 487).

41 Enzberg-Archiv Mühlheim Urkunden 480; vgl. Hans-Joachim Schuster, Herrschaften an der oberen Donau, in: Peter Blickle/Elmar Kuhn (Hrsg.), Der Bauernkrieg in Oberschwaben, Tübingen 2000, S. 351–362, hier S. 351; dazu und zur Karriere Friedrichs vgl. Oberamtsbeschreibung Tuttlingen, S. 381, 386; Bauser, Mühlheim, S. 29.

42 Zimmerische Chronik II (Decker-Hauff), S. 271; Schuster, Herrschaften an der Donau, S. 358.
43 Zimmerische Chronik I (Decker-Hauff), S. 202.
44 Enzberg-Archiv Mühlheim Urkunden 264 (14. Dezember 1475).
45 Enzberg-Archiv Mühlheim Urkunden 279.
46 Zimmerische Chronik III (Decker-Hauff), S. 46f.
47 Zimmerische Chronik III (Decker-Hauff), S. 49f.
48 So ist auch am 17. November 1562 Enzberg in einem weiteren Streit mit Zimmern um Gerichtssachen in Leibertingen und Forstrechte in Bronnen und Buchheim erfolgreich: Enzberg-Archiv Mühlheim Urkunden 625.
49 Enzberg-Archiv Mühlheim Urkunden 382 (9. Januar 1501): Vorladung der hohenbergischen Räte und der Gebrüder Enzberg durch König Maximilian; ebenda 384 (3. Februar 1501): Hans Rudolf von Enzberg bevollmächtigt seinen Bruder Friedrich zu dem Termin in Nürnberg. Der fragliche Streitfall wurde möglicherweise zwei Jahre später erneut behandelt, denn am 21. Juli 1503 verurteilte das Mühlheimer Gericht den Andreas Kenni aus Böttingen zum Tod durch Ertränken, weil er nach einer ersten Verurteilung begnadigt worden war mit der Auflage, sich nur jenseits des Lechs aufzuhalten. Da er, in der Herrschaft aufgegriffen, seine Urfehde verletzt hatte, erfolgte das erneute Todesurteil (Konrad Krimm, Sammlung Sibum-Siemer 1334–1875. Vorwiegend Urkunden der Herrschaft Enzberg in Mühlheim [1437–1606] und Unterlagen der Pfarrersfamilie Bilhuber [1639–1875], Stuttgart 1991, S. 7 Nr. 6). Der Streit zwischen Hohenberg und Enzberg hatte sich vor 1501 evtl. an der ersten Verurteilung des Andreas Kenni entzündet.
50 Möglicherweise ist in der Urkunde Hauptstaatsarchiv Stuttgart B 40 U 20 (1541 April) das Urteil in diesem Mordprozess erhalten.
51 Zimmerische Chronik III (Decker-Hauff), S. 49; Oberamtsbeschreibung Tuttlingen, S. 380f.
52 Hauptstaatsarchiv Stuttgart B 38 I Bü 521; B 38 I Bü 521; vgl. Bauser, Mühlheim, S. 29f.; Schwarzmaier, Das Archiv der Freiherrn von Enzberg, S. 74; Blessing, Mühlheim, S. 9f., 368, 388ff.; Frech, Königsheim, S. 57ff.
53 Hauptstaatsarchiv Stuttgart B 38 I Bü 522.
54 Enzberg-Archiv Mühlheim Urkunden 622.
55 Zimmerische Chronik III (Decker-Hauff), S. 49.
56 Jedenfalls wenn man der Tuttlinger Oberamtsbeschreibung Glauben schenken will, S. 380.
57 Regesta Imperii XI 2, Nr. 11136; vgl. Zingeler, Beuron, S. 143f.
58 Zingeler, Beuron, S. 146.
59 Ebenda; Oberamtsbeschreibung Tuttlingen, S. 380.
60 Zingeler, Beuron, S. 151f.
61 Enzberg-Archiv Mühlheim Urkunden 531; Zingeler, Beuron, S. 168.
62 Enzberg-Archiv Mühlheim Urkunden 537; Zingeler, Beuron, S. 169.
63 Zingeler, Beuron, S. 170ff.
64 Enzberg-Archiv Mühlheim Urkunden 788; vgl. Zingeler, Beuron, S. 197ff., 173f., 186ff.; Enzberg-Archiv Mühlheim Urkunden 735 (1596); vgl. auch Wilfried Schöntag, Gründungslegenden, Fälschungen und kritische Geschichtsschreibung. Anmerkungen zu einer Arbeit von Leopold Stierle über »Das ehemalige Kloster Bussen-Beuron«, in: Zeitschrift für Hohenzollerische Geschichte 42 (2006), S. 35–45.
65 Enzberg-Archiv Mühlheim Urkunden 56 und 308.
66 Enzberg-Archiv Mühlheim Urkunden 522; Schwarzmaier, Das Archiv der Freiherrn von Enzberg, S. 69f.
67 Elmar Blessing, Irndorf. Beiträge zur Ortsgeschichte, Irndorf 1972, S. 24.
68 Enzberg-Archiv Mühlheim Urkunden 534; vgl. Elisabeth Schudel, Der Grundbesitz des Klosters Allerheiligen in Schaffhausen, Schleitheim 1936; Blessing, Irndorf, S. 15; Blessing, Mühlheim, S. 439; Blessing, Stetten, S. 209; Frech, Königsheim, S. 72f.
69 Enzberg-Archiv Mühlheim Urkunden 535; vgl. Frech, Königsheim, S. 73f.
70 Enzberg-Archiv Mühlheim Akten 986.
71 Vgl. Oberamtsbeschreibung Tuttlingen, S. 382; Bauser, Mühlheim, S. 29ff.
72 Schwarzmaier, Das Archiv der Freiherrn von Enzberg, S. 74.
73 Das sagen jedenfalls die Urkunden Enzberg-Archiv Mühlheim 708, 737 oder 777; vgl. Bauser, Mühlheim, S. 32.

74 Enzberg-Archiv Mühlheim Urkunden 742; vgl. Edward Freiherr von Hornstein-Grüningen, Die von Hornstein und von Hertenstein. Erlebnisse aus 700 Jahren, Konstanz 1911, S. 251–254.
75 Enzberg-Archiv Mühlheim Urkunden 747 (7. Januar 1602).
76 Frech, Königsheim, S. 85f., Zitat S. 86; vgl. Kotterer, Buchheim, S. 24f.; Blessing, Irndorf, S. 25ff., 28ff., 48; Blessing, Stetten, S. 29ff.
77 Oberamtsbeschreibung Tuttlingen, S. 386; Edelmann, Mühlheim im 30jährigen Krieg, in: Blätter des Schwäbischen Albvereins 22 (1910), S. 73–78, hier S. 73; Zittrell, Aus der Geschichte der Stadt Mühlheim, in: Tuttlinger Heimatblätter 5 (1926), S. 1–15, hier S. 8f.; Blessing, Mühlheim, S. 135; Frech, Königsheim, S. 87f., 91; Rainer Knörle, Der Dreißigjährige Krieg in Tuttlingen, in: Tuttlinger Heimatblätter NF 70 (2007), S.73–124, hier S. 73f.
78 Frech, Königsheim, S. 88ff.
79 Enzberg-Archiv Mühlheim Akten 2699; vgl. Frech, Königsheim, S. 91.
80 Vgl. Edelmann, Mühlheim im 30jährigen Krieg, S. 73f.; Oberamtsbeschreibung Tuttlingen, S. 386f.; Zingeler, Beuron, S. 200ff.; Bauser, Mühlheim, S. 42ff.; Zittrell, Mühlheim, S. 9ff.; Kotterer, Buchheim, S. 25f.; Blessing, Mühlheim, S. 135ff.; Frech, Königsheim, S. 91ff.; Knörle, Der Dreißigjährige Krieg, S. 75ff., 84ff. und passim.
81 Knörle, Der Dreißigjährige Krieg, S. 93ff.
82 Oberamtsbeschreibung Tuttlingen, S. 387; Kotterer, Buchheim, S. 26; Blessing, Mühlheim, S. 143f.
83 Blessing, Mühlheim, S. 11ff.; Blessing, Stetten, S. 24ff.
84 Vgl. die Urkunden Enzberg-Archiv Mühlheim 856, 858, 860, 871, 872, 873, 880 (1654 bis 1670); Oberamtsbeschreibung Tuttlingen, S. 381; Bauser, Mühlheim, S. 33; Schwarzmaier, Das Archiv der Freiherrn von Enzberg, S. 75; Blessing, Mühlheim, S. 11ff.
85 Bauser, Mühlheim, S. 33; Schwarzmaier, Das Archiv der Freiherrn von Enzberg, S. 72, 75; Hans Kungl, Die militärische Laufbahn des Freiherrn Nikolaus Friedrich von Enzberg (1650–1726), in: Tuttlinger Heimatblätter 27 (1974), S. 33–60.
86 Schwarzmaier, Das Archiv der Freiherrn von Enzberg, S. 74; Oberamtsbeschreibung Tuttlingen, S. 387; vgl. auch: Eugen Reinert, Württembergische Eisenhütten in der Gegend der oberen Donau. Aus der Geschichte der Hüttenwerke Ludwigstal, Talheim, Harras und Bärental, Tuttlingen 1941; Blessing, Mühlheim, S. 319ff.
87 Oberamtsbeschreibung Tuttlingen, S. 383; Bauser, Mühlheim, S. 34; Schwarzmaier, Das Archiv der Freiherrn von Enzberg, S. 75f.; Blessing, Mühlheim, S. 13.
88 Stetten etwa 1759 nach fast 100 Jahren: Blessing, Stetten, S. 26ff., vgl. Bauser, Mühlheim, S. 35; Schwarzmaier, Das Archiv der Freiherrn von Enzberg, S. 76.
89 Vgl. Schwarzmaier, Das Archiv von Enzberg I (Typoskript Staatsarchiv Sigmaringen), I S. XIII; vgl. Blessing, Irndorf, S. 25ff., 28ff., 48; Kotterer, Buchheim, S. 24f.; Blessing, Stetten, S. 29ff.; Frech, Königsheim, S. 141ff.
90 Zittrell, Mühlheim, S. 3, 6ff.; Blessing, Mühlheim, S. 85ff., 94ff., 103ff.
91 Zittrell, Mühlheim, S. 3, 6ff.; Blessing, Mühlheim, S. 298ff.
92 Zittrell, Mühlheim, S. 6f.; Blessing, Mühlheim, S. 306ff.; Krimm, Sammlung Sibum-Siemer, S. 8 Nr. 9 ist ein Urteil vom 16. Mai 1559 wegen eines beim Markt ausgetragenen Streits.
93 Zittrell, Mühlheim, S. 3, 7f.; Blessing, Mühlheim, S. 107, 316ff.; Frech, Königsheim, S. 119, 141, 149, 154.
94 Blessing, Mühlheim, S. 204ff.; Frech, Königsheim, S. 100ff., 135ff.
95 Krimm, Sammlung Sibum-Siemer, S. 8 Nr. 7 (9. Februar 1519): Verbannung und Verbot, sich der Herrschaft weniger als 5 Meilen zu nähern, S. 9 Nr. 11 (6. Januar 1606): Verbot, Mühlheimer Zwing und Bann zu verlassen oder ein Wirtshaus zu besuchen, S. 10 Nr. 17 (17. Januar 1606): dreijähriger Kampf in Ungarn gegen die Türken.
96 Kotterer, Buchheim, S. 23f.; Blessing, Mühlheim, S. 368ff.
97 Enzberg-Archiv Mühlheim Amtsbücher 218 und 219.
98 Zingeler, Beuron, S. 247ff.; Blessing, Irndorf, S. 36ff.; Blessing, Mühlheim, S. 145ff.; Frech, Königsheim, S. 156f.
99 Frech, Königsheim, S. 156.

ELMAR BLESSING

HERRSCHAFT UND UNTERTANEN

Teilung der Herrschaft Mühlheim

1584 starb Hans Rudolf II. von Enzberg. Er hinterließ drei Söhne, Hans Rudolf III. aus erster Ehe und Bruno sowie Hans Sigmund aus zweiter Ehe. Zwischen ihnen kam es kurz nach ihres Vaters Tod zu Unstimmigkeiten. Junker Bruno gebot den Stettenern, sie dürften Hans Rudolf, seinem Stiefbruder, nichts mehr tun, weder mit Jagen, mit Wildzeug oder Brennholz führen, mit Fronen oder anderen Diensten, dies sei ihnen hiermit »höchlich« verboten, bis die Herrschaft geteilt sei.[1] Als die drei Brüder »mannbar« geworden waren, teilten sie die Güter und die Herrschaft ihres Vaters unter sich auf. Hans Rudolf erhielt vom bischöflich-konstanzischen Lehen Irndorf, Bruno Buchheim und Sigmund Nendingen. Kurz danach richtete jeder ein eigenes »adeliges Hauswesen« ein.[2] Statt einem »Hauswesen« hatten die Untertanen nunmehr drei zu versorgen. Wollten aber die drei Junker eine standesgemäße Hofhaltung weiterführen, mussten sie die Einnahmen steigern. Dies konnte nur zu Lasten der Untertanen geschehen, was zwangsweise zum Konflikt zwischen den Junkern und ihren Untertanen führte.

Die bischöflichen Lehenorte verweigern die Fron

Die Untertanen der drei bischöflichen Lehenorte Irndorf, Buchheim und Nendingen ertrugen die »Beschwerungen« unter den drei Brüdern einige Jahre. Zwar beklagten sie sich immer wieder bei den Junkern, doch stießen sie auf taube Ohren. Im Oktober 1609 hatte ihre Geduld schließlich ein Ende, und sie ließen durch ihre Vögte den Freiherren mitteilen, sie wollten nicht mehr fronen. Im selben Monat wandten sich der Prälat von Salmansweiler (Salem) und der Propst von Beuron an die Freiherren von Enzberg und baten, sie mögen ihre Untertanen nicht unnötig belasten, man solle sie vielmehr bei ihren alten Rechten und Gerechtigkeiten lassen.[3] Wohl gleichzeitig oder kurz zuvor hatten die drei Gemeinden ihrem Oberlehenherrn, Bischof Jakob von Konstanz, ihre Lage geschildert und ihn um Hilfe gebeten. Der Bischof lud daraufhin alle Parteien nach Mühlheim ein, um die Streitigkeiten beizulegen. Er ernannte Joß Ludwig von und zu Ratzenried und Leonhardt Götz, bischöflicher Kanzler, zu seinen Bevollmächtigten. Vom 11. bis 21. Dezember 1609 tagte die Kommission in Mühlheim. Es gelang ihr auch, in vielen Punkten eine Einigung herbeizuführen. Zu keiner Übereinkunft kam es vor allem bei den Wein-, Holz- und Dungfronfuhren, und den beiden Vermittlern blieb schließlich nichts anderes übrig, als beide Seiten zu ermahnen: Die von Enzberg sollen sich ihren lehenbaren Untertanen gegenüber als eine »milde und väterliche Obrigkeit« erzei-

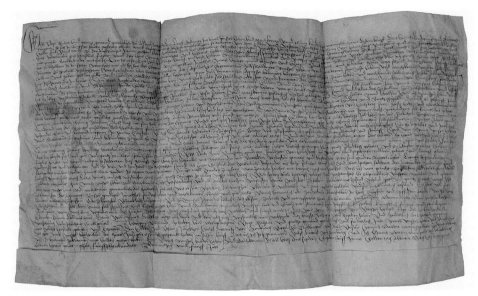

Vogt, Richter und ganze Gemeinde zu Mahlstetten schwören am 16. Oktober 1525 dem Junker Friedrich von Enzberg Urfehde. Sie hatten sich im Bauernkrieg den aufständischen Bauern angeschlossen.

gen und die Untertanen sollen den Freiherrn, als der von »Gott fürgesetzten Obrigkeit«, allen gebührenden und schuldigen Gehorsam erweisen. Die Kosten für die Kommission, »Zehrung und Herberg«, beliefen sich auf stattliche 132 fl.[4]

»Interimsbescheid« des Bischofs

Bischof Jakob von Konstanz erließ schon kurze Zeit später, am 13. Januar 1610, auf Grundlage der im Dezember erzielten Ergebnisse, einen 35 Punkte umfassenden »Interimsbescheid«. Ausführlich wird dabei auf die einzelnen Klagen der drei Gemeinden eingegangen und versucht, eine für beide Seiten befriedigende Lösung zu finden. Die Rechte und Pflichten der Freiherren wie auch die der Untertanen werden detailliert beschrieben und festgelegt. Dem Bischof ging es vor allem darum, das alte Herkommen sowie die alten Rechte und Gerechtigkeiten zu bewahren, aber auch Neuerungen möglich zu machen. Zum Schluss forderte er beide Parteien auf, falls sie mit dem einen oder anderen Bescheid nicht zufrieden seien, sollen sie entweder beim »Bischöflichen-Constanzischen-Consistorio« oder bei einer kaiserlichen Kommission innerhalb sechs Monaten Widerspruch einlegen.[5]

Das bischöfliche Wort fand in Mühlheim zunächst wenig Gehör. Im Juli 1610 forderte der Bischof daher die Freiherren von Enzberg auf, sich an den »Interimsbescheid« zu halten und die Untertanen nicht weiter zu belasten. Die Junker hätten nicht nur seine »Bemühungen, Erinnerungen und Warnungen verächtlich in den Wind geschlagen«, sondern auch wider seine Person »allerhand trutzige Spottreden, frevenlicher und unadelicher Weise (vorab der Bruno) ausgestoßen.«[6]

Im selben Monat berichtete Propst Vitus von Beuron dem Abt von Salmansweiler, die drei Gemeinden hätten die bischöflichen Auflagen und Gebote »bishero aufs äußerste und nach Möglichkeit« befolgt, die von Enzberg hingegen legten die Dekrete und Deklarationen zu ihrem Vorteil ganz anders aus. Sie ließen sich durch die bischöflichen Erläuterungen in nichts hindern, sondern bedrängten die armen Untertanen mit Gewalt. Der von den Freiherren gegen die drei Gemeinden gefasste »Unwillen, Rachgierigkeit und Unterdrückung« sei so groß, dass die Untertanen nur noch beim Kaiser Abhilfe erfahren könnten. Wenige Tage später machten sich dann auch Vertreter der drei Gemeinden – »zwei ehrliche Männer«, Hans Stitzeln von Fridingen und Jacob Saum von Irndorf – mit einem Empfehlungsschreiben des Abts Peter von Salmansweiler auf den Weg zum Kaiser nach Prag.[7]

Die Freiherren ließen die Beuroner Anschuldigungen nicht auf sich sitzen, sondern beauftragten ihren Agenten Moritz Hagenbucher, ihre Sache am kaiserlichen Hof zu vertreten und dafür zu werben, dass die unruhigen Untertanen wieder zum schuldigen Gehorsam gebracht werden könnten. Im Schreiben vom 19. August 1610 an Hagenbucher heißt es u. a.: »Die Untertanen der drei Flecken Irndorf, Nendingen und Buchen haben sich nun eine lange Zeit her neben Erweisung allerhand unleidenlichen Respekts und Verachtung ganz ungehorsam und unseren Geboten und Verboten widerspenstig erzeigt und mit Convenienz und Hilfeleistung des hochwürdigen Fürsten und Herrn Jacob Bischof zu Constanz uns aller unser zustehenden Frondiensten und anderer Schuldigkeiten wider altes Herkommen und unserer in Handen habenden uralten Kauf- und Lehenbriefen beraubt und zu unserem äußersten Nachteil und Schaden entsetzt.«

Im Einzelnen zählen sie ihrerseits auf, welche Punkte des bischöflichen »Interimsbescheids« die Untertanen nicht einhielten. So würden in Irndorf die Besitzer von »Mähninen« weder die zwei Jauchert Feld bestellen, noch ihre Fronfuhren verrichten. Auch die Taglöhner kämen ihren Fronverpflichtungen nicht nach. In allen drei Orten würden die herrschaftlichen Gebote und Verbote nicht beachtet, usw.[8]

Beschwerdeschrift der drei Gemeinden

Wie es Hans Stitzeln und Jacob Saum in Prag erging, ist nicht bekannt. Vermutlich haben sie Gehör gefunden und sind aufgefordert worden, ihre Klagen schriftlich einzureichen, denn 1611 sandten die drei Gemeinden und Flecken Irndorf, Buchheim und Nendingen, »im Madach gelegen«, Kaiser Rudolf II. »als ihrem Vater und Beschirmer der Armen und Bedrängten« eine umfangreiche Beschwerdeschrift. In ihr heißt es: 200 Jahre lang sind wir Irndorfer, Buchheimer und Nendinger Untertanen der Freiherren von Enzberg, »mit aller Gnaden und obrigkeitlichem Schutz regiert und gemahnt, bei alten Herkommen, Verträgen und löblichen Gebräuchen gelassen und behandelt« worden. Kein Teil hat Klage gehabt, sondern alles ist »friedlich, still und ruewig gewesen«. Die drei Junker aber haben allerhand Neuerungen eingeführt und uns »mit schier täglichen, ungemessenen Diensten und Fronen« beschwert. Bei deren Vater, als einzigem regierenden Junker, haben wir alle Dienste gerne getan, jetzt aber müssen wir allen drei Herren dieselben Dienste tun, ja sogar noch mehr leisten. Die Bauern und ihre Familien leiden »blutigen Hunger« und erhalten auch keine »Ergötzlichkeiten« mehr, »selbst das althergebrachte Fronbrot« wird uns nicht mehr gereicht. Stattdessen bekommen wir »Schelt- und Schmachworte, als wären wir Sklaven, ja unvernünftige Hunde und Bestien«. Vor zwei Jahren haben wir unsere Klagen unserem gnädigen Fürsten und Eigentumsherrn, Bischof Jakob von Konstanz, vorgetragen und ihn ganz flehendlich um Unterstützung gebeten. Er hat auch im Dezember 1609 eine Kommission nach Mühlheim gesandt, deren Bemühungen aber an der starren Haltung der Junker scheiterten. Daraufhin hat der Bischof einen schriftlichen »Interimsbescheid« an beide Seiten geschickt und befohlen, ihn zu befolgen. Wir waren damit zufrieden und wollten ihn beachten, doch die Junker legten einige Bestimmungen zu ihrem Vorteil und zu unserem Nachteil aus und wollten uns dazu mit Gewalt zwingen. Vor einigen Tagen warfen sie »etliche unserer Gemeindegenossen« in harte Gefangenschaft, egal was der Bischof geschrieben und befohlen hat. Da bisher nichts geholfen hat und uns kein anderes Mittel mehr hilft, wenden wir uns an »Eure Römische Kaiserliche Majestät als das höchste Haupt im Heiligen Römischen Reich und oberste[n] Schutz- und Schirmherr[n] aller Armen und Bedrängten«. Wir bitten, man möge die Beamten der Grafschaft Nellenburg oder die Stadt Überlingen oder sonstige Unparteiische mit der Schlichtung beauftragen. Sie sollen gleich zu Beginn ihrer Kommission »Interimsmittel« erlassen, damit die Junker mit ihren »Neuerungen und Bedrängnissen« nicht fortfahren können. Die Junker haben dem Bischof vorgeschlagen, die Bürgermeister und den Rat der Stadt Rottweil als Kommission einzusetzen, deren Advokaten und Ratsverwandte sind aber zugleich Berater der Junker. Deshalb haben wir Bedenken gegen die Rottweiler Herren.

Nach dieser allgemeinen Einleitung folgen 23 Beschwerden gegen die Freiherren von Enzberg:

1. Damit wir »einfältigen Leute« die neuen, ungemessenen Fron- und Tagdienste gerne machen und nicht merken sollen, dass man uns eine ewige Dienstbarkeit auftragen will, hat man uns zwei oder drei Jahre lang für den Hof- und Feldbau Geld und eine gewisse »Ergötzlichkeit« versprochen und auch gegeben. Wir wurden vertröstet, dass diese Fron nicht lange währt, sondern nur ein paar Jahre. Nach ein paar Jahren wurde diese Fron aber als schuldiges Herkommen angesehen. Auch die versprochene »Ergötzlichkeit« wurde nicht mehr gereicht, und wir »armen Leute mit scharfen Geboten und hohen Strafen dazu genötigt«.

2. Für etliche Frondienste und besonders für die Holzfuhren ins Schloss nach Mühlheim – wo bisher die Junker allein ihre Residenz und Wohnung hatten –, gaben unsere Vorfahren eine bestimmte Summe Geld und lösten die Fron ab. Nun wird uns die doppelte Bürde aufgeladen, wir müssen sowohl das Holz führen und auch das »Holzgeld« bezahlen, das »mit schweren Bedrohungen eingetrieben« wird.

3. Die besagten Junker haben verschiedene Häuser, Schlossscheuern und Mühlen gebaut, wozu wir an etlichen Orten alle Materialien einen weiten, rauen Weg und einen hohen Berg hinaufführen und fronen mussten. Dabei vernachlässigten wir unsere eigene

Feldarbeit. Wir erhalten dafür keine »Ergötzlichkeiten oder eine dankbare Erkenntnis unserer sauren Mühe und Arbeit«.

4. Die Junker haben verschiedenes »Viehzeug« angeschafft, womit sie unseren Weidgang überladen und uns »merkliche, unerträgliche Schmälerungen und Minderungen« zugefügt haben.

5. Die Junker haben zu Markdorf einen eigenen Weinwuchs, den wir früher nach Mühlheim führen mussten. Diese Verpflichtung wurde durch eine Geldzahlung abgelöst. Nunmehr müssen wir wieder den Wein holen und obendrein das »Wein- oder Karrengeld« bezahlen.

6. Unsere Flecken haben bisher in ihrem Distrikt das »Beholzungsrecht« nicht nur für den täglichen Gebrauch, sondern auch zum Bauen und zum Verkaufen gehabt. Dieses Recht wurde uns genommen. Die Dorfvögte aber müssen auf Befehl der Junker das Holz an fremde Orte verkaufen und verschenken.

7. Die Junker haben für die Jagd die Flecken unter sich aufgeteilt, und jeder hat seine eigene Regierung. Wir werden ohne Unterlass zur Jagd aufgefordert und gezwungen, weshalb wir unseren eigenen Feldbau vernachlässigen.

8. Es ist sogar schon vorgekommen, dass wir, wenn unvermutet ein Wild im Forst sich sehen ließ, selbst an heiligen Feiertagen während des Gottesdienstes zur Jagd hinausziehen mussten. Wodurch wir den Gottesdienst versäumten, nur um ihrer Kurzweil willen.

9. Desgleichen werden wir unter starker Bedrohung gezwungen, Jagdhunde zu halten, auch wenn einer viele kleine Kinder hat und für sie kümmerlich das Brot erwirtschaften muss. Kommt ein Hund auch ohne Verschulden des Halters um, wird ihm ein Ross oder eine Kuh aus dem Stall genommen oder eine andere schwere Strafe auferlegt.

10. Wir müssen auch etliche Zwangsmühlen besuchen, ungeachtet, dass es bisher keinen Mühlenzwang gab und wir frei mahlen durften. Die Junker haben zur Erhöhung ihres Einkommens den Müllern den Mühlenzins erhöht, den diese dann auf den Mahllohn schlagen.

11. Vor wenigen Jahren kam es wegen der »hohen malefizischen Obrigkeit« zwischen den österreichischen Amtsleuten der Landgrafschaft Nellenburg und denen von Enzberg zu Streitigkeiten. Daraufhin beschlagnahmten die Nellenburger in Buchheim die Gült des Bruno von Enzberg. Als die Buchheimer dies dem Junker mitteilten, gebot er ihnen, die Beschlagnahmung nicht zu beachten, sondern die Gült nach Mühlheim zu liefern und versprach, sie zu vertreten und schadlos zu halten, falls Widrigkeiten entstünden, »was wir arme, gehorsame Untertanen glaubten«. Es kam zum Prozess, und wir kamen in die Acht. Als wir dies dem Junker mitteilten und ihn an sein Versprechen erinnerten, schlug er alles in den Wind und gewährte uns keinen Beistand. Wir mussten vielmehr die Strafe, 90 fl. bar, alleine bezahlen.

12. Dasselbe geschah mit neun Buchheimern, die vor dem nellenburgischen Landgericht aussagen sollten. Der Junker verbot ihnen die Aussage und versprach, sie aller Gefahren und »Entgeltnus« zu entheben. Junker Bruno ließ die Gesellen aber ohne Unterstützung, und sie fielen in die Acht und Aberacht, aus der sie sich mit 21 fl. lösen mussten.

13. In den drei Flecken gibt es etliche Personen, die anderen, besonders geistlichen Herrschaften leibeigen sind. Die Junker fordern diese auf, sich aus der fremden Leibeigenschaft zu lösen, sonst müssten sie mit der Verweisung aus der Herrschaft rechnen. Können sie sich aber nicht aus der fremden Leibeigenschaft lösen, so werden sie von den Junkern trotzdem wie Leibeigene gehalten und müssen die entsprechenden Abgaben entrichten. Auch die Kindbetterinnen werden wider allen Landesbrauch nicht davon verschont. »Wie sich dann auch begeben, dass eine arme Witib, Anna Reizin, mit drei kleinen Kindern 1 Mltr. bloßes Korn der Obrigkeit geben« musste. Die Kinder müssen nun betteln.

14. Nach altem Brauch und Herkommen wurden in den drei Flecken zu bestimmten Zeiten die ordentlichen Jahrgerichte gehalten. Die jetzt regierenden Junker lassen diese aber in Abgang kommen und entscheiden »schier alle vorkommenden Streitigkeiten und Strafhandlungen ohne erfolgtes Recht« nach ihrem Gutdünken. Will aber einer seinen »Gegenbericht und Verantwortung tun«, die aber dem bereits zuvor gefassten »Unwillen und der vorgefaßten Meinung zuwider oder nicht ähnlich« sind, so werden die armen Leute »gleich einer Furia mit scharfen Droh- und Scheltworten« angefahren und sie »Schelmen und meineidige Leute« gescholten. Dies verhindert eine gleiche »Justitia, wie jeder Rechtsverständige wohl erachten« kann.

15. Begehrt ein Bauer in seinen Nöten Audienz bei seiner Obrigkeit, so wird ihm diese meist abgeschlagen und er an den Vogt verwiesen. Dieser entscheidet vielmals parteiisch und nach seinem Gutdünken und privatem Interesse. Es ist auch üblich, dass die Junker bei geringen Übertretungen hohe Geldstrafen verhängen, wodurch die Untertanen an den Bettelstab kommen.

16. Verschiedene Male haben die Junker einem Bauern sein Lehen und zugleich sein eigenes Haus und seine Güter eingezogen. Entweder behielten sie die Güter selbst oder verliehen sie an andere. Dadurch gerieten die bisherigen Besitzer in Not und wurden »ja gar in das Elend und den Bettel verstoßen«. So geschehen in Irndorf mit Hanß Frey, Jacob Reiz, Anthoni Fuetterknecht, Blasi Vischer und anderen.

17. Die eingezogenen Güter müssen wir in der Fron und mit unserem »eigenen Mueß und Brot« anbauen, wodurch wir zusätzlich belastet werden.
Zuvor konnten wir unsere Lehengüter an andere verkaufen. Dies wurde uns verboten. Die Junker ziehen vielmehr das Lehen ein oder belasten es mit neuem schweren »Ehrschatz« und erhöhten die jährlichen Zinsen, wie mit Hans Taudes Gut in Irndorf geschehen. Junker Hans Rudolf hat in den letzten neun Jahren fünf Maierhöfe an sich gebracht und darauf einen Gerstenzins geschlagen, obwohl hier gar keine Gerste angebaut wird.

18. Vor langer Zeit besaßen die Gemeinden das Recht des »Äckherich oder Käß«. Jetzt zieht der Junker dieses Recht an sich.

19. Geraten die Junker mit einer benachbarten Herrschaft in Streit, so werden die entstandenen Kosten auf die Gemeinden abgewälzt und die Junker frei gehalten, wenn auch die Gemeinden von dem Streit wenig oder gar nicht betroffen sind. Kommt einer der Bezahlung nicht nach, so wird er mit Verweis aus dem Flecken, mit Gefangenschaft oder mit anderer hoher Strafe bedroht.

20. Kommt es zwischen einer Manns- und einer Weibsperson zum vorehelichen Verkehr, so werden sie dafür um 48 Pfund bestraft, ungeachtet dass sie heiraten und beisammen bleiben wollen. Die bisherige Strafe für ein solches Vergehen betrug 10 Pfund.

21. Vor einiger Zeit gerieten zwei Nendinger Bauern, Vlrich Mülhauser und Conradt Matheß, wegen eines Guts in Streit. Sie wollten den Streit vor Gericht beilegen, was ihnen der Junker nicht erlaubte, sondern sie aufforderte, einen gütlichen Vergleich zu finden. Dies taten sie aber nicht. Der vor Gericht unterlegene Bauer musste zur Strafe den besten Acker des betreffenden Guts an den Junker abtreten, der dafür 120 fl. erlöste.

22. Die Landesart hier ist rau, der Feldbau beschränkt und klein und mit vielen Waldungen und Holz bestanden. Es ist altes Herkommen, dass den Gemeinden ein Stück Wald zum Ausstocken zugewiesen wird, und »manch armer Gesell seinen Schweiß und seine Arbeit daran gewandt, sich selbst ein Äckerlein und Feldbau zugerichtet, daraus er mit Weib und Kind seine Nahrung gehabt und sich so des Hungers und Bettels erwehren können«. Stirbt nun einer, der einen solchen Acker hergerichtet und genutzt hat, so ziehen die Junker dieses Gut an sich, behalten es selbst oder verleihen es gegen Zins und »Ehrschatz« ohne Rücksicht auf das arme Weib und die Kinder des bisherigen Inhabers wider alle Billigkeit und mit »Vertreibung vieler armen Witwen und Waisen, auch Verursachung großer Uneinigkeit, Zank und Hader wider die Bauernschaft«.

23. Die Nendinger werden besonders durch den Ziegler belastet, den der Junker angenommen hat. Mit ihm hat er einen Vertrag abgeschlossen, wodurch der Junker Ziegel und Kalk zu einem geringeren Preis erhält, während die Bauern einen höheren bezahlen müssen, ohne Rücksicht darauf, dass der Ziegler sein Holz aus ihren Wäldern holt »und überschwenglich Holz fällt und nimmt, alles zu sein, des Junkers eigenem Vorteil, aber unserem, der armen Untertanen höchstem Nachteil«.

Dies sind nur die »fürnemsten Beschwerungen«, womit wir seit vielen Jahren von unseren Junkern und Lehenherrn »aufs Höchste und Schärfste graviert, bedrängt und geplagt werden. Dies haben wir nur in Kürze erzählt«. Die Junker wollen damit auch nicht aufhören, sondern es wird von Jahr zu Jahr schlimmer, und wir werden »samt Weib und Kinder in das äußerste Verderben, Hunger und Elend gestürzt und gestoßen«.[9]

Die Beschwerdeschrift erreichte zwar den Kaiser in Prag, doch in Mühlheim änderte sich zunächst nichts. Die Auseinandersetzungen gingen vielmehr weiter. Auch die Strafen, welche die Freiherren verhängten, brachten die drei Gemeinden nicht zum Einlenken. Als die Nendinger und Irndorfer wieder einmal die Fron verweigert hatten, schrieben 1612 Sigmund und Bruno von Enzberg an den Bischof und baten ihn, er möge den Ausführungen und Ansprüchen der Untertanen nicht uneingeschränkt Glauben schenken, sondern sie anweisen, sich an das Herkommen und den »Interimsbescheid« zu halten. Ihr ganzes Bestreben sei es, sich der enzbergischen Herrschaft zu entledigen.[10]

Die kaiserliche Kanzlei war inzwischen aber nicht untätig geblieben. Nach einer späteren Zeugenaussage hatte der Kaiser zunächst den Komtur von Altshausen, dann die Stadt Überlingen und schließlich den Bischof von Konstanz beauftragt, den Streit zwischen den Freiherren von Enzberg und den drei Gemeinden Buchheim, Irndorf und Nendingen beizulegen. Aber erst nachdem Hans Rudolf 1611 und Bruno 1613 gestorben waren und die Herrschaft wieder vereinigt war, zeigte sich Sigmund von Enzberg verhandlungsbereit.[11]

Der »Konstanzer« Vertrag von 1615

Im März 1615 schickte Bischof Jakob Fugger von Konstanz seine Räte Gebhardt Schöllhammer und Johann Heinrich von Pflaumern, Obervogt von Meersburg, nach Mühlheim. Sie prüften die von beiden Seiten vorgelegten Dokumente und hörten sich »Red und Widerred« an. Dann besprachen sie gemeinsam jeden Klagepunkt und jede Beschwerde, fassten das Ergebnis schriftlich zusammen und lasen es den Beteiligten nochmals vor. Die so in langwierigen, zähen Verhandlungen erreichte Einigung wurde am 15. März 1615 im »Konstanzer Vertrag« festgelegt:

1. Das neu erbaute Haus in Irndorf

Irndorf darf von dem von Hans Rudolf von Enzberg selig erbauten Haus samt Neben- oder Hirtenhäusle keine Dorfanlagen und Abgaben fordern. Diese Befreiung gilt aber nicht für künftige Erwerbungen, seien es Häuser oder Güter, der Freiherren in den drei Dörfern.

2. Hof- und Feldbau zu Irndorf

Die Irndorfer müssen wie bisher zum »Irndorfischen Hof« fronen. Wer eine »Mähne oder Zug« besitzt, muss jährlich zwei Jauchert bestellen und alle Feldarbeit, das Jäten ausgenommen, verrichten. Dafür erhalten sie von der Herrschaft das bisher übliche »Fronbrot«. Für alle darüber hinausgehenden Arbeiten, wie den Flachsanbau, soll ein Taglohn bezahlt werden. Der eigene Feldbau darf aber darunter nicht leiden.

Ältere Ortsansicht von Irndorf

3. Weitere und andere Fronen

Jeder Irndorfer, der eine »Mähne oder Zug« hat, ist zu zwei Fronfahrten mit Holz oder etwas anderem nach Mühlheim verpflichtet. Der Freiherr kann statt diesen zwei Fahrten vier Fahrten in oder zu seinem Haus in Irndorf verlangen. Statt der Fahrten kann die Herrschaft auch Geld fordern, 6 kr. nach Mühlheim und 3 kr. in Irndorf. Die Söldner und Taglöhner müssen vier »Tagwahn« in Irndorf tun. Die in einem Jahr nicht eingeforderte Fron darf nicht im folgenden Jahr aufgerechnet werden.

Ist in der Herrschaft ein »Hauptbau« zu errichten, so haben die drei Gemeinden gegen Reichung des Fronbrots Fuhr- und Handfronen zu leisten. Dabei sollen die Untertanen ihre eigenen Arbeiten nicht vernachlässigen.

4. »Weinfuhr« von Markdorf

Jeder Irndorfer, der eine »Mähne oder Zug« besitzt, muss der Herrschaft deren eigenen Wein von Markdorf nach Mühlheim führen. Für jede Fahrt werden für Lohn und Zehrung 12 fl. bezahlt. Das »Karrengeld« muss der betreffende Fuhrmann dann nicht entrichten. Alle übrigen Fronleistungen haben sie mit 5 Batzen »Dienstgeld« abgelöst.

Sigmund von Enzberg verspricht den Irndorfern, etliche Stockfelder an sie auszuteilen und als Lehen zu übertragen, damit sie die genannten Fronleistungen, zu denen sie ihrer Meinung nach bisher nicht verpflichtet waren, willig leisten. Auch verspricht er ihnen, die Zinsen nicht übermäßig zu erhöhen.

5. Alte »Artikelsbriefe« in Strafhandlungen

Die niedergerichtlichen Vergehen und Frevel sollen in den drei Flecken nach den alten »Artikelsbriefen« und den darin enthaltenen Strafordnungen bestraft werden. Die »Rügungen sollen heimlich geschehen«. Der Verurteilte kann dagegen Einspruch einlegen und eine »rechtliche Erkenntnis« verlangen. Bei hohen, malefizischen Freveln und Verbrechen hat sich die Herrschaft an die Vorschriften der »gemeinen Rechte, der Reichs-Constitutionen und der lieben Justiz« zu halten.

6. Gerstenzins

Der von einigen Höfen geforderte Gerstenzins ist aufgehoben, da doch hier keine Gerste angebaut wird. Der Zins darf nur von der Fruchtart gefordert werden, die »der Halm gibt«, oder was in alten Zinsbüchern und Urbaren steht. Die Herrschaft kann sich aber mit den Inhabern der Höfe anderweitig einigen. Die Herrschaft soll ohne besondere Ursache den in den alten Zinsbüchern und Urbaren festgeschriebenen Zins nicht erhöhen.

7. Entrichtung der Zinsen und Gülten

Die nach altem Herkommen zu entrichtenden Zinsen und Gülten sollen nicht geändert und in »landläufigem Werth« der Münzen bezahlt werden.

8. Viehauftrieb

Die Herrschaft darf ihr Vieh in Irndorf nicht vor, sondern nur gleichzeitig mit den Irndorfern auf die »Hälm- und Dauchwaiden« treiben. Sie darf auch nicht auf die von der Gemeinde gebannte Weide fahren und kein Vieh auftreiben, das unter der Gemeindeherde nicht geduldet wird.

9. Jagd- und Hetzhunde

Die Untertanen in Irndorf, Buchheim und Nendingen sind verpflichtet, dem jeweilig regierenden Junker Hetzhunde zu halten. Verliert einer den Hund ohne eigenes Verschulden, so darf er nicht bestraft oder ihm etwas weggenommen werden.

10. Leibeigenschaft

Alte Leibeigenschaftsverhältnisse bleiben bestehen. Stirbt ein Leibeigener eines anderen Herrn, so darf von Enzberg nur den »Minderen-Fall«, 15 Kreuzer pro Gulden des geforderten Fallgelds, nehmen. Der seit einiger Zeit geforderte »doppelte Fall« darf nicht mehr erhoben werden. Zieht ein Leibeigener eines anderen Herrn in eines der drei Dörfer, so kann sich die Herrschaft mit ihm über die Leibeigenschaft vergleichen. Untertanen, die in den drei Orten wohnen und niemandem leibeigen sind, sollen sich in die Leibeigenschaft der Herren von Enzberg begeben, wie auch Fremde, die sich hier niederlassen wollen.

Jeder Leibeigene hat der Herrschaft jährlich eine »Leibhenne« und eine »Rauch- oder Faßnachthenne« zu geben. Wer einen anderen Leibherren hat, muss nur eine »Faßnachthenne« geben. Wer keine Henne hat, soll 6 kr. bezahlen oder sich anderweitig mit der Herrschaft einigen.

Stirbt ein armer Taglöhner oder einer, der nur ein Stück Vieh oder ein Ross hat, »ohne welches sie sich schwerlich weiterbringen könnten«, so soll für den »Hauptfall« nur ein »leidlicher« Geldbetrag gefordert werden, was die von Enzberg bisher auch »rühmlich« getan haben.

Was den Jacob Schilling von Nendingen betrifft, dessen Ehefrau dem Gotteshaus Laiz leibeigen war, so hat er den »Hauptfall« nur nach Laiz zu entrichten.

11. Beholzung

Den Herren von Enzberg gehören alle Wälder mit Grund und Boden. Sie müssen aber den Untertanen zu deren eigenem Verbrauch das benötigte Bau- und Brennholz daraus geben. Bleibt ihnen aber von dem zugeteilten Holz etwas übrig, so können sie dieses Holz mit Erlaubnis der Herrschaft nach Mühlheim verkaufen. Auch das in den Wäldern gesammelte dürre und selbst gefallene Holz können sie entweder selbst verbrauchen oder nach Mühlheim verkaufen.

Der Junker soll eine Holzordnung erlassen, den Untertanen jedesmal ihr Holz an einem bestimmten Ort zuweisen und einen Aufseher bestellen, damit die Wälder nicht verwüstet und alles Übermaß vermieden werden. Damit künftig die »augenscheinliche Verwüstung« der Wälder verhindert wird, soll man den Waldbezirk, den die Herrschaft den Untertanen zum Holzfällen zugewiesen hat, nach dem Abräumen »mit Stangen notdürftig verwahren und einschlagen«. In einen solchen »Einschlag« darf bis zu dessen Öffnung kein Vieh getrieben werden. Sollte sich ein Tier ohne Verschulden des Hirten oder Besitzers in einen »Einschlag« verlaufen haben, so darf der Betreffende nicht bestraft werden, es sei denn, es wäre »große, unverantwortliche Fahrlässigkeit« gewesen.

Die Hirten und Bannwarte sollen auf die »Einschläge« gut achtgeben und Strafbares anzeigen. In den anderen Walddistrikten haben die Gemeinden nach altem Herkommen »Tritt, Tratt, Wunn und Wayd«.

Fremden ist es verboten, in den Wäldern Holz zu hauen und wegzuführen. Auch die Herren von Enzberg sollen die Wälder schonen.

12. Reut- und Stockfelder

Die von der Herrschaft ausgeteilten »Reutäcker« sollen den Besitzern auf eine gewisse Zeit, »so lange der erste Nutz währt«, überlassen werden. Werden die »Stockäcker« nicht mehr angebaut, so fallen sie an die Herrschaft zurück. Bei der Neuverleihung ist zu beachten, dass die Äcker an die »geringsten und unvermöglichsten« Untertanen ausgegeben werden. Die Herrschaft kann sie aber nach ihrem Gutdünken auch an die Wohlhabenderen, entsprechend der Anzahl ihrer Kinder, austeilen.

Die bisherigen »Reutäcker« sollen den Inhabern als Lehen übertragen werden. Sie können diese Felder an enzbergische Untertanen verkaufen, nicht aber an Fremde. Ein Verkauf soll vor dem jeweiligen Dorfgericht und der »Gemeinde« feilgeboten werden. Die »Reutfelder« sollen vermessen und in die Urbare eingetragen werden. Sollte sich bei der Vermessung herausstellen, dass der Inhaber eines Feldes zu wenig Zins bezahlt hat, soll er nicht bestraft werden. Ohne Wissen der Herrschaft dürfen die Güter nicht verkauft werden. Kann ein Untertan aus einer »Leibs- oder anderer Unvermöglichkeit« sein Lehengut nicht mehr selbst umtreiben, kann er es an einen Mitbürger verkaufen. Die Allmend kann wie bisher genutzt werden.

13. Prozesskosten

Die Herrschaft muss sich an den Prozesskosten einer Gemeinde, wo auch ihr Interesse berührt ist, beteiligen. Was die Herrschaft alleine betrifft, muss sie die Prozesskosten alleine tragen.

14. Bewirtschaftung des Hofs Bronnen

Die Gemeinde Buchheim hat die zum Hof Bronnen gehörenden Wiesen mit Hilfe des Hofbauern zu heuen und zu öhmden und ihm auch bei der Ernte zu helfen. Wird der Hof durch keinen Hofbauern bewirtschaftet, so haben die Buchheimer alle Arbeiten in der Fron zu verrichten. Die Bauern können dabei die Taglöhner und Söldner zur Mithilfe heranziehen. Die dabei geleisteten Frontage werden ihnen angerechnet. Zur Mittagszeit hat ihnen die Herrschaft »eine zimbliche Lieferung an Brot und eine Milch oder dergleichen« zu geben. Das Heu und Öhmd sollen die Buchheimer, wenn sie mit ihrer Feldarbeit fertig sind, gegen Reichung des Fronbrots von den Feldscheuern in den Hof führen. Außer diesen »Heufuhren« sind die Buchheimer der Herrschaft zu zwei weiteren Fuhren verpflichtet. Zu weiteren Frondiensten sind sie nicht verpflichtet, sondern müssen dafür, wie seit alters her, nur das »Ross- oder Mähnegeld« bezahlen. Auch die Söldner und Taglöhner sind außer ihrer achttägigen Fronverpflichtung zu keinen weiteren Diensten ver-

Schloss Bronnen, Stahlstich von C. Warren, erste Hälfte 19. Jh.

pflichtet. Benötigt die Herrschaft weitere Hilfe, so soll diese um den gebührlichen Lohn von den Untertanen ausgeführt werden.

15. Holzgeld und nellenburgische Acht

Zusätzlich zu den oben genannten Fronleistungen müssen die Buchheimer nach alter Gewohnheit der Herrschaft und dem Obervogt je einen Wagen Holz nach Mühlheim führen oder 4 bz. »Holzgeld« bezahlen. Zu weiteren Fuhren sind sie nicht verpflichtet. Da der von Enzberg den Buchheimern den Ackerbau des Hofes Bronnen nachgelassen hat, den sie vor etlichen Jahren noch leisten mussten, verzichten die Buchheimer auf ihre Forderungen an die Herrschaft, die ihnen im Prozess mit den Nellenburgern entstanden sind.

16. Waldweide

Die Buchheimer, Nendinger und Irndorfer dürfen nur mit ihren eigenen Schweinen in das »Käß« fahren. Sowohl die Herrschaft als auch die Untertanen dürfen nur so viele Schweine in das »Käß« treiben, wie der Wald verträgt und die Untertanen nicht »überladen« werden.

17. Jahrgericht

Die Herrschaft muss die »Jahrgerichte und Rügungen« wieder halten, damit »die liebe Justitia recht administriert und niemand rechtlos gelassen« wird. Gesteht ein Beklagter das Vergehen nicht, so soll er ein ordentliches Verfahren erhalten. Diejenigen Personen, welche ein Vergehen angezeigt haben, bleiben »zur Verhütung von Feindschaften« geheim.

18. Annahme der Dorfvögte

Die Ernennung und Entlassung der Dorfvögte und der Richter in den drei Dörfern steht »bei der freien Willkür« der Herrschaft. Hat die »Gemeinde« gegen eine Person begründete Bedenken und Einwände, so soll die Herrschaft diese, sofern sie erheblich sind, gebührend berücksichtigen.

19. Aufnahme Fremder

Die Aufnahme von fremden Personen in eine der drei Gemeinden entscheidet die Herrschaft alleine. Doch äußert die »Gemeinde« erhebliche Bedenken, so muss die Herrschaft diese berücksichtigen.

Ein Fremder muss 20 fl. Einzugsgeld bezahlen, davon gehören 12 fl. der Herrschaft und 8 fl. der Gemeinde. Dieser Betrag kann mit beider Zustimmung vermindert oder ganz nachgelassen werden.

Der von der Herrschaft gegen den Willen der Nendinger in ihre Gemeinde aufgenommene »Sterkh« bleibt in Nendingen.

20. Reichung der Zinsen und Gülten

Die jährlichen Zinsen und Gülten sollen entsprechend dem alten Herkommen und in landläufiger Münze entrichtet werden.

21. Nendinger Beschwerden

Die Nendinger beschwerten sich über die Holzlieferungen an die Herrschaft. Bei der Teilung der Herrschaft unter den drei Brüdern wäre Nendingen an Sigmund von Enzberg gekommen, und ihm alleine mussten sie das Holz liefern. Da die Herrschaft wieder vereint ist und Sigmund alleine gehört, müssen sich auch die beiden anderen Gemeinden, Buchheim und Irndorf, daran beteiligen. Die Nendinger müssen das Holz im März schlagen und das Brennholz im August, »Herbst-, Wein- und Wintermonat« [September, Oktober und November] zuführen. Bei dieser Regelung soll es auch in Zukunft bleiben. Die Holzfuhren für den Obervogt in Mühlheim bleiben nach altem Herkommen erhalten oder man soll dafür 4 Batzen »Holzgeld« entrichten.

22. Nendinger Hofackerbau

Die Nendinger müssen die herrschaftlichen 25 Jauchert Ackerfeld auf Mühlheimer und die 6 Jauchert auf Nendinger Markung mit allen Arbeiten in der Fron verrichten, gegen Reichung des Fronbrotes. Zu diesen Arbeiten gehört auch das Dungführen aus der Mühlheimer Stallung. Zu weiteren Frondiensten sind sie nicht verpflichtet. Dagegen überlässt ihnen die Herrschaft 9 Jauchert herrschaftliches Ackerfeld, die Stockfelder und den herrschaftlichen Hanfacker als Lehen. Die Fronwiesen müssen wie bisher von den Nendingern gemeinsam geheut werden. Das Gerstenfeld muss in der Fron, gegen Reichung des Fronbrotes, angebaut werden.

23. Hagen und Jagen

Die Untertanen zu Nendingen, Buchheim und Irndorf sind nach altem Herkommen zum »Hagen und Jagen« nur in den alten enzbergischen Wäldern verpflichtet, nicht aber zu »Gnadenjagden«, es sei denn, sie würden es freiwillig und um gebührenden Lohn tun. Die Untertanen dürfen nicht an Sonn- und Feiertagen zu Gottesdienstzeiten oder an Werktagen in der Heu- und Erntezeit zum »Hagen und Jagen« gezwungen werden. Die Herrschaft soll mit solchen Diensten überhaupt Maß halten.

Die Nendinger sind der Meinung, dass sie nur in ihrem eigenen Zwing und Bann bei der Jagd fronen müssen. Sie sollen aber das Jagdzeug, wenn es außerhalb ihres Dorfbezirkes benötigt wird, dorthin führen. Dasselbe sollen die andern enzbergischen Orte auch tun. Die Nendinger sollen aber, wenn man ihre Hilfe besonders benötigt, auch in anderen Zwingen und Bännen jagen helfen.

24. Nendinger »Weinfuhr«

Die Nendinger zahlen statt der »Weinfuhr« jährlich 4 fl. »Karrengeld«, dabei bleibt es. Möchte aber Sigmund Wein von Steißlingen holen, so sollen sich die Nendinger nicht weigern, eine Fuhr zu machen, dafür entfällt dann das »Karrengeld«. Will der von Enzberg mehr Weinfahrten, so soll er sich mit den Nendingern »um eine ziemliche Ergötzlichkeit für Zehrung« einigen.

25. Nendinger Viehweide

Die Nendinger gemeine Viehweide soll mit Vieh nicht »überladen« werden. Der von Enzberg darf bei der Herbstweide auf die ganze Wiese, »Braithwiß« genannt, nur zwölf Stück Großvieh auftreiben. Will er mehr Vieh auftreiben, so soll er das entsprechende Weidegeld entrichten.

Die Gemeinden dürfen nach bisherigem Brauch diejenigen bestrafen, die mit ihrem Vieh Schaden anrichten.

26. Nendinger Frevel

Die Nendinger beschweren sich, dass sie entgegen altem Herkommen für einen »Handstreich« 2 fl. Strafe bezahlen müssen. Es soll zwar bei der alten Strafordnung bleiben, da aber die Bestrafung sehr ungleich ist, »auch der Mutwillen bei dem gemeinen Mann täglich überhand nimmt«, so soll die Herrschaft sich nicht streng an die alte Ordnung halten müssen, sondern den Umständen entsprechend die Strafe verhängen. Die Untertanen sol-

len sich friedlich und ehrbar verhalten und sich der Frevel und des Schlagens enthalten, dann würden sie nicht bestraft und müssten sich darüber nicht beschweren.

27. Heirat und gute Ordnung halten

Die Herrschaft verlangt seit neuestem, dass jede Heirat bei ihr zuvor angezeigt wird. Hauptsächlich geht es ihr darum, weil man »mit der widrigen Religion in naher Nachbarschaft sitze«, und es leicht geschehen könne, dass man durch eine Heirat, wie bereits etliche Male geschehen, von der »rechten, allein seligmachenden catholischen Religion« wegkomme. Der Herrschaft wird daher dieses Recht zugestanden.

Den Untertanen wird auch befohlen, gute Ordnung zu halten, das »Gotteslästern, überflüssige Verschwendungen und Zehrungen, auch die Lichtstuben, worin gemeinlich nicht anders, als allein Üppigkeit und Ungebühr verübt« wird, und anderen leichtfertigen Wandel abzuschaffen, sowie gehorsam zu sein.

28. Verkäufe außerhalb der Herrschaft

Den Untertanen der drei Flecken ist es verboten worden, ihre Kälber, Schafe, Hennen und dergleichen nach auswärts zu verkaufen. Dies soll künftig nicht mehr verboten sein, doch sollen die Dorfvögte zuvor die Tiere der Herrschaft zum Kauf anbieten. Begehrt die Herrschaft die Tiere nicht, können sie nach drei bis vier Tagen überall hin verkauft werden.

29. Besetzung der Mesnerstelle

Die »Gemeinden« beklagen, dass der von Enzberg die Mesner einsetzen will. Dabei ist es altes Herkommen, dass der Mesner vom Pfarrer und der »Gemeinde« gewählt worden ist. Die Herrschaft behauptet aber, dies stehe ihr als Obrigkeit zu. Künftig soll die »Gemeinde« bei der Besetzung der Mesnerstelle um ihre Meinung gefragt werden, die Bestätigung erfolgt dann durch Pfarrer und Oberamtleute.

30. Mühlenbesuch

Nach altem Brauch sollen die Nendinger und die anderen Untertanen die Mühlen in Mühlheim aufsuchen. Sollten sie aber mit dem Mahlen ihrer Früchte nicht zufrieden sein oder ein höherer Mahllohn als in der Nachbarschaft gefordert werden, so haben die Untertanen die freie Wahl der Mühle. Doch sollen die Untertanen die herrschaftlichen Mühlen vor anderen aufsuchen. Die Herrschaft soll hingegen in den Mühlen für gute

Ordnung sorgen und sie mit tauglichen, erfahrenen und treuen Personen besetzen. Die Müller sollen auf ihre Kosten das Getreide mit ihren Karren in jedem Flecken abholen und das Gemahlene den Bauern wieder zuführen.

31. Ziegler zu Nendingen

Sigmund von Enzberg soll von Obrigkeit wegen Sorge tragen, dass in Nendingen ein Ziegler »zum Förderlichsten« der Gemeinde angenommen wird. Da er die »Beholzungsgerechtigkeit« wie die andern Nendinger auch hat, aber das Jahr über mehr Holz verbrennt, soll er die Wälder nicht übermäßig nutzen und auch das Feld mit seinem Vieh nicht »überschlagen«.

Die Nendinger fordern, die Ziegel um den gleichen Preis wie die Herrschaft zu erhalten. Künftig sollen sie aber nur zwei »Brände« erhalten. Benötigen sie mehr Steine, so sollen sie bevorzugt bedient werden. Diese Bedingungen sind bei der Vergabe der Ziegelhütte einzuhalten.

32. Nendinger Anlagen und Steuern

Die Nendinger sollen keine höheren Anlagen und Steuern entrichten als die Buchheimer und Irndorfer.

33. Restitution brieflicher Dokumente

Sollte der von Enzberg in seinem Archiv neue, die Gemeinde Nendingen betreffende Dokumente finden, soll er für die Gemeinde Abschriften anfertigen lassen.

[Schlussbestimmungen]

Der Mühlheimer Stadtschreiber darf ohne Zustimmung derer von Enzberg für die Bauern keine Briefe zum Nachteil des herrschaftlichen Schreibers anfertigen.

Alle Strafen, Frevel und Bußen, die während der Auseinandersetzungen gegen die Untertanen verhängt worden sind, sind mit Zustimmung Sigmunds von Enzberg aufgehoben und hinfällig. Die Untertanen hingegen verpflichten sich zur Ehrerbietung gegenüber der Herrschaft und zur Einhaltung aller Punkte des vorliegenden Vertrags. Keine Partei stellt weitere Forderungen an die andere. Die von den Untertanen verweigerten Leib- und Fasnachtshennen werden in den folgenden Jahren nachgeliefert.

Außer den in diesem Vertrag genannten Punkten bleibt es beim alten Herkommen, und die Untertanen sollen nicht mit beschwerlichen Neuerungen beladen werden.

Von diesem Vertrag werden vier gleichlautende Abschriften angefertigt und jede Partei, Sigmund von Enzberg, Irndorf, Buchheim und Nendingen, erhält eine Ausfertigung.[12]

Dieser sogenannte »Konstanzer« Vertrag behielt, solange die Herrschaft Mühlheim Bestand hatte, seine Gültigkeit. Er war das wichtigste Dokument, das die drei Gemeinden besaßen und wurde als eine Art Grundgesetz betrachtet, auf das sie sich stets bei Differenzen mit den Freiherren von Enzberg berufen konnten. Der Vertrag war für die Irndorfer so wichtig, dass sie 1777 in Meersburg eine Abschrift auf Pergament »vom Exemplar, das sich im Konstanzer Archiv befindet« und von dieser Abschrift 1796 nochmals eine Kopie anfertigen ließen. Beide Exemplare wurden bei den großen Dorfbränden in Sicherheit gebracht und befinden sich heute noch im Archiv der Gemeinde.

Die »unruhigen« Nendinger

Kaum war der Dreißigjährige Krieg vorbei, verweigerten die »unruhigen« Nendinger die Fron zu einem herrschaftlichen »Hauptbau« und »verleiten andere Untertanen dadurch auch zu Widersetzlichkeiten«. Die Herrschaft wollte aber nach den Kriegswirren über den Umfang der Frondienste sichergehen und ließ 1652 durch Rottweiler Advokaten verschiedene Zeugen aus den Herrschaftsorten dazu vernehmen. Nach ihren Aussagen waren alle Untertanen, auch die Nendinger, beim Bau des Schlosses und der adeligen Gebäude in Mühlheim, der Stadtmühle, des Schlosses Bronnen und den dazu gehörenden Häusern sowie den sonstigen adeligen Häusern und Scheuern zu Fuhr- und Handfronen verpflichtet. Detailliert war die Aussage des 61-jährigen Michel Dummeisen aus Irndorf: Die Nendinger hätten immer mit den andern Untertanen gefront, doch wären die Frondienste nach Unstimmigkeiten aufgeteilt worden. Die Irndorfer und die Buchheimer hätten zum Schloss Bronnen, die Nendinger und die übrigen Herrschaftsorte zum Schloss in Mühlheim und allen anderen Gebäuden fronen müssen.[13]

Auch die Buchheimer und Irndorfer widersetzen sich

1685 beklagten sich die Buchheimer und Irndorfer bei Marquard Rudolph, Bischof von Konstanz, über die Freiherren von Enzberg. Diese würden ihre Untertanen seit einigen Jahren durch »höchst schädliche und grundverderbliche Neuerungen, gewalttätigen Zumutungen und Bedrängnissen, dem constanzischen Vertrag von 1615 stracks zuwider« belasten. Vögte und Gerichte der beiden Gemeinden baten den Bischof, dafür zu sorgen, dass sie bei ihrer »alten Gerechtsame, guter Gewohnheit und dem so teuer oft erwähnten Vertrag« verbleiben könnten. Beide Gemeinden belegten ihre Vorwürfe mit Beispielen über das vertragsbrüchige Verhalten der Freiherren in vielen Punkten. Eine Beilegung der umstrittenen Punkte konnte nicht erreicht werden.[14]

1694 setzte Bischof Marquard Rudolph schließlich zur Schlichtung der jahrelangen Streitigkeiten eine Kommission ein, der die Buchheimer und die Irndorfer beinahe dieselben Beschwerden wie 1685 vorlegten. Folgende Punkte des Konstanzer Vertrags wurden nach ihrer Ansicht verletzt:
Buchheimer Beschwerden:

5. Jahrgericht
Bis dato ist alles beim Alten geblieben. Gesteht einer das ihm vorgeworfene Verbrechen nicht ein, so wird das Urteil »den dabei gesessenen Gerichts- und Urteilssprecher niemals überlassen«. Vielmehr setzt der enzbergische Oberamtmann das Verfahren fort, ohne Umfrage unter den Gerichts- und Urteilssprechern, ohne Diskussion und ohne weitere Erkenntnisse der Sache und des Herkommens einzuholen.

8. Viehauftrieb
Die Herrschaft lässt 300 bis 500 Schafe auf die Buchheimer Weide treiben. Als die Buchheimer sich dagegen wehrten, behauptete die Herrschaft, Trieb und Tratt, Grund und Boden wären ihr Eigentum und setzte ihren Standpunkt gewalttätig durch.

9. Hetzhunde halten

Die Irndorfer und Buchheimer wurden zwar wegen der Haltung von Hetzhunden und deren Verlust nie bestraft. Doch erhalten sie allerlei Hunde aufgebürdet »wie Budel-, Wachtel- und dergleichen Hund, welche gemeinlich nicht bleiben«. Auch habe ihnen der Obervogt sogar angekündigt, nachdem sich die Nendinger gegen eine jährliche Fruchtabgabe vom Hundehalten befreit hatten, es würden ihnen noch mehr Hunde aufgebürdet, wenn sie sich nicht mit der Herrschaft über eine Hundeabgabe einigen könnten.

10. Todfall

Die Herrschaft zieht bei den gering Vermögenden »zu noch mehr Betrübnis der Betrübten« das beste und auch das einzige vorhandene »Hauptvieh« ein.

14. Fronbrot

Die Lieferung des Fronbrotes und dergleichen ist seit geraumer Zeit unterblieben.

Die Herrschaft verbot auch dem Hofbauern von Bronnen, ihnen beim Heuen und Öhmden zu helfen.

15. Holzfuhren

Sie sollen sich die Holzfuhren mit den Nendingern teilen, das sie aber ablehnen. Sie bestehen darauf, dass kein »Jota« vom Vertrag abgewichen werde.

30. Mühlenbesuch

Sie werden seit einigen Jahren unter Strafandrohung zum Besuch der Mühle in Mühlheim angehalten. Sie müssen mit dem eigenen Wagen fahren, wozu sie einen Tag benötigen.

Jacob Frey und Franz Knittel verkauften nach Gallmansweil zwei Wagen Veesen, den sie aber zuvor »gerben« lassen mussten. Sie mussten 18 fl. Strafe bezahlen.

Marktbesuche und Schmiede

Sie müssen ihre Früchte drei Wochen lang auf dem Mühlheimer Markt anbieten, erst dann können sie anderswohin verkauft werden. Es ist ihnen bei 10 Reichstalern Strafe verboten, auch nur 1 Viertel Frucht »aus dem Haus« zu verkaufen.

Es wurde ihnen erlaubt, eine Schmiede zu bauen, und sie erhielten auch das Holz dafür und durften Eisen einkaufen. Der Bau der Schmiede ist ihnen verboten worden, und das eingekaufte Eisen liegt nun da.[15]

Irndorfer Beschwerden:

1. Dorfanlagen

Die Freiherren haben vor sieben Jahren den Hof des Matheiß Wachter und noch zwei weitere Höfe eingezogen. Sie bezahlen aber von diesen die Dorfanlagen nicht.

2. Frondienst

Die Gemeinde ist verpflichtet, 2 Jauchert Acker in der Fron zu bestellen. Vor zwei Jahren vergrößerte die Herrschaft diese Äcker, hingegen verkleinerte sie die »Stockfelder«. Von diesen ist ein Viertel der Fläche »Steinfelsen und unbrauchbares Land«. Trotzdem müssen sie davon zum großen Nachteil des Bauern jährlich 4 Viertel »Landgarbe« abliefern.

3. Holzfuhren

Der Obervogt und der Nendinger Vogt wollen die Irndorfer überreden, die Holzfuhren mit den Nendingern zu teilen.

5. Jahrgericht

[Zunächst dieselben Beschwerden wie die Buchheimer]

Im Gegenteil, die Strafen werden über Maß und Gebühr erhöht. Sebastian König, Beuroner Lehenbauer, fällte auf Beuroner Grund und Boden eine schadhafte und abgestorbene Eiche. Er wurde um 10 Pfund Heller bestraft. Weitere Beispiele könnten aufgezählt werden.

8. Viehauftrieb

Die von Enzberg treiben kein »Hauptvieh«, sondern nur Schafe auf die Weide, die dadurch verdorben wird. Auch machen sie die Tränke durch Hineinspringen unsauber. Die Schafe werden überall abgesondert gehütet, nur hier in Irndorf nicht. Dies verursachte vermutlich auch die unter der Viehherde grassierende Krankheit vor drei Jahren.

9. Hetzhunde

Sebastian König erhielt einen jungen Hund zur Aufzucht. Die Milch dafür musste er seinen Kindern entziehen. Als der Hund verreckte, musste er 15 fl. Strafe und 5 fl. Unkosten bezahlen. Das Geld wurde durch scharfe Erpressung und Androhung der Exekution eingezogen.

10. Todfall

Als der Vogt vor einem Jahr seinem Sohn das Lehen übergab, forderte die Herrschaft den »Hauptfall«, denn der Vater wäre für die Herrschaft so viel wie gestorben. Die beiden besten Pferde sollten nach Mühlheim gebracht werden. Erst auf dringliche Bitte, vor allem von der »gnädigen Frau«, hätte sich der Freiherr mit 45 fl. für ein Pferd zufrieden gegeben.

14. Fronbrot

Seit einigen Jahren reicht die Herrschaft beim Einführen des Heus und des Öhmds kein Fronbrot mehr.

28. Verkauf nach auswärts

Gabriel Fuchß verkaufte mit Erlaubnis des Vogts dem Metzger von Meßkirch ein Kalb für 3 fl. 15 kr. Er wurde um 5 fl. bestraft.

Weitere Klage:

Bezahlung des Obervogts

Die Herrschaft bezahlte den Obervogt ursprünglich alleine. Die Freiherren überredeten dann alle Gemeinden, dass der Obervogt, »für seine mühevollen Dienste«, von den 900 fl. reichsritterschaftlicher Umlage 60 fl. einbehalten darf. Vor sechs Jahren bewilligte ein Ausschuss aller Gemeinden dem Obervogt 50 fl., zuzüglich 2 fl., alsbald erhöht auf 3 fl., für die Bemühungen an einem Tag. Auch behält er zusätzlich das Geld von der reichsritterschaftlichen Umlage.[16]

Alle diese vorgebrachten Beschwerden und Klagen waren im Grunde nicht neu und konnten bisher nie zur Zufriedenheit beider Seiten geregelt werden. Auch der bischöflichen Kommission gelang es 1694 selbst nach tagelangen Verhandlungen nicht, alle Unstimmigkeiten aus dem Weg zu räumen. Eine Einigung gelang aber in folgenden Punkten:

5. Jahrgericht

Gesteht ein Angeklagter beim Jahrgericht sein Vergehen nicht ein, bleibt es bei den Bestimmungen des Vertrags von 1615. Die Freiherren haben nichts dagegen, wenn auch bei einer niedergerichtlichen Strafe die anwesenden Urteilsprecher allgemein oder, wenn es die Umstände erfordern, einzeln befragt werden. Die Strafe muss aber zuallererst der

»Öffnung« entsprechend, oder allenfalls den Rechten und der Billigkeit gemäß ausgesprochen werden.

8. Viehauftrieb

Die Herrschaft hebt die Schäferei in Buchheim auf, dafür darf sie 15 Rinder oder Schmalvieh vom Bronner Hof unter der Buchheimer Herde laufen lassen.

9. Hetzhunde

Jeder Untertan in Buchheim und Irndorf muss einen Hetz- oder Jagdhund halten. Die Herrschaft entscheidet, wer einen Hund zu halten hat. Geht ein Hund verloren und der Halter kann nicht beweisen, dass es nicht seine Schuld war, soll er gebührend bestraft werden.

10. Todfall

Beim »Hauptfall« eines armen Taglöhners soll es gemäß dem Vertrag von 1615 gehalten werden. Die Herrschaft behauptet, dass dagegen nie verstoßen worden sei.

14. Fronbrot

Das Fronbrot soll, sobald die schuldige Fron verrichtet worden ist, gereicht werden.
Die Buchheimer müssen weiterhin die zum Hof Bronnen gehörenden Wiesen heuen und öhmden.

15. Holzfuhren

Die Untertanen müssen das ganze Jahr hindurch die Herrschaft mit Holz beliefern, weil die beiden Enzberg gehörenden eigenen Dörfer Stetten und Mahlstetten von dieser Fonleistung befreit worden sind. Diese Fron muss auf die übrigen Orte proportional verteilt werden, Nendingen sieben Monate, Buchheim drei Monate und Irndorf einen Monat. Den zwölften Monat sollen Böttingen und Königsheim übernehmen.

Weitere Punkte:

Marktbesuch

Die enzbergischen Untertanen müssen den Markt in Mühlheim nicht mehr besuchen. Die Herrschaft erlaubt den Untertanen, wenn sie ihren Veesen auf den Märkten am Rhein, am Bodensee oder in der Schweiz verkaufen wollen, können sie diesen in einer ihnen genehmen Mühle gerben lassen. Im Gegenzug braucht der Müller die Früchte der Untertanen mit seinen Mühlkarren nicht mehr abholen und das Gemahlene nicht wieder zuführen.

Schmiede in Buchheim

Die Buchheimer dürfen einen eigenen Gemeindeschmied anstellen. Zuvor müssen sie sich mit der Herrschaft über das »Schmittenrecht als einer Ehehafften« einigen.

Vermessung von Feldern

Kommt es wegen der Vermessung der Felder zu Klagen, so soll ein unparteiischer »Untergang« in Anwesenheit des Klägers das Feld ausmessen.

Ruf des Obervogts

Der Obervogt hat sich beklagt, sein Name und Ruf hätte unter den Streitigkeiten gelitten und besonders viel Ungutes wäre ihm zugeschrieben worden. Sein guter Name soll wiederhergestellt und alles andere »aus Liebe zum Frieden und zur Eintracht aufgehoben und tot sein«.

Audienz bei der Herrschaft

Die enzbergischen Untertanen können sich an ihre Herrschaft wenden, wenn sie meinen, es sei gegen das alte Herkommen verstoßen worden oder wenn sie eine andere Beschwerde vorbringen wollen. Finden sie kein Gehör, können sie sich direkt an ihren Oberlehensherrn, den Bischof von Konstanz, wenden.[17]

Die Buchheimer »Execution«

Die Untertanen und die Herrschaft konnten mit der Schlichtung zufrieden sein. Ob sie allerdings in allen Punkten im Alltag beachtet und eingehalten wurde, ist zweifelhaft, denn schon wenige Jahre später kam es zwischen der Herrschaft und den Buchheimern zu heftigen Auseinandersetzungen. Aus einem späteren Verhörprotokoll geht hervor, dass die Buchheimer bei den oft gehaltenen »Gemeinden« beschlossen hatten, die herrschaftlichen Schafe nicht mehr auf ihrer Weide zu dulden, kein Holz mehr nach Mühlheim zu führen, den Ackerbau zu Bronnen nicht mehr zu verrichten, außerhalb ihres »Bannes« nicht mehr zu jagen und nichts mehr zu tun und vieles Andere mehr. Sie behaupteten sogar, Buchheimer Bann, Holz und Feld gehöre ihnen und nicht dem Junker. Ihr Verhalten und ihre Vorgehensweise hatten sie bei einer Zusammenkunft in Beuron mit den Nendingern, Mahlstettenern und Irndorfern beraten und abgesprochen. Die Böttinger hatten ihnen einen guten Advokaten empfohlen, und in Zwiefalten und Stockach hatten sie um Rat nachgesucht. Das Vorgehen der Buchheimer gegenüber den Freiherren von Enzberg in den Jahren 1702 und 1705 war demnach keine spontane Reaktion, sondern wohl durchdachtes Vorgehen.

Die Ausübung der Weidegerechtigkeit auf Buchheimer Markung war zwischen der Gemeinde und den Freiherren von Enzberg umstritten. 1696 klagten die Buchheimer ihren Anspruch vor dem »Frei-Kaiserlichen-Landgericht« in Altdorf ein, und sie bekamen dort auch Recht. Das bischöfliche Lehengericht zu Meersburg schloß sich sehr zum Ärger des Freiherrn Niclauß Friderich diesem Urteilspruch

Postkartenansicht von Buchheim, 1950er Jahre

an, und im Mai 1697 mussten die herrschaftlichen Schafe von der Buchheimer Weide abgezogen werden. Der Freiherr protestierte zwar dagegen, da er mehrere Hundert Jauchert Wald im Buchheimer Bann besäße und daher einen Anspruch auf die dortige Weide hätte. Auch drohte er, den Buchheimern alle herrschaftlichen Reut- und Stockfelder zu entziehen. Daraufhin setzte der Bischof wieder einmal eine Kommission zur Klärung der beiderseitigen Rechte ein.

Nachdem ihr Bericht vorlag, befahl Bischof Marquard Rudolph im Januar 1702 den Buchheimern, den Freiherren einen »mäßigen Zutrieb hinkünftig unweigerlich zu gestatten«. Niclauß Friderich beorderte nun die ganze »Gemeinde« Buchheim nach Mühlheim, verlas den bischöflichen Befehl und erklärte, er werde im Frühjahr und im Herbst »einiges Hornvieh« auf die ihm zustehende Weide treiben. Die Buchheimer waren nicht bereit, sich dem bischöflichen Spruch zu beugen, und riefen umgehend das Landgericht wieder an. Diesen Schritt empfand der Bischof als Provokation, als Eingriff in seine Rechte als Oberlehensherr und befahl dem Freiherrn, die Rädelsführer ausfindig zu machen, »sie sogleich beim Kopf nehmen, einstecken und die Täter so lang wohlverwahrt zu behalten«, bis er eine weitere Verfügung getroffen hätte.

Dies war wohl leichter gesagt als getan. Im Mai teilte Niclauß Friderich dem Bischof mit, er hätte gehofft, nach dem bischöfliche Dekret und seinen Ermahnungen, würden sich die Buchheimer »zu dem gebührenden Gehorsam verstehen«. Nun hätte er aber vernehmen müssen, »daß selbige Gemeinde neuerlich wiederum beieinander gewesen und beschlossen hätte«, sich wieder an das Landgericht zu wenden. Man müsste an »dergleichen Gesellen ein merkliches Exempel statuieren«. Zunächst geschah aber nichts, vermutlich wegen des vor dem Landgericht anhängenden Prozesses, den der Bischof vor sein eigenes Lehengericht ziehen wollte.

Im Juni 1703 wandte sich Niclauß Friderich erneut an den Bischof, da das Landgericht wieder zu Ungunsten des Freiherrn entschieden und ihm sogar mit Strafe gedroht hatte. In seinem Schreiben mahnte er den Bischof, wenn man den rebellischen Ungehorsam der Untertanen weiterhin dulde, würden »sie endlich das Joch der Untertänigkeit, sowohl gegen Eure Hochfürstlichen Gnaden, als auch gegen mich« abwerfen, wenn nicht mit einem anderen Mittel gegen sie vorgegangen werde. Auch sollte man seine widerspenstigen Untertanen zu Buchheim »mit scharfer militärischer Execution oder anderen Zwangsmittel« abstrafen und zum »geziemenden, unverweilten Gehorsam« bringen. Daran würden sich dann auch noch ihre Nachkommen erinnern.

1704 starb Bischof Marquard Rudolph von Rodt und Johann Frantz von Stauffenberg bestieg den bischöflichen Stuhl. Der neue Bischof nahm sich der Buchheimer Sache an. Anfang Februar 1705 schrieb er Niclauß Friderich, er wäre entschlossen, eine militärische Exekution zu genehmigen, zumal er vernommen hätte, »dass diese Renitenz von einer verborgenen Unterstiftung und Aufwicklung herrühren müsse«, zumal sie sich durch den landgerichtlichen Prozess in ihren »Rechten und Umständen« bestätigt fühlten. Das Landgericht hätte sich in seine »Eigentums- und lehenherrliche Jura« eingemischt. Er werde sich diesem Gericht nicht unterwerfen. Dieser Prozess diene in keiner Weise der Gerechtigkeit, sondern gebe den »mißvergnügten Untertanen nur Mittel und Wege zu einem gefährlichen Aufstand an die

Hand«. Er warnte den Freiherrn, sich weiterhin mit dem Landgericht zu befassen, und drohte ihm, das bischöfliche Lehen zu entziehen.

Das Fass zum Überlaufen brachte vermutlich der Streit um die Holzfuhren nach Mühlheim. Nachdem sich die Buchheimer geweigert hatten, weiterhin Holz ins Schloss zu führen, beauftragte der Junker die Mühlheimer, das Holz in Buchheim zu holen. Die Buchheimer erfuhren davon und sperrten sich dagegen. Es geht aus den Unterlagen nicht deutlich hervor, ob sie den Abtransport des Holzes verhinderten oder ob die Mühlheimer erst gar nicht nach Buchheim fuhren. Auf jeden Fall ließ sich Niclauß Friderich von Enzberg das Verhalten der Buchheimer nicht mehr länger bieten und strebte eine Exekution gegen die Buchheimer an. In einem Schreiben aus Meersburg vom 11. Februar 1705 wird ein »scharfes Decret an die Untertanen zu Buchen« angekündigt, damit sie sich »in Güte zu ihrer Schuldigkeit verstehen mögen. Sollte aber nichts fruchten«, so sollten die Freiherren umgehend berichten, wie sich die Untertanen verhielten und auf welche Weise die Exekution vorgenommen werden sollte.

Die Antwort der Herrschaft fiel zu Ungunsten der Buchheimer aus, und am 23. März 1705 überfielen Soldaten das Dorf. Der Widerstand der Buchheimer war rasch gebrochen, und die Soldaten plünderten und raubten alle »Gemeinds-Einwohner« aus. Anschließend führten sie 17 Bürger gefangen nach Mühlheim, wo sie in den Turm geworfen wurden. Am Ostertag ließ man sie »zur Verrichtung ihrer Andacht« heraus. Den Tag über blieben sie im Rathaus, wo sie essen und trinken durften. Am andern Tag brachte man sie wieder zurück ins Gefängnis.

Die Mehrzahl der Gefangenen ließ man nach kurzer Zeit wieder frei. Sechs Bürger, wahrscheinlich die Rädelsführer, blieben in Haft. Am 8. Mai kam von Meersburg eine Truppe und holte sie ohne Wissen und Zustimmung Niclauß Friderichs in Mühlheim ab. In Krauchenwies wurde der Gerstenegger, einer der Gefangenen, wegen »Unpäßlichkeiten« zurückgelassen. Zuvor hatte er zu schwören, keinen anderen Richter als den Bischof anzuerkennen, »mit dem Landgericht nichts mehr

Postkartenansicht vom Hinteren Schloss Mühlheim, um 1914

108

zu tun zu haben«, sich dem bischöflichen Dekret zu unterwerfen und danach zu leben. Die andern wurden nach Meersburg gebracht, wo sie »dergestalt abgemattet ankamen, dass ein und andere sich kümmerlich mehr regen« konnte. Schon während des Marsches meinten sie, »sie sehen erst jetzt, dass kein anderes Mittel vorhanden sei, als dass sie dem gnädigst erteilten Dekret« nach lebten. Nach ihrer Ankunft in Meersburg waren sie dann auch bereit, keinen anderen Richter als den Bischof anzuerkennen, für ihre Person den Prozess vor dem Landgericht nicht weiter zu verfolgen und künftig dem bischöflichen Urteil nach zu leben, »auch alles das tun [zu] wollen, was einem Untertanen wohl anstehe«. Noch am gleichen Abend schrieb Johannes Jeger im Namen seiner vier Mitgefangenen, unter ihnen Jerg Hemerle, einen Brief an seine Buchheimer »Nachbauren«, in dem er sich über das Elend in der Gefangenschaft beklagte. Die ganze Gemeinde solle umgehend einen Ausschuss nach Meersburg schicken, »damit die Sache endlich ausgehe, und wir nicht mehr länger leiden dürfen und unsere Weiber und Kinder in den Bettel bringen müssen«.

Inzwischen war die Angelegenheit zum Politikum geworden, da die Landgrafschaft Nellenburg das Vorgehen des Bischofs als Eingriff in ihre Hoheitsrechte ansah. Am 11. Mai 1705, mitten in der Nacht, kam eine starke nellenburgische Mannschaft nach Nendingen, nahm den Vogt Blasy Schwartz und den Dorfpfleger Georg Nuebern fest und brachte sie ins Schloss Nellenburg. Niclauß Friderich war machtlos. Er konnte nur dagegen protestieren, dass Unschuldige zu Repressalien gebraucht würden. Wie der Streit mit Nellenburg beigelegt wurde, ist unbekannt.

Für die Buchheimer war die Rebellion zu Ende. Sie mussten sich dem Bischof unterwerfen und die Gefangenen durften nach sechs Wochen und drei Tagen Haft wieder in ihr Dorf zurückkehren. Der angerichtete Schaden und die Kosten der Exekution wurden genau aufgeschrieben. Die Soldaten raubten Speck und Fleisch, Schmalz und »Schmehr«, Leinwand, »kelsche Ziechen«, Säcke, Garn und Faden, ein »barchets und ein wullens Bettfederreistin«, verschiedene Kleider, Wolle und Reistin, Küchengeschirr, Wachs, Ross- und Wagengeschirr, Bargeld, ein Schaf, Wein, Branntwein und Bier, einen neuen Wagen, eine Pistole und einen Säbel im Wert von zusammen 455 fl. 54 kr. Hinzu kamen weitere Kosten. Der fürstliche Hofrat von Meersburg bekam für die Durchführung der Exekution 69 fl., und die Soldaten und Hofratsdiener verzehrten in den Mühlheimer Wirtschaften 53 fl. 27 kr. Für die Verpflegung – »Knöpflinsuppe«, Brot und Wein- der 16 gefangenen Buchheimer verrechnete der Mühlheimer Lammwirt 75 fl. Die sechs länger eingesperrten Buchheimer bekamen nur noch Suppe und Brot. Insgesamt beliefen sich die Kosten für die Exekution auf 704 fl. 21kr.[18]

Wie sehr die Aktion die Buchheimer und auch die übrigen Untertanen beeindruckt hat, ist nicht bekannt. Mundtot machen ließen sie sich aber nicht. Auch nicht als 1722 die Regierung des Ritterkantons Hegau, Allgäu und am Bodensee die Verwaltung der Herrschaft Mühlheim übernahm.

1729 war eine größere Reparatur des baufälligen herrschaftlichen Wohnschlosses in Mühlheim unumgänglich und der enzbergische Obervogt und Subadministrator fragte im Mai bei den drei Gemeinden Buchheim, Irndorf und Nendingen an, ob sie die erforderlichen Fuhr- und Handfronen für den Bau leisten oder dieselbe mit Geld ablösen wollten.[19] Die Gemeinden waren bereit, die geforderten Fronleistungen zu erbringen. Noch während der Bauarbeiten beklagten sie sich aber beim Konstanzer Bischof vor allem über die Art und Weise und die Dauer, wie die Frondienste geleistet werden mussten: Der Bau des neuen herrschaftlichen Gebäudes gehe nur schleppend voran. Bald würden täglich aus diesem oder jenem Ort Ross und Wagen wie auch Handarbeit angefordert. Böttingen, Mahlstetten und Königsheim müssten nicht fronen, da sie die Frondienste durch bares Geld gänzlich und auf alle Zeit abgelöst hätten. Auch sei zu vernehmen, dass das »hintere und Hauptschloss zu Mühlheim, so zum Teil eigen ist, nächstens abgebrochen werde, und wir drei Gemeinden zu dessen Wiederaufbauung« unsere Frondienste leisten müssten. Weitere Klagen betrafen das Brennholzführen, die Fronleistungen zur Stadtmühle, die Sennerei zu Bronnen und die Erhöhung verschiedener Gebühren, besonders beim »Todfall«.

Die Beschwerdeschrift der drei Gemeinden trägt das Datum 25. Juni 1729. Schon zwei Tage später, am 27. Juni, schrieb Bischof Johann Franz an die Subadministration in Mühlheim, sie solle die Beschwerden der drei Gemeinden berücksichtigen und sich an die Verträge und alte Observanz halten, widrigenfalls müsse er vertragsmäßig die Sache der Bittenden selbst in die Hand nehmen.[20]

Auch die Geduld und das Verständnis des Bischofs hatte ein Ende

Der Bischof als Oberlehensherr hatte sich mit seinem Schreiben eindeutig und unmissverständlich auf die Seite der Untertanen gestellt. Wohl durch diese Stellungnahme ermutigt, scheuten sich die Irndorfer und Buchheimer nicht, die enzbergische Administration wenige Jahre später erneut herauszufordern. 1737 musste das Wehr der Stadtmühle gerichtet werden. Die beiden Gemeinden wurden aufgefordert, ihren vertragsmäßigen Fronpflichten nachzukommen. Beide lehnten aber ab. Die Administration wandte sich daher an Bischof Johannes Franz. Dieser befahl den Gemeinden am 31. März 1737 bei Androhung »schwerer Strafe und Ungnade, dass sie die zum besagten Stadtmühle-Wehrbau erforderliche Fronen gegen Reichung des gewöhnlichen Fronbrotes unweigerlich leisten müssen«.[21] Wenige Tage später schrieb das Direktorium der Reichsritterschaft an die Administration in Mühlheim, die Untertanen hätten das Holz zu dem Mühlenwehr zu führen, doch soll man es mit dem Fronen nicht übertreiben.[22]

Beide Verordnungen konnten die Einstellung der fronunwilligen Untertanen nicht ändern, vielmehr sandten sie einen Ausschuss nach Meersburg, um dem Bischof persönlich ihre Haltung vorzutragen. Der Bischof änderte seine Meinung aber nicht und befahl ihnen, die geforderte Mühlenfron zu leisten. Die Irndorfer und Buchheimer waren aber nicht gewillt, die befohlene Fron zu verrichten, wenn nicht auch die Nendinger dazu aufgefordert würden.

Der Bischof sah sich daher gezwungen, am 29. April ein weiteres Dekret an die beiden Gemeinden Irndorf und Buchheim zu richten. In ihm heißt es: Seine hochfürstliche Gnaden habe mit höchstem Missfallen vernommen, dass die Gemeinden weder die am 28. März ergangene lehenherrliche Verordnung noch den Befehl, welcher dem hierher gesandten Ausschuss mündlich erteilt wurde, im geringsten befolgen, »sondern in ihrer vorigen Widersetzlichkeit fortfahren und damit so weit gegangen, dass sie gegen der angeordneten reichsritterschaftlichen Administration sich der Fronen zu dem vorhabenden Stadtmühlen-Wehr-Bau trutziglich weigern und darauf hartnäckig« beharren. Sollten sie seiner Aufforderung gemäß die Fron nicht unweigerlich leisten, müssten sie »mit denen an Handen habenden schärfsten Exekutions-Mitteln« rechnen.[23]

Obwohl dieses Dekret in den Dörfern öffentlich verlesen und die Androhung der Exekution jedermann bekannt war, konnten die Irndorfer und Buchheimer nicht dazu bewegt werden, ihre Haltung zu ändern. Am 5. Mai erschienen Vertreter der beiden Gemeinden in der herrschaftlichen Kanzlei und erklärten, dass sie die »Stadtmühlen-Fron keineswegs versehen und verrichten wollen«, da der Vertrag von 1615 vorschreibe, dass sie nur »zu dem adeligen Bau, als ein erkauftes Gut, zu fronen schuldig seien«.[24]

Matthis Sieger bekennt, von Junker Hans Rudolf von Enzberg die Sägemühle zu Mühlheim auf Lebenszeit zu Lehen empfangen zu haben, 1560.

Auch einer erneuten Aufforderung am 12. Juli kamen sie nicht nach. Vielmehr schickten sie wieder einen Ausschuss nach Meersburg und erhoben vor dem bischöflichen Lehenhof Klage gegen die Herrschaft Enzberg. Das Gericht nahm die Klage an und gab den streitenden Parteien vier Wochen Zeit, ihre Standpunkte vorzutragen. Die Abgesandten der beiden Gemeinden behielten sie aber »wegen strafbarer Renitenz und Ungehorsam so lang allhier in Arrest«, bis die Gemeinden ihre schuldige Fron geleistet hätten.[25]

Am 23. August 1737 verkündete der bischöfliche Lehenhof »auf Klag und Antwort, geführte schriftliche und mündliche Recesse, eingesehener Documente und publizierten Zeugenaussagen« sein Urteil: Die klagenden Gemeinden haben »mit Verweigerung der Frondienste und der dadurch erwiesenen Renitenz und Ungehorsam zu viel und Unrecht getan«. Der Inhalt des Vertrags von 1615 sage klar aus, dass sie zum Bau des Mühlenwehrs »ohne weitere Widersetzlichkeit« verpflichtet seien, in dem Maße, wie diese Fron schon von ihren Vorfahren verrichtet worden sei.[26]

Mit diesem Urteilspruch waren alle rechtlichen Möglichkeiten ausgeschöpft, und es blieb den beiden Gemeinden nichts anderes übrig, als ihre Fronpflichten zu erfüllen.

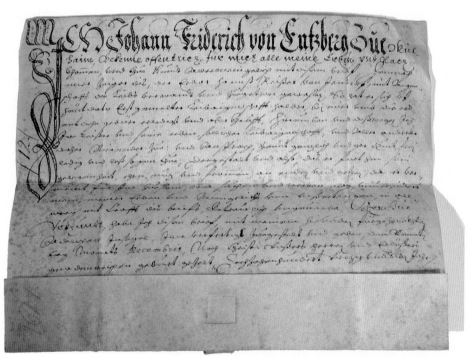

Johann Friedrich von Enzberg entlässt Hans Reißer von Irndorf aus der Leibeigenschaft, Pergamenturkunde von 1647.

Marquardt Rudolph Freiherr von Hallweyl – ein redlicher Makler

Die Stimmung zwischen der Herrschaft bzw. reichsritterschaftlichen Administration und den Untertanen blieb weiterhin gespannt. Marquardt Rudolph Freiherr von Hallweyl, der einer der Vormünder der minderjährigen Nikolaus Friedrich und Ludwig August von Enzberg war, blieb dies nicht verborgen. Um die Spannungen abzubauen und um sich ein Bild über die Verhältnisse zu machen, lud er zwischen dem 18. August und dem 5. September 1742 alle Herrschaftsorte einzeln ein und hörte sich ihre Beschwerden und Klagen an. Zu jeder Beschwerde nahm er Stellung und entschied sie umgehend. Von Irndorf waren der Vogt Joseph Weber, Sebastian Horne, Joseph Kneyp und Matheys König erschienen und brachten ihre Beschwerden vor:

1. Die Jäger verursachen bei der Abmessung und Ausgabe des Holzes hohe Kosten.
   Entscheid: Dies wird den Jägern verboten, sie erhalten wie bisher nur ein Glas Wein und 30 kr. Die Gemeinde selbst soll mit ihrem »eigenen Exempel zu Dergleichen keinen Anlass geben«.
2. Für einen Jauchert Stockacker muss man 4 Viertel Reutezins bezahlen.
   Entscheid: Bleibt wie bisher laut Vertrag.
3. Die Herrschaft treibt zu viele Schafe auf die Weide.
   Entscheid: Die Irndorfer sollen sich an die vor Jahren aufgestellte Viehordnung halten und das in großer Zahl eingestellte »Bestandvieh« wieder abschaffen. Dann hätten die Herrschaft für ihre Schäferei und die Bauern für ihr Zug- und Melkvieh genügend Weideland.
4. Die Herrschaft verbietet, das Vieh in die »jungen Einschläg und Gehäu« zu treiben.
   Entscheid: Die Wälder gehören der Herrschaft, und sie muss auf sie achten und sie pflegen.
5. Für eine Mannsmahd muss man 10 kr. Wiesengeld entrichten.
   Entscheid: Dies entspricht dem Vertrag: Bleibt ein »Reutacker« als Wiese liegen, so müssen statt 4 Viertel Reutezins 10 kr. Wiesengeld gezahlt werden.
6. Der »Fall« wird zu hoch veranschlagt.
   Entscheid: Das Protokoll zeigte die Milde des Oberamtmanns. Er soll weiterhin diese Milde beachten.
7. Die Herrschaft hat von ihrem eigenen Hof mehrere Felder an die Bürger ausgegeben. Nun zieht sie diese Felder wieder an sich.
   Entscheid: Der Hof ist Eigentum der Herrschaft. Die Untertanen sollen Ruhe geben, »um dadurch ihrer gnädigen Herrschaft nicht Anlass zu geben, den Hof vollends zusammenzuziehen und die Untertanen dadurch in äußerste Not zu setzen«.
8. Die herrschaftlichen Leiblehenhöfe mögen an die hinterlassenen Witwen und Kinder ausgegeben werden.
   Entscheid: Diese Forderung widerspricht dem Tenor eines Leiblehens, doch hat die Herrschaft dies zu gewissen Zeiten zugelassen. Damit die Gemeinde sich dies nicht als »widerrechtliche Possession zueignet«, wird die Bitte abgeschlagen.
9. Die Schmiede und Wagner müssen für das Holz höhere Preise bezahlen.

Entscheid: Die Schmiede und Wagner können das Kohl- und Wagnerholz auch von auswärts beziehen, da der Vertrag nichts über die Handwerksleute aussagt, die ihr Holz gratis erhalten.

10. Das Gotteshaus Beuron versieht seine pfarrlichen Pflichten schlecht und liest zu wenige Messen im Ort, dabei bezieht es auf der gesamten Markung den ganzen Zehnten. Die Herrschaft möge sie in dieser Frage unterstützen.
Entscheid: Die Vormundschaft wird darüber beraten und der Gemeinde Bescheid zukommen lassen.

Zum Schluss der Anhörung teilte Marquardt Rudolph dem Irndorfer Ausschuss mit, die Herrschaft habe zu ihrem Nutzen und Frommen beschlossen, in Mühlheim das herrschaftliche Haus von neuem aufzubauen. Die Gemeinde soll entsprechend ihren Möglichkeiten dazu fronen. Nach Rücksprache mit der »Gemeinde« teilte der Ausschuss mit, sie wollten dazu fronen, wenn vertragsmäßig auch die Buchheimer und Nendinger dazu angehalten würden. Dies sicherte man ihnen auch zu.[27]

Zwei Jahre später wurden wiederum alle Herrschaftsorte aufgefordert, ihre Beschwerden vorzubringen. Die Vorgehensweise des Marquardt Rudolph hatte sich bewährt. Das Verhältnis zwischen Untertanen und Herrschaft war etwas entkrampft, denn die Irndorfer hatten nur noch drei Klagen:

1. Man möge ihnen die Fron zur Stadtmühle nicht mehr zumuten. Die Nendinger müssten dazu auch nicht fronen, und die Last fiele ihnen und den Buchheimern alleine zu.
2. Die Herrschaft treibe immer noch zu viele Schafe auf die gemeinsame Weide.
3. Von den Holzwiesen müssten sie auch 10 kr. Wiesengeld bezahlen, »was vormals nie gewesen«.

Zum Mühlenfron bemerkte der Oberamtmann: Der Vertrag von 1615 sähe diese Fron vor, und 1652 hätten alle drei Gemeinden ohne Widerrede mit Fuhr- und Handfronen zum Mühlenbau beigetragen.[28]

Die baufällige Schlossscheuer

Die Frondienste blieben aber weiterhin ein Zankapfel. Im Oktober 1767 sollte die baufällige Schlossscheuer abgerissen und neu aufgebaut werden. Am 17. Oktober erhielten Irndorf und Buchheim die Aufforderung zum Fronen. Zwei Tage später schickten die beiden Gemeinden zwei »starke Ausschüsse«, jeweils sechs Mann, nach Mühlheim und erklärten dem Oberamtmann, sie wollten nicht hoffen, dass die gnädige Herrschaft gedenke, sie zum Bau der neuen Schlossscheuer zu Mühlheim »zur Verrichtung der Hand- und Fuhrfronen aus Schuldigkeit anzuhalten«. Alte Männer könnten bezeugen, dass seit 40 Jahren keine Frondienste zur Schlossscheuer geleistet worden wären. Sie wären aber bereit, »zur Bezeugung ihres gegen gnädige Herrschaft tragenden Respekts«, einige Fuhr- und Handfronen zu leisten.[29] Die Herrschaft war über das anmaßende Auftreten der beiden Ausschüsse höchst erbost und forderte die Irndorfer und Buchheimer unter Androhung von gebührenden Zwangsmitteln auf, am 29. Oktober mit Herbeiführung der benötigten Mauersteine oder des Bauholzes zu beginnen.

Der Zustand der Scheuer war aber so schlecht, dass der Dachstuhl in der Nacht vom 26. auf 27. Oktober einstürzte. Die eingelagerten Früchte, das Heu und das Öhmd, mussten umgehend vor Regen und Ungewitter geschützt werden. Zur Reparatur forderte die Herrschaft die Nendinger auf, noch am selben Tag bis 11 Uhr vormittags 20 »Handfroner« zu schicken. Vergeblich wartete man in Mühlheim auf die 20 »Mannsbilder«. Der Nendinger Vogt erhielt nun den Befehl, am nächsten Morgen um 6 Uhr mit 20 Mann zu erscheinen, da es zu regnen begonnen hatte. Zur angegeben Uhrzeit stellte sich nur der Vogt ein und erklärte, gestern wäre die »Gemeinde« in des Vogts Haus zusammengekommen und man hätte einstimmig beschlossen, sie würden weder zur Reparatur noch zum Neubau der Schlossscheuer fronen, wenn nicht nur die Irndorfer und Buchheimer zum Fronen aufgefordert würden, sondern auch die Böttinger, Königsheimer, Mahlstettener und Stettener. Wie dieser Streit ausging, ist leider unbekannt.[30]

Letzte Beschwerden

1796 berief sich die Gemeinde Irndorf letztmals auf ihren »Konstanzer« Vertrag:

1. Der Vertrag gibt der Herrschaft nur das Recht, das Vieh des Herrschaftshofes auf die Weide zu treiben, nicht aber Schafe. Die Buchheimer und Nendinger, die im selben Lehenvertragsverhältnis stehen, werden von der Schafweide verschont.
2. Die Gemeinde muss 23 oder 24 Jauchert in der Fron bebauen. Im Vertrag steht aber, dass nur derjenige 2 Jauchert zu bebauen hat, der eine »Mähnin oder Zug« besitzt. In Irndorf gibt es aber keine 23 oder 24 Bauern mit eigenen »Mähninen«, der Rest sind Söldner, die ihre »Öchsle« zusammenspannen müssen.
3. Der 3. Punkt des Vertrags belastet die Gemeinde, weil zu den vier Fuhrfronen im Dorf auch die ständigen Reparaturen am Schlossbau hinzu kommen.
4. Der 12. Punkt des Vertrags bestimmt, dass, wenn Stock- oder Reutäcker verkauft werden, die Herrschaft den 10. Pfennig von der Kaufsumme erhält. Von den anderen Gütern und Häusern steht nichts im Vertrag.
5. Der Vertrag verpflichtet die Untertanen zum Jagen und Hagen, nicht aber zum Fronen »bei den sogenannten Vogelhäusle, Salzschlecken, Schleichwege machen und Vogelbeeren gewinnen«. Diese Beschwerden sind den Irndorfern neu aufgebürdet worden.
6. Im ganzen Vertrag steht keine Silbe davon, dass die Herrschaft 10 kr. Wiesengeld erhält.[31]

»Über glückliche und zufriedene Untertanen gebieten«

Über das Verhältnis zwischen Untertanen und Herrschaft im Zeitalter der Französischen Revolution gibt ein Schreiben des Freiherrn an den Kaiser Auskunft. Anlass dazu gab der jahrhundertealte Streit um die Weidegerechtigkeit in Irndorf. Die Herrschaft beabsichtigte im April 1795, wie die Jahre zuvor, Schafe auf die Irndorfer Weide zu treiben. Am 13. April kamen Abgesandte der Gemeinde ins Mühlhei-

Postkartenansicht vom Hinteren Schloss Mühlheim, ganz links die Sebastianskapelle, um 1915

mer Schloss und »verkündeten der Herrschaft ins Angesicht, die Gemeinde lasse gnädige Herrschaft keine Schafe mehr auf die Irndorfer Weide ausschlagen, sondern wenn wieder einige hierher getrieben würden, so würden selbe entweder aus dem Bann oder in den Stall getrieben«.

Die Herrschaft war über diese Ankündigung entsetzt und schrieb umgehend an den Kaiser: Seit langer Zeit hätte sie die Weidegerechtigkeit auf Irndorfer Bann. Die Irndorfer hätten sich darüber schon beim Kaiser und bei der vorderösterreichischen Regierung beschwert. Enzberg hätte die angestrengten Prozesse abwarten können, da sie aber nur »über glückliche und zufriedene Untertanen« gebieten möchte, hätte man den »Querulanten« einen Vergleich vorgeschlagen. Statt Mutterschafe und Lämmer, die den Irndorfern ein Dorn im Auge wären, hätte man nur Hammel aufgetrieben und statt wie früher 400 Schafe nur noch 250 und aus Nachgiebigkeit auf 200 reduziert. So sehr man sich von Seiten der Herrschaft bemühte, »durch Aufopferung und durch Beseitigung der Gelegenheiten zu künftigen Beschwerden die Untertanen wieder an sich zu ziehen und einen dauerhaften Frieden zu erreichen, so wenig konnten alle Belehrungen und Wegweisungen auf der anderen Seite Dank ausrichten, vielmehr musste die Herrschaft statt Dank den Verdruss ausstehen [....] Im gegenwärtigen beispiellosen Krieg vermeint eine Menge vom ungesitteten Volk, der Zeitpunkt sei eingetreten, dass Tür und Tor für Ordnung und Gerechtigkeit ausgehoben und ungehindert und ungestraft mit eigener Faust sich zu seinem vermeintlichen Recht verholfen werden könne und möge. Darauf hat Irndorf sein Absehen gerichtet und schon stehen die übrigen Herrschaftsorte auf den Füßen in der gespannten Erwartung, welchen Ausgang dieses Attentat nehmen werde«. Das Schreiben schließt mit der Bitte, der Kaiser möge ihr Recht verschaffen, »allenfalls auch mit gewaffneter Hand«.[32]

Eine Antwort wird weder die Gemeinde noch die Herrschaft erhalten haben. Im Oktober 1796 brannten französische Soldaten den ganzen Ort nieder, und als dann der Ort notdürftig wieder aufgebaut war, ging die Herrschaft der Freiherren von Enzberg 1806 zu Ende.

Anmerkungen

1 Enzberg-Archiv Mühlheim (EAM) Akten 2983.
2 Generallandesarchiv Karlsruhe (GLA) Abt. 98 Salem/ 4408.
3 EAM Akten 2983.
4 EAM Akten 2983.
5 EAM Akten 2983.
6 EAM Akten 481.
7 EAM Akten 2983.
8 EAM Akten 481.
9 EAM Akten 2983.
10 EAM Akten 2887.
11 EAM Akten 2893.
12 Gemeindearchiv Irndorf/ (ohne Signatur).
13 EAM Akten 2893.
14 GLA Karlsruhe Abt. 98 Salem/ 4408.
15 GLA Karlsruhe Abt. 98 Salem/ 4408.
16 GLA Karlsruhe Abt. 98 Salem/ 5267.
17 GLA Karlsruhe Abt. 98 Salem/ 5267.
18 EAM Akten 481 und 482.
19 EAM Akten 2429.
20 EAM Akten 2417.
21 EAM Akten 2888.
22 EAM Akten 2887.
23 EAM Akten 2888.
24 EAM Amtsbücher 7.
25 EAM Akten 2888.
26 EAM Akten 2887.
27 EAM Akten 2430.
28 EAM Akten 2889.
29 EAM Akten 2949.
30 EAM Amtsbücher 72.
31 EAM Akten 2651.
32 EAM Akten 2651.

Begriffserläuterungen

Artikelbrief	= Strafbestimmung
Äckhericht oder Käß	= Waldweide
Acht	= Ausschluss aus dem öffentlichen Recht
Beschwerung	= Belastung, Bedrückung
Bestandsvieh	= von Fremden eingestelltes Vieh
Dienstgeld	= Ablösung eines Dienstes durch Geld
Ehehaften	= Sonderrecht auf eine Sache oder Leistung
Ehrschatz	= Abgabe beim Besitzwechsel eines Lehens
Ergötzlichkeit	= Entschädigung
Fall, Todfall od. Hauptfall	= Abgabe beim Tod eines Leibeigenen
Fronbrot	= Verköstigung des Froners
»Gemeinde«	= Zusammentritt der Bürgerschaft
gerben (Korn)	= Dinkel (Veesen) enthülsen
Gerechtsame	= Recht
Gnadenjagd	= eine auf Zeit an andere verliehene Jagd
Gült	= eine jährliche Abgabe
Halm- und Dauchwaide	= Stoppelweide
Handstreich	= Ohrfeige

Hauptbau	= herrschaftliches Gebäude
Hauswesen	= Haus- und Hofhaltung
Holzgeld	= Ablösung einer Holzlieferung durch Geld
Jauchert	= Flächenmaß (0,47 ha)
Karrengeld	= Ablösung einer Fahrt durch Geld
kelsche Ziechen	= besondere Art von Leinwand oder Barchent
Mähne	= Gespann
malefizische Obrigkeit	= Hochgerichtsbarkeit
(eigenes) Mueß und Brot	= eigene Kosten
Offnung	= rechtsübliche Strafbestimmung/ Ordnung
Ratsverwandter	= Mitglied des Rats
Reisten	= starke, gute Leinwand
Reut- oder Stockfelder	= Neubruchfelder
Schmehr	= Schmalz
Söldner/Seldner	= Kleinbauer, Inhaber einer Kleinstelle (Selde)
Tagwahn	= ein Tagwerk
Trieb, Tratt, Wunn und Waid	= Recht, das Vieh auf ein bestimmtes Grundstück zu treiben
ungemessene Dienste	= außerordentliche, unregelmäßige Leistungen
Untergang	= Vermessung und Kontrolle der Grundstücke und Grenzen
Wildzeug	= Jagdzeug

Hans-Joachim Schuster

RECHTLICHE, SOZIALE UND WIRTSCHAFTLICHE STRUKTUREN IN DER HERRSCHAFT ENZBERG IM SPÄTEN 16. UND IM 17. JAHRHUNDERT

Das kleine und überschaubare Territorium der Herren von Enzberg, bestehend aus dem Ackerbürgerstädtchen Mühlheim und sieben Dörfern auf dem Heuberg und im Donautal, bildet den Untersuchungsraum für vorliegende Kurzstudie zur Sozial- und Wirtschaftsstruktur in der frühen Neuzeit. Die folgenden Betrachtungen beleuchten die Rechtsverfassung sowie die gesellschaftlichen und wirtschaftlichen Verhältnisse in den Orten der Herrschaft Enzberg. Hierbei sollen Erkenntnisse zu den grundherrschaftlichen Besitzverhältnissen, zu den bäuerlichen Besitzrechtsformen sowie zu den aus den verschiedenen Herrschaftsinstitutionen – Grundherrschaft, Gerichtsherrschaft, Leibeigenschaft und Zehntherrschaft – fließenden Abgaben und Frondiensten gewonnen werden. Ein weiteres Augenmerk der Untersuchung gilt dem Sozialgefüge der acht enzbergischen Ortschaften sowie den Strukturen in Landwirtschaft und Gewerbe. Als Hauptquellen dieser Studie dienten die Renovation der Herrschaft Mühlheim – ein Herrschaftsurbar – von 1583[1] sowie ein Visitationsprotokoll der reichsritterschaftlichen Orte des Kantons Hegau zu Besteuerungszwecken von 1658.[2] Letzteres nennt nicht nur alle steuerpflichtigen bzw. grundbesitzenden Haushaltsvorstände, sondern auch den Umfang ihres Grundbesitzes, das Besitzrecht bei Lehengütern, die Zahl der Pferde, Zugochsen und Kühe.

Grundherrschaftliche Verhältnisse

Die Inhaber der reichsritterschaftlichen Herrschaft Mühlheim, die Herren von Enzberg, verfügten neben Ortsherrschaft und gerichtsherrschaftlichen Rechten in beträchtlichem Umfang über Grund und Boden, der größtenteils an Bauern verliehen, zum kleineren Teil in Eigenwirtschaft betrieben wurde. Allerdings war das Haus Enzberg in keinem der acht zur Herrschaft Enzberg-Mühlheim gehörigen Orte alleiniger Grundherr. Dominierender Grundbesitzer war Enzberg in Königsheim, Böttingen und Irndorf. In Königsheim besaß Enzberg im 16. und 17. Jahrhundert sechs Lehenhöfe. In Böttingen war Enzberg Inhaber des ehemaligen Meierhofs, welcher im 16. Jahrhundert auf drei Lehen aufgeteilt war. In Königsheim begegnen uns der örtliche »Heilige« (die Kirchengemeinde), die Pfarrei Egesheim und die Ifflinger von Granegg als weitere Grundherren. In Böttingen waren neben den von Enzberg die Kirchenpflegen Böttingen und Königsheim sowie die Pfarrei Böttingen begütert.[3] Für Irndorf listet die Renovation von 1583 insgesamt elf enzbergische Leiblehen auf. Neben diesen sind auch noch zwei Beuroner Güter erwähnt.

In Buchheim besaß Enzberg 1583 vier Leiblehen, darunter das Taferngut. Ebenfalls vier Leiblehen waren im Besitz des Klosters Salem. Das Kloster Beuron konnte neben vier Leib- und Erblehen noch drei weitere Güter sein Eigen nennen. In Stetten waren die Klöster Petershausen, Beuron, Salem und Allerheiligen begütert.[4]

Urbar 1583

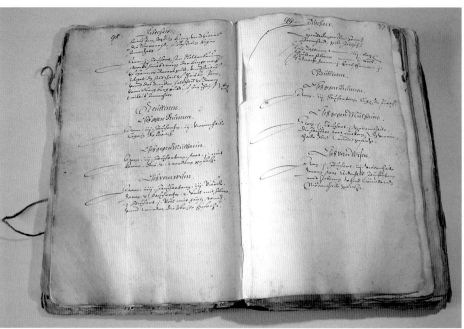

Auszug aus dem Urbar von 1583

Das enzbergische Grundeigentum und daraus fließende Grundzinsen beschränkten sich hier im Wesentlichen auf die so genannten Reuttinen bzw. Stockäcker, in jüngerer Zeit gerodete Flächen. In Mahlstetten befand sich ein Erblehen mit 47¼ Jauchert Ackerland und 11¼ Mannsmahd Wiesen im Obereigentum der Herren von Enzberg.[5] Den unterhalb des enzbergischen Schlosses Bronnen gelegenen Meierhof hatten die Enzberger 1583 auf »weil und lebenlang«, also als Leiblehen, an Caspar Reize verliehen. In Mühlheim zählte neben Vorderem und Hinterem Schloss, Zehntscheuer, den Mühlen in der so genannten Altstadt, der Stadtmühle und der Badstube[6] das in Eigenwirtschaft betriebene Schlossgut zum enzbergischen Besitz. Zum Schlossgut gehörten 1583 mehrere Krautgärten, drei Baumgärten, vier Hanfgärten, 40 Jauchert Äcker im Ösch auf »Grieß«, 36½ Jauchert Acker im Ösch »bei der alten Stadt« (auch Ösch »in Horben« genannt), 39 Jauchert im »Staad« Ösch, 30 Jauchert auf dem Württenbühl im Nendinger Zwing und Bann sowie 13½ Mannsmahd Wiesen.

Die Mühlen in der Altstadt waren 1583 an Conrad Jäckh und Jacob Mußler verliehen, die Stadtmühle an Claus Stehelin. Letzterer zahlte hierfür einen jährlichen Lehenszins in Höhe von 19 Malter 4 Viertel Mühlkorn. Die drei Gerber Theus Schwarz, Hans Hainzler und Jacob Schwarz gaben als jährlichen Zins von der Stampfmühle 2 Gulden, 12 Viertel Veesen (Dinkel) und 12 Viertel Hafer. Michael Felchlin, der Wollenweber, hatte die Walkmühle bei der Altstadt bestandsweise inne. Er leistete hierfür einen Zins von 1 Gulden 8 Batzen.

Die Brüder Jörg und Martin Ferber gaben von der zweiten Walkmühle in der Altstadt einen Bestandszins in Höhe von 1 Gulden 5 Batzen. Der jeweilige Inhaber der Badstube zahlte einen jährlichen Zins von 4 Gulden an die Herrschaft Enzberg. Der Großteil der Güter, die als Lehen an Bauern vergeben waren, hatte den Status von so genannten Leiblehen. Die Leib- oder Schupflehen waren auf Lebenszeit verliehen und fielen nach dem Ableben der Lehensinhaber an die Grundherren zurück. Diese machten allerdings von ihrem Recht, das Leiblehen einzuziehen, um es an eine andere Familie zu verleihen, kaum Gebrauch.

Das Leiblehen des Hans Frick aus Irndorf umfasste 1583 neben Haus, Hofstatt, drei Grasgärten, einem Hanf- und einem Krautgarten noch 35½ Jauchert Ackerland sowie 35¼ Jauchert Wiesen und Holzwiesen. Für dieses Lehengut hatte der Lehenmann dem Haus Enzberg als Obereigentümer folgenden Zins zu leisten: 1 Gulden 5 Batzen, 2 Malter 1 Viertel Veesen, 2 Malter 1 Viertel Haber, 2 Viertel Kernen (entspelzter Veesen bzw. Dinkel), 2 Hühner und 60 Eier. Hinzu kam das Mänegeld in Höhe von 7½ Batzen und die Fasnachtshenne. Beim Mänegeld handelt es sich um ein Geldsurrogat für Spann- und Fuhrfrondienste an den Orts- und Gerichtsherrn.[7] Der Königsheimer Jerg Frech besaß laut Renovation von 1583 ein enzbergisches Leiblehen, zu dem neben Haus, Hof, einem Krautgarten sowie drei Hanf- und Grasgärten insgesamt 96 Jauchert Ackerland und 25 Mannsmahd Wiesen gehörten. Hierfür entrichtete er an Geld 5 Batzen und an Naturalien 3 Malter und 12 Viertel Veesen sowie 3 Malter 12 Viertel Hafer, 4 Hühner und 120 Eier.

Das Erblehen war die aus bäuerlicher Sicht günstigste Lehensform. Es konnte nach dem Tode des Inhabers an seine Kinder oder an Verwandte weiterverliehen werden. Der Erblehenbauer besaß nicht nur ein lebenslängliches Nutzungsrecht wie der Leib- und Schupflehenbauer, sondern eine Erbgerechtigkeit. Die Lehenbauern empfanden ein Erblehen in viel stärkerem Maße als persönliches Eigentum als Leiblehen. Hans Weltin, Vogt zu Böttingen, hatte 1583 ein enzbergisches Erblehen inne. Es umfasste neben Haus, Hof und Krautgarten 31 Jauchert Acker und 12½ Mannsmahd Wiesen sowie 18 Jauchert »Hölzer«, also Wald. Auf diesem Lehengut lastete als Zins: 3½ Batzen Geld, 1 Malter Veesen, 2 Malter Hafer, 2 Hühner und 120 Eier.

Das Besitzrechtsgefüge zeigte sich bis zur so genannten Bauernbefreiung in der ersten Hälfte des 19. Jahrhunderts recht konstant. Änderungen wie in Irndorf, wo das Haus Enzberg in der 1790er Jahren die Leiblehen in Erblehen umwandelte, bildeten eine Ausnahme. Mit dieser besitzrechtlichen Besserstellung einher ging jedoch eine Erhöhung der Grundzinsen um ein Drittel.[8]

Zahlreiche Bauern bewirtschafteten mehrere Güter, von verschiedenen Grundherren und mit unterschiedlichem Besitzrecht. Der Buchheimer Hans Dreher, Wirt und Bauer, besaß 1583 zum einen das ihm von Enzberg als Leiblehen vergebene Taferngut. Hierfür entrichtete er 1 Gulden 10 Batzen. Dann besaß er zwei Güter des Klosters Beuron. Des Weiteren hatte er Grundstücke des »Heiligen« (Kirchengemeinde) zu Fridingen inne, und zu guter Letzt besaß er ein Eigengut, das allerdings mit einem geringen Bodenzins an das Haus Enzberg belastet war. Der Nendinger Jerg Bertholdt besaß nach dem Visitationsprotokoll von 1658 ein Lehengut mit neun Jauchert, ein weiteres Lehen mit 3½ Jauchert Ackerland und fünf Mannsmahd Wiesen sowie ein drittes mit sieben Jauchert Ackerland und 1½ Mannsmahd Wiesen. Darüber hinaus besaß er ein Jauchert Ackerland und ½ Mannsmahd Wiese als bäuerliches Eigengut.

Frondienste

Die Frondienste waren zum Teil ein Ausfluss der Grundherrschaft, in der Regel aber eine aus der Gerichtsuntertänigkeit fließende Dienstbarkeit, deren rechtsgeschichtlicher Ursprung in der Gerichtsherrlichkeit und in der Vogteigewalt zu suchen ist.[9] Die Fronpflicht lastete grundsätzlich auf jedem Bürger. Befreit waren Kraft ihres Amtes die Ortsvögte. Man unterschied »gemessene«, d. h. in Art und Höhe festgesetzte, und »ungemessene«, d. h. unregelmäßige, nicht näher bestimmte Frondienste. Zu ersteren zählen Holz hauen und Holz führen, Wein- und Mistfuhrdienste sowie sämtliche Feldarbeiten (Mähen, Pflügen, Ernte einbringen) auf den herrschaftlichen Äckern und Wiesen. Spannfähige Bauern hatten vor allem Spann- und Fuhrfrondienste, nicht spannfähige Kleinbauern (Seldner) und Tagelöhner ausschließlich Handfrondienste zu erbringen. Zu den ungemessenen Frondiensten gehörten die Baufronen an den herrschaftlichen Gebäuden, also an den beiden Schlössern in Mühlheim, den Mühlen in Mühlheim, an den Zehntscheuern und am Herrschaftshaus in Böttingen.[10]

Die Irndorfer waren nach dem Vertrag von 1615 zu folgenden Frondiensten verpflichtet: Jeder spannfähige Bauer musste zwei Jauchert Ackerland bestellen und zwei Fahrten mit Bau- oder Brennholz nach Mühlheim verrichten. Zudem war jeder Irndorfer Untertan, der ein Zuggespann besaß, verpflichtet, gegen Bezahlung den Wein aus den enzbergischen Weingütern in Markdorf nach Mühlheim zu führen.[11]

Jeder Stettener Untertan stand einer Auflistung von 1667 zufolge in der Pflicht, fünf Jauchert Herrschaftsacker zu bebauen sowie drei Mannsmahd Wiesen zu mähen und zu heuen sowie drei Monate lang das Schloss zu »beholzen«, also das benötigte Brennholz zu liefern.[12]

Die Mahlstettener Untertanen erbrachten Hand- und Spanndienste zur Bewirtschaftung von 21 Mannsmahd herrschaftlicher Wiesen im Lippachtal. Die spannfähigen Mahlstettener Bauern mussten nach einem Vertrag aus dem Jahre 1510 einen Tag Fuhrfrondienste und einen Tag Handdienst, die nicht spannfähigen Untertanen des Dorfes zwei Tage Handfronen erbringen. Als Gegenleistung erhielt der Froner den so genannten Fronbatzen; bei den Fuhrfronen waren dies 3 Pfund Brot, bei den Handfronen 2 Pfund. Anstelle eines Teils der ursprünglich in natura geleisteten Frondienste zahlten die Mahlstettener bereits im 16. Jahrhundert ein Geldsurrogat an die Herrschaft.[13]

In Königsheim war im 16. und 17. Jahrhundert jeder Untertan verpflichtet, für die Herrschaft in Fronarbeit zwei Jauchert Ackerland zu bebauen und zu ernten. In Königsheim wurde die Bewirtschaftung der Herrenfelder in Fronarbeit anno 1729 in eine Naturalabgabe umgewandelt. Die Königsheimer mussten nun stattdessen insgesamt 156 Viertel Getreide abgeben.[14]

Bei den Untertanen besonders unbeliebt waren die Jagdfronen. Die Buchheimer mussten zur herrschaftlichen Jagd zwischen 50 und 100 Treiber stellen. Des Weiteren waren sie verpflichtet, das erlegte Wild nach Mühlheim zu bringen und Salzlecker und Futterraufen zu errichten.[15] Die Königsheimer entrichteten bereits Ende des 16. Jahrhunderts statt der Verpflichtung, die Jagdhunde für die Herrschaft zu unterhalten, eine Naturalabgabe, nämlich 10 Malter »Hundsfrucht«.[16]

Ältere Postkartenansicht von Königsheim

Aus den verschiedenen Herrschaftsinstitutionen resultierte neben der Verpflichtung zur Ableistung von Frondiensten auch eine Vielzahl von Geld- und Naturalabgaben.

Die Leibeigenschaft brachte finanzielle Verbindlichkeiten mit sich, so die Leibhenne oder den so genannten Todfall, die beim Tod jeder leibeigenen Person fällig wurden, und die Manumission. Der Todfall bestand aus dem so genannten »Besthaupt«, dem besten Stück Vieh. Diese Naturalabgabe wurde im Laufe der frühen Neuzeit in der Regel in eine Geldabgabe umgewandelt. Die Manumission war eine Gebühr für die förmliche Entlassung aus der Leibeigenschaft, z.B. bei einem Wegzug oder bei Heirat in einen außerhalb der Herrschaft Enzberg gelegenen Nachbarort. Aus der Gerichtsherrschaft rührten das so genannte Vogtrecht, die Rauchfanggelder und -hühner, die Maien- und Herbsthühner sowie der Ein- und Abzug her. Letzterer wurde fällig bei einem Wegzug aus der Herrschaft. Der Abzug belief sich auf zehn Prozent des mitgenommenen Vermögens. Für die herrschaftliche Zustimmung zur Ehe – diese erfolgte, wenn die Heiratswilligen über einen ausreichenden Nahrungsstand verfügten – war das Ehe- oder Konsensgeld zu leisten.[17] Als Preis für das Recht, den Boden zu »nutzen und nießen«, mussten die Lehenbauern einen jährlichen Grund- und Lehenzins bezahlen. Dieser bestand aus Naturalien – Getreide, Eier und Hühner – und/oder aus Geld. Beim Übergang eines Lehens auf einen neuen Bestünder wurden Besitzwechselabgaben fällig. Sie begegnen uns als »Ehrschatz« oder »Auslosung« in den Quellen.

Als bedeutendste der auf Grund und Boden haftenden Reallasten ist schließlich der Zehnte zu erwähnen. Man unterschied hier den Großzehnten vom Getreide und den Kleinzehnten von allen anderen Pflanzen in Feld und Garten. Bis auf wenige zehntfreie Grundstücke waren grundsätzlich alle bebauten Parzellen zehntpflichtig. Allerdings war das Haus Enzberg keineswegs alleiniger Zehntherr. In Königsheim gingen zwei Drittel der Zehnteinnahmen an Enzberg und ein Drittel an das Kloster Beuron.[18] In Mahlstetten bezog Enzberg von etwa drei Vierteln des Ackerlandes den Großzehnt allein. Vom restlichen Viertel stand der Zehnte Enzberg und der örtlichen Pfarrei gemeinsam zu. Den Kleinzehnten in Mahlstetten durfte die Pfarrei beanspruchen. Das Wittum (Pfarreigut) war zehntfrei.[19] In Böttingen standen den Enzbergern keinerlei Zehntansprüche zu. Hier genossen das Haus Waldburg-Zeil, die örtliche Pfarrei, die örtliche Stiftungspflege sowie die Pfarrei Bubsheim und die Stiftungspflege Obernheim den Zehnten.[20] In Stetten konnte Enzberg den Großzehnten komplett beanspruchen.[21]

Dass der Zehnte für die Freiherren von Enzberg die wichtigste Einnahmequelle aus den bäuerlichen Gütern darstellte, beweisen die Ablösungssummen an das Haus Enzberg im Zuge der so genannten Bauernbefreiung im Jahre 1848/49. Das Zehntablösungskapital belief sich auf 57.673 fl., die Ablösungssumme der anderen, vor allem aus der Grundherrschaft herrührenden Gefälle auf 28.123 fl.[22] Die Vielfalt der Frondienste und Abgabeverpflichtungen wird an einer »Ohngefahrlichen Berechnung« über den Jahresertrag des Dorfes Mahlstetten für das Jahr 1702 deutlich. Diese Quelle listet folgende Einnahmen der Herrschaft Enzberg auf:

Herbst- und Maiensteuer	21 fl.	20 kr.
Wein- und Karrengeld	3 fl.	24 kr.
Frongeld	60 fl.	
Hofstattzinsen	22 kr.	
Holz- und Herrengeld von 51 verehelichten Bürgern	34 fl.	
Hintersassengeld	7 fl.	
Strafen	10 fl.	
Todfälle	55 fl.	
Umgeld	20 fl.	39 kr.
Konsensgeld	2 fl. 30 kr.	
Einzug	14 fl.	
Auslosung (Ehrschatz)	33 fl.	
Abzug	24 fl.	
Vogtrecht	2 Malter 15 Viertel Veesen	
Lehenzins	3 Malter Hafer und Veesen	
Zehnt	47 Malter 1 Viertel Veesen	
	12 Malter 4 Viertel Roggen	
	35 Malter 15 Viertel Hafer	
	10 Malter 5 Viertel Gerste	
	3 Viertel Erbsen	
	13 Fuder 23 Bucheln Stroh	

In Nendingen besaß Enzberg keine geschlossenen Lehengüter, sondern nur die Reuttinen/Stockäcker, welche parzellenweise als Lehen ausgegeben wurden. Der Zinsertrag aus diesen Feldern erbrachte anno 1583 immerhin Naturalzinseinnah-

Pergamenturkunde mit anhängendem Wachssiegel: Der Abt des Klosters Reichenau belehnt am 15. Mai 1518 Friedrich von Enzberg mit dem Dorf Nendingen.

men in Höhe von 30 Malter und 14 Viertel. Das Haus Enzberg erhielt zudem von den Nendingern jährlich 4 fl. Wein- oder Karrengeld, 21 fl. 5 Batzen Herbst- und Maiensteuer sowie Umgeld – eine Verbrauchsteuer – in Höhe von 28 fl. 6 Batzen.

In Mühlheim belief sich die Mai- und Herbststeuer auf 66 fl. 10 Batzen. Das Umgeld erreichte aufgrund der Zentralität Mühlheims als Gewerbestandort ein stattliches Niveau von 183 fl. 3 Batzen und 6 Pfennige.

In Irndorf erbrachte das Weingeld 2 fl., das Umgeld 28 fl. 5 Batzen 13½ Pfennige und der Ertrag aus den Stockfeldern 36 Malter 6 Viertel.

Soziale Strukturen

Da das Urbar von 1583 nicht den gesamten Grundbesitz einer Gemarkung, sondern lediglich Güter im Eigentum des Hauses Enzberg oder Grundstücke, aus welchen Enzberg Grundzinsen bezog, auflistete, ergibt sich hieraus kein komplettes Bild der Sozialstruktur der Herrschaft. Für die Orte Königsheim, Buchheim und Irndorf lassen sich aber durchaus aussagekräftige Erkenntnisse gewinnen, weil hier enzbergische Lehen und Grundzinseinkünfte vorherrschend waren. Das Urbar von 1583 lässt auf die Existenz von elf Bauern schließen, die jeweils im Besitz eines enzbergischen Leiblehens waren und zusätzlich einige so genannte Reuttinen bewirtschafteten, die ebenfalls Enzberg zinspflichtig waren. Einer dieser Bauern, Christian Alber, verfügte außerdem noch über ein Beuroner Gut. Zehn Irndorfer lassen sich aufgrund ihres Landbesitzes, vor allem aber anhand des bezahlten Mänegeldes als halbe Bauern oder Söldner (Seldner) einstufen. Sie entrichteten nämlich zwischen 5 und 15 Kreuzern Mänegeld, pro Pferd jeweils 5 Kreuzer. Sie besaßen also ein bis maximal drei Zugtiere. Bei den verbleibenden 22 im Urbar genannten Irndorfern handelte es sich um Tagelöhner und Kleinststelleninhaber, die über keinerlei Zugtiere verfügten. In Irndorf standen sich eine vollbäuerliche Schicht einerseits sowie die Kleinbauern und landarmen Familien andererseits gegenüber. Die mittelbäuerliche Gruppe war relativ schwach ausgebildet. Während ein Bauer wie Hans Frick oder Vogt Martin Utz 64¼ Jauchert bzw. 146½ Jauchert Acker und Wiesen bewirtschafteten, verfügten die Tagelöhner Irndorfs in der Regel nur über einige wenige Jauchert Feld.

Für Königsheim vermittelt das Urbar von 1583 folgendes Bild: Hier bestimmten sechs enzbergische Leiblehenbauern, die durchweg über 50 Jauchert Acker und Wiesen bebauten, das Dorfbild. Ein weiterer Hofinhaber verfügte über gut 30 Jauchert, von denen aber ein stattliches Stück »brach und wüst« lag. Die vier im Urbar genannten Tagelöhner besaßen nur eine minimale Landausstattung.

Für Buchheim listet das Urbar insgesamt 16 Vollbauern auf. Von ihnen waren 14 mit enzbergischen, Beuroner oder salemischen Lehen ausgestattet. Zwei hatten das so genannte Heiligengut inne. Zehn weitere Buchheimer Hofinhaber entrichteten ebenso wie die Vollbauern ein Mänegeld, allerdings in geringerer Höhe. Bei ihnen dürfte es sich um Kleinbauern gehandelt haben, die ein oder zwei Pferde besaßen und damit als nicht voll spannfähig galten. Insgesamt 28 Buchheimer mussten 1583 ganz ohne Zugtiere auskommen. Sie bewirtschafteten nur wenige Jauchert Land und konnten von der eigenen Landwirtschaft allein ihre Familien nicht ernähren.

Ein vollständigeres Bild zum Sozialgefüge der enzbergischen Orte als das Urbar von 1583 liefert eine summarische Übersicht im Visitationsprotokoll von 1658:

	Bauern	Seldner	Tagelöhner	Hand-werker	Wirte	Witwen
Königsheim	7	1	3	–	–	–
Böttingen	12	2	7	5	3	–
Mahlstetten	8	3	–	–	1	1
Buchheim	13	2	8	4	2	1
Nendingen	10	20	8	3	1	–
Stetten	6	6	2	1	2	–
Mühlheim	–	7	18	23	8	–
Irndorf	7	11	6	4	1	3

Das zehn Jahre nach dem Ende des Dreißigjährigen Krieges erstellte Visitationsprotokoll offenbart im Vergleich zum Urbar von 1583 einen deutlichen Bevölkerungsschwund. Führt das Urbar von 1583 für Stetten noch 27 Grundstückseigentümer auf, so nennt die Archivalie von 1658 nur noch 17 Steuerpflichtige. Für Mahlstetten lauten die entsprechenden Zahlen 41 bzw. 13, für Buchheim 54 bzw. 30 und für Irndorf 45 bzw. 32. Die Bevölkerung war also in Folge der direkten Kriegseinwirkungen und der von Soldaten eingeschleppten Seuchen während des Krieges stellenweise um ein Drittel, oft sogar um mehr als die Hälfte geschwunden.

Das Steuerprotokoll von 1658 dokumentiert aber auch die Mitte des 17. Jahrhunderts vorhandenen Unterschiede in der Sozialstruktur der enzbergischen Orte. Während Orte wie Königsheim, Böttingen, Mahlstetten und Buchheim von einer vollbäuerlichen Schicht geprägt wurden, dominierte die Gruppe der Kleinbauern (Seldner oder Söldner) in Nendingen das Dorfbild. In Mühlheim fehlten Vollbauern gänzlich. Hier prägten Handwerker und Gewerbetreibende das soziale Gefüge und verliehen der Stadt in hohem Maße eine Zentralität im gewerblichen Bereich. Eine

Ortsansicht von Mahlstetten, um 1930

Auswertung des Visitationsprotokolls von 1658 fördert weitere Details zu Tage und zeigt Unterschiede der dörflichen Strukturen innerhalb der Herrschaft Enzberg auf. In Stetten bewirtschaftete der größte Bauer, der Vogt und Wirt Georg Buschle, mit fünf Zugpferden insgesamt 45 Jauchert an Erblehen und Eigengütern. Zwei andere Bauern, Hans Buschle und Hans Waldi, konnten 41 Jauchert Felder bewirtschaften. Diese beiden können aufgrund der Größe ihres Hofes und des Zugviehbesatzes von jeweils fünf Pferden als voll spannfähig und mit einem ganzen Hofgut ausgestattet gelten. Jacob Buschle, Johannes Waizenegger, Ambrosi Waldi, Georg Buschle und Hans Buschle alt verfügten über drei oder vier Zugpferde und Hofflächen zwischen 23 und 33½ Jauchert. Sie dürften als so genannte »halbe Bauern« gegolten haben. Die Hofinhaber, die ein oder zwei Zugtiere in ihren Ställen stehen hatten, wurden der Gruppe der Seldner zugerechnet. Zu ihnen zählte Johannes Lang alt, der mit einem Pferd und einem Stier 5½ Jauchert Feld bebaute, oder Melchior Waizenegger, der immerhin 13½ Jauchert Acker und Wiesen sein Eigen nennen konnte.

Im Vergleich zu den Stettener Bauern verfügten die Irndorfer 1658 über weit mehr Landbesitz. Die »ganzen Bauern« führten vier bis fünf Pferde ins Feld und besaßen zwischen 46 und 94½ Jauchert Acker und Wiesen. Der Irndorfer Schupflehenbauer Jakob Fux bebaute 62 Jauchert Ackerland und 8¼ Mannsmahd Wiesen. In seinen Ställen standen fünf »Rosse« und drei Kühe. Der Seldner Hans König bewirtschaftete mit einem Pferd und einem Stier immerhin noch 27 Jauchert Feld. Sein Standesgenosse Wilhelm Alber jung bebaute mit zwei Pferden 9 3/4 Jauchert Acker und vier Mannsmahd Wiesen. Die großzügigere Landausstattung der Irndorfer im Vergleich zu den Stettener Hofinhabern hatte wohl mit der schlechteren Bodenqualität und ungünstigeren Ertragslage der Irndorfer Felder zu tun.

Acht Böttinger Bauern bewirtschafteten Höfe zwischen 64 und 108 Jauchert Feld. Sie führten bis zu sieben »Rosse« ins Feld. Somit können sie als »ganze Bauern« eingestuft werden. Einer von ihnen, der Vogt und Wirt Conrad Mattes, bebaute mit seinen sieben Zugtieren 61 3/4 Jauchert Erblehen und 24 Jauchert Eigen-

Blick auf Stetten, um 1920

gut. Ein anderer – der Untervogt Hans Huber – mit fünf »Rossen« drei Erbgüter im Umfang von 100 Jauchert sowie acht Jauchert Eigengut. Weitere fünf Hofinhaber konnten zwischen 33 und 43 Jauchert Acker- und Wiesland als zu ihrem Hof gehörig bezeichnen. Sie genossen den Status so genannter »halber Bauern«. Zur sozialen Schicht der Tagelöhner in Böttingen zählte beispielsweise Jacob Huber, der lediglich drei Jauchert Feld bewirtschaftete und drei Kühe, aber keinerlei Zugtiere besaß. Dazu gehörte auch Johannes Fackler, der 3 Jauchert Acker und 8 Mannsmahd Wiesen, einen Viertel Jauchert Wald und drei Kühe sein Eigen nennen konnte. Um die Lebensgrundlage seiner Familie zu sichern, übte er zusätzlich zur Landwirtschaft das Schneiderhandwerk aus.

Das für das späte 16. und die Mitte des 17. Jahrhunderts konstatierte soziale Gefüge in der Herrschaft Enzberg war im Verlaufe der frühen Neuzeit Veränderungen unterworfen. Zahlreiche Bauernhöfe, nicht nur Eigengut, sondern auch Lehen, wurden zerteilt.[23] In Königsheim zählte man im 16. Jahrhundert noch sechs herrschaftliche Lehenhöfe und einen Heiligenlehenhof. Anno 1767 waren es bereits zehn herrschaftliche Lehenbauern und zwei Heiligenlehenbauern.[24] In Irndorf wurde der Rueginhof – ein enzbergisches Leiblehen – ab 1693 nicht mehr als Einheit, sondern parzellenweise vergeben. Im Jahr 1782 hatten 49 Personen Anteil daran.[25] Infolge eines stärkeren Bevölkerungswachstums im Laufe des 18. und frühen 19. Jahrhunderts nahm die Zahl der Klein- und Kleinststelleninhaber in den enzbergischen Dörfern merklich zu.

Für das 16. und 17. Jahrhundert kann man Folgendes als Resümee zum Sozialgefüge festhalten: In den auf der Albhochfläche gelegenen Dörfern Buchheim, Irndorf, Mahlstetten, Böttingen und Königsheim bestimmten für die damalige Zeit recht stattliche Bauernhöfe – teils über 100 Jauchert groß – den dörflichen Alltag und die Agrarstruktur. Für das im Donautal gelegene Stetten, das über bessere Böden als die Heubergdörfer verfügte, kann man von einer mittelbäuerlichen Hofgrößenstruktur sprechen. Mühlheim und Nendingen waren klein- bis mittelbäuerlich geprägt. Nendinger Bauern wie der Vogt Jacob Mattes mit 31½ Jauchert Feld

Hinteres Schloss mit Waschhaus, Schafstall und Badstube, um 1910

oder Hans Huber mit 43 Jauchert Feld besaßen für lokale Verhältnisse ausgesprochen große Höfe. Dominierend waren hier die Seldner, zu denen beispielsweise Jerg Schwarz gehörte, der mit einem Pferd und einem Stier 11 Jauchert Acker und 4½ Mannsmahd Wiesen bebaute. Mühlheim wiederum wies neben der klein- bis mittelbäuerlichen Komponente ein starkes gewerbliches Element auf. Für die enzbergische Residenz typisch waren Bürger wie Michel Leibinger. Er bewirtschaftete 24 Jauchert Eigengut, hatte zwei Pferde und vier Kühe in seinen Ställen stehen und betrieb zusätzlich das Gerberhandwerk. Oder der Bierwirt Hans Brandi: Mit 20 Jauchert Feld, einem Pferd und einer Kuh sowie seiner Bierwirtschaft konnte er sich und seine Familie gut ernähren. Der Mühlheimer Wirt Hans Lang jung, der ungefähr 4 Fuder Wein jährlich ausschenkte, 23½ Jauchert bäuerliches Eigen bewirtschaftete und vier Pferde sowie zwei Kühe besaß, dürfte 1658 zur städtischen Oberschicht gehört haben. Der Küfer Jacob Walter, der 2 Jauchert Lehenfeld und 1 Jauchert Eigengut sowie drei Kühe besaß, war da schon deutlich schlechter situiert. Für die Ackerbürgerstadt Mühlheim ganz typisch war die enge Verflechtung gewerblicher und landwirtschaftlicher Erwerbsquellen. Ein Großteil der Einwohner kombinierte Einkünfte aus der eigenen Landwirtschaft mit Verdienstmöglichkeiten in Handwerk und Gewerbe.

Landwirtschaft

Das Steuervisitationsprotokoll von 1658 gewährt uns auch Einblicke in die agrarischen Verhältnisse des enzbergischen Gebiets. Eine Auswertung der Angaben des Protokolls zeitigt zwei klare Tendenzen. Betrachtet man die Verteilung des individuell bewirtschafteten Landes nach der Bewirtschaftungsform, so ergibt sich eine klare Dominanz der Ackernutzung gegenüber den Wiesen. Die Böttinger zum Beispiel bewirtschafteten 1658 623 3/4 Jauchert Ackerland und 268 Mannsmahd Wiesen. Rund 70 % des individuell von den Böttinger Landwirten bewirtschafteten Landes bestand also aus Ackerland. In Stetten lag dieser Anteil sogar bei fast 80 %. Der Schwerpunkt der landwirtschaftlichen Produktion lag demnach eindeutig auf dem Ackerbau, insbesondere auf dem Anbau von Getreide. Den Großteil des Wiesenlandes bildeten die so genannte Heuwiesen, die einmal gemäht und danach beweidet wurden. Den qualitätsvolleren, aber flächenmäßig kleineren Teil stellten die Öhmdwiesen dar, die zu zwei Schnitten – Heu und Öhmd – verwendet wurden.

Die Zahlenangaben zu Zugtieren und Kühen im Steuervisitationsprotokoll von 1658 belegen eine klare Dominanz der Pferde als Zugtiere. In Stetten standen 43 Pferde, aber nur zwei Stiere, in Böttingen neben 51 Pferden lediglich drei Stiere in den Ställen der Bauern. Die Anzahl der Kühe bewegte sich etwa auf dem Niveau der Zugtiere. In Stetten gab es 1658 42 Kühe, in Böttingen 59. Bei der Viehhaltung hielten sich die für den Ackerbau unentbehrliche Zugtierhaltung und die auf Milch- und Fleischlieferung ausgerichtete Haltung von Nutzrindern die Waage.

Im Visitationsprotokoll von 1658, das die Berufe der Steuerpflichtigen nennt, spiegelt sich die gewerblich-handwerkliche Struktur der Herrschaft Enzberg in der zweiten Hälfte des 17. Jahrhunderts wider. Ein Zentralort nicht nur verwaltungsmäßig, sondern auch bezüglich der handwerklich-gewerblichen Struktur war zweifelsohne die Stadt Mühlheim. Hier waren fast alle Branchen und Berufssparten des Handwerks vertreten, vom Nahrungsmittelgewerbe über Textilberufe und das Bauhandwerk bis zum ländlichen Bedarfsgewerbe.[26] Zum Nahrungsmittelgewerbe zählten in Mühlheim anno 1658 acht Wirte, fünf Bäcker, ein Metzger sowie die Müller. Zum Textil- und Bekleidungsgewerbe gehörten zwei Weber, zwei Schuster, ein Schneider, ein Gerber und ein Färber. Dem ländlichen Bedarfsgewerbe, das landwirtschaftliche Gerätschaften und Haushaltsgegenstände erzeugte, zuzurechnen waren ein Schmied, ein Wagner, zwei Kupferschmiede, zwei Küfer, ein Schreiner, ein Schlosser, ein Sattler und ein Hafner. Das Bauhandwerk war mit nur einem Zimmermann schwach vertreten. Zu erwähnen bleiben schließlich noch drei Krämer und ein Scherer.

In den enzbergischen Dörfern beschränkten sich Handwerk und Gewerbe auf ein weitaus schmaleres Berufsspektrum. Man findet dort neben den Wirten vor allem diejenigen Handwerker, welche den ländlichen Bedarf deckten, also landwirtschaftliche Gerätschaften und Haushaltsgegenstände produzierten: Schmiede, Wagner, Küfer und Zimmerleute. Hinzu kamen einige Vertreter des Textil- und Bekleidungsgewerbes, nämlich Weber und Schneider. In Stetten, das dem Hauptort Mühlheim am nächsten lag und im Wesentlichen von dort aus versorgt worden sein dürfte, fanden sich an Gewerbe lediglich zwei Wirte, ein Schneider und eine arme Näherin. Für die Landorte typisch dürfte Buchheim gewesen sein: Dort existierten 1658 neben zwei Wirten ein Wagner, ein Schmied und ein Küfer. Das Handwerk blieb hier also – die Wirte ausgenommen – auf die Berufe beschränkt, die jene Geräte produzierten, welche in der Landwirtschaft benötigt wurden.

Anmerkungen

1 Enzberg-Archiv Mühlheim, Amtsbücher Nr. 132 (Renovation der Herrschaft Enzberg 1583).
2 Freiherrlich Hornsteinisches Archiv Binningen, Akten 766 (Visitation der ritterschaftlichen Orte 1658).
3 Karl Augustin Frech, Königsheim in Mittelalter und früher Neuzeit, in: Königsheim. Eine Heuberggemeinde. Mit Beiträgen zur Geschichte und Gegenwart, Horb 2003, S. 71ff.; Hans-Joachim Schuster, Böttingen von 1800 bis 1918, in: Böttingen. Geschichte und Gegenwart, Böttingen 2002, S. 34.
4 Elmar Blessing, Stetten a.d.D. Geschichte und Geschichten eines Dorfes, Weiler 1991, S. 23.
5 Hans-Joachim Schuster, Streifzug durch die Geschichte Mahlstettens, in: Chronik Mahlstetten 1253–2003. Geschichte und Gegenwart, Horb 2003, S. 20.
6 Elmar Blessing, Mühlheim a.d.D. Geschichte und Geschichten einer Stadt, Sigmaringen 1985, S. 81.
7 Wolfgang v. Hippel, Die Bauernbefreiung in Württemberg, Bd. 1, Boppard 1977, S. 206.
8 Hippel, Bauernbefreiung, Bd. 1, S. 126.
9 Vgl. Hippel, Bauernbefreiung, Bd. 1, S. 184ff.
10 Zu den Baufronen vgl. Frech, Königsheim, S. 126ff.

11 Elmar Blessing, Irndorf. Beiträge zur Ortsgeschichte, Irndorf 1972, S. 25.
12 Blessing, Stetten, S. 25.
13 Schuster, Mahlstetten, S. 13f.
14 Frech, Königsheim, S. 80 und S. 127.
15 Max Kotterer, Geschichte von Buchheim, in: Buchheim. Beiträge zur Geschichte der Heuberggemeinde Buchheim, Tuttlingen 1978, S. 59.
16 Frech, Königsheim, S. 80.
17 Vgl. Schuster, Mahlstetten, S. 23, und Kotterer, Buchheim, S. 58.
18 Frech, Königsheim, S. 81 und S. 109.
19 Schuster, Mahlstetten, S. 24.
20 Schuster, Böttingen, S. 35.
21 Blessing, Stetten, S. 33.
22 Vgl. Hippel, Bauernbefreiung, Bd. 2, S. 591.
23 Schuster, Mahlstetten, S. 33ff.; Frech, Königsheim, S. 106.
24 Frech, Königsheim, S. 78, S. 116 und S. 119.
25 Blessing, Irndorf, S. 28f.
26 Zum ländlichen Handwerk vgl. Hans-Joachim Schuster, Landhandwerk und -gewerbe im nördlichen Hegau. Gliederung, Organisation und soziodemographische Bedeutung gewerblicher Betäti-
  gung in der frühen Neuzeit, in: Vermischtes zur neueren Sozial-, Bevölkerungs- und Wirtschaftsgeschichte des Bodenseeraums. Horst Rabe zum Sechzigsten, Konstanz 1990, S. 215ff.

Böttingen um 1930

Hans-Joachim Schuster

UM JEDE »VIOLATION« DER KÖNIGLICH-
WÜRTTEMBERGISCHEN LANDESHOHEITSZEICHEN
ZU VERHINDERN: DIE BESITZERGREIFUNG
DER HERRSCHAFT ENZBERG 1805/06

Die Jahre 1802 bis 1810 brachten für die Region an der oberen Donau und für Süd-westdeutschland insgesamt bedeutende politische Umwälzungen sowie einschnei-dende territoriale Veränderungen. Die Landkarte unserer Region wandelte sich in gravierender Form. Den Anfang machte der Reichsdeputationshauptschluss vom 25. Februar 1803, der die Säkularisation fast aller geistlicher Territorien, aber auch die Aufhebung der Reichsunmittelbarkeit und Souveränität der Reichsstädte fest-schrieb. Es folgte die Einverleibung der reichsritterschaftlichen Territorien durch die Mittelstaaten Württemberg und Baden Ende des Jahres 1805. Der Preßburger Friedensvertrag vom 26. Dezember des Jahres beendete die Vorherrschaft Habs-burgs in unserem Raum – Österreich verlor die Grafschaften Hohenberg und Nel-lenburg an Württemberg. Die Rheinbundakte vom 12. Juli 1806 bzw. die sog. Medi-atisierung beendete die Souveränität und Reichsunmittelbarkeit der kleineren Reichsstädte, der Grafen und Fürsten sowie der Reichsritter. Baden stieg 1806 zum Großherzogtum, Württemberg zum Königreich auf.

Für das kleine Territorium der Freiherren von Enzberg bedeutete die durch die Vormacht Frankreichs sanktionierte Okkupation der reichsritterschaftlichen Gebiete durch Baden und Württemberg am Jahresende 1805 die entscheidende Zäsur. Am 19. November 1805 erließ Kurfürst Friedrich II. von Württemberg ein Patent, die Besitznahme von Besitzungen der Reichsritterschaft, des Deutschen und des Johanniter-Ordens und der geistlichen Körperschaften betreffend. Das Patent wies die kurfürstlichen Beamten an, alle »in und an Unseren Churfürstlichen alten und neuen Staaten gelegenen Ritterschaftlichen Besizungen« zu okkupieren, und zwar »mittelst Affigirung der beigeschlossenen Proklamationen und Aufstellung Unseres Landeshoheits-Zeichens«. Die württembergische Regierung beauftragte den Landvogteigerichtsassessor Mieg von Rottweil mit der Besitzergreifung der Herrschaft Enzberg. Mieg ließ deswegen in Tuttlingen insgesamt acht Hoheitssäu-len fertigen und kündigte dem Oberamt an, dass zu diesem Zwecke in Tuttlingen ein Assistenzkommando mit einem Unteroffizier und sechs Mann Chevauxleger (leichte Reiter) eintreffen werde.[1] Die württembergische Abordnung, bestehend aus den Landvogteigerichtsassessoren Mieg und Mundorf, einem Gerichtsdiener und acht Soldaten, traf am 4. Dezember in Mühlheim ein. Mieg und Mundorf nahmen im »Rössle« Quartier und bestellten sofort den enzbergischen Oberamtmann Christoph Küttler zu sich. Diesem eröffneten sie, dass die Herrschaft Enzberg württembergisch geworden sei, und legten ihm das entsprechende Patent des Kur-fürsten von Württemberg vor. Oberamtmann Küttler protestierte zwar kurz, fügte aber auch hinzu, der militärischen Macht nicht widerstehen zu wollen. Küttler informierte anschließend die Vögte der enzbergischen Orte über die neue Situation. Diese versammelten sich am 5. Dezember befehlsgemäß im Mühlheimer Rathaus, wo sie mit Handgelübde dem neuen Landesherrn Treue versprechen mussten. Die württembergischen Beamten hefteten das kurfürstliche Patent an das Mühlheimer Rathaus sowie das württembergische Wappen an das Rathaus, an das Obere und das Untere Tor an. Im Anschluss an diesen Akt riefen sie die gesamte Bürgerschaft zusammen, um ihnen die neue Situation anzukündigen, verbunden mit der Warnung, sich weder mit Worten noch Werken an den kurfürstlichen Wappen und Patenten zu vergreifen, bei Androhung schwerer Strafe.[2] Der förmliche Besitzergreifungsakt wiederholte sich zwischen dem 5. und 7. Dezember in Nendingen, Stetten, Mahlstetten, Böttingen, Königsheim, Buchheim und Irndorf. Der enzbergische Oberamtmann Küttler informierte zwischenzeitlich die Verwaltung des Ritterkantons in Radolfzell über die württembergische Okkupation der Herrschaft Enzberg.

Mit dem am 7. Dezember beendeten förmlichen Besitzergreifungsakt schien der territoriale Übergang der Herrschaft Enzberg an Württemberg vorerst vollzogen und abgeschlossen zu sein – mitnichten. Es kam jetzt erst recht Bewegung in die Sache. Bereits am 3. Dezember 1805 hatte der Kurfürst von Baden ebenfalls reichsritterschaftliche Gebiete – darunter den Reichsritterkanton Hegau, wozu Enzberg gehörte – unter seinen landesherrschaftlichen »Schutz und Schirm« genommen. Am 18. Dezember 1805 berichtete das Oberamt Tuttlingen nach Stuttgart, dass am Vortage von Mühlheim her das Gerücht hier eingetroffen sei, Kurbaden habe in einigen Orten der Herrschaft Enzberg sowie im Freiherrlich von Freybergischen Ort Worndorf die württembergischen Wappen abnehmen und dagegen badische anheften lassen. Ein kurbadisches Militärkommando mit dem Kommissär Maler und 15 Infanteristen hatte – aus dem Hegau kommend – tatsächlich den Auftrag, diejenigen Orte der Herrschaft Enzberg, welche als kurbadische Lehen erachtet wurden, in ausschließlichen Besitz zu nehmen. Bei denjenigen Orten, die in keinem Lehensverbund gegen Baden standen, sollte das Kommando neben die württembergischen Wappen auch die badischen anheften.[3] Die badischen Beamten ließen in Mühlheim, Nendingen, Buchheim, Irndorf und auf Bronnen – welche Lehen des 1803 an Baden übergegangenen Hochstifts Konstanz gewesen waren – die württembergischen Wappen und Patente abnehmen und stattdessen die badischen anhängen. In Stetten, Mahlstetten, Irndorf, Böttingen und Königsheim sowie im freybergischen Ort Worndorf hingegen ließen die Badener neben den württembergischen Hoheitszeichen auch die badischen anbringen.

Das Oberamt Tuttlingen erstattete der Regierung in Stuttgart sofortigen Bericht über die badische Besitznahme. Daraufhin erteilte Kurfürst Friedrich II. von Württemberg am 28. Dezember den Befehl, die von kurbadischer Seite angehefteten Proklamationen »unverweilt« abnehmen und an ihrer Stelle die württembergischen Landeshoheitszeichen wieder »affigiren« zu lassen. Außerdem treffe in Kürze eine hinreichende Anzahl von Soldaten in der Herrschaft Enzberg ein, »um jede Violation Unserer Landeshoheits-Zeichen zu verhindern«. Regierungsrat Mohl schickte am 4. Januar von Aldingen aus ein »Detachement« des aus 58 Chevauxlegers und

162 Infanteristen bestehenden Militärkommandos in die Herrschaft Enzberg. Die »Reaffigirung« der württembergischen Landeshoheitszeichen hatten nun aber nicht mehr die Landvogteigerichtsassessoren Mieg und Mundorf von Rottweil, sondern das Oberamt Tuttlingen vorzunehmen. Am 10. Januar meldete das Oberamt der Regierung den Vollzug des allergnädigsten Auftrags vom 28. Dezember. Unterstützt von einer Militärabordnung unter dem Kommando des Oberleutnants Packers habe es die von Kurbaden »affigirten Proclamationen« wieder abgenommen und stattdessen die württembergischen Hoheitszeichen anbringen lassen. Es habe sich kein badisches Militär mehr in der Herrschaft Enzberg befunden, weshalb die Reokkupation ohne Schwierigkeiten verlaufen sei.[4]

Infolge des Preßburger Friedensvertrags vom 26. Dezember 1805 war die bisher österreichische Grafschaft Hohenberg württembergisch geworden. Damit gingen auch verschiedene landeshoheitliche Rechte – insbesondere Forst- und Jagdgerechtigkeit und Hochgerichtsbarkeit –, welche Habsburg als Inhaber der Grafschaft Hohenberg bislang beanspruchen konnte, an Württemberg über. Der württembergische Landeskommissär für die Grafschaft Ober- und Niederhohenberg, von Breitschwert, erteilte aus diesem Grunde dem Tuttlinger Oberamtmann Conz die Spezial-Vollmacht, in den zur Herrschaft Enzberg gehörenden Orten Mahlstetten, Böttingen, Königsheim, Irndorf, Stetten, Nendingen und der Stadt Mühlheim »von den Seiner Königlichen Majestät durch die Erwerbung der Grafschaft Ober- und Niederhohenberg neuerlich zugefallenen Rechten mittelst Affigirung der hiezu geeigneten Patente Besiz zu ergreifen«.

Am 30. Januar meldete der Tuttlinger Oberamtmann Vollzug: Er habe in den vergangenen drei Tagen neben die schon neuerlich in der ganzen Herrschaft Enzberg in Hinsicht des seitherigen ritterschaftlichen Verbandes von Seiten Württembergs »affigirten« Landeshoheitszeichen und Proklamationen nun auch die neuen Besitzergreifungspatente von der gesamten Landeshoheit anbringen lassen. In den Orten Mühlheim, Stetten und Nendingen vermeldete er das Anbringen der Besitzergreifungspatente von einzelnen Hoheitsrechten. Oberamtmann Conz eröffnete dem Freiherrn von Enzberg und seinen Beamten die durch die Erwerbung Hohenbergs geschaffene neue politische Lage. Der Freiherr legte keinen Protest ein, wies aber darauf hin, dass weder in allen enzbergischen Orten die Landeshoheit gegen die Grafschaft Hohenberg anerkannt noch die einzelnen Hoheitsrechte wirklich hergebracht seien. Anfang Februar 1806 konnte das in der Herrschaft Enzberg befindliche Militär-Detachement zu seinem Bataillon zurückberufen werden.

Am 19. Februar wies von Breitschwert den Tuttlinger Oberamtmann Conz an, die Steuereinnehmer in den enzbergischen Orten durch Handtreue an Eidesstatt dahin zu verpflichten, die Rittersteuer nicht mehr an den Rittercassier und Consulenten Hauger, sondern an den als Cassier-Amtsverweser aufgestellten königlichen Amtmann Burkhardt in Radolfzell anzuliefern. In den enzbergischen Orten Böttingen, Irndorf, Königsheim, Mahlstetten, Nendingen, Stetten sollte dieser Verpflichtungsakt auf die »schleunigste und kürzeste Art ungesäumt« vorgenommen werden. Am 21. Januar beorderte von Breitschwert die Vögte von Mahlstetten, Böttingen, Königsheim und Irndorf nach Spaichingen und verwies sie auf ihre bereits beim Okkupationsakt vom 4. Dezember vorigen Jahres abgelegten Pflichten.[5] Am

Ansicht von
Mühlheim mit
Stetten und
Nendingen,
Ölgemälde von
Conrad Zoll,
1760er Jahre

5. März huldigten die Freiherren von Enzberg, vertreten durch Rechtsanwalt Pistori, in Stuttgart dem König Friedrich von Württemberg.[6]

Ein am 17. Oktober 1806 zwischen Baden und Württemberg abgeschlossener Staatsvertrag gestand Württemberg die »unbestrittene« Hoheits- und Lehensherrlichkeit über die Herrschaft Enzberg zu. Enzberg konnte nunmehr vollständig in hoheitlichen Besitz genommen werden. Am 8. November mussten alle enzbergischen Beamten, auch Oberamtmann Küttler und alle Ortsvorgesetzten auf dem Mühlheimer Rathaus erscheinen. Sie wurden dort erneut durch Handgelöbnis in die Pflicht genommen. Kommissär von Breitschwert und der Tuttlinger Amtsvorsteher erklärten den Anwesenden, dass der Großherzog von Baden dem König von Württemberg sämtliche Ansprüche an die Hoheit und Lehensherrlichkeit abgetreten habe und dass er die schon geschehene Besitzergreifung nochmals wiederhole, um von nun an die zur Herrschaft gehörigen Ortschaften mit voller Souveränität inne zu haben. Breitschwert gab dem enzbergischen Oberamtmann Küttler zu erkennen, dass der Baron von Enzberg der Lehenspflichten gegen Baden entbunden sei. Anschließend wurden folgende Amtspersonen durch Handgelöbnis vereidigt: Oberamtmann Christoph Küttler, Kanzleirat und Aktuar Bonaventur Küttler, der Mühlheimer Schultheiß Augustin Wieser, der Mühlheimer Amtsbürgermeister Franz Joseph Gremminger und der Neben-Bürgermeister Jacob Leibinger, der Stadtschreiber Nepomuk Aigeldinger sowie die Mühlheimer Gerichtsmitglieder Ferdinand Wirth, Vinzenz Aigeldinger, Alois Wieser, Stephan Färber, Ignaz Arnold, Anton Leute, Balthas Leibinger, Johannes Lang, Bernhard Leibinger und Nicolaus Henninger, schließlich der Nendinger Vogt Bonaventur Schilling, der Buchheimer Vogt Bonifacius Maier, der Irndorfer Vogt Vinzenz Korb, der Mahlstetter Vogt Joseph Aicher, der Böttinger Vogt Andreas Huber, der Königsheimer Vogt Vincenz Dreher und zu guter Letzt noch der Stettener Vogt Johannes Buschle. Breitschwert und Conz kündigten an, dass die förmliche Huldigung demnächst erfolgen würde. Zu guter Letzt brachten sie noch ein königlich-württembergisches Wappen – Württemberg war zu Jahresbeginn zum Königreich erhoben worden – am Mühlheimer Rathaus an. Der Kommissär von Breitschwert fand bei seiner anschließenden Kontrollreise durch das enzbergische Gebiet in Nendingen das württembergische Wappen am Gemeindehaus affigirt an, ebenso in Buchheim, Irndorf, Königsheim, Böttingen, Mahlstetten und Stetten. Dort waren überall die württembergischen Wappen angeschlagen, ein fremdes Hoheitszeichen wurde nirgends mehr angetroffen.

Das königliche Staatsministerium erteilte nun dem Kreishauptmann von Hiller den Auftrag, die Huldigung vorzunehmen. Am 22. November des Jahres leisteten schließlich sämtliche erwachsene männliche Untertanen der Herrschaft Enzberg in Mühlheim dem König von Württemberg den Huldigungseid.[7] Aufgrund der schlechten Witterung fand die Huldigungsfeier in der Mühlheimer Kirche statt. Im Anschluss an die Feier wurde ein Hochamt gelesen und das »Te Deum laudamus« gesungen. Auf königlichen Befehl mussten in Mühlheim am Oberen und Unteren Tor, am Rathaus und auf allen Tavernenschildern die enzbergischen und städtischen Wappen entfernt oder übermalt werden.[8]

Wer glaubt, der Besitzergreifungsakt sei nun wirklich endgültig abgeschlossen und alle Differenzen über Besitz- und Rechtsansprüche seien ausgeräumt gewesen, der täuscht sich. Nun betrat zusätzlich zu den beiden infolge der Napoleonischen

Grenzstein an der Gemarkungsgrenze Irndorf-Beuron von 1624; das eingehauene Enzberg-Wappen wurde nach dem Übergang an Württemberg 1806 durch ein »KW« (= Königreich Württemberg) übermeißelt.

»Flurbereinigung« gestärkten Mächten Baden und Württemberg auch einer der beiden auf der politischen Landkarte verbliebenen hohenzollerischen Kleinstaaten die Bühne. Denn am 6. Februar 1807 tauchte überraschend eine fürstlich- hohenzollerisch-sigmaringische Kommission in Buchheim auf. Sie nahm dort die königlich-württembergischen Wappen und Patente ab und heftete am Gemeindehaus ein hohenzollerisch-sigmaringisches Patent an.[9] Der Chef der Kommission befahl, nichts mehr an die württembergische Kasse abzuliefern, und zudem ließ er alle herrschaftlichen Gelder und Fruchtvorräte beschlagnahmen. Am 9. Februar ließen die Sigmaringer Beamten 9 Malter 6 Viertel Haber aus der Buchheimer Zehntscheuer abholen. Die Reaktion der württembergischen Regierung ließ nicht lange auf sich warten. Am 11. Februar erging an Oberamtmann Conz die Anordnung, die sigmaringischen Patente unverzüglich abzunehmen und die königlich-württembergischen wieder anzubringen. Es sei dafür Sorge zu tragen, dass jede neue Besitzergreifung von Seiten Sigmaringens vereitelt werde. Die hohenzollerisch-sigmaringische Besitzergreifung gründe sich keineswegs auf eine anerkannte Zuteilung des kaiserlich-französischen Commissaire Generaladjutant Chevalier. Zur Unterstützung von Oberamtmann Conz beorderte die Regierung eine Militärabordnung mit einem Offizier und 30 Mann nach Buchheim. Mit einer solch starken militärischen Bedeckung war es Conz ein Leichtes, die hohenzollerischen Hoheitszeichen entfernen und an ihrer Stelle die königlich-württembergischen Patente und Wappen am Buchheimer Gemeindehaus sowie an der Zehntscheuer anbringen zu lassen. Des Weiteren ließ Conz auch die württembergische Zolltafel am Zollhaus in Buchheim anschlagen.

Am 13. Februar erging ein weiterer Befehl an Oberamtmann Conz. Er sollte – wie in Buchheim – das vom Vertreter der französischen Schutzmacht, Chevalier, dem Haus Hohenzollern-Sigmaringen »einseitig zugeteilte« Schloss Bronnen »respiciren«. Wenn notwendig sollte ein Teil der nach Buchheim beorderten Soldaten nach Bronnen abkommandiert werden. Jeder Versuch einer fürstlich-sigmaringischen Besitzergreifung müsse »standhaft zurückgewiesen« werden. Das Oberamt Tuttlingen verlegte dann tatsächlich einen Teil des in Buchheim eingerückten Militärkommandos nach Bronnen. Oberamtmann Conz überprüfte zusammen mit dem kommandierenden Offizier, Leutnant Scheidemantel, ob in Bronnen die württembergischen Hoheitszeichen noch vorhanden waren. Die beiden fanden die königlich-württembergischen Symbole »unversehrt«. Oberamtmann Conz berichtete am 16. Februar 1807 nach Stuttgart, sowohl in Buchheim als auch in Bronnen habe Sigmaringen mittlerweile »nichts mehr versucht«. Am 9. März schließlich erachtete die württembergische Regierung eine weitere Stationierung von Soldaten zur »Manutenirung« der württembergischen Rechte in Buchheim und Bronnen für nicht mehr absolut zwingend. Nur zwei Tage später revidierte sie allerdings diese Einschätzung. Die Regierung in Stuttgart war offenbar unterrichtet worden, dass der Fürst von Hohenzollern-Sigmaringen beim französischen Kaiser die Vollmacht erwirkt habe, französische Truppen aus der Garnison Straßburg zur Besetzung der von Commissaire Chevalier einseitig zugewiesenen Ritterorte anzufordern. Dies löste in Stuttgart sofort wieder die Alarmglocken aus. Man wies den Tuttlinger Oberamtmann Conz an, wenn nötig mit Oberst Roeder in Balingen in Verbindung zu treten, um dort »militärische Assistenz« anzufordern. Das Patrimonialamt in Mühlheim trug dem Buchheimer Ortsvogt Bonifaz Mayer auf, über die Einhaltung der königlich-württembergischen Souveränität in Buchheim und Bronnen zu wachen und im Falle einer Missachtung sofort durch reitenden Boten Meldung zu erstatten. Vorsichtshalber schickte Oberst Roeder am 16. März vier Soldaten nach Buchheim und Bronnen. Sie trafen dort am 18. März ein. Ihr militärischer Schutz wurde jedoch in der Folgezeit nicht mehr benötigt, denn hohenzollerische Ausgriffe auf Buchheim und Bronnen blieben fortan aus.

Das enzbergische Gebiet bestand bis zum Jahre 1809 verwaltungsmäßig als Einheit fort. Es wurde vom nunmehr württembergischen Patrimonialamt Mühlheim, das wiederum dem Oberamt Tuttlingen administrativ unterstand, aus regiert.[10] Ein Reskript hob dann anno 1809 dieses Patrimonialamt auf. Mühlheim, Stetten, Nendingen und Irndorf wurden dem Oberamt Tuttlingen, Mahlstetten, Böttingen und Königsheim dem Oberamt Spaichingen zugeteilt. Buchheim fiel im Rahmen eines württembergisch-badischen Gebietstausches 1810 an Baden.[11] Die neuen württembergischen, ehemals enzbergischen Untertanen lernten bald nach dem territorialen Übergang die bislang in dieser Form unbekannte durchorganisierte Bürokratie und das rigide Steuersystem Württembergs kennen. Bereits im Dezember 1806 mussten die ehemals enzbergischen Orte anlässlich der Heirat der Prinzessin Katharina von Württemberg mit dem Prinzen Jérôme Bonaparte 779 Gulden Vermählungssteuer aufbringen. Der Böttinger Pfarrer Mattes schrieb wenige Jahre nach dem Übergang an Württemberg folgende Zeilen in die Pfarrchronik: »Zunächst fiel das württembergische Beamtenthum mit einem Heer von Schreibern über sie [Untertanen] her wie eine herrenlose und rechtlose Domäne und waltete in einer Weise, die sich kaum beschreiben lässt. Mehrfach gestaltete sich dieses Regiment zu förmlicher Beraubung.«[12] Die Stettener Bürger hinterlegten im Jahre 1814 im Turmknopf der alten Pfarrkirche ein Schriftstück, in dem es heißt: »Die Herrschaft Württemberg ist uns ein schweres Joch. Wir sind der katholischen Religion zugetan und das lutherische Oberamt Tuttlingen hat uns zu richten. Also sind wir härter gehalten als die lutherischen Ortschaften, nicht in Steuern und [Ab]Gaben, sondern in Polizeisachen. Doch sind die Steuern und Gaben und große Unkosten auf 2.000 Gulden gestiegen.«[13]

Der neue Landesherr, König Friedrich von Württemberg, bereiste in den Jahren 1810 und 1811 seine Neuerwerbungen und kam dabei auch durch das ehemals enzbergische Gebiet. Bei der Reise im Juni 1810 galt sein Hauptaugenmerk den Eisen- und Hüttenwerken. Am 14. Juni begab er sich von Rottweil über Tuttlingen und Liptingen zum Schmelz- und Hüttenwerk Zizenhausen bei Stockach. Danach machte er Station im Werk Ludwigstal bei Tuttlingen, um am 15. Juni über Nendingen, Mühlheim und Fridingen zum Hammerwerk Bäratal sowie zum Schmelzwerk Harras bei Wehingen zu gelangen. Bei seinem zweiten Besuch am 20. Juli 1811 kam der König von Balingen her über den Heuberg nach Mühlheim-Altstadt, vorbei am dortigen Gutleuthaus und weiter über Stetten nach Tuttlingen, wo er übernachtete.[14]

Postkartenansicht von Schloss Bronnen

Anmerkungen

1 Die folgenden Ausführungen stützen sich insbesondere auf folgende Archivalien: Stadtarchiv Tuttlingen, Bestand Oberamt Tuttlingen, Fasz. B 51/6, Besitznahme der Freiherrllich von Enzbergischen Herrschaft Mühlheim; vgl. auch Staatsarchiv Ludwigsburg, D 21 Bü 3, Hauptbericht über die neu erworbene Herrschaft Ober- und Niederhohenberg.
2 Vgl. hierzu Elmar Blessing, Mühlheim an der Donau. Geschichte und Geschichten einer Stadt, Sigmaringen 1985, S. 13f., und Markus Benzinger, »Ernstliche Aufforderung an den Vasallen«. Das Haus Enzberg und die Folgen der Mediatisierung 1806, in der vorliegenden Veröffentlichung, S. 143f.
3 Stadtarchiv Tuttlingen, Bestand Oberamt Tuttlingen B 51/6.
4 Ebenda.
5 Staatsarchiv Ludwigsburg D 21 Bü 3.
6 Friedrich Bauser, Mühlheim an der Donau und die Herren von Enzberg, Coburg 1909, S. 36.
7 Stadtarchiv Tuttlingen, Bestand Oberamt Tuttlingen B 51/6.
8 Blessing, Mühlheim, S. 15.
9 Die folgenden Ausführungen über die hohenzollerisch-sigmaringischen Ansprüche und deren Abwehr von württembergischer Seite beziehen sich auf: Stadtarchiv Tuttlingen, Bestand Oberamt Tuttlingen B 51/6.
10 Zum Patrimonialamt Mühlheim vgl. Stadtarchiv Tuttlingen, Bestand Oberamt Tuttlingen B 43/3.
11 Blessing, Mühlheim, S. 15; Blessing, Stetten, S. 32; Hans-Joachim Schuster, Böttingen von 1800 bis 1918, in: Böttingen. Geschichte und Gegenwart, Böttingen 2002, S. 38f.
12 Pfarrarchiv Böttingen, Pfarrchronik; Schuster, Böttingen 1800–1918, S. 39.
13 Blessing, Stetten, S. 32.
14 Stadtarchiv Tuttlingen, Bestand Oberamt Tuttlingen B 51/15 Augustissimi Reisen.

Markus Benzinger

»ERNSTLICHE AUFFORDERUNG AN DEN VASALLEN«: DAS HAUS ENZBERG UND DIE FOLGEN DER MEDIATISIERUNG 1806

Einführung

»Zu Anfang des 19. Jahrhunderts traf auch die Herrschaft Mühlheim und ihre Herren das Schicksal der Mediatisierung. Am 4. Dezember 1805 kam eine württembergische Kommission (…) nach Mühlheim und erklärte die Besitzergreifung der Herrschaft für Württemberg. Damit war die Reichsunmittelbarkeit der Herren von Enzberg erloschen und ihre Besitzung der Landeshoheit Württembergs unterworfen.«[1]

Mit diesen lakonischen Worten formuliert Friedrich Bauser in seinem »Gedenkblatt zur Feier des 500jährigen Besitzes der Herrschaft [Enzberg-Mühlheim]« einen für die Geschichte der Region wie auch des gesamten Hl. Römischen Reiches epochalen Sachverhalt. In den vergangenen 100 Jahren indes, die zwischen jenem knappen Gedenkblatt und dem nunmehr vorliegenden Sammelband gleichen Anlasses liegen, hat sich bei der Erforschung der Mediatisierung im Allgemeinen nur wenig getan, bezüglich der Aufhebung der Herrschaft Enzberg-Mühlheim aber annähernd nichts. Einzig die Tatsache eines weiteren ›Jubiläums‹ in jüngster Zeit hat dafür gesorgt, dass der häufig beklagte magere Forschungsstand zur Auflösung des Alten Reiches 1803/06 sukzessive angereichert wird. Die erwähnten epochalen

Ansicht von Mühlheim mit Hinterem und Vorderem Schloss und Pfarrkirche, kolorierter Holzstich von K. Fuchs, 1895

Umwälzungen jährten sich vor kurzem zum 200. Mal. Von besonderem Wert für die wissenschaftliche Beschäftigung mit Ursachen, Formen und Folgen der Mediatisierung und Säkularisierung waren hierbei die zugehörigen Landesausstellungen »Alte Klöster – Neue Herren« (Bad Schussenried 2003) und »Adel im Wandel« (Sigmaringen 2006), besonders aber die umfangreichen Begleitveröffentlichungen.[2] Doch obwohl nunmehr ein Basisbestand an Einzeluntersuchungen vorhanden ist, bleiben teilweise große Lücken bestehen: Gerade die kleinen und kleinsten adligen Territorien – und zu diesen zählen vornehmlich die Reichsritterschaften – werden noch immer wenig beachtet.[3] Von daher kann es kaum verwundern, dass auch über den Verlust der Reichsunmittelbarkeit in der Herrschaft Enzberg-Mühlheim bislang nicht viel mehr bekannt ist, als im einleitenden Zitat Bausers zu lesen steht.

Es wird deutlich, dass eine vertiefte Betrachtung der Verhältnisse in der ehemals reichsunmittelbaren Herrschaft nach der Unterwerfung unter die Souveränität des Kurfürstentums (später: Königreichs) Württemberg nicht nur aus regionalgeschichtlichem Interesse, sondern auch im Blick auf den Prozess der Mediatisierung als ganzer, ihrer Durchführung und Konsequenzen, sinnvoll und notwendig ist. Aus Mangel an Forschungsliteratur zu diesem spezifischen Thema ist es daher unerlässlich, auch und gerade auf archivalische Daten zurückzugreifen und nach guter historiographischer Tradition in erster Linie von den Quellen auszugehen. Das Archiv der Freiherren von Enzberg gehört dankenswerterweise zu den gut sortierten und aufbereiteten Adelsarchiven[4] und bietet gerade für die Jahrzehnte nach 1800 eine ausreichende Grundlage für Forschungsvorhaben dieser Art. Im Zentrum dieser Untersuchung sollen die Ereignisse der Umbruchjahre stehen sowie deren Wirkung und Konsequenzen für die Herrschaft Enzberg-Mühlheim. Dabei wird dem von Bauser postulierten »Schicksal der Mediatisierung« ebenso Rechnung getragen werden wie der von der ereignisgeschichtlich geprägten Tradition weniger beachteten Folgezeit, in der die Entscheidungen und Geschehnisse der Jahre 1803–1806 erst ihre oft langwierige und komplexe Umsetzung erfahren. Konkret bedeutet dies eine Orientierung an folgenden Fragestellungen: Wie darf man sich – weiterhin mit Bauser gesprochen – die »Besitzergreifung der Herrschaft für Württemberg« vorstellen? Welche rechtlichen und politischen Probleme sind damit verbunden und welche Lösungen werden erprobt? Von besonderem Interesse ist dabei das Vorgehen des neuen schwäbischen Flächenstaates, die Durchsetzung seiner Ansprüche und die Reaktion der ehemaligen Reichsritter. Ferner: Wenn die »Reichsunmittelbarkeit der Herren von Enzberg erloschen« ist, was bedeutet dann dieser Sachverhalt für die einstige Herrschaft, ihre Selbstwahrnehmung und ihr Verhältnis zu den neuen Machthabern in Stuttgart? In diesem Zusammenhang soll insbesondere die mentalitätsgeschichtliche Komponente hervorgehoben und somit das Verhältnis von faktischem und erlebtem Niedergang beleuchtet werden. Schließlich – und in diesem Punkt erhellt Bausers Knappheit das in seiner Vielschichtigkeit schwer greifbare Faktum kaum – gilt es nach der »Besitzung« der Freiherren zu fragen, die nunmehr der »Landeshoheit Württembergs unterworfen« sein soll: Wie wirkt sich die Umstellung der Machtverhältnisse auf die ökonomischen und besitzrechtlichen Bedingungen in der alten Reichsritterschaft an der Donau aus? Exemplarisch hierfür steht das sehr gut dokumentierte Ringen der Freiherren mit dem Königreich

Württemberg um Besitz- und Lehensverhältnisse in den Jahrzehnten nach 1806, das im Folgenden einer näheren Betrachtung unterzogen wird. Zuletzt gilt es eine Bilanz zu ziehen, die die Umwälzungen im ersten Drittel des 19. Jahrhunderts für das Haus Enzberg erfasst und bewertet.

Von der reichsunmittelbaren Herrschaft zur württembergischen Vasallität

Tiefgreifende Ereignisse kommen oft genug mit erschreckender Profanität daher. Das Ende der reichsunmittelbaren Herrschaft Enzberg-Mühlheim ist in einem sehr oberflächlichen und konkreten Sinne verlaufen wie bei den meisten kleineren Territorien des Alten Reiches auch: Am frühen Abend des 4. Dezember 1805 trifft eine aus elf Personen (davon acht Soldaten) bestehende Abordnung Württembergs in Mühlheim ein, bittet den dortigen Oberamtmann Küttler zum Gespräch und legt ein Schreiben vor, das gemäß kurfürstlichem Patent vom 19. November 1805 anordnet, dass die Herrschaft Enzberg-Mühlheim fortan in württembergische Souveränität übergehe – bereits im Reichsdeputationshauptschluss von 1803 (i.f. abgekürzt RDH) ist die Lehensherrschaft des Hochstifts Konstanz erloschen. Dementsprechend seien sämtliche Hoheitszeichen durch kurfürstlich-württembergische zu ersetzen, Beamte und Magistrate nunmehr in die Dienste Herzog Friedrichs II. zu stellen, Steuern an das jetzt zuständige Amt in Rottweil zu entrichten und alle Einwohner wie auch sämtlicher Besitz der alten Herrschaft zu registrieren. Am darauf folgenden Morgen um neun Uhr werden die Verordnungen in Kraft gesetzt, indem die Ortsvorsteher Mühlheims per Handgelübde ihre Loyalität zum neuen Herrscherhaus bekräftigen und darüber hinaus die württembergischen Wappenbleche am Rathaus und an den Stadttoren angebracht werden. Noch am selben Tag erscheint die kurfürstliche Kommission in den bis dahin zu Enzberg gehörenden Dörfern Nendingen und Stetten, um auch sie für Württemberg in Besitz zu nehmen. An den beiden folgenden Tagen geschieht dasselbe in Kraftstein, Mahlstetten, Aggenhausen, Böttingen, Allenspach und Königsheim (6. Dezember) sowie in Bronnen, Buchheim und Irndorf (7. Dezember).[5]

Die Besitznahme darf wohl als vergleichsweise friedlich, wenn auch nicht einvernehmlich gelten. Zwar sind Tumulte mit Personenschäden bis hin zu gewaltsamen Todesfällen – was z.B. bei der Besitznahme der ehemaligen Deutschordensherrschaft Mergentheim geschehen ist[6] – ausgeblieben, doch die Begeisterung sowohl der ehemals Herrschenden als auch der neuen württembergischen Untertanen hat sich in Grenzen gehalten: So ist zumindest mit dem Einsatz von Militär bei Weigerung der Besitzübergabe gedroht, auf etwaige Entfernung, Beschädigung oder Schändung der Wappentafeln sind prophylaktisch harte Strafen ausgesprochen worden. Bauser und Blessing erwähnen, dass einige aufsässige Einwohner Mühlheims jenen Sanktionen zum Opfer gefallen und daher im Gefängnis auf dem Asperg gelandet seien.[7] Der Anfechtung von innen, die in Mühlheim nicht – oder höchstens in sehr temperierter Weise – geschehen ist, folgt nach kurzer Zeit eine für den württembergischen Kurfürsten weitaus unangenehmere Herausforderung handfesterer Art: Nur zwei Wochen nach Eintreffen der Stuttgarter Kommission (und elf Tage

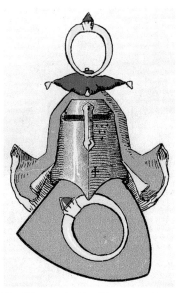

Das Wappen der Familie von Enzberg

nach ihrer Abreise) taucht badisches Militär in Mühlheim auf und nimmt seinerseits den Ort und die ehemalige Herrschaft für Baden in Besitz. Deutlich wohlwollender als zuvor wird die »zusammengeströmte() Bürgerschaft« Zeuge, wie »die württembergischen Wappen und Patente ›anständig‹ abgenommen«[8] wurden. Indes: Der Herrschaftsübergang an Baden, vom Haus Enzberg gewünscht und erbeten, ist nach nur 17 Tagen beendet: Am 4. Januar 1806 werden die württembergischen Wappen unter deutlich stärkerem Truppenaufgebot wieder angebracht – eine merkwürdige Episode, die den Eindruck einer Provinzposse entstehen lassen kann, ist beendet. Das badische Zwischenspiel hat dennoch Konsequenzen für die Freiherren von Enzberg: Durch den Vertrag vom 2. Oktober 1810 wird der Ort Buchheim rechtsgültig und dauerhaft an Baden abgetreten, die restliche Herrschaft geht geschlossen in württembergische Hoheit über.

So überraschend freilich, wie es aus diesem kurzen chronologischen Abriss der Ereignisse erscheinen mag, hat die Einverleibung der ehemals freien und reichsunmittelbaren Herrschaft in den schwäbischen Mittelstaat nicht stattgefunden, und die Herren von Enzberg sind schon vor dem Eintreffen der ersten Kommission auf das Schlimmste vorbereitet gewesen. Bereits in den letzten Jahrzehnten des 18. Jahrhunderts sind Bestrebungen des energisch aufstrebenden Herzogtums Württemberg fassbar, kleine und kleinste Herrschaften zu mediatisieren, insbesondere solche, die als Inklaven und Streubesitzungen die topographische Homogenität des Territoriums stören.[9] Spätestens im Jahre 1802 ist zweierlei für die noch herrschenden Reichsritter in Mühlheim erkennbar und schwarz auf weiß zu lesen: Zum einen handelt es sich um die Tatsache, den Lehensherrn in Konstanz aufgrund der Säkularisierung des Bistums zu verlieren und damit – zum anderen – fortan in die herrschaftliche Zuständigkeit und faktische Vasalität eines neuen Machthabers zu geraten. Allerdings hat es in jener Zeit noch den Anschein, als sei der Markgraf zu Baden dieser neue Herr: In einer Urkunde vom 25. November 1802[10] »wird dem Hochstift Konstanzischen Vasallen Freyherren Niklaus von Enzberg zu Mühlheim hiemit zu wissen gethan, daß Seine Hochfürstl. Durchlaucht im Einverständniß mit dem bisherigen höchsten Lehensherrn [...], gnädigst sich bewogen gefunden [...] unter Vorbehaltung der nachfolgenden Ratifikation Kaiserl. Maiestät und des Reichs, von den Hochstiftischen Landen, als einen Theil der Höchstdenenselben zugeschiedenen Entschädigungen, mit allen Rechten und Gerechtigkeiten gestern [...] statt der bisherigen militärisch-provisorischen Besetzung, in würklichen Civil-Besitz nehmen zu lassen, und die Landesregierung anzutreten, [...] und daß daher [...] obg[ena]nder Freyherr [...] von jetzt an alles, was einem Lehnmann [...] oblieget, gegen Ihro Hochfürstl. Durchlaucht des Herrn Markgrafen zu Baden [...] provisorisch zu leisten und

144

zu beobachten habe. Signatum Meersburg den 25ten November 1802, Hochfürstl. Markgräfl. Baadische Provisorisch-Verordnete Lehnhofs-Commission«.

Ungeachtet dessen sind die Erwartungen der Herrscher über kleine und kleinste Territorien, die unmittelbar von der Mediatisierung (bzw. Säkularisierung, im Falle geistlicher Herrschaften) betroffen gewesen sind, erhalten geblieben: Nämlich dass sie über den Hauptschluss der Reichsdeputation hinaus ihren althergebrachten Rang und Status wie auch ihre Macht hinüber retten könnten. Die hierzu nötigen rechtlichen Grundlagen sind vorderhand in der sog. »salvatorischen Klausel« des RDH durch hohen Organisationsgrad, diplomatisches Engagement und – nicht zuletzt – beträchtliche Summen an Schmiergeldern von Seiten der Reichsritter eingeleitet worden.[11] Auch die Freiherren von Enzberg-Mühlheim waren in der Organisation der schwäbischen Reichsritter eingeschrieben,[12] übten jedoch keinen allzu großen Einfluss aus.[13] Nach dem Frieden von Preßburg (26. Dezember 1805) aber, und den in seiner Folge ausgehandelten Bestimmungen, sind die Hoffnungen sowohl der fürstlichen Standesherren als auch der Reichsritter endgültig zunichte geworden, selbst wenn einige von ihnen noch weiter um verlorenen Stand und Rang kämpften. Kurzum: Die in der Forschung gebräuchliche Vokabel »Mediatisierungsschock« ist zumindest nach einer ihrer Konnotationen hin unzulänglich. Zwar trifft es zu, dass geistliche wie weltliche Herren vom Faktum der Standesminderung und Entrechtung, vom Verlust der Reichsunmittelbarkeit und der Unterwerfung unter neue Herren geradezu traumatisiert gewesen sind: Die unterstellte Plötzlichkeit und Unerwartetheit eines schockhaften Ereignisses indes ist bei näherer Betrachtung nicht festzustellen. Vielmehr sind es langwierige Prozesse, die den Übergang von der reichsunmittelbaren, quasi-autonomen Herrschaft der Adligen hin zur Eingliederung von Herren und Herrschaft in die Souveränität eines ehemals (zumindest de iure!) ranggleichen Fürsten kennzeichnen.

Nach der Besitznahme Mühlheims und der umliegenden Dörfer durch Württemberg sind die Freiherren Nikolaus Ludwig August und Nikolaus Franz von Enzberg der neuen Herrschaft und ihrer umtriebigen Legislativgewalt teilhaftig geworden: Kein anderer der neuen, von Napoleon gestifteten Mittelstaaten hat eine derartig straffe, durch eine Flut von Verordnungen und Gesetzen geregelte Inkorporationspolitik gegenüber den ihm zugefallenen Territorien betrieben wie das Kurfürstentum, das nach dem Frieden von Preßburg rasch zum Königreich avanciert ist. Und kein anderer Souverän, so muss hinzugefügt werden, hat seine vormaligen Standesgenossen mit derartiger Geringschätzung und Anmaßung behandelt wie der treffend als »Schwäbischer Zar« – oder, etwas respektloser, als »Stuttgarter dicker Herodes« – titulierte erste König von Württemberg, Friedrich I.[14] Wie sich diese Verbindung von Verordnungswut und fürstlicher Selbstherrlichkeit im Einzelnen äußern konnte, sei hier exemplarisch aufgezeigt: In einem Reskript vom 11. September 1807[15] verbietet Friedrich, »von Gottes Gnaden König von Württemberg, Souverainer Herzog in Schwaben und Tek« seinen »Vasallen und Unterthanen ihre Dienste, welche sie vor allem dem Vaterlande zu widmen schuldig sind, auswärtigen Staaten [zu] leisten.« Diese empfindliche Beschränkung eines gerade im Hause Enzberg beliebten Mittels zur Aufbesserung von Prestige und Kasse – der Eintritt in den militärischen Dienst fremder Mächte – kann bereits als Affront gegen die tradierten Rechte der alten Herren angesehen werden.[16] Einer gänzlichen Abschaffung der adligen Freizügigkeit kommt die Bestimmung gleich, dass dies »unter keinerley Vorwand, weder in Kriegs- noch in Civil-Dienste« erlaubt sei. Besonders provokativ dürfte hierbei die Art und Weise der Formulierung gewirkt haben, da ein Souverän zu einem bis vor wenigen Jahren ständisch Ebenbürtigen derart kommuniziert, als handle es sich um einen Subalternen: So können unter Umständen Ausnahmen von der o.g. Verordnung gestattet werden, aber nur, wenn der Vasall geneigt ist, »bey Uns unterthänigst nachzusuchen.« Die Sanktionsformel für die Nichtbeachtung des Reskripts indes zeigt mit aller Deutlichkeit, wie es um das Selbstverständnis des frischgebackenen Königs bestellt ist:

»Da von diesen Bestimmungen in keinem Falle und unter keinerley Vorwande abgegangen werden darf; so verordnen Wir, daß wenn nach Verfluß dreyer Monate, von Erlassung dieses Rescripts an zu rechnen, noch irgend einer, der zu den oben benannten Familien [i. e. Standesherren und Reichsritter, M.B.] gehört [...] dieser Verordnung und allgemeinen Einberufung ungeachtet, ausbleiben [...] sollte, dessen Besitzungen der Sequestration unterworfen [sein sollen], und wenn er selbst keine Liegenschaften hat [...], derselbe so lange der Erbschaft, so wie des Unterthanen- und Bürgerrechts für unfähig und verlustig erklärt werden solle, als sein Ungehorsam fortdauert; wie denn auch in der Folge dessen Rehabilitirung und Wiederaufnahme [...] nur auf besonderes allerunterthänigstes Nachsuchen im Wege der Gnade Statt finden kann.«

Bei Formulierungen und Strafandrohungen wie diesen wird verständlich, wieso Württemberg zu jener Zeit als »Purgatorium der Standesherren«[17] bezeichnet worden ist. Neben dem Verlust an Freiheiten und ständischem Prestige ist der schwäbische Adel, was insbesondere in kleinen Herrschaften unübersehbare Konsequenzen zeitigte, auch auf anderen Gebieten restringiert worden: Alte Rechte und Privilegien wie die Patrimonialgerichtsbarkeit, die militärische Souveränität und das Recht, Steuern und Zölle einzuziehen, sind qua Verordnung aus Stuttgart sukzessive gemindert oder gänzlich abgeschafft worden und haben die Reichsritterschaft »der schrittweisen Entmachtung und Demütigung«[18] ausgesetzt. Das Verlangen des Königs von Württemberg, ein einheitliches und zentral gesteuertes Reich zu schaffen ohne Rücksicht auf die Belange des ritterschaftlichen Adels, zeigt sich sehr deutlich in der Aufhebung des ius collectandi, also des Rechtes, Steuern und Abgaben einzuziehen:[19] Bereits viereinhalb Monate vor Auflösung des Alten Reiches, am 18. März 1806, wird den Rittern in einem Organisationsmanifest dargelegt, dass ihnen, abgesehen von privaten Einnahmen aus ihrer Gutsherrschaft, nichts mehr an Accisen, Zöllen und Gefällen bleibe. Die Kontrolle über die nunmehr rechtmäßige Ablieferung jener Einnahmen an den Hof bzw. das Rentamt in Stuttgart war penibel und konsequent. So stellte die zuständige Königlich Souveränische Kameral-Beamtung in Tuttlingen im Jahre 1810 fest,[20] »daß die Guts-Herren von Enzberg von jeher sogenannten Schutz- und Schirmhaber [eine Art Schutzzins, M.B.] in der Patrimonial-Herrschaft und namentlich zu Stetten und Nendingen jährlich eingezogen haben.«

Noch am Tage der Feststellung dieses Missstandes (»erst heute in zuverlässige Erfahrung gebracht«) sucht daher das Kameralamt in Tuttlingen in einem Schreiben an das »Wohlloebliche Rentamt« zu sichern, dass »die Register oder der Maasstaab wonach dieser Schutz- und Schirmhaber [...] eingezogen worden ist, [dem Rentamt] in der kürzesten Zeitfrist zugehen zu lassen [ist], um hierauf den Einzug zu Martini [11. November, traditionell der Stichtag des Steuereinzugs, M. B.] sogleich vornehmen zu können.«

Die Verluste für das Haus Enzberg durch die Abführung der Abgaben sind schwer einzuschätzen, doch darf angenommen werden, dass die nach Jahrhunderten der Misswirtschaft schwer gebeutelten und erst um 1760 wieder ins Lot gekommenen Finanzen des Hauses unter der empfindlichen Verknappung der Einnahmen gelitten haben dürften.[21] Eine Aufstellung über die Gefälle aus den lehenbaren Orten Böttingen und Königsheim[22] gibt zumindest einen vagen Eindruck über die Größenordnung der diesbezüglichen Einnahmen: So führte allein der Ort Böttingen in den Jahren 1791–1793 im Durchschnitt ca. 200 Gulden an Steuern und Abgaben an seinen Lehnsherren ab.

Von der einstigen Machtfülle und relativen Absolutheit der ehemals reichsunmittelbaren Herrschaft Enzberg-Mühlheim ist nach 1806 wenig geblieben, im darauf folgenden Jahrzehnt aber noch etliches geschwunden. Zwar bedeutete die Einrichtung eines Patrimonialamtes in Mühlheim im Zuge der württembergischen Besitznahme eine zumindest gerichtsherrliche Kontinuität zum Alten Reich. Doch nach nur drei Jahren wurde auch dieses aufgehoben. Im Gegensatz zu anderen, mächtigeren Familien der Standesherren oder Ritter änderte sich dies auch nicht 1815, als zumindest die iure die adligen Patrimonialrechte in der Bundesakte reetabliert worden sind.[23] Zusammenfassend lässt sich also bislang festhalten, dass die Mediatisierung und die ihr folgenden Ereignisse für die Herrschaft Enzberg-Mühlheim weniger einen Schock als vielmehr einen über mindestens zwei Jahrzehnte andauernden Transformationszustand bedeutet hat, der eine sukzessive Minderung an Rechten und Status mit sich brachte. Es bleibt zu untersuchen, inwiefern diese Verlusterscheinungen gegeneinander gewichtet werden können, und ob Wolfgang Wüst in seiner These zuzustimmen ist, dass die Mediatisierung »als verletzende Standesminderung eher ein mentalitätsgeschichtliches als ein besitzrechtliches Problem«[24] sei.

Der faktische und der gefühlte Niedergang

Am bisher nur angeschnittenen Gegenstand der Gerichtshoheit lässt sich in mehrerlei Weise exemplarisch aufzeigen, welchen Verlust die Ereignisse der Mediatisierung – auch und gerade in ideeller und psychologischer Hinsicht – für eine Herrschaft wie diejenige der Freiherren von Enzberg bedeutet haben. In den Jahren 1806–1809 erlässt der Stuttgarter Hof neben zahlreichen anderen, oft bis in kleinste Details von Leben und Handeln eingreifenden Reskripten wichtige Verordnungen zur Reform des Verwaltungs- und Gerichtswesens.

Bereits vor der erwähnten Aufhebung des Patrimonialamtes zu Mühlheim haben Maßnahmen stattgefunden, die die württembergische Zentralmacht gestärkt, die einstmals polyzentrische Herrschaftslandschaft im Südwesten aber zur Provinz degradiert haben: Die »Kreiß-Eintheylung«, eine tabellarische Beschreibung der neu geschaffenen Verwaltungstopographie, die einer königlichen Verordnung vom

11. November 1806[25] beigegeben ist, zeigt deutlich auf, wie es sich mit dem Status des einstigen Herrschaftsortes Mühlheim nunmehr verhält. Das neu geschaffene Königreich ist darum bestrebt, aus der ehemals verwirrenden, in seiner Kleinteiligkeit und Heterogenität kaum überschaubaren Ansammlung kleiner Territorien und Besitzungen einen straffen und effizienten Zentralstaat zu schaffen. Daher wird eine übersichtliche und praktikable Verwaltung eingeführt, die das Gebiet des Königreichs in zwölf Kreise aufteilt. Diese übergeordneten Verwaltungseinheiten gliedern sich jeweils in eine variierende Anzahl von Oberämtern (drei im Kreis Öhringen, 20 in den Kreisen Ellwangen und Ludwigsburg). Viele dieser Oberämter sind zumindest in geographischer Hinsicht in den alten Orten geistlicher (u. a. Zwiefalten, Weingarten, Ochsenhausen), adeliger (Nellenburg, Taxische Besitzungen, das Waldburgische) oder reichsstädtischer (Rottweil, Isny, Biberach) Herrschaft verblieben. Hingegen sind gerade die ehemals kleinen und kleinsten Territorien dieser zumindest andeutungsweise konservierten Kontinuität von politischer Relevanz nicht teilhaftig geworden: Im Falle Enzbergs wurde die Stadt Mühlheim dem nahegelegenen Tuttlinger Oberamt eingegliedert. Die einstige Einheit und Zusammengehörigkeit des reichsritterschaftlichen Gebietes ist durch die württembergische Verwaltungsreform zerstört worden, da die zugehörigen Dörfer fortan verschiedenen Ämtern zugeordnet wurden: Nendingen, Stetten und Irndorf folgten dem Hauptort ins Oberamt Tuttlingen, Mahlstetten, Böttingen und Königsheim fielen ab 1809 dem Oberamt Spaichingen zu, Buchheim ging ohnehin in badische Verwaltung (Bezirksamt Stockach) über.[26] Darüber hinaus sorgte diese Reform der Verwaltung dafür, dass ehedem souveräne Herrschaften nun mit Personen zu korrespondieren gezwungen waren, die nach traditionaler Sicht der Dinge nicht ebenbürtig gewesen sind: Die Einbindung in den württembergischen Staat hat zur Folge, dass auch die Freiherren von Enzberg-Mühlheim mit dem Beamtenapparat zu tun bekommen und die Beamtenherrschaft in Stuttgart oder Tuttlingen zu akzeptieren haben.

Auch wenn Fakten wie diese auf den ersten Blick unspektakulär erscheinen mögen, dürften sie dennoch auf die betroffene mediatisierte Herrschaft einen nicht zu unterschätzenden Eindruck gemacht haben. Dadurch, dass weder der Name des adligen Geschlechts noch derjenige des Hauptortes fortan in behördlichem Verkehr genannt werden, löst sich neben den – bereits abgeschafften oder in absehbarer Weise zu verlierenden – Rechten und Privilegien auch die Fama der einstigen Herrscher auf. Die Erosion der alten Macht und Gravität der Herrschaft verdeutlicht sich in diesem Fall durch eine Verdrängung des Ortes Mühlheim vom Zentrum (zwar eines Kleinststaates) an die Peripherie (eines Königreiches). Die Zerstückelung einer einstmaligen topographischen und herrschaftsrechtlichen Einheit unterstreicht diesen Eindruck. Im Folgenden wird zu überprüfen sein, ob weitere Indizien für diesen Prozess der Bedeutungsminderung und Peripherisierung zu finden sind.

Was bei der Charakterisierung der veränderten Herrschaftsverhältnisse oftmals übersehen wird, ist die Tatsache, dass das bis 1806 bestehende Hl. Römische Reich deutscher Nation einen gleichsam organischen und durchlässigen Herrschaftsraum dargestellt hat. Durch die Inkorporierung unscheinbarer kleiner Adelsterritorien ist deren herrschenden Familien eine wichtige Perspektive verstellt worden. Wenn oben erwähnt wurde, dass der württembergische König seinen entmachteten Adeligen den Militärdienst in fremden Landen per Dekret untersagte, so sollte daran erinnert werden, dass auch die – ebenfalls aufgehobenen – geistlichen Fürstentümer bedeutende Karrierechancen gerade für den niederen Adel im deutschen Südwesten bereit gehalten haben.[27] Auch das Haus Enzberg profitierte

Eingang zum Schloss
Bronnen, Aufnahme um 1910

149

insbesondere im 18. Jahrhundert von der finanziell lukrativen und imageträchtigen Möglichkeit, in den bischöflichen Domstiftern eine Stelle zu besetzen. Drei Mal, zuletzt 1783, sind Aufschwörungen von Mitgliedern der Herrschaft Enzberg-Mühlheim am Domkapitel des Bistums Konstanz registriert.[28] Wenn in diesem Abschnitt von zunehmender Randständigkeit die Rede ist, muss freilich auch dieser Aspekt der begrenzten Möglichkeiten und Perspektiven nach 1803/06 berücksichtigt werden.

Die Umwälzungen jener Jahre und deren Verlustpotential für den Adel im Allgemeinen, für die Ritterschaft im Besonderen und das Haus Enzberg in unserem Fall beschränken sich nicht auf tiefgreifende mehr oder weniger offensichtliche Wandlungen in Verwaltung, Staatsrecht und Herrschaftstopographie. Vielmehr sind es gerade Details, die versinnbildlichen, wie ein veränderter Rechtsstatus und, daraus resultierend, eine veränderte Selbstwahrnehmung entstehen. Die abstrakten Indikatoren von adliger Herrschaft – Privilegien, Rechte, Standeszugehörigkeit – sind daher zu ergänzen durch gegenständliche Ausprägungen eines herrscherlichen Selbstverständnisses. Aufschluss hierüber gibt der Umgang der Herren von Enzberg-Mühlheim mit offiziellem Schrifttum, in erster Linie mit Urkunden. Ein auf's Geratewohl ausgewähltes Beispiel in Form einer gerichtlichen Kaution vom März 1795[29] weist in dieser Hinsicht einige wichtige Merkmale auf. Unübersehbarer Ausweis von herrschaftlicher und gerichtsherrlicher Gewalt ist die Intitulatio, die formelhafte Selbstnennung des Ausstellers der Urkunde. Diese lautet: »Ich Nicolaus Franz Freyherr von Enzberg, Herr der reichsunmittelbaren Herrschaft Mühlheim und Bronnen«. Sowohl die kalligraphisch ausgestaltete Initiale des ersten Wortes (»Ich«) als auch die explizite Nennung des reichsunmittelbaren Ranges zeigen an, dass auch diese Herrschaft prinzipiell die selbe Vollkommenheit und Legalität der Machtausübung für sich beansprucht wie diejenigen Territorien, deren Herrscher eine weitaus längere Liste von Titeln und Ehren in der Intitulationszeile anführen können. Am anderen – unteren – Ende des Dokumentes zeigt sich eine weitere »Insignie« der Herrschaft, deren Verwendung den Unterzeichner zumindest qualitativ auf eine Stufe mit den mächtigsten Potentaten stellt: das Wachssiegel an der Schnur.

Mit dem Verlust der Reichsunmittelbarkeit und der Einverleibung der Herrschaft Enzberg-Mühlheim in den württembergischen Staat sind diese Bestätigungen des eigenen Status weggefallen. So wie die freiherrlichen Wappen als Herrschaftszeichen an den Gebäuden entfernt und durch württembergische ersetzt werden mussten und somit dem Blick der einstigen Untertanen entzogen waren, so musste fortan auch im Schriftverkehr die neue Souveränität des Stuttgarter Hofes respektiert werden. Per Gesetz – es handelt sich um das schon erwähnte Dekret vom 1. Oktober 1806 – ist auch diese Angelegenheit durch einheitliche und präzise Verordnung geregelt, dergestalt, dass nur Stempelzeichen und Marken württembergischer Provenienz Verwendung finden dürfen und müssen. Dass dies, sei es aus bewusstem Protest oder aus simpler Nachlässigkeit, nicht immer geschehen ist, darauf weist eine Notiz zur Korrespondenz des Freiherrn Nikolaus Leopold von Enzberg mit dem Königlich Württembergischen Lehensrat hin[30]: Letzterer verlangt in den Lehensangelegenheiten der Enzberger eine Vollmacht für den Freiherren, um im Namen seiner Vettern, der Söhne des verstorbenen Nikolaus Ludwig von Enzberg, den Lehensempfang zu regeln. Jedoch: »Da obige Vollmacht nicht auf gestempeltem Papier übergeben wurde, rügt solches der Königliche Lehensrath, dat. 12. Nov[em]b[e]r 1819, worauf obige [...] Vollmachten gestempelt wieder zurückgeschickt wurden durch Consulant Küttler, dat. 11. Dec[em]b[e]r 1819.«

Überdies hat der neue schwäbische Zentralstaat für diese Versorgung mit herrschaftlichen Insignien seine Untertanen zur Kasse gebeten, indem nach englischem Vorbild die Verwendung gestempelter Bögen mit einer Steuer verknüpft worden ist. Offenbar ist auch diese Regelung in Mühlheim nicht sonderlich beliebt gewesen, denn wenige Monate nach der nachträglich auf standardisiert gestempeltem Papier versandten Vollmacht wird ein weiteres Schreiben in der Korrespondenz aufgeführt, in welchem die »Kgl. Vasallen von Enzberg (...) wegen erhöhte[n] Lehentaxen« protestieren[31], worauf der Adressat der Klage, der Lehensrat, erklärt, dass diese Erhöhung nötig und »wegen Stempelgebühr« nicht zu verhindern sei.[32]

Die sichtbaren Zeichen des herrscherlichen Ranges sind somit nicht länger vorhanden, weder öffentlich noch behördlich. Zeigten vor 1806 Wappen an markanten Gebäuden in Mühlheim jedem Passanten die Stellung und Macht der Enzberger Freiherren an und versicherten letztere ihres eigenen Status, so sind in der Folgezeit nurmehr die Patente und Wappenschilde des Hauses Württemberg zu sehen. Ebenso ist es den ehemaligen Reichsrittern nicht mehr möglich, in sprichwörtlicher Manier ›Brief und Siegel‹ zu geben; vielmehr müssen sie im Schriftverkehr den rigiden Vorschriften der neuen Herrschaft gehorchen und zudem für die Inanspruchnahme einstmals selbst besessener Rechte bares Geld bezahlen. Alles, was aus den Zeiten des Alten Reiches in die Jahre nach der Mediatisierung hinübergerettet werden konnte, so macht es den Anschein, war in puncto adeligem Selbstverständnis das abstrakte Kapital von Rang und Namen. Doch noch nicht einmal diese Komponente sozialer Zuordnung war in ihrem Fortbestand vergleichbar mit derjenigen zu Zeiten der Reichsunmittelbarkeit. Mit anderen Worten: Auch die Charakteristika aristokratischer Würde sind veränderbar, und sie sind de facto in der Regierungszeit Friedrichs I. von Württemberg starker Veränderung unterlegen. Traditionell geht die Stellung des Adels in der Gesellschaft mit Merkmalen einher, die diese schmale Bevölkerungsschicht als exklusiv kennzeichnen: Neben Steuerfreiheit und arbeitsfreiem Leben zählen hierzu Privilegierung und politische Macht. Grundlegend hierfür ist die Idee einer Nobilitierung qua Geburt, die den ständischen Charakter jenes Bevölkerungsteils ausmacht und seine zahlenmäßige Stärke konstant – und relativ gering – hält.

Um sich eine loyale Klientel in den Schlüsselpositionen seines Königreiches zu schaffen, kreierte der württembergische Souverän eine neue ›funktionale‹ Elite, die die wichtigsten Ämter bei Hofe, in den Ministerien und beim Militär besetzt hat. Hierzu wurde eine Reihe von Personen bzw. Familien nach dem Verdienstprinzip in den Adelsstand erhoben. Die dort befindlichen Repräsentanten des alten Reichsadels sind somit in zweierlei Hinsicht benachteiligt worden. Einerseits sind die von den Parvenus belegten Stellen solche, die traditioneller Weise dem alten Adel zugestanden haben, zum anderen geht mit den zahlreichen neuen Adelserhebungen ein Gefühl der Unterwanderung und Verdrängung beim Altadel einher.[33] Nicht nur bei

Rechten und Privilegien, sondern auch in Fragen des Ranges und seiner Möglichkeiten ist ein sukzessiver Abstieg der Standesherren und Reichsritter zu beobachten. Letztere – und somit auch die Herren von Enzberg – waren hiervon ungleich stärker betroffen, da die Adelspolitik Friedrichs I. die niedere Nobilität in besonderem Maße benachteiligte: »Bei Hofe rangierten die Fürsten zwar in der ersten Rangklasse, die Grafen [und Freiherren, M. B.] aber nur in der sechsten«.[34] Seinen Höhepunkt erreichte diese Deklassierung der alten Aristokratie durch die Adelspolitik des Königs am 1. August 1811, als durch königlich württembergisches Reskript verordnet wurde, dass allen Adelspersonen und -familien außerhalb des Stuttgarter Hofes der Rang entzogen werde.[35]

Gewissermaßen als Substitut für die erloschenen Befugnisse und zugleich als Anreiz zur Integration für die verprellten Standesherren etablierte das Königreich eine parlamentarische Ständevertretung, die den Adeligen einen Platz gemäß ihrem früher innegehabten Stand zuwies. Ermöglicht wurde dies erst durch eine neuerliche Verwaltungsreform im Zuge der Verfassungsurkunde von 1815, die bereits die Handschrift des neuen Herrschers trägt, des ungleich liberaleren und diplomatischeren Wilhelm I. Der Zuspruch von Seiten der ›Begünstigten‹ indes fiel unterschiedlich aus: Die genuinen Standesherren – Fürsten, die einst die Reichsstandschaft innegehabt hatten – folgten durch relativ günstige Konditionen dem neuen Angebot, wenn auch zögerlich.[36] Sie erhielten in der ersten Kammer Sitz und Stimme. Hingegen ist die Zustimmung und Bereitschaft zur Partizipation in den Reihen des ritterschaftlichen Adels geringer gewesen. Dadurch, dass unter den Rittern, die als Mitglieder der Zweiten Kammer nur den Titel von Abgeordneten innehatten, nicht alle Mitglieder mit einer Virilstimme ausgestattet gewesen sind, ja überhaupt nur 13 unter ihnen durch Wahl Zugang zur parlamentarischen Kammer hatten, bildete sich eine Kluft zwischen mächtigeren und weniger mächtigen – und politisch aktiven – Vertretern der Ritterschaft.[37] Wie aus den Quellen hervorgeht, machten die Freiherren von Enzberg-Mühlheim zwar von ihrem Wahlrecht Gebrauch,[38] betraten aber nie selbst die politische Bühne. Dennoch bleibt festzuhalten, dass die ehemaligen Reichsritter zumindest ihre ständische Zugehörigkeit – freilich transformiert in die Kategorie einer politischen Vertretungsgruppe – durch die Schaffung des Parlamentes beibehalten konnten.[39] Zumindest findet diese politische Neuorientierung des Königreichs Württemberg im Bewusstsein der Freiherren von Enzberg ihren Niederschlag, da in einer 1823 in Auftrag gegebenen Tabelle der wichtigsten historischen Daten unter dem Stichjahr 1815 vermerkt wird: »Einberufung der Württembergischen Stände wegen Einführung einer neuen Standes-Verfassung am 11. Jänner«.[40]

Ein weiterer Eintrag jener Tabelle ist von Interesse, wenn die Fortexistenz der Herren von Enzberg-Mühlheim nach 1806 untersucht wird. Im Jahre 1818 erhalten nach Ausweis jener Aufstellung nicht nur die beiden anderen neuen Mittelstaaten im süddeutschen Raum, Baden und Bayern, eine neue Verfassung. Ferner vermeldet der Chronist auch, dass am ersten Tag jenen Jahres »in Württemberg die Leibeigenschaft aufgehoben« wird. Davon jedoch nicht tangiert ist die Grundherrschaft per se, die bis zu den Revolutionsjahren 1848/49 Bestand hat und somit eine direkte Kontinuität zu den Jahren vor der Mediatisierung aufweist. Obgleich

»das System der Grundherrschaft (…) durch staatliche Verordnungen etwas eingeschränkt« wurde, verhinderte der »erbitterte Widerstand der Mediatisierten«[41]
einen grundlegenden Wandel der Verhältnisse. Verbunden mit der Grundherrlich-
keit ist auch für die Herren von Enzberg trotz Verlustes von Patrimonialamt
und -gericht eine gewisse ›Resthoheit‹ bei unterlandesherrlichen Rechten. So blieben Jagd- und Forstaufsicht, Brauereiwesen, Bausachen, der Umgang mit dem
Bettelwesen und andere Befugnisse regionaler Art in der Hand der ehemaligen
Reichsritter.[42]

Wie aber sind – nach dieser Auflistung an Faktoren, die freilich keinen Anspruch
auf Vollständigkeit erhebt – die Folgen der Mediatisierung für das Haus Enzberg zu
werten, insbesondere in sozial- und mentalitätsgeschichtlicher Hinsicht? Während
für die Säkularisierung der geistlichen Fürstentümer bereits durchdachte Deu-
tungsmodelle für den Wandel nach 1806 bereit stehen, ist dies für die Aufhebung
der weltlichen Adelsherrschaften in weitaus geringerem Maße, in Bezug auf die
Reichsritter kaum je geschehen. Soweit die obigen Stichpunkte Aufschluss erlauben,
muss als prägendes Moment für die ehemals Herrschenden der Verlust an tatsächli-
chem politischen Einfluss genannt werden, der unter dem Begriff der Entfeudalisie-
rung subsumiert werden kann. Die Absorption der Herrschaft Enzberg-Mühlheim
durch den neu entstandenen schwäbischen Flächenstaat und dessen moderne, durch
Zentralismus und Bürokratie maßgeblich bestimmte Verwaltung erweitert diese
Wahrnehmung von Machtverlust durch den Aspekt des Geltungsverlustes, oder –
wie ich es oben betitelt habe – der Peripherialisierung: Vom einstmals reichsunmittelbaren (Kleinst-)Territorium mit festen Grenzen und einem festen Herrschaftsmittelpunkt verschwindet Enzberg-Mühlheim wie viele andere Reichsritterschaften
in die Bedeutungslosigkeit der schwäbischen Provinz. Insignien der Macht sowie
Chancen des Machterwerbes und -erhaltes sind mit dem Zusammenbruch des Alten
Reiches passé. Was den adeligen Herren in den Jahrzehnten nach 1806 geblieben ist,

Hinteres Schloss mit
Rentamt, Fotografie von
German Wolf, um 1880

Blick vom
Hinteren Schloss
in Richtung
Vorderes Schloss,
links das Rent-
amt, Fotografie
von German
Wolf, um 1880

beschränkt sich auf eine ›Resthoheit‹ knappen Zuschnitts. Möglichkeiten der politischen Partizipation sind zwar weiterhin vorhanden, jedoch in einem völlig neuen
Bezugsrahmen, der gerade dem niederen Adel nur geringen Handlungsspielraum
lässt. Der Schluss dürfte erlaubt sein, dass der gefühlte rechtliche und machtpolitische Niedergang innerhalb einer faktischen Verschiebung des herrschaftlichen Sys-
temzusammenhanges stattfindet, indem aus dem einstigen Bestandteil des Hl.
Römischen Reiches ein erweiterter Gutshof mit freiherrlicher Leitung wird. Hiermit stimmt überein, dass die verbliebenen Rechte im Wesentlichen mit den ökonomischen Gegebenheiten eines landwirtschaftlichen Großbetriebes korrespondieren.
Als dritter Begriff zur Charakterisierung der Wandlungsprozesse im Zuge der
Mediatisierung eignet sich daher derjenige der Privatisierung (von Herrschaft):
Nicht zuletzt besteht eine der wenigen Kontinuitäten zwischen den Epochen in der
Unantastbarkeit des adeligen Eigentums – mit Wolfgang Wüst gesprochen: »man
blieb zumindest auf dem eigenen Besitz Herr im Hause«.[43] Eine interessante Episode aus dem schwierigen Umgang der Herren von Enzberg-Mühlheim mit ihrem
wenig geliebten Stuttgarter Königshaus beleuchtet unter anderem diesen Aspekt
der Transformation von herrschaftlichem Besitz in freies Eigentum, dient aber
zugleich als Indikator und Prüfstein für die weiteren Thesen, die im Verlauf dieser
Untersuchung aufgestellt worden sind.

Der Lehensstreit mit Württemberg – ein Fallbeispiel

Ein Glücksfall für die Erforschung des Hauses Enzberg-Mühlheim in den Jahren
nach der Mediatisierung besteht in einem Aktenfaszikel, das um 1829 angefertigt
worden ist und eine minutiöse Rekonstruktion der Korrespondenz zwischen den

Freiherren zu Mühlheim und den königlich württembergischen Instanzen enthält.[44] Gegenstand dieses gewissenhaft geführten Registers ist die Auseinandersetzung mit dem neuen Souverän über die Fortführung der Lehensverhältnisse des Hauses Enzberg, wobei insbesondere besitzrechtliche Aspekte im Mittelpunkt des Disputes stehen.

Bereits unmittelbar nach der Besitznahme der Herrschaft durch Württemberg erfolgte eine Erneuerung der Lehensverhältnisse (»Lehensmutung«), die in einvernehmlicher Weise zwischen den beiden Lehensparteien ausgehandelt werden sollte. Bis ins Jahr 1808 scheint dieser Rechtshandel nicht die Bahnen des üblichen Prozedere zu verlassen, wenngleich die Wortwahl des Verfassers nahe legt, dass das Verhältnis von Lehensherren und -nehmern ein deutliches Machtgefälle aufweist: Die Sprache der württembergischen Behörden – sofern sie vom Verfasser korrekt wiedergegeben ist – wirkt ungleich autoritärer als dies traditionell bei der Verhandlung um Lehen üblich ist.[45] So ist wiederholt von »Aufforderungen« an den »Vasallen« die Rede, von dem dieses oder jenes »verlangt« wird. Dennoch scheint einem – mehr oder weniger – reibungslosen Ablauf der Neubelehnung in der unmittelbaren Folgezeit der Mediatisierung nichts im Wege zu stehen: Für die Dörfer Böttingen und »Kingsheim« (Königsheim) wird im Jahr 1808 ebenso ein Mutschein ausgestellt wie für den Blutbann in der Stadt Mühlheim, der ehemals ein kaiserliches Lehen gewesen ist. Ihren (vorübergehenden) Abschluss findet die Lehensangelegenheit mit der Übergabe des Lehensdenombrement durch Nikolaus Ludwig August von Enzberg, vermutlich im Juli 1808. Nur zwei Jahre später indes ist der fragile Friede in den Lehensangelegenheiten erstmals gestört, da »ad Mandatum Sacrae Majestatis proprium« eine Verpflichtung zur »gewissenhaften Erklärung« der feudalen Rechte und Besitzungen für »sämmtliche [...] unter diesseitige Königliche Souverainetät gekommene[n] Fürsten, Grafen und Edelleute« herausgegeben wurde.[46] Mit dieser Neuschätzung der Lehenverhältnisse des unter württembergische Herrschaft gelangten Adels gewinnt die Korrespondenz der Freiherren von Enzberg mit dem Souverän bzw. dem Lehenshof an Brisanz, da letzterer den offenbar säumigen Vasallen mit einer »Ernstliche[n] Aufforderung« zur Übermittlung der Lehensbeschreibung des bislang nicht tangierten Dorfes Nendingen bewegen will.[47] Als Randnotiz sei bereits an dieser Stelle angemerkt, dass die oben erwähnte Bürokratisierung und die vormals kaum bekannte Notwendigkeit für die Herren von Enzberg, sich mit Zwischeninstanzen der Verwaltung beschäftigen zu müssen, in diesen Jahren des Lehenstreits deutlich wird. So gehen Schriftstücke an das Oberamt Tuttlingen, das Kameralamt Wurmlingen, den Stuttgarter Lehenshof, das Oberamtsgericht Spaichingen, die Organisationscommission Rottweil und den Königlichen Gerichtshof Tübingen.

Offenbar haben sich die Wogen danach für längere Zeit geglättet; jedenfalls datiert der chronologisch folgende Eintrag erst vom Jahr 1817. Dieser jedoch ist von überaus hoher Bedeutung für beide Seiten, wird darin doch nicht nur auf das »Ableben Sr. Maj: Königs Fridrichs«, sondern auch auf dasjenige »des Lehenträgers Niklas Ludwig von Enzberg«[48] Bezug genommen. Durch den beinahe zeitgleichen Tod der beiden Opponenten scheinen in Lehensfragen die Karten neu gemischt, und in der Tat setzt nach beinahe sieben Jahren des Schweigens ein erneut frequenter Briefwechsel zwischen Stuttgart und Mühlheim ein. Bedingt durch einen rechtlichen Sonderstatus der enzbergischen Lehen, der noch aus Zeiten des Alten Reiches herrührt, erweist sich die weitere Diskussion um die Lehen und insbesondere um die Legitimität des neuen Lehensnehmers als äußerst zäh und problematisch. In den Jahren 1818 und 1819 muss Leopold von Enzberg mit dem Stuttgarter Lehensrat darum kämpfen, als rechtmäßiger Lehensmann gegenüber seinen Vettern anerkannt zu werden, wobei eben diese Vettern – Honor und Joseph, die Söhne des verstorbenen Niklas Ludwig – diese ›familieninterne‹ Regelung gar nicht anfechten. Obgleich der in Adelskreisen gefürchtete und verschriene »Schwäbische Zar« nicht mehr regiert, sorgen die Bestrebungen der württembergischen Bürokratie, den Wildwuchs der unübersichtlichen alten Reichsgesetze zu beseitigen sowie für Übersichtlichkeit und Eindeutigkeit der Gegebenheiten zu sorgen, für Spannungen und Verwirrung. Im Zuge dieser Neuordnung der Lehensverhältnisse ist es dann auch zu den oben erwähnten Nebengefechten wegen Formalitäten zwischen Stuttgart und Mühlheim gekommen, in denen den Freiherren der Gebrauch von offiziell gestempeltem Papier vorgeschrieben und die Bezahlung der Stempelgebühren angemahnt worden ist.

Abermals wird es danach für mehrere Jahre sehr ruhig um die enzbergischen Lehen. Erst ein Erlass des Königlichen Lehenrates vom 17. Juli 1826, der von Leopold von Enzberg die Aufstellung einer Ahnentafel fordert, beinhaltet nebenbei eine »rechtliche Vermuthung, daß bey den drey von Enzbergischen Lehen alle in den lehenbaren Orten befindliche Objecte lehenbar seyen«.[49]

Mit diesem Schriftstück setzt die entscheidende Phase im Lehensstreit zwischen dem württembergischen Staat und den Freiherren von Enzberg-Mühlheim ein. In den beiden folgenden Jahren steigert sich nicht nur die Gereiztheit der beiden Parteien, sondern auch die Anzahl der kursierenden Dekrete und Eingaben sowie deren veranschlagte Verbindlichkeit und Bedeutung. Mehr als die Hälfte des Inhaltes des zu Grunde liegenden Aktenfaszikels wird den Jahren 1826–1828 zugebilligt, wobei die Regesten in diesem Zeitraum immer umfangreicher werden und im Einzelfall praktisch Abschriften der zugehörigen Urkunden sind. Im Zentrum der Diskussion steht nunmehr zum ersten Mal – zumindest explizit! – der Unterschied zwischen lehenbarem bzw. zu Lehen erhaltenem Besitz einerseits und freiem Eigentum andererseits. Wenige Wochen, nachdem das Unruhe stiftende Schriftstück des Königlichen Lehensrates eingegangen ist, fügt sich zwar Leopold von Enzberg dergestalt, dass er die verlangte Stammtafel übergibt, zugleich jedoch wird durch umfangreiche Konsultationen alter Verträge und Rechtstitel eine neue Lehensfassion erarbeitet, die für die Herren von Enzberg sämtliche Besitzungen als freies Eigentum reklamiert. So gibt der Verfasser an, dass er die Fassion von 1807/08 für nicht rechtens und zudem für unvollständig erkennt:

»Der Verfasser geht in derselben [= Fassion, M.B.] von seinen früheren, dem Lehenshof wiederholt mitgetheilten Ansichten aus, die er jedoch bei der Faßion von 1807 und 1808, wie schon früher gesagt, ganz verläugnet hat. Die Rechte bey dem Lehen Mühlheim, damals für Lehen erklärt, sind nun Eigenthum. [...] Item denen in den drey Eschen zu Mühlheim gelegenen Ackerfeldern, so sich in einer Summa auf einhundert und zwanzig und ein halb Juchart [ca. 44 ha, M.B.] beläuft, dann dreysig und zwey Mansmad Wiesen, darunter etliche Ehmdrecht haben, dann drey Baumgarten gleich nächst von der Stadt Mühlheim bey dem Schützenhauß, das alles in dem Mühlheimer Bann gelegen. Letztlich noch dreysig Juchart Holz auf dem Wirtenbühl im Nendinger Bann.«[50]

Als Legitimierung seiner Ansprüche weist Leopold von Enzberg einen »Original-Erfolgungsbrief für Matthä von Herbstheim (…) dat. zu Wangen den 9ten Februar 1665« auf, doch offenbar ist der Königliche Lehensrat weder von den Ansprüchen des Freiherrn noch von der Verbindlichkeit der von jenem aufgebotenen Autoritäten überzeugt. Vielmehr »erklärt der Kgl. Lehenrath, daß er <u>unabänderlich</u> bey dem Lehen Denombrement von 1808 stehen bleibe. Ferner spricht sich der Lehenrath darin aus, daß er sich bey dem Lehen Mühlheim die Stadt, und Bronnen, die Veste mit der zugestandenen Lehenbarkeit des hintern Schloßes samt den Zugehördnen <u>keineswegs</u> begnüge […].« (Hervorhebungen im Original, M. B.)[51]

Zwischen den Zeilen kann aber gefolgert werden, dass abgesehen von den noch strittigen Objekten im Lehensstreit zahlreiche andere Besitzungen bereits in freies Eigentum der Herren von Enzberg übergegangen sind. So findet sich ein Nachtrag zur Lehensfassion von 1807/08, in welchem detailliert aufgeführt ist, welche Rechte an Besitz und Abgaben den Enzbergern im Jahre 1827 zugebilligt werden, in krassem Gegensatz zur restriktiven Regelung 20 Jahre zuvor. De facto sind nur noch Teile des Hofgutes Mühlheim und der Feste Bronnen württembergische Lehen. Über diesen Wandel in der Lehenspolitik Stuttgarts und dessen Rezeption durch die Freiherren geben einige suggestive Kommentare Aufschluss, beispielsweise dieser:

»Staunen muß man, wenn man diese [i. e. die Lehensausschreibungen von 1807/08, M. B.] vergleicht mit jenen von dem 20.ten April 1827 von dem nemlichen Beamten verfaßt. Während derselbe in der Faßion von 1808 den grösten Theil des hiesigen Hofguts für Lehen erklärt, behauptet er in jener von 1827 das ganze Gut für Eigenthum.«[52]

Tatsächlich endet die lange und verworrene Geschichte der enzbergisch-württembergischen Lehensverhandlungen erst deutlich nach der Niederschrift des hier zu Grunde gelegten Verzeichnisses. Die letzten Relikte der Lehensherrschaft werden 1857 abgeschafft, indem die Herrschaft Mühlheim und die Feste Bronnen als freies Eigentum an das Haus Enzberg übergehen.[53]

Epilog

Was bleibt zum Schluss dieser Ausführungen über die Mediatisierung der Reichsritterschaft Enzberg-Mühlheim an markanten Erkenntnissen, um ein Fazit ziehen zu können? Im Rückgriff auf die einleitenden Fragen sei in aller Kürze so viel gesagt: Die Besitzergreifung durch Württemberg gestaltete sich als relativ unspektakuläres Ereignis. Aus Sicht der neuen Machthaber ein Routinefall unter vielen, für die Bewohner des einstmals reichsunmittelbaren Territoriums zweifellos ein Ärgernis. Einzig die Tatsache des badischen Zwischenspiels im Dezember 1805 bringt ein Moment der Besonderheit in diesen Fall. Wie ich im Vorangehenden deutlich zu machen versucht habe, handelt es sich bei der Mediatisierung indes nicht um einen plötzlichen Schlag gegen das betreffende Territorium. Neben einem Vorlauf des Ereignisses von einigen Jahren sind sowohl die Durchführung als auch die Konsequenzen einer solchen topographischen Flurbereinigung über Jahre und Jahrzehnte hinweg aktiv. Im Fall der Herren von Enzberg-Mühlheim bedeutete der Herrschafts- und Statuswechsel – wie bei vielen anderen standesherrlichen und adeligen Familien auch – eine Verschiebung der eigenen Bedeutung vom Zentrum an die Peripherie. Nicht überall wurde diese Selbstwahrnehmung so nachdrücklich vom herrschenden Souverän bestätigt wie im Württemberg des Kurfürsten, Königs und »schwäbischen Zaren« Friedrich I. Mit dem Entzug sämtlicher öffentlicher Herrschaftsinsignien wie Wappen und Siegel, aber auch von Titeln und Privilegien erodierte das einstmalige ständische Prestige des Adels zusehends. Dass im Zuge der Verordnungen des neuen schwäbischen Flächenstaates die alten Kleinstherrscher aus der Ritterschaft ungleich stärker unter Entrechtung und Degradierung zu leiden hatten als die Standesherren von fürstlichem Rang, verschärfte die Lage für Herrscherhäuser wie dasjenige von Enzberg-Mühlheim um so mehr. Einen Sonderfall stellt die Geschichte der Mediatisierung jener Freiherren hinsichtlich der Besitzverhältnisse dar. Wie gezeigt, erwies sich die Neuordnung der Lehensbeziehungen zwischen den alten Lehensträgern und den neuen Lehensherren als komplizierte Aktion, die von den Schwierigkeiten beider Seiten mit der faktischen Umsetzung eines Herrschaftswechsel zeugt, der mehr ist als eine einfache Transformation von Rechten und Besitz. Vielmehr lässt sich daran konstatieren, in welch problematischer und aufwändiger Weise die Um- bzw. Neugestaltung eines vollständigen Herrschaftssystems vonstatten geht. Den kleinen und kleinsten Territorien bleibt nach diesen Wandlungsprozessen letztlich nurmehr der Weg in die private Nutzung ihres verbliebenen Vermögens. Für sie erweist sich in noch stärkerem Maße als für andere das Jahr 1806 als veritables Epochenjahr – auch für die Herren von Enzberg-Mühlheim.

Anmerkungen

1 Zit. n. Friedrich Bauser, Mühlheim an der Donau und die Herren von Enzberg. Ein Gedenkblatt zur Feier des 500jährigen Besitzes der Herrschaft (23. September 1409), Coburg 1909, S. 36. Darüber hinaus ist bislang keine zusammenhängende Darstellung zur Geschichte der Herrschaft Enzberg-Mühlheim erschienen.

2 Alte Klöster – Neue Herren. Die Säkularisation im deutschen Südwesten 1803. Große Landesausstellung Baden-Württemberg in Bad Schussenried vom 12. April bis 5. Oktober 2003, Begleitbücher, hrsg. v. Volker Himmelein u. Hans Ulrich Rudolf u. Mitw. v. Peter Blickle, Konstantin Maier, Franz Quarthal u. Rudolf Schlögl i. Auftr. d. Gesellschaft Oberschwaben e. V. und des Württembergischen Landesmuseums Stuttgart, 3 Bde., Sigmaringen 2003; Adel im Wandel. Oberschwaben von der Frühen Neuzeit bis zur Gegenwart, hrsg. im Auftr. d. Gesellschaft Oberschwaben e. V. von Mark Hengerer u. Elmar L. Kuhn in Verbindung mit Peter Blickle, 2 Bde., Sigmaringen 2006.

3 Zum unzureichenden Forschungsstand vgl. zuletzt etwa Sylvia Schraut, Die feinen Unterschiede. Die soziale Stellung der Schwäbischen Reichsritter im Gefüge des Reichsadels, in: Adel im Wandel, Bd. 2, S. 545–560, hier: 549.

4 Vgl. hierzu Hansmartin Schwarzmaier, Das Archiv der Freiherrn von Enzberg und der Aufbau ihrer Herrschaft, in: Zeitschrift für Württembergische Landesgeschichte XXVI (1967), S. 62–78.

5   Zu den Modalitäten der Besitznahme der Herrschaft Enzberg-Mühlheim durch Württemberg siehe anschaulich und detailliert Elmar Blessing, Mühlheim an der Donau. Geschichte und Geschichten einer Stadt, Sigmaringen 1985, S. 13–15. Meine Darstellung folgt in diesem Punkt im Wesentlichen den Ausführungen Blessings.

6   Vgl. Rudolf Endres, »Lieber Sauhirt in der Türkei als Standesherr in Württemberg…« Die Mediatisierung des Adels in Südwestdeutschland, in: Alte Klöster – Neue Herren, Bd. 2, S. 837–856, hier: 852.

7   Siehe Bauser, Mühlheim, S.36, »Einige widerstrebende Bürger wurden gefangen auf den Asperg gesetzt.« In beinahe identischem Wortlaut Blessing, Mühlheim, S. 16.

8   Beide Zitate nach Blessing, Mühlheim, S.14.

9   Vgl. hierzu ausführlich Rudolf Endres, Oberschwäbischer Adel vom 17. bis zum 20. Jahrhundert. Der Kampf ums »oben bleiben«, in: Adel im Wandel, Bd. 1, S. 31–44, hier: 35.

10 Enzberg-Archiv Mühlheim Akten 558.

11 Siehe hierzu Endres, Mediatisierung, S. 843f., sowie Michael Puchta, »Indessen tritt hier der Fall ein, wo Gewalt vor Recht gehet.« Die Mediatisierung der Schwäbischen Reichsritterschaft am Beispiel des Bezirks Allgäu-Bodensee, in: Adel im Wandel, Bd. 2, S. 591–604, hier: 591f., und im besonderen Gerrit Walther, Treue und Globalisierung. Die Mediatisierung der Reichsritterschaft im deutschen Südwesten, in: Alte Klöster – Neue Herren, Bd. 2, S. 857–872, hier: 864f.: Demnach sind aus den wohlgefüllten Kassen der Ritterkantone, die auch als Kreditbanken sich großer Beliebtheit erfreut haben, 100.000 Francs an Schmiergeld an den französischen Außenminister Talleyrand geflossen.

12 Enzberg-Archiv Mühlheim Akten 534.

13 De facto hat die organisierte Ritterschaft des (ehemaligen) Reichskreises Schwaben ohnehin wenig Einfluss geltend machen können, was nicht zuletzt aus einer relativ schwachen Position derselben bereits im bestehenden Alten Reich resultiert. Siehe hierzu Schraut, Unterschiede, S. 556.

14 Zum schwierigen Verhältnis von Friedrich I. zu seinen neuen Untertanen von Adel, vor allem aber zu den Schwierigkeiten letzterer mit dem König siehe Endres, Mediatisierung, S. 850f. Dass die Bezeichnung »schwäbischer Zar« einschlägig ist, belegt u.a. die gleichnamige Monographie von Paul Sauer (Stuttgart 1984) über den ersten württembergischen König.

15 Enzberg-Archiv Mühlheim Akten 522.

16 Neben dem prominentesten Protagonisten für militärische Karrieren im Hause Enzberg, Generalfeldmarschall Nikolaus Friedrich von Enzberg, waren von dieser Regelung auch Familienmitglieder zur Zeit der Mediatisierung und der Herausgabe des betreffenden Gesetzes akut betroffen, so etwa Nikolaus August von Enzberg (1784–1864), der vor 1809 als Leutnant in österreichischen Diensten stand. Vgl. hierzu Bauser, Mühlheim, S. 36.

17 Vgl. hierzu Heinz Gollwitzer, Die Standesherren. Die politische und gesellschaftliche Stellung der Mediatisierten 1815–1918, Göttingen 1964[2], S. 54, ferner Endres, Mediatisierung, S. 850.

18 Zitiert nach Endres, Mediatisierung, S. 843.

19 Vgl. Puchta, Reichsritterschaft, S. 592.

20 Schreiben der Königlich Souverainischen Kameral-Beamtung Tuttlingen an das Königliche Rentamt vom 17. Oktober (?) 1810, Enzberg-Archiv Mühlheim Akten 520.

21 Vgl. hierzu Schwarzmaier, Enzberg, S. 76. Dagegen Blessing, Mühlheim, S. 13, der von ungeordneten und labilen Finanzen bis zur Aufhebung der Herrschaft ausgeht.

22 Enzberg-Archiv Mühlheim Akten 554.

23 Blessing, Mühlheim, gibt an, dass nach der Aufhebung der Patrimonialgerichtsbarkeit in Enzberg-Mühlheim diese (in Gestalt des zugehörigen Amtes) nicht wieder zurückgegeben wurde. Dementsprechend dürfte die Durchsetzung der in der Bundesakte garantierten Rechte – die bei Friedrich I. von Württemberg ohnehin keine zwingende Verbindlichkeit besaßen – nicht überall geschehen sein.

24 Zitiert nach Wolfgang Wüst, Adliges Gestalten in schwieriger Zeit. Patrimoniale Guts- und Gerichtsherrschaften 1806–1848 in Süddeutschland, in: Adel im Wandel, Bd. 1, S. 153–168, hier: 163.

25 Enzberg-Archiv Mühlheim Akten 521.

26 Vgl. hierzu Blessing, Mühlheim, S. 15.

27 Siehe hierzu ausführlich Schraut, Unterschiede, S. 549–554.

28 Ebenda, S. 553: In der tabellarischen Übersicht über die Besetzung von Domstiftern mit ritter-schaftlichen Adligen aus dem deutschen Südwesten wird deutlich, dass andere Herrschaften in weitaus höherem Maße von dieser Möglichkeit der Prestigesteigerung Gebrauch gemacht haben.

29 Enzberg-Archiv Mühlheim Akten 2835.

30 Enzberg-Archiv Mühlheim Akten 553.

31 Ebenda, Schreiben an den Kgl. Lehenshof, dat. Mühlheim, den 12. April 1820.

32 Ebenda, Erklärung des Kgl. Lehensrates, dat. Stuttgart, den 21. April 1820.

33 Vgl. hierzu Wüst, Gerichtsherrschaften, S. 153f.

34 Zitiert nach Endres, Mediatisierung, S. 850.

35 Siehe Endres, Adel, S. 36.

36 So waren auf dem ersten Landtag in Stuttgart von 49 berechtigten Standesherren nur 25 anwesend, im Jahre 1828 müssen es noch weniger gewesen sein, da sich die Versammlung in jenem Jahr noch nicht einmal konstituieren konnte, vgl. hierzu Endres, Mediatisierung, S. 854f.

37 Ausführlich zu diesem Gegenstand Frank Raberg, Für die »wohl erworbenen Rechte des Adels«. Die Vertretung der Ritterschaft des Donaukreises im Württembergischen Landtag, in: Adel im Wandel, Bd. 2, S. 605–618, hier: 606. Diejenigen aus den Reihen der Ritter, die durch Einfluss und politisches Engagement für längere Zeit in der Abgeordnetenkammer aktiv gewesen sind, haben dafür große Verdienste und einigen Nachruhm erwerben können. Die Blütezeit der ritterschaftli-chen Abgeordneten im Stuttgarter Landtag beginnt freilich erst mit der Generation nach der Medi-atisierung (ca. 1840).

38 Siehe hierzu den recht umfangreichen Bestand an Schriftstücken zur Wahl ritterschaftlicher Abge-ordneter zur württembergischen Ständeversammlung, Enzberg-Archiv Mühlheim Akten 546.

39 Vgl. hierzu Raberg, Vertretung, S. 607: Demnach wurde in der württembergischen Verfassung vom 25. September 1815 sogar explizit eine definitorische Fixierung der Ritterschaft, ihrer Rechte und Befugnisse vorgenommen.

40 Enzberg-Archiv Mühlheim Akten 1403: Diese um 1822/23 angelegte Tabelle enthält im Stile tradi-tioneller Chroniken eine Aufstellung der bedeutendsten historischen Ereignisse nach Jahren geordnet. Auf drei Doppelseiten werden die – nach Ansicht des von den Enzbergern beauftragten Bearbeiters – wichtigsten historischen Daten von der Krönung Karls des Großen bis zum Vormärz registriert.

41 Beide Zitate nach Endres, Mediatisierung, S. 855.

42 Vgl. hierzu ausführlich Wüst, Gerichtsherrschaften, S. 164.

43 Zitiert nach Wüst, Gerichtsherrschaften, S. 157.

44 Enzberg-Archiv Mühlheim Akten 553, betitelt ist das Faszikel als »Kurzes Verzeichnis der Acten Königlich Württemberg[ische] Lehen betreffend von 1806 bis 1828«. Es umfasst auf 23 Seiten knappe Inhaltsangaben zu insgesamt 65 Schriftstücken.

45 Ein konkretes Beispiel für eine konziliantere, respektvollere und unproblematischere Abwicklung einer Lehensmutation zeigt sich in der Belehnung Nikolaus Ludwigs von Enzberg mit dem Dorf Buchheim durch das Großherzogtum Baden im Jahre 1813 (Lehensbrief für Buchheim, Enzberg-Archiv Mühlheim Akten 559).

46 Erklärung der Königlichen Lehens-Commission vom 24. März 1810, Enzberg-Archiv Mühlheim Akten 553, alle Zitate ebenda.

47 Verzeichnis (wie Anm.44), Nr. 22 vom 27. Oktober 1810.

48 Verzeichnis (wie Anm.44), Nr. 24 vom 28. August 1817.

49 Verzeichnis (wie Anm.44), Nr. 41.

50 Verzeichnis (wie Anm.44), Nr. 49 (undatiert, mit sehr hoher Wahrscheinlichkeit Mitte Dezember 1826).

51 Verzeichnis (wie Anm.44), Nr. 51 vom 3. Januar 1827.

52 Verzeichnis (wie Anm.44), Nr. 19 vom 22. August 1808, Nachtrag von 1828.

53 Vgl. hierzu Blessing, Mühlheim, S. 15.

HORST-DIETER FREIHERR VON ENZBERG

DAS ENZBERGISCHE HAUSGESETZ VON 1782 UND SEINE NACHWIRKUNGEN BIS INS 20. JAHRHUNDERT. EIN BEITRAG ZUR GESCHICHTE DER FIDEIKOMMISSE

Besitzfestigung als Mittel adliger Selbstbehauptung

Gut 200 Jahre nach der Mediatisierung und 90 Jahre nach Inkrafttreten der Weimarer Reichsverfassung könnte man meinen, es seien vor allem von außen kommende Ereignisse – zunächst der Verlust politischer und judikativer Herrschaftsrechte, schließlich die Aufhebung der ständischen Sonderstellung überhaupt – gewesen, die das Leben von Familien des einstigen ritterschaftlichen Adels seither bestimmt und ihm scharfe Zäsuren aufgezwungen hätten. Angesichts dessen erstaunt es, im Archiv der Freiherren von Enzberg in Mühlheim an der Donau auf Vorgänge zu stoßen, die über alle Systemwechsel hinweg auf eine Kontinuität innerfamiliärer Problemstellungen von der Frühen Neuzeit bis zur Gegenwart hinweisen.[1]

Diese Beobachtung wird schnell plausibel, wenn man sich verdeutlicht, dass dem deutschen Adel – gleichviel ob nun zur »hohen« oder zur »niederen« Kategorie desselben zählend – auch nach Verlust der politischen Vorzugsstellung ein zweites konstitutives Element in großem Umfang erhalten blieb: sein Besitz, insbesondere Grundbesitz, einschließlich der traditionellen Wohnsitze in Form von Burgen, Schlössern oder Gutshäusern.[2] Dass dem Adel jedenfalls auf dem Gebiet der alten Bundesrepublik trotz allen Macht- und Bedeutungsverlusts eine revolutionär zu nennende Entwicklung erspart geblieben ist, belegt der Vergleich mit den russischen Verhältnissen seit 1917, die infolge des Zweiten Weltkriegs dann auch in wesentlichen Zügen auf die früheren deutschen Ostgebiete und die Sowjetische Besatzungszone Deutschlands ausgedehnt werden konnten.[3]

Solange eine Adelsfamilie also über Grundbesitz verfügt, der von ihr nicht nur als Einkommensquelle, sondern auch als materieller Ausdruck eines ideellen Traditionszusammenhangs betrachtet wird, wird sie immer wieder vor dem Problem stehen, wie sie einerseits die Einheit des Besitzes und dessen möglichst geschlossene Übergabe von Generation zu Generation wahrt, andererseits die Interessen jener Familienmitglieder berücksichtigt, die nicht das Haupterbe antreten können, aber doch einen Anspruch auf angemessene Abfindung und eine zumindest ideell-symbolische Erhaltung ihrer »Familienheimat« haben. Dieses Grundproblem gilt ungeachtet der Tatsache, dass heute Sonderregelungen zum Schutz adligen Grundbesitzes, wie sie die Rechtsform der Fideikommisse darstellte, zugunsten der Allgemeingültigkeit des Erbrechts nach dem Bürgerlichen Gesetzbuch entfallen sind.

Gerade die heutige Situation verlangt von den an einem Erbgang Beteiligten die Einsicht, dass sie zu einem teilweisen Verzicht auf das ihnen gesetzlich Zustehende bereit sein müssen, wenn das ererbte Ganze nicht unwiederbringlich zerschlagen werden soll. Die Entschädigung der Nebenerben muss sich daran orientieren, was der Gesamtbesitz, soll er als solcher erhalten bleiben, tatsächlich zur Aufteilung hergibt. Umgekehrt muss dem durch Konsens zum Haupterben gewordenen Familienmitglied bewusst sein, dass es sich nicht nur »als Privateigentümer, sondern als Verwalter des zu bewahrenden Familieneigentums zu verstehen«[4] hat. Genau das meinte der lateinische Terminus »fidei commissum«: das zu treuen Händen Übergebene.[5] Heute muss wohl jede Generation von neuem eine entsprechende Vereinbarung treffen, weil der jeweilige Erbfall sehr von den konkreten Umständen – etwa der Geschwisterzahl – abhängt und darüber hinaus testamentarische Verfügungen, die Gültigkeit für eine fernere Zukunft beanspruchen, rechtlich problematisch, wenn nicht sogar unzulässig sind.

Auch in der Vergangenheit wurde versucht, auf jeweils aktuelle Familiensituationen und Erbkonstellationen eine Antwort zu finden, die der oben skizzierten grundsätzlichen Problemstellung Rechnung trug. Der Unterschied zur Gegenwart bestand nur darin, dass man sich berechtigt sah, auch zukünftige Generationen durch ein Testament, einen Familienvertrag oder ein Hausgesetz an eine bestimmte Vorgehensweise (auch Observanz genannt) zu binden, und dass diese innerfamiliäre Auffassung und Regelung durch staatliche Gesetzgebung bestätigt wurde. Verallgemeinernd wird man sagen dürfen, dass das Rechtsinstitut der Fideikommisse – d. h. der Unteilbarkeit, Unverkäuflichkeit und prinzipiell auch Unverpfändbarkeit eines bestimmten Besitzes, insbesondere Grundbesitzes – sich in der Regel dem Willen der beteiligten Familien verdankte und vom Staat nur legitimiert, nicht etwa aufgezwungen wurde; hingegen war die Aufhebung dieser erb- und besitzrechtlichen Sonderregelung eine staatliche Entscheidung – nun wiederum mit weit reichenden Folgen für die innerfamiliäre Willensbildung und die tatsächlichen Erbgänge.

Die Situation im ersten Jahrzehnt des 20. Jahrhunderts

War zu Beginn dieses Aufsatzes von einer zunächst überraschenden Beobachtung die Rede, so rührt das Erstaunen auch daher, dass das Enzbergische Hausgesetz vom 2. November 1782 nicht bei anderen Akten des 18. Jahrhunderts, sondern im Zusammenhang mit Prozessakten des frühen 20. Jahrhunderts überliefert ist, in denen es mehrfach als maßgeblich herangezogen wird. Wie war die Situation, in der die damals schon über 120 Jahre alte Vereinbarung neue Bedeutung erlangte? Am 13. Mai 1901 starb der Fideikommissherr (Majoratsherr) Rudolf Freiherr von Enzberg (geb. 11. März 1846) plötzlich und unerwartet früh. Er hinterließ seine zweite Ehefrau Anna geb. Freiin Gross von Trockau, zwei Kinder aus seiner ersten Ehe mit Anna geb. Gräfin von Waldburg zu Zeil und Trauchburg und acht damals noch lebende Kinder aus zweiter Ehe, aber trotz der zwei Ehen und der zahlreichen Kinder kein Testament, hingegen – wie sich bald herausstellen sollte – einen enorm verschuldeten, ja überschuldeten Besitz. Rudolfs ältester Sohn Konrad, erst 24 Jahre alt und im Militärdienst stehend, hatte von einem Tag auf den anderen die Nachfolge anzutreten. Die gesamte Erbproblematik zunächst kaum überschauend, schloss er am 3. Oktober und 25. November 1901 sowie am 27. Juni 1903 Nachlassvereinbarungen mit der Stiefmutter und den Geschwistern ab, sah sich dann aber gezwungen, diese anzufechten, da die ausschließliche Belastung mit allen »ererbten« Schulden einerseits, die Verpflichtung, Stiefmutter und Geschwister dennoch vertragsgemäß mit Wittum, Apanagen und Alimenten auszustatten, ihn in eine wirtschaftliche Lage brachten, die ihn fast verzweifeln ließ.[6]

Die dem Konflikt zugrunde liegende eigentumsrechtliche Problematik war, dass schon seit längerem der Unterschied zwischen dem als Fideikommiss gebundenen Besitz und dem frei verfügbaren Allod (Eigenbesitz des jeweiligen Gutsherrn) verwischt worden war.[7] Nur für den gebundenen Besitzteil übernahm der Fideikommissherr die alleinige Verantwortung, nur aus diesem waren aber auch die Ansprüche der Miterben an Apanagen, Mitgiften und andere finanzielle Unterstützungen zu befriedigen. Das freie Eigentum hingegen unterlag an sich – solange kein Verzicht erklärt war – dem bürgerlichen Erbrecht mit dem Pflichtteilsrecht, allerdings auch der gemeinsamen Haftung der Erben für die auf diesem Vermögensteil lastenden Schulden. Dem versuchten die Kontrahenten des Freiherrn Konrad zu entgehen. Sie argumentierten, sein und ihr Vater (bzw. Ehemann) Rudolf habe beabsichtigt, auch den ihm zugefallenen freien Besitz fideikommissarisch zu binden. Den hierfür geprägten Begriff »Allodfideikommiss« kommentierte ihr eigener Anwalt, Dr. Ernst Kielmeyer (Stuttgart), in einem Schreiben an seinen Tuttlinger Kollegen Holz, der den Majoratsherrn vertrat, mit den Worten: »Dass es Allodfideikommisse nicht gibt in dem Sinne, dass hinter diesem in Tuttlingen erfundenen Wort ein allgemein anerkannter rechtlicher Begriff steht, ist sicher.«[8] Er hielt das Wort aber für auslegungsfähig.

Baron Konrad hingegen bemühte sich, durch die Unterscheidung von Fideikommiss und Allod eine Übersicht über seinen tatsächlichen Besitz, dessen Belastung durch Schulden sowie die Mithaftung der Stiefmutter und der Geschwister und die diesen tatsächlich zustehenden Versorgungsansprüche zu erhalten; außerdem musste es ihm darum gehen, wieder einen Besitzteil zur freien wirtschaftlichen Verfügung zu erhalten, mit dem er für neue Einnahmen sorgen konnte. Bei der finanziell-buchhalterischen Klärung der Verhältnisse leistete ihm der neue, 1906 eingestellte Rentamtmann Karl Zittrell (1881–1939) wertvolle Dienste; er wurde eine unentbehrliche Stütze der Führung des Gutsbetriebs. Über die juristische Seite der Problematik versuchte Freiherr Konrad unter anderem dadurch Klarheit zu erhalten, dass er den Stuttgarter Oberlandesgerichtsrat Dr. Haidlen um eine Analyse des Familienvertrags bat, den die Freiherren Nikolaus (in damaliger Schreibweise: Niklas) Ludwig und Nikolaus Franz von Enzberg am 2. des Wintermonats (d.i. November) 1782 unterzeichnet und besiegelt hatten.

Dr. Haidlen legte 1908 zwei umfangreiche Gutachten über das Hausgesetz und spätere, auf ihm fußende Nachlassauseinandersetzungen vor. In dem schließlich am 14. Juni 1910 vor dem Landgericht Rottweil zwischen Konrad von Enzberg, seiner Stiefmutter und seinen Halbgeschwistern geschlossenen Vergleich mussten Letztere nicht nur die Differenzierung des Besitzes in Fideikommiss und Allod und ihre daraus folgenden, je unterschiedlichen Erb- und Versorgungsansprüche und Mitspracherechte anerkennen, sondern auch das Hausgesetz vom 2. November 1782 »als zu Recht bestehend« bestätigen.[9] Diese Verpflichtung sollte sogar einen Eid ersetzen und neue juristische Auseinandersetzungen über dieselbe Problematik ausschließen. Das wirft die Frage auf, was die wesentlichen Bestimmungen dieses Hausgesetzes (Familienstatuts) waren und welchen Umständen es seinerseits sein Entstehen verdankte.

Die Besitzverhältnisse in der zweiten Hälfte des 18. Jahrhunderts

Es gehört zur Eigentümlichkeit von Rechtsnormen, dass sie beanspruchen, grundlegende Probleme und Konflikte für möglichst lange Zeit (nicht selten sogar mit geradezu überzeitlicher Gültigkeit) zu lösen, während es meistens sehr konkrete geschichtliche Situationen sind, die nach einer rechtsförmigen Antwort verlangen. So war es auch mit dem Enzbergischen Hausgesetz von 1782. Es wird – nach und neben dem Testament des Hans Rudolf III. von Enzberg vom 27./28. Oktober 1610, von dem sich Ähnliches sagen ließe[10] – als weitere Stiftung eines Familienfideikommisses mit Primogenitur betrachtet, die bis zur gesetzlichen Aufhebung der Fideikommisse am 1. Januar 1939 Gültigkeit hatte.

Schon die Tatsache, dass es ein Onkel und sein Neffe waren, die da in der Person von Niklas Ludwig und Niklas Franz von Enzberg einen Vertrag miteinander schlossen, zeigt aber, dass die Dinge nicht so einfach lagen, wie es die knappe Zusammenfassung im Rückblick erscheinen lässt. Faktisch wurde hier nämlich die abwechselnde Herrschaft zweier Linien begründet, bei der die Führung des Familienbesitzes (und damals auch noch die politisch-gerichtliche Herrschaft im Enzbergischen Territorium) jeweils zwölf Jahre lang vom ältesten Sohn der betreffenden Linie ausgeübt werden sollte; die nicht regierende (»aquieszierende«, ruhende) Linie sollte die Hälfte des jährlichen Durchschnittsertrags zu ihrer Versorgung erhalten. Wurde damit also die Unteilbarkeit des Gesamtbesitzes bekräftigt, so machte der Vertrag vom 2. November 1782 die Primogenitur, d. h. die Vorzugsstellung des

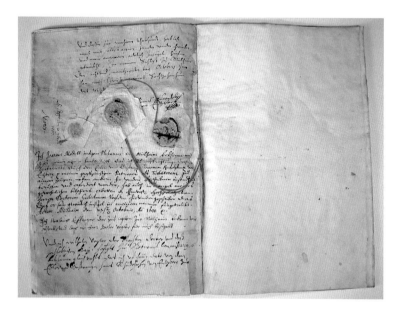

Testament des Hans Rudolf von Enzberg vom Jahre 1610, Papierlibell in Pergamenteinband, letzte Seite

jeweils ältesten Sohnes, nicht für das Gesamthaus, sondern für jede der beiden Linien getrennt verbindlich.

Wie war es zu einer Situation gekommen, die diese Regelung als notwendig und sinnvoll erscheinen ließ? Der Vater des Franz von Enzberg, Friedrich (10. November 1723–15. November 1753; nach der von Bauser 1909 eingeführten Zählung der XV. Träger dieses Vornamens in der Familie), starb sehr früh und nur wenige Wochen nach der Geburt des Knaben; diesem wiederum prophezeite man keine großen Überlebenschancen, da er an der damals »englische Krankheit« genannten Rachitis litt.[11] Deshalb wurde Friedrichs jüngerer Bruder Ludwig (7. August 1729–21. Juni 1817), der für eine Domherrenpfründe in Konstanz vorgesehen war, aus dem geistlichen Stand in das Leben eines Gutsherrn zurückgeholt. Er heiratete 1769 Antonia Karolina Freiin Roth von Schreckenstein; bis 1781 bekam das Paar sieben Kinder, vier Söhne und drei Töchter.

Aber auch Franz (8. September 1753–18. Mai 1814), der nun mit dem Onkel zusammen mit der Herrschaft belehnt wurde, bewies mehr Lebenskraft, als man ihm zunächst zugetraut hatte; er heiratete 1779 Konstantia Freiin Zweyer von Evenbach und hatte mit dieser ebenfalls sieben Kinder, drei Söhne und vier Töchter, die in den Jahren 1782 bis 1790 geboren wurden. Nach der Denkweise der Zeit war es aber unmöglich, dass sich Ludwig, der auf seine Versorgung als Domkapitular verzichtet und nun seinerseits schon erbberechtigte Nachkommen hatte, wieder aus Herrschaft und Besitz zurückzog. Als Franz volljährig wurde und eine eigene Familie gründete, stellte sich daher die Frage, wie beider Interessen miteinander vereinbar wären, ohne dass der Gesamtbesitz geteilt

Epitaph des Hans Rudolf III. von Enzberg (gest. am 27. April 1611), Stifter des Testaments vom 27. Oktober 1610, in der St. Gallus-Kirche in der Mühlheimer Altstadt

Nikolaus Friedrich XV. von Enzberg (1723–1753)

Nikolaus Franz von Enzberg (1753–1814) wurde nach Erlangung der Volljährigkeit zusammen mit seinem Onkel Ludwig mit der Herrschaft Mühlheim und Bronnen belehnt und schloss mit diesem den Hausvertrag vom 2. November 1782 ab.

Epitaph des Oberamtmanns Christoph Küttler (1745–1897), von 1770 bis 1809 oberster Beamter der Herrschaft Mühlheim, an der Außenwand der St. Gallus-Kirche in der Mühlheimer Altstadt

würde oder aus der gemeinsamen Verwaltung ständige Konflikte erwuchsen.

Drei Jahre nahm die Vorbereitung des Familienvertrags in Anspruch. Die Entwürfe formulierte der seit 1770 (bis 1809) amtierende Oberamtmann Christoph Küttler, wohl einer der fähigsten Beamten, den die enzbergische Herrschaft Mühlheim und Bronnen gehabt hat. Küttler, juristisch gebildet, zog die maßgebliche Literatur über Fideikommisse heran, insbesondere das »damals wie auch in der späteren Zeit als Autorität geltende [...] Werk des Esslinger Stadtsyndikus Knipschildt über adelige Familienfideikommisse vom Jahre 1654/1661«, worauf der oben erwähnte Oberlandesgerichtsrat Dr. Haidlen in seinem Gutachten vom 24. März 1908 einleitend hingewiesen hat. Onkel und Neffe Enzberg tauschten ihre Ansichten in manchem »Vortrag« und »Gegenvortrag« und schließlich in »Final-Erklärungen« aus, die zwischen dem Hinteren und dem Vorderen Schloss in Mühlheim lebhaft hin- und hergingen. Unter dem 20. April 1781 legte Küttler seinen beiden Dienstherren ein über 120 Folioseiten umfassendes, als Heft gebundenes »Pro Memoria« vor, zu dem er auch externe Gutachten von Beamten anderer Adelshäuser eingeholt hatte; neben dem Vorschlag für ein Familienstatut handelte es sich um eine detaillierte Bestandsaufnahme des damaligen Zustandes der enzbergischen Herrschaft Mühlheim und Bronnen einschließlich einer Beschreibung der Berechtigungen in den einzelnen Ortschaften und etwaiger Streitfragen.[12]

Küttler war dann auch geschickt genug, die ähnlich lautenden Schreiben zu formulieren, mit denen am 29. Juni 1781 zunächst Freiherr Niklas Franz und gleich nach ihm sein Onkel Ludwig (der gern mit der französischen Namensform »Louis« unterzeichnete) ihre Zustimmung zu den Vorschlägen erklärten. Ludwigs Version lautete: »Mir gereicht es zum besonderen Vergnügen, daß des Herrn Nepotens [Neffen] Hochwohlgeboren der von dem gemeinschaftlichen Oberamtman vorgelegte Plan eingeleuchtet hat. Ich nehme solchen gleichfalls an, sowohl was die zu errichtende Pacta Domus [Hausverträge] als die künftige Regierungs und Administrationsart unserer gemeinschaftl. Herrschaft betrift, und lasse mir auch gefallen, daß eines jeden Theils Regierungs und Administrations-Zeit auf Zwelf Jahre, und die jährliche Ertragnis der Herrschaft auf Zehen Tausend Gulden festgesezt, auch der Anfang der Regierung von mir gemacht werde. Und wie des übrigens zu der wegen Regulirung der Haupt- und Neben Umständen nothwendig abzuhaltenden Conferenz ganz gerne beytretten, und alles mitberathen, und abschliessen helfen werde, was zum Flor und Rufnahm der Familie, auch zu Erhaltung Fried und Einigkeit gedeihlich seyn mag; also wünsche nur noch grundmüthigst, daß der barmherzige Gott des Herrn Nepotens Hochwohlgeboren auch mit mänlicher Succession [Nachfolge, Nachkommenschaft] gnädiglich begaben möchte, um zu Errichtung des für die Familie so nothwendigen Fideicomisses gleichfalls veranlasset zu seyn.«[13]

Neben mancher noch notwendigen Klärung von Details mag es das hier angedeutete Warten auf einen »Stammhalter« auch für Franzens Linie gewesen sein, das noch einmal mehr als ein Jahr ins Land gehen ließ, ehe der Familienvertrag tatsächlich unterzeichnet wurde. Am Neujahrstag 1782 wurde als sein erstes Kind die Tochter Kreszentia geboren; das Ergebnis der zweiten Schwangerschaft wurde dann aber doch nicht mehr abgewartet: Der Sohn Leopold erblickte am 3. April 1783 das Licht der Welt, nach Abschluss des Hausvertrags und auch nach der am 2. März 1783 erteilten Zustimmung der Vormünder »der gegenwärtigen und künftigen Nachkommenschaft« zu diesem.

Das Hausgesetz vom 2. November 1782

Es war vielleicht kein Zufall, dass man den dem Totengedenken – also auch der Erinnerung an die Vorfahren – gewidmeten Feiertag Allerseelen für den feierlichen Akt der Stiftung eines neuen, aber die Tradition bekräftigenden Familienstatuts gewählt hatte, das nun von den beiden »regierenden« Freiherren von Enzberg »Im Nahmen der allerheiligsten Dreyfaltigkeit« und im Beisein des Fürstabts von Kempten, Honorius Freiherr Roth von Schreckenstein, sowie zweier Vertreter der Agnaten unterzeichnet und besiegelt wurde.[14] Der Gesamtinhalt des 26 Folioseiten umfassenden, in barocker Sprache und Ausführlichkeit gehaltenen Dokuments kann hier nur in der knappen Zusammenfassung wiedergegeben werden, die Dr. Haidlens Gutachten von 1908 zu entnehmen ist (dessen Orthographie beibehalten wurde). Nur einige Stellen werden in den Anmerkungen näher erläutert oder kommentiert:

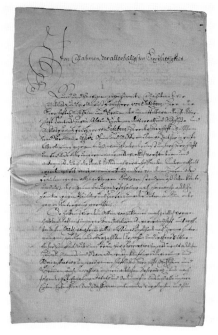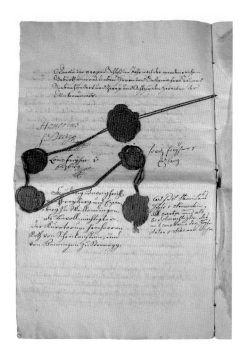

Hausvertrag vom Jahre 1782, erste und letzte Seite

»I. Ermahnung der Nachkommen zu verwandtschaftlichem Verhalten & Festhaltung der katholischen Religion.

II. Verbot der Teilung & Veräusserung der beiden Stiftern gemeinschaftlichen Herrschaft wie der dazu gehörigen Immobilien & Gerechtigkeiten, womit den Immobilien & Gerechtigkeiten die Fideikommisseigenschaft beigelegt wird.

III. Anordnung der Alternierung in Herrschaft & Fideikommiss, sog. Mutschierung.

IV. Ermahnung zur ordnungsmässigen Regierung & zur ordnungsmässigen Verwaltung des Fideikommisses; Verbot der einseitigen Verfügung des Fideikommissinhabers über die einzelnen zum Fideikommiss gehörigen Immobilien & Gerechtigkeiten.

V. Bestimmung einer jährlichen Revenue von 5000 fl. für den nicht regierenden & nicht im Genusse des Fideikommisses befindlichen anderen Linieherrn.

VI. Nähere Bestimmung der Succession in die Herrschaft & in das Fideikommiss nach dem Primogeniturrecht.

VII. Zulässigkeit einer Abweichung von der in § VI bestimmten Successionsordnung im einzelnen Falle aus wichtigem Grunde.

VIII. Pflicht des Fideikommissinhabers zur standesmässigen Alimentation seiner Geschwister bis zu deren Volljährigkeit.

IX. Bestimmung einer Apanage für die volljährigen Geschwister & einer Ausstattung, insbesondere für den Fall der Vereh[e]lichung.

X. Verbot an die Geschwister des Fideikommissinhabers, aus dem Fideikommiss den Pflichtteil oder eine Pflichtteilergänzung zu verlangen; Zulässigkeit einer Erhöhung oder Herabsetzung der Apanagen unter bestimmten Voraussetzungen.

XI. Verlangen des Erbverzichts Seitens der Töchter; Bestimmungen der Regredienterbschaft.[15]

XII. Festsetzung eines Wittums für die Wittwe des Fideikommissinhabers.

XIII. Ausschliessung der Wittwe des Fideikommissinhabers von der Verwaltung des Fideikommisses unter Belassung ihres bisherigen Nutzniessungsrechts an einem Fahrniskinderbteil, welches Recht gegen eine jährliche Entschädigung von 50 fl. abgelöst werden kann.

XIV. Verbot der Veräusserung von Fideikommissgegenständen & von Schuldaufnahmen über 4000 fl. ohne Einwilligung der Agnaten.

XV. Bestimmung eines Vorkaufsrechtes für den Fall der Veräusserung der einer Linie zustehenden Hälfte des Fideikommisses & für den Fall des Absterbens einer Linie.

XVI. Anordnung einer Inkorporierung bei Rückerwerb veräusserter, früher zum Fideikommiss gehöriger Immobilien; Zuschlag gewisser Beträge zum Allod in bestimmten Fällen.

XVII. Besondere Bestimmungen über die Dörfer Mahlstetten & Stetten ›& noch andere innerhalb der Herrschaft gelegene Immobilien & Gerechtigkeiten‹; ausdrückliche Erklärung dieser letzteren zu Fideikommiss.[16]

XVIII. Bestimmung über die Lehenshuldigung & die Kostentragung in diesem Falle.

XIX. Verpflichtung des Fideikommissinhabers, bei Absterben seines Vorgängers ohne Hinterlassung männlicher Nachkommen aushilfsweise dessen Töchter zu apanagieren & auszustatten, ausserdem aber

XX. die bis zum Todestage verfallene Rate der Apanage des Verstorbenen, bezwse [sic!] der in § V bezeichneten Revenue in den Allodialnachlass des Verstorbenen zu zahlen.

XXI. Wirkungen einer nichtstandesgemässen Ehe eines Fideikommissinhabers & Fideikommissanwärters.[17]

XXII. Auswahl der Vormünder.

XXIII. Verteilung der Schlösser zur Bewohnung an beide Linien.[18]

XXIV. Unterhaltung derselben.

XXV. Ausserordentliche Erhaltungen sind gemeinschaftlich zu tragen,

XXVI. ebenso Wiederherstellungen infolge von Naturereignissen;

XXVII. dagegen ist in den Fällen der §§ XXV & XXVI der Erlös aus Holzschlägen gemeinschaftlich.

XXVIII. Haftung der Erben des ohne männliche Nachkommen verstorbenen Stammherrn für die vorbezeichneten ausserordentlichen Ausgaben.

XXIX. Herabsetzung der in § V bestimmten Revenue in Kriegszeiten.

XXX. Feststellungen bei Wechsel des Fideikommissinhabers; jährliche Visitationen.

XXXI. Stellung des gemeinschaftlichen Oberamtmanns.

XXXII. Allgemeine Ermahnung an die Nachkommen zur Befolgung der vorstehenden Bestimmungen.

XXXIII. Eidliches Gelöbnis derselben; Aenderungen nur mit Zustimmung sämmtlicher Agnaten zulässig.«

Dr. Haidlen resümierte: »Der Familienvertrag vom 2. November 1782 enthält keine Bestimmungen über die Nachfolge in das Allodialvermögen des jeweiligen Fideikommissinhabers; insbesondere bestimmt er weder ausdrücklich noch implicite, dass der Erstgeborene auch Alleinerbe des Allodialvermögens des jeweiligen Fidei-

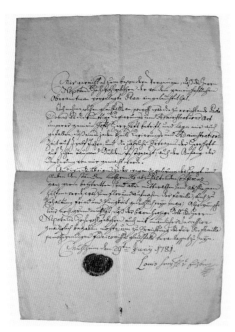

Einverständniserklärung des Freiherrn Niklas Ludwig von Enzberg zum Hausvertrag vom 29. Juni 1781

kommissinhabers sein solle; für die Erbfolge in das Allodialvermögen ist vielmehr das jeweils geltende gewöhnliche, das bürgerliche Recht, zur Zeit das Recht des bürgerlichen Gesetzbuches massgebend. Es kommen somit als Erben des Allodialvermögens nach gesetzlicher Erbfolge die Abkömmlinge des verstorbenen Fideikommissinhabers & zwar sämmtliche Abkömmlinge, nicht nur der Erstgeborene, in Betracht. Die in dem Familienvertrag festgesetzten Apanagen, Heiratgüter, Ausstattungen & das Wittum sind Aequivalente lediglich für den Ausschluss von dem Fideikommiss.«

Besitzübergaben und Nachlassauseinandersetzungen nach dem Hausgesetz

Zum 1. April 1794 stand dem Hausgesetz zufolge der erste »Regierungswechsel« im Patrimonialamt Mühlheim an, den die Freiherren Niklas Ludwig und Niklas Franz auch wie vereinbart vollzogen. Am 1. März jenes Jahres unterzeichneten sie einen förmlichen Übergabevertrag; zugleich einigten sie sich – wohl auf Bitten Ludwigs, der damals als Direktor des Ritterschaftskantons Hegau größere repräsentative Pflichten hatte – darüber, dass dieser und seine Erben weiterhin bis zum Jahre 1818 das große (Hintere) Schloss in Mühlheim bewohnen dürften, welches Recht dann ebenfalls 36 Jahre lang dem Freiherrn Franz und dessen Erben zustehen sollte.[19] Man war also durchaus in der Lage, die Bestimmungen des 1782 geschlossenen Vertrags flexibel zu handhaben, dachte aber nach wie vor in langen Zeiträumen, als sei die kleine Herrschaft Mühlheim eine von der Großen Politik unbeeinflusste »Insel der Seligen«.

Noch deutlicher wird dies im Herbst 1805, als im Haus Enzberg der nächste, zum 1. April 1806 fällige Führungswechsel bevorstand, zugleich aber schon zahlreiche Anzeichen auf die bevorstehende Mediatisierung hinwiesen. In den Akten über den Familienvertrag und auf ihm fußende spätere Vereinbarungen findet sich darüber aber nichts. Vielmehr versuchte der Freiherr Franz, der sich nun nach zwölfjähriger Regierungszeit wieder in den Wartestand zurückziehen musste, mit dem Argument, unter seiner Ägide sei mehr erwirtschaftet worden als in den Jahren vor 1782, für sich eine höhere Beteiligung am Ertrag zu erreichen; sein Onkel gab dem Begehren, wenn auch unter mahnendem Hinweis auf die »gegenwärtigen Kriegs krittischen Zeiten,« statt.[20]

Erst die 1808 von König Friedrich I. von Württemberg verordnete Aufhebung der Fideikommisse[21] führte innerhalb der Familie von Enzberg zu einer Reaktion, die den Zeitumständen Rechnung trug. »Um die Zersplitterung des Familienguts zu verhüten, [...] trat Franz seinen Teil an Mühlheim [...] an seinen ältesten Sohn Leopold« ab.[22] Hierüber schloss der Vater mit allen seinen Kindern am 24. Dezember 1810 einen Übergabe-, Erb- und Auslösungsvertrag ab, in dem Leopolds Geschwister gegen eine Abfindung ausdrücklich auch auf ein mögliches Erbe aus dem Allodialvermögen verzichteten; für das Fideikommissvermögen galten ohnehin die oben erläuterten Bestimmungen des Hausvertrags, die den Beteiligten damals noch gut bekannt waren.[23] Nach den Erfahrungen der seither vergangenen zwei Jahrhunderte muss man nicht nur die Klugheit dieses Übergabevertrags loben, sondern einen Vertrag unter Lebenden auch als die Form einer Nachfolgeregelung bezeichnen, die einer Verfügung von Todes wegen allemal vorzuziehen ist, ganz zu schweigen von einer Nachlassauseinandersetzung ohne Testament.

Franz von Enzberg starb am 18. Mai 1814; sein Onkel Ludwig überlebte ihn noch um drei Jahre, doch auch er hatte wegen seines hohen Alters noch zu Lebzeiten »sein ganzes eigenes und lehnbares Vermögen an seinen ältesten Sohn gegen Abfindung der Geschwister« übergeben.[24] Doch Honor (1769–1844) blieb ebenso kinderlos wie sein jüngerer Bruder Josef (1771–1846), mit dem die Nebenlinie schon in der zweiten Generation erlosch. »Der Gedanke, zweien Adelsfamilien mit ihrer Nachkommenschaft den vollen Genuß des Familienguts zu sichern, hätte mit der Zeit zur Zersplitterung geführt.«[25] Vor allem: Der ohnehin stets mit Verschuldung kämpfende Besitz hätte wohl kaum noch längere Zeit einen für zwei kinderreiche Familien ausreichenden Ertrag abgeworfen.

Wie es geschehen konnte, dass auch die allein verbleibende, auf den Freiherrn Nikolaus Franz zurückgehende Linie trotz durchweg finanziell »guter« Heiraten innerhalb von drei Generationen die Probleme anhäufte, vor die sich dann Baron Konrad in den ersten Jahren des 20. Jahrhunderts gestellt sah, steht auf einem anderen Blatt, das hier nicht aufgeschlagen werden kann.[26] Wie oben dargestellt, wurde Konrad nicht durch Übergabe zu Lebzeiten, sondern erst durch den Tod seines Vaters Rudolf am 13. Mai 1901 zu dessen Nachfolger, ebenso wie es diesem mit seinem Vater Leopold d. J. (gest. 13. April 1879) und diesem wiederum mit seinem Vater Leopold d. Ä. (gest. 31. Januar 1855) ergangen war. Ein Testament hat offenbar keiner der drei hinterlassen, wohl im Vertrauen auf die jeweils geschlossenen Heiratsverträge und die Gültigkeit des Hausgesetzes von 1782. Auf dieses bezogen sich auch die Erben in den Nachlassverhandlungen von 1855 und 1879; in den von ihnen unterzeichneten Anerkennungsurkunden setzten sie aber irrtümlich voraus, was das Hausgesetz hinsichtlich des Fideikommissvermögens bestimme, gelte auch für das Allod, und verzichteten ohne Not und Entschädigung, im Ergebnis aber dennoch rechtsgültig auch auf ihr Erbteil an diesem.[27]

Folgt man dem zweiten, diesen Vereinbarungen geltenden Gutachten Dr. Haidlens vom 23. Juli 1908, dann war es in der teils ähnlichen, teils eher noch komplizierteren Situation nach dem Tod des Freiherrn Rudolf von entscheidender Bedeutung, dass am 1. Januar 1900 das neue Bürgerliche Gesetzbuch in Kraft getreten war. Nach diesem war nämlich ein Irrtum über eine verkehrswesentliche Eigenschaft einer Sache – wie die geschilderte Verwechslung von Allodial- mit Fideikommissgrundstücken – nun doch rechtserheblich geworden, was zum Anlass genommen werden konnte, auf einem solchen Irrtum beruhende Vereinbarungen als ungültig anzufechten (§§ 119, 121, 135 BGB). Die von den Kontrahenten des Freiherrn Konrad gewünschte Bildung eines zweiten Fideikommisses aus dem bisherigen Allod war darüber hinaus ebenfalls nicht zustande gekommen, weil hierzu nicht die Genehmigung des zuständigen Landgerichts Rottweil eingeholt worden war. Schließlich bedurfte die Nachlassvereinbarung auch noch der Zustimmung des Vormundschaftsgerichts; hierzu war für jedes erbberechtigte minderjährige Kind ein Pfleger zu bestimmen, der für sein Mündel der Vereinbarung beitrat.[28]

Der am 10. Juni 1910 geschlossene Vergleich verschaffte Baron Konrad die Handlungsfreiheit, die er zur wirtschaftlichen Sanierung des Besitzes benötigte. So verkaufte er, um liquide Mittel zu bekommen, mit Zustimmung der Agnaten die bislang zum Stammgut gehörende Lippachmühle mit Grundstücken und Fischereirechten am 7. Juni 1910 an die Gemeinde Mahlstetten und verleibte als Ersatz dafür ihm als freies Eigentum gehörende Grundstücke in Mühlheim dem Fideikommiss ein.[29] Kann man das Verhältnis von Fideikommiss und freiem Eigentum innerhalb der Gutswirtschaft als eines von »Standbein« und »Spielbein« bezeichnen, dessen überlegte Anwendung dem Majoratsherrn durchaus Vorteile bot, so war es zweifellos auch lästig für ihn, noch bis in die 1930er Jahre hinein von einem guten Dutzend Agnaten, die teils schon im fernen Ausland lebten, die Zustimmung einholen zu müssen, wenn er ein zum gebundenen Besitz gehörendes Grundstück veräußern wollte. Insofern musste seine Einstellung gegenüber dem Fideikommiss notwendigerweise zwiespältig sein: Dieses rechtliche Instrument hielt einerseits den Besitz zusammen und verschaffte dem Haupterben auch eine prestigeträchtige Vorzugsstellung; auf der anderen Seite trug er allein die Last der Verantwortung, musste aber noch viele Familienmitglieder mitreden lassen.

Die gesetzliche Aufhebung der Familienfideikommisse; Ende und »Erbe« des Hausvertrags

Das Rechtsinstitut der Familienfideikommisse starb in der Tat einen sehr langsamen Tod.[30] Mehrfach wurde seine Aufhebung verfügt und dann doch nicht vollzogen. Selbst seine schließlich erfolgte Liquidierung (es handelte sich ja nicht um ein gewissermaßen natürliches »Absterben«, sondern um ein Ende aufgrund bewusster Einwirkung von außen) hatte noch eine bemerkenswerte Pointe: In demselben Gesetz (vom 6. Juli 1938), mit dem die fideikommissarische Bindung von Vermögen aus gesellschaftspolitischen Gründen – als dem bürgerlichen Erbrecht widersprechend – für ungültig erklärt wurde, entzog der Staat den Waldbesitz, aus dem die Stammgüter ganz überwiegend bestanden hatten, mit dem ökologischen Argument der nachhaltigen Bewirtschaftung erneut der freien Verfügbarkeit der Besitzer, indem er die Bildung von Schutzforsten anordnete.[31]

Der erste Vorstoß zur Aufhebung der Fideikommisse kam als »Revolution von oben« durch die Verordnungen König Friedrichs I. von Württemberg vom 22. April

1808 und 26. April 1812, die im Geist des napoleonischen Code civil gegen den mediatisierten Adel gerichtet waren.[32] Die Bundesakte von 1815 bewirkte auch in dieser Hinsicht eine Restauration der Verhältnisse, der die Adelsdeklaration König Wilhelms I. vom 8. Dezember 1821 Rechnung trug: Die Aufhebung wurde rückgängig gemacht. Die Volksbewegung von 1848 schrieb nicht nur die Beseitigung der Fideikommisse, sondern die des Adels als eines bevorrechtigten Standes überhaupt in die Verfassungen der Paulskirche und mehrerer Einzelstaaten, doch infolge der Niederschlagung der Revolution kam es wieder nicht zur Verwirklichung.[33]

Die Weimarer Reichsverfassung vom 11. August 1919 verfügte in Art. 109 – vom Gleichheitsgrundsatz ausgehend – u. a.: »Öffentlichrechtliche Vorrechte oder Nachteile der Geburt oder des Standes sind aufzuheben. Adelsbezeichnungen gelten nur als Teil des Namens und dürfen nicht mehr verliehen werden.« In dem dem Bodenrecht gewidmeten Art. 155 wurde bestimmt: »Die Fideikommisse sind aufzulösen.« Trotz des Grundsatzes »Reichsrecht bricht Landesrecht« hatte allerdings Art. 59 des Einführungsgesetzes zum Bürgerlichen Gesetzbuch vom 18. August 1896 »die Gesetzgebung über Stammgüter den Landesgesetzgebungen vorbehalten.«[34]

Auch die Länder – in diesem Fall Württemberg und Baden – nahmen entsprechende Bestimmungen 1919 in ihre neuen, republikanischen Verfassungen auf. So erklärte § 66 der bereits vor der Reichsverfassung verabschiedeten Badischen Verfassung vom 23. April 1919: »Das Sonderrecht der Stammgüter ist aufgehoben.« Wenn dieser kategorischen Aussage aber erst am 18. Juli 1923 ein Ausführungsgesetz (sog. Stammgüteraufhebungsgesetz) folgte, dann wird deutlich, dass die konkrete Umsetzung viel Zeit in Anspruch nahm, nicht zuletzt wohl auch, weil den betroffenen Familien noch Gelegenheit zur freiwilligen Auflösung der Fideikommisse gegeben werden sollte. Für das Haus Enzberg hatte die badische Regelung ohnehin geringere Bedeutung, weil es dem eigenen Interesse entsprach, den in der Markung Buchheim gelegenen Besitz seit der 1862 erfolgten Ablösung der Lehensbindung auch tatsächlich als freies Eigentum zu betrachten, Allod also in beiderlei Hinsicht: nicht mehr Lehen und auch nicht Fideikommiss.[35]

In Württemberg wurde zwar bereits am 27. Mai 1920 ein Gesetz »betreffend vorläufige Maßnahmen gegen die fideikommissarische Bindung von Vermögen« erlassen, doch verhinderte dieses allenfalls die Bildung neuer Fideikommisse, die ja ohne staatliche Genehmigung rechtlich unwirksam waren. Zehn Jahre später wurde mit dem Gesetz über die Auflösung der Fideikommisse vom 14. Februar 1930, mit dem gleichzeitig ein Gesetz über das Anerbenrecht verabschiedet wurde, ein neuer Anlauf unternommen, nun auch den noch bestehenden Fideikommissen zu Leibe zu rücken. Wirklich eilig hatte der württembergische Gesetzgeber es aber offenbar immer noch nicht, wenn die Fideikommisse mit dem Tod der jeweiligen Inhaber, spätestens aber am 1. April 1960 (!) erlöschen sollten.

Das nationalsozialistische Regime erwies sich auch in dieser Hinsicht als weniger rücksichtsvoll; insbesondere setzte es sich »souverän« über die bisherigen föderalen Zuständigkeiten hinweg, indem es zunächst am 29. Juni 1935 ein »Gesetz zur Vereinheitlichung der Fideikommissauflösung« und schließlich am 6. Juli 1938 das bis heute geltende »Gesetz über das Erlöschen der Familienfideikommisse und sonstiger gebundener Vermögen« erließ. Die Stuttgarter Rechtsanwälte Dr. Göz und Dr. Schwab, seit 1919 Justitiare des Württembergischen Grundbesitzerverbandes und auch nach dessen Auflösung weiterhin in gleicher Sache tätig, informierten die bisherigen Mitglieder in einem Rundschreiben vom 12. Juli 1938 über die Konsequenzen: »Das Gesetz lehnt die fideikommissarische Bindung und auch deren Ersatz durch andere Rechtsformen weitgehend ab und unterstellt ab 1. Januar 1939 die Nachfolge in die Fideikommisse mit Ausnahme des schutzbedürftigen Waldes (in Zukunft ›Schutzforst‹) und der Gegenstände von besonderem künstlerischem, wissenschaftlichem, geschichtlichem oder heimatlichem Wert (z.B. Bauwerke, Gemäldegalerien, Archive, Büchereien) der Vererbung nach bürgerlichem Recht, also auch dem Pflichtteilsrecht der überlebenden Witwe und der pflichtteilsberechtigten Abkömmlinge. [...] Die Familien, die bisher Träger gebundenen Besitzes waren, sind nunmehr darauf angewiesen, aus eigener Kraft eine etwaige unwirtschaftliche Zersplitterung der Besitzungen zu verhüten. Die Rechtseinrichtungen des bürgerlichen Rechts und das Reichserbhofgesetz weisen hierfür den Weg. Insbesondere ist dem freigewordenen Fideikommißinhaber nunmehr weitgehend die Möglichkeit der Errichtung von letztwilligen Verfügungen, des Abschlusses von Erbverträgen, der Anordnung von Vor- und Nacherbfolge eröffnet – er soll für die Zukunft nicht besser, aber auch nicht schlechter gestellt sein als der freie Besitzer und Eigentümer, der über seinen ererbten Grundbesitz unter Anwendung des bürgerlichen Rechts unter Lebenden und von Todes wegen verfügen kann. Die Erhaltung der Besitzungen ohne Bindung erfordert allerdings von dem Inhaber, den Anwärtern und allen Familienmitgliedern ein hohes Maß von Verantwortung und Opferwilligkeit.«

Am 28. August 1938 trafen sich die vier Söhne und die Tochter des Majoratsherrn Konrad Freiherr von Enzberg in Steinebach am Wörthsee, um »alle mit der Fideikommissauflösung zusammenhängenden Fragen« zu besprechen. Die Geschwister waren sich in dem Grundsatz einig: »Das Gut Mühlheim und Bronnen soll als Familienheimat in einer Hand erhalten werden.«[36] Als »einzige Möglichkeit zur Erhaltung in einer Hand« sahen sie damals die Errichtung eines Erbhofs. Das Gut sollte an den ältesten Bruder als Anerben übergehen; dafür verpflichtete sich dieser, den Geschwistern und ihren Familien »Heimatzuflucht und Unterstützung [...] bei ausserordentlicher Notlage« zu gewähren. Diese Zusage erlangte in den Kriegs- und ersten Nachkriegsjahren durchaus praktische Bedeutung. In einer weiteren, am 27. Dezember 1938 in Mühlheim geschlossenen Vereinbarung erklärten sich die drei jüngeren Brüder auch bereit, durch Vertrag mit ihrem Vater zu Gunsten des ältesten Bruders auf ihr »gesetzliches Erbrecht und Pflichtteilsrecht« beim Tode des Vaters zu verzichten.

Nach dem Gesetz vom 6. Juli 1938 wurde die Fideikommissauflösung erst rechtswirksam, wenn der Fideikommisssenat des zuständigen Oberlandesgerichts einen diesbezüglichen »Schein« ausgestellt hatte, mit dem dann die Änderung des Grundbucheintrags beantragt werden konnte. Im Mühlheimer Fall dauerte das – sicher nicht nur kriegsbedingt – noch über ein Jahrzehnt. Vor Erteilung des Fideikommissauflösungsscheins waren nämlich mehrere Bedingungen zu erfüllen, so die Sicherstellung der Rechte und Ansprüche der Fideikommissgläubiger sowie der Versorgungs- und Abfindungsansprüche der bisherigen Bediensteten, der Waldschutz durch Bildung eines Schutzforsts und Maßnahmen zur Erhaltung von Gegenständen mit besonderem künstlerischen oder historischen Wert.[37] Im Zuge dieser, einen umfangreichen Schriftverkehr erfordernden Arbeiten ist, soweit erkennbar, an der Jahreswende 1950/51 zum letzten Mal vom Enzbergischen Hausgesetz von 1782 die Rede gewesen, als das Oberlandesgericht Tübingen eine »vom Bürgermeister beglaubigte Abschrift« desselben anforderte.[38]

Am 27. Juni 1951 genehmigte das Justizministerium des Landes Württemberg-Hohenzollern die Bildung eines »Schutzforsts Freiherr von Enzberg bei Mühlheim«, dem fast der ganze bislang fideikommissarisch gebundene, überwiegend in den Markungen Nendingen und Fridingen gelegene Waldbesitz einverleibt wurde, darüber hinaus auch beide Schlösser in Mühlheim als zu dessen Verwaltung erforderlich. Hierauf erteilte das Oberlandesgericht Tübingen am 19. Dezember 1951 den Fideikommissauflösungsschein; im Januar 1952 wurden die Grundbücher entsprechend berichtigt.

Baron Konrad, der mehr als ein halbes Jahrhundert lang um die Erhaltung des Familiensitzes und -besitzes gekämpft hatte, übergab diesen erst wenige Monate vor seinem Tod (12. April 1956) formell an seinen ältesten Sohn Heinrich, obwohl dieser als ausgebildeter Forstwirt nach Rückkehr aus der Gefangenschaft den Gutsbetrieb schon maßgeblich führte. »[...] das Hausgesetz ist mit der Fideikommissauflösung erloschen,« hatte Heinrich am 10. Januar 1940 in einem Brief an seinen Onkel Georg Freiherr Rinck von Baldenstein geschrieben.[39] Das war wohl faktisch so, auch wenn dem staatlichen Gesetz nun nicht umgekehrt eine Verpflichtung entnommen werden konnte, dem Geist des alten familieninternen Vertrags zuwider zu handeln. Gewiss: keine Erb- und Nachfolgeregelung könnte heute mehr Bestand haben, die Söhne Töchtern vorzöge oder eine bestimmte Konfession vorschriebe; und wenn es keine Stände mehr gibt, ist auch die Forderung nach »standesgemäßen« Ehen obsolet. Aber das einleitend umrissene Grundproblem, das in der Vergangenheit mit der Fideikommissbildung gelöst werden sollte, bleibt bestehen. Insofern hat sich seit 1945 auch in der Geschichte der Familie von Enzberg in vieler Hinsicht ein grundlegender Wandel vollzogen, ohne dass auf die Kontinuität einer lebendigen, ebenso geschichtsbewussten wie zeitgemäßen Traditionspflege verzichtet werden könnte.

Anmerkungen

1 Mit einer Ausnahme (in Anm. 10) gehören alle in diesem Aufsatz herangezogenen Akten zu dem Teil des Enzberg-Archivs Mühlheim, der seit 2008 durch das »Findbuch zur Ergänzungserschließung (10. Band des Gesamtrepertoriums)« erfasst ist. Die Akten werden deshalb im folgenden nur mit ihrer jeweiligen Signatur (z.B. »A 35«) zitiert, ohne nochmaligen Hinweis auf Archiv und Bestand.

2 Sowohl im Königreich Württemberg als auch im Großherzogtum Baden war neben erblichem Adel der Besitz oder Mitbesitz eines Ritterguts die maßgebliche Voraussetzung für die Zugehörigkeit zur Ritterschaft.

3 Mit einer Selbstverständlichkeit, die dennoch erschüttert, spricht etwa Günter de Bruyn auch im Hinblick auf die Gebiete westlich von Oder und Lausitzer Neiße nicht nur von Enteignung, sondern auch von Vertreibung: Die Finckensteins. Eine Familie im Dienste Preußens, Berlin 1999/2004, Kapitel »Erhaltung für ewige Zeiten« und »Trümmer«, passim.

4   Ebenda (Taschenbuchausgabe 2004), S. 217.
5   Einen nützlichen Überblick mit weiterführenden Literaturhinweisen gab Professor Dr. Gerhard Lingelbach in seinem am 6. Mai 2006 in Warthausen vor dem St. Georgen-Verein der Württembergischen Ritterschaft gehaltenen Vortrag »Familienfideikommiss – gebundenes Vermögen zwischen Pflicht und Privileg. Zur Geschichte der Familienfideikommisse« (Ms., 18 S., eine Beilage); siehe auch Anm. 31.
6   In einer handschriftlichen Aufzeichnung (»Mühlheim, im Februar 1908«, 3 S.) bringt Baron Konrad diese Stimmungslage deutlich zum Ausdruck; er habe schon daran gedacht, Sequestration (Zwangsverwaltung) des Gutes zu beantragen. Seinen »Rechtsvorgängern« machte er »schwere Vorwürfe«. Ähnlich äußert er sich in einer offenbar erst nach 1939/45 verfassten maschinenschriftl. Niederschrift mit dem Titel »Kurze Darstellung der Verhältnisse der Herrschaft Mühlheim, wie sie [waren?] bei meinem Antritt, und wie sie sich unter meiner Verwaltung entwickelt.« Beide jetzt in: A 35.
7   Das mag damit zusammenhängen, dass der Begriff »Allod« im Lauf des 19. Jahrhunderts einem Bedeutungswandel unterlegen hatte, den man sich zu Beginn des 20. schon nicht mehr ausreichend vergegenwärtigte. Seit dem Mittelalter war »Allod« das Gegenstück zum »Lehen«; dieser Unterschied entfiel aber mit den Lehensablösungen (Allodifizierungen) in den 1850er und 1860er Jahren. Jetzt war aller Besitz prinzipiell Eigentum der jeweiligen Adelsfamilie, doch wurde dieses nun dahingehend unterschieden, ob es gebunden (Fideikommiss) oder frei verfügbar sei, Allod also in einem neuen Sinn; vgl. auch unten Anm. 16.
8   Schreiben vom 13. März 1910, in: A 35.
9   Vergleich vom 14. Juni 1910, mehrfach in: A 35 und A 43.
10   So wird seit Bauser, Mühlheim (s. Anm. 11; hier S. 32–33) tradiert, Hans Rudolf III. habe durch sein Testament »die Herrschaft Mühlheim zu einem Familienfideikommiß mit Erstgeburtsfolge« erhoben. Die genaue Lektüre des Originals (U 966; vgl. Regest) und einer 1728 angefertigten Abschrift (in: Nr. 31 des »alten« Aktenbestands) stützt diese Interpretation aber ebenso wenig, wie die damalige Familiensituation sie wahrscheinlich macht. Hans Rudolf, der am 27. April 1611 starb, hatte trotz zweier Ehen selbst keine Nachkommen, dafür aber zwei ihn überlebende Halbbrüder aus der zweiten Ehe seines Vaters, Bruno und Sigmund, mit denen er 30 Jahre lang die Herrschaft mehr schlecht als recht geteilt und manchen Rechtsstreit ausgefochten hatte. Für die Anordnung einer Erstgeburtfolge war dies kaum der richtige Zeitpunkt, wohl aber für einen Appell an den Zusammenhalt der Familie. Letztlich war es eher die Natur, die die tatsächliche Erbfolge bestimmte, als noch so gut gemeinte Verfügungen: Auch Bruno starb kinderlos, während Sigmund zwei Söhne hatte, die die Herrschaft 1631 erneut unter sich teilten (!); selbst als der jüngere der beiden starb, schloss der ältere mit dessen Witwe einen so ungünstigen Vertrag, dass er seinem einzigen Sohn (Nikolaus Friedrich XIII., 1650–1726) einen riesigen Schuldenberg hinterließ, der fast zum Verlust des Besitzes führte. Das Hausgesetz von 1782 wäre auch kaum nötig gewesen, wenn aus dem Testament von 1610 schon eindeutige Erb- und Nachfolgeregelungen zu entnehmen gewesen wären; vgl. auch Anm. 16.
11   Friedrich Bauser, Mühlheim an der Donau und die Herren von Enzberg. Ein Gedenkblatt zur Feier des 500jährigen Besitzes der Herrschaft (23. September 1409), Coburg 1909, S. 38; wohl gestützt auf: Joseph Wieser, Genealogie der Freiherrlich von Enzberg'schen Familie zu Mühlheim a.d. Donau (Personal-Matricel), in: A 2.
12   In: A 43.
13   Ebenda. Die ungewöhnliche Form »des Herrn Nepotens Hochwohlgeboren« ist ähnlich zu sehen wie »des Königs Majestät«; »Hochwohlgeboren« steht also am Anfang des Textes im Dativ, am Schluss im Akkusativ.
14   Original in: A 44, mehrere Abschriften in: A 43. Der erwähnte Fürstabt von Kempten war ein naher Verwandter von Ludwig von Enzbergs Frau und wohl auch Pate von beider ältestem Sohn Honor (der Vorname wurde in der Familie nur dieses eine Mal vergeben); er hatte in der Auseinandersetzung zwischen Onkel und Neffe vermittelt und war deshalb und sicher auch wegen seines Ranges als Zeuge hinzugebeten worden.
15   Die »Fräulein Töchter« hatten bei ihrer Verehelichung »nach dem löblichen Gebrauch der Reichsritterschaft auf alle väter- und brüderliche liegend und fahrende Erb- und Verlassenschaft« eidlich zu verzichten (nach Dr. Haidlen erstreckte sich dieser Verzicht trotz des Worts »alle« nicht zwingend auch auf das Allodialvermögen); erst wenn der letzte männliche Angehörige ihrer Linie

gestorben war, konnten Töchter bzw. Schwestern und deren Nachkommen (sog. Regredienterben) Ansprüche geltend machen. Ein positives Beispiel eines solchen Falls ist die Teilung der Herrschaft Wieladingen und Unteralpfen im Südschwarzwald unter den Nachkommen der beiden Schwestern Kreszentia und Konstantia Zweyer von Evenbach, der Letzten ihres Stammes, von denen die eine einen Freiherrn von Schönau-Wehr, die andere den Franz von Enzberg geheiratet hatte; bis heute besitzen Angehörige beider Familien zumindest noch kleinste Anteile an der Burgruine Wieladingen (vgl. A 32, 75 und 235). Anders gestaltete sich der 28 Jahre dauernde Regredienterbenprozess nach dem Tod des letzten Vertreters der Weiterdinger Linie der Freiherren von Hornstein 1805 – wohl vor allem deshalb, weil andere Linien der Familie weiterbestanden; vgl. Edward Freiherr von Hornstein-Grüningen, Die von Hornstein und von Hertenstein. Erlebnisse aus 700 Jahren, Konstanz 1911, S. 670–671.

16 Bei dieser Formulierung kann man leicht übersehen, dass hier die Dörfer Mahlstetten und Stetten – abgesehen von der hohen Gerichtsbarkeit, die Reichslehen war – ebenso ausdrücklich und wiederholt als »unstrittig eigen« bezeichnet werden. Unsicher waren die Vertragschließenden hingegen darüber, welche Besitzungen ihr Vorfahr Hans Rudolf »in dem im gemeinschaftlichen Archiv vorgefundenen Testament« von 1610, auf das sie sich nur in diesem Paragraphen beziehen, als zum Fideikommiss gehörig betrachteten, da dem Testament kein Güterinventar beigefügt war. Um aber »soviel noch möglich, dessen löbliche Intention zu erfüllen,« schlugen sie die unklaren Besitzungen und Berechtigungen zum Fideikommiss.

17 Die strenge Erwartung an die Söhne und spätere Erben, »daß sie bey ihren mit der Zeit vornehmenden Heurathen auf altadelich und Ritterbürtige Familien, vornehmlich aber auf Gottesforcht, Ehrbarkeit und Tugend ihr Absehen haben werden,« widrigenfalls sie und ihre Kinder ihre Erbansprüche verlören, ließ doch die bezeichnende Möglichkeit offen, dass ein Stammherr, um »die Herrschaft bey der Familie zu erhalten, […] seine Zuflucht zu einer reichen Heurath zu nehmen« gezwungen sein könnte. In diesem Fall wollten die Fideikommiss-Stifter gestatten, dass »die regierende Herren sich auch mit ungeadelten ehrbaren Personen verehelichen mögen«; die Söhne aus einer solchen Verbindung sollten sich jedoch wieder »mit Töchtern von altadelichen Ritterbürtigen Stamme« vermählen.

18 Der Paragraph lässt zu Beginn erkennen, dass es eigentlich besser wäre, wenn der jeweils nicht regierende Linieherr nicht in Mühlheim bliebe (und – so »zwischen den Zeilen«, aber deutlich – vielleicht doch störenden Einfluss geltend machte). So geben die Freiherren Ludwig und Franz zumindest ihren Erben »väterlich und wohlmeynend« den Rat, »sich lieber qualificirt zu machen, grossen Herren zu dienen, und dadurch den rühmlichen Thaten ihrer Vorfahren zu folgen, als ihr Leben im Müßiggang, und ihrem adelichen Stande ungemässer Ruhe zuzubringen.« Weil es aber vorkomme, dass »der Fremde sich nicht bedient werden mag« (d.h., dass ein Landesfremder nicht von anderen Herrschaften in Dienst genommen werde), vereinbarten sie, »daß zu allen Zeiten das grosse Schloß dem regierenden Herrn und den Seinigen, das kleinere aber dem andern Linieherrn und den Seinigen zur Bewohnung zustehen solle.«

19 Vertrag in: A 39.

20 Zustimmung Ludwigs zu der am 2. und 16. September 1805 mit seinem Neffen vereinbarten Punktation, vom 19. September 1805, in: A 43.

21 Vgl. unten Abschnitt 6.

22 Bauser, Mühlheim, S. 36.

23 Der Vertrag in: A 40; die juristische Beurteilung am Anfang von Dr. Haidlens zweitem Gutachten vom 23. Juli 1908, in: A 35.

24 Bauser, Mühlheim, S. 38.

25 Ebenda, S. 38–39. Der dritte Bruder, Karl (1773–1822), war geworden, was dem Vater verwehrt geblieben war: Domkapitular in Konstanz; sein Grabmal befindet sich im Kreuzgang des Münsters. Der jüngste, Ludwig wie der Vater, starb schon 1802 »als österr. Leutnant, ledig« (ebenda; das dort angegebene Geburtsjahr 1787 kann nicht stimmen, es kommen nur 1774–1776 in Frage).

26 Es geht dabei nicht darum, Sachverhalte nicht deutlich benennen zu wollen; vielmehr handelt es sich um eine andere – ökonomische – Thematik, deren Bearbeitung die Heranziehung anderer Quellen erfordern würde. Beim vorliegenden Aufsatz steht aber die rechtsgeschichtliche Fragestellung im Vordergrund.

27 Verlassenschaftteilung vom 6. Juni 1855 in: A 24; dito vom 18. April 1879 in: A 33.

28 Die im April und Mai 1911 ergangenen Beschlüsse des Amtsgerichts Tuttlingen als Vormund-schaftsgericht in: A 15. Bis dahin stand der im Juni 1910 geschlossene Vergleich fast noch einmal in Frage, weil Graf Berthold Schenk von Stauffenberg (Jettingen), Schwager der Freifrau Anna von Enzberg und als Pfleger für deren noch minderjährige Söhne eingesetzt, Zweifel an der Gültigkeit des Hausgesetzes von 1782 äußerte. Sein offenbar nicht nur sehr kompetenter, sondern unabhängig urteilender Anwalt Dr. Kielmeyer (Stuttgart) belehrte ihn in einem Gutachten vom 26. Januar 1911 nicht nur diesbezüglich eines Besseren, sondern machte auch deutlich, dass die Bestimmungen des Hausgesetzes für die Witwe, die nachgeborenen Söhne und auch die Töchter günstiger seien als das sonst »in Württemberg geltende gemeine Recht der Stammgüter oder Fideikommisse;« es liege also eindeutig in deren Interesse, »dass das Hausgesetz so wie es einmal ist, besteht.« (ebenda)

29 Zu diesem Zweck wurde am 18. Februar 1912 eine Nachstiftung zum Familienfideikommiss vorge-nommen; siehe A 41.

30 Vgl. Jörn Eckert, Der Kampf um die Familienfideikommisse in Deutschland. Studien zum Abster-ben eines Rechtsinstituts, Frankfurt/M. u. a. 1992.

31 1919 wurden in Württemberg 69 % der gesamten Fideikommissfläche forstwirtschaftlich genutzt, 30,3 % landwirtschaftlich. Es gab 141 Fideikommisse, die eine Fläche von rund 128.000 ha einnah-men; das waren nur 6,6 % des Staatsgebiets, während der fideikommissarisch gebundene Waldbe-sitz fast 15 % der gesamten Waldfläche des Landes ausmachte. Die Fideikommisswaldungen (ein-schließlich der dem Haus Württemberg gehörenden) waren fast doppelt so ertragreich wie der übrige Privat-, insbesondere Bauernwald: »In der Natur des Forstwirtschaftsbetriebs liegt es, daß nur dauernder Besitz eine gesunde, nachhaltige Waldwirtschaft gewährleistet.« Die Fideikommiss-größen waren extrem unterschiedlich, waren doch Besitzungen der bisherigen Krone und der Stan-desherren ebenso erfasst wie kleine Rittergüter; so reichte die Spanne von 45 Fideikommissen mit jeweils weniger als 100 ha, die alle zusammen nur 1,4 % der Gesamtfläche einnahmen, bis zu fünf Latifundien von je über 5000 ha, die allein 40 % der gesamten Fideikommissfläche umfassten. Auch die geographische Verteilung war deshalb sehr differenziert. Das Oberamt Tuttlingen kam mit 568,2 ha in die dritte Besitzgrößenstufe; den größten Teil davon dürfte die Herrschaft Mühlheim ausgemacht haben, deren Fideikommissfläche selbst aber unter 500 ha lag. Mitteilungen des Württ. Statistischen Landesamtes, Nr. 15 vom 26. November 1919, S. 247–253 (Zitat S. 250).

32 Alle im Folgenden zitierten Gesetze, Verordnungen und Rundschreiben befinden sich, soweit nicht anders angegeben, in: A 108.

33 In seinem am 26. April 2008 beim Rittertag des St. Georgen-Vereins in Mittelbiberach gehaltenen Vortrag »Der württembergische Adel im Staat des 19. Jahrhunderts« (Ms., 13 S., hier S. 9) wies Alt-bundespräsident Professor Dr. Roman Herzog darauf hin, dass es »im Revolutionsjahr 1848/49 eine kurze Phase (gab), in der der Adel von Rechts wegen ganz aus Württemberg verschwunden war,« weil das Königreich Württemberg »wahrscheinlich nur, um guten Willen zu zeigen,« aus der Paulskirchen-Verfassung den Abschnitt über die Grundrechte und damit auch den Artikel über die Abschaffung des Adels übernommen hatte.

34 Zit. nach: Überblick über die Stammgutsfrage mit besonderer Berücksichtigung der Stammguts-verhältnisse der Gräfl. und Freiherrl. Familie von Bodman. Verfaßt von Amtsgerichtsdirektor a. d. Freiherrn Albert von Bodman, Freiburg, 22. Juli 1919 (Broschüre, 45 S.; in: A 266), hier S. 35–37.

35 So in der Beantwortung eines Fragebogens des Württembergischen Grundbesitzerverbandes durch das Freiherrl. von Enzberg'sche Rentamt, 16. Juli 1925, in: A 108.

36 Dieses und das folgende Protokoll in: A 109.

37 Fideikommißsenat des Oberlandesgerichts Stuttgart an Konrad Freiherr von Enzberg, 13. Januar 1939, in: A 108. Es ist ein hochinteressanter Aspekt, dass der erwähnte § 6 des FidErlG vom 6. Juli 1938 noch im derzeitigen Wunsch des Staates fortlebt, wertvolle Kulturgüter wie Archive, Biblio-theken oder Gemäldesammlungen durch Eintragung in ein nationales Verzeichnis zu schützen und zumindest durch das Verbot eines Verkaufs ins Ausland für die Allgemeinheit zu erhalten. Richtig verstanden, begegnen sich hier die Interessen der die Kulturgüter besitzenden Familien mit denen der Öffentlichkeit im gemeinsamen Anliegen der Bewahrung und Pflege bedeutender Horte geschichtlicher Erinnerung.

38 Vermerk Heinrich Freiherr von Enzberg nach einem Gespräch mit Oberlandesgerichtsrat Böhmer am 31. Oktober 1950 in Bebenhausen, vom 1. November 1950, in: A 108; auch die übrigen Vorgänge ebenda.

39 In: A 244.

HORST-DIETER FREIHERR VON ENZBERG

DIE HEIRATSVERBINDUNGEN ZWISCHEN DEM HAUS ENZBERG UND DEN HÄUSERN WALDBURG-ZEIL UND WALDBURG-WOLFEGG – EINE REAKTION AUF DIE MEDIATISIERUNG?

Beim Blick auf die Stammtafel der Freiherren von Enzberg, die Friedrich Bauser seiner vor 100 Jahren publizierten, immer noch unentbehrlichen Jubiläumsschrift beigefügt hat,[1] fallen zwischen 1807 und 1875, also im Dreivierteljahrhundert vom Ende des Alten bis zum Beginn des »zweiten« Reiches, mehrere Ehen von Angehörigen der Familie von Enzberg mit Abkömmlingen verschiedener waldburgischer Linien auf. Eine nähere Betrachtung der Verwandtschaftsverhältnisse und der Abstammung der einzelnen Personen ergibt das erstaunliche Bild einer ungewöhnlich engen Verflechtung zwischen den Häusern Enzberg und Waldburg, insbesondere Waldburg-Zeil, über vier Generationen hinweg (vgl. die beigefügte Übersicht S. 192). Abgesehen von der Häufigkeit und Dichte des Konnubiums nimmt dieser Befund auch deshalb wunder, weil es weder vor noch nach dieser Epoche Hinweise auf engere Beziehungen zwischen den Adelshäusern Waldburg und Enzberg gibt.[2] Das wirft die Frage auf, welche persönlichen und vielleicht auch geschichtlichen Umstände ausgerechnet in der Umbruchszeit nach der Mediatisierung zu einer so weitgehenden Annäherung beider Familien geführt haben.

Mit einer Ausnahme – der 1807 geschlossenen Ehe zwischen dem Freiherrn Nikolaus Honor von Enzberg (1769–1844) und der Gräfin Eleonora von Waldburg »zu Wolfegg in Wolfegg« (1780–1865) – handelt es sich hier um die Deszendenz des (seit 1803) ersten Fürsten von Waldburg zu Zeil und Trauchburg, Maximilian Wunibald (1750–1818), und des Freiherrn Nikolaus Franz von Enzberg (1753–1814). Sechs Ehen wurden unter deren Kindern, Enkeln und Urenkeln geschlossen; vier davon waren Ehen unter Blutsverwandten, die bischöflicher Dispense bedurften. Angesichts der Führungsrolle, die Graf bzw. Fürst Maximilian Wunibald im schwäbischen Reichsadel vor und nach der Mediatisierung wahrnahm,[3] fällt es schwer, in dieser auffälligen familiären Vernetzung nicht auch Züge einer bewussten Heiratspolitik zu sehen. Allerdings kann eingewandt werden, dass die Reichserbtruchsessen von Waldburg als seit 1628 gräfliches Haus nicht nur schon vor 1803 einen höheren Rang bekleidet hatten als die zur Ritterschaft zählende Familie von Enzberg, sondern durch die Erhebung in den Reichsfürstenstand noch kurz vor dem Untergang des Heiligen Römischen Reiches um eine weitere Stufe aufstiegen. Das verhinderte zwar nicht den Verlust der Reichsunmittelbarkeit und die Einverleibung durch die neuen Königreiche von Napoleons Gnaden (Württemberg und Bayern), gab den Truchsessen in der Folgezeit aber als Standesherren und Repräsentanten der mediatisierten fürstlichen und gräflichen Häuser eine vom ritterschaftlichen Adel unterschiedene Sonderstellung.

Auf der anderen Seite entstammten auch die Truchsessen von Waldburg der hochmittelalterlichen Ministerialität und späteren Reichsritterschaft, durften sich seit 1502 Freiherren nennen, und wenn sie auch zum schwäbischen Uradel zählen, so gilt das nicht minder für die Bodman, Hornstein und eben auch Enzberg, mit denen sie sich im 18. und 19. Jahrhundert verschwägerten. Das maßgebliche Hausgesetz, ja »fundamentale Grundgesetz des Fürstlichen Gesamthauses Waldburg«,[4] die Erbeinigung vom 19. Dezember 1463, reicht weit in die ritterschaftliche Zeit der Waldburger zurück, was es allein schon plausibel macht, dass bis ins 19. Jahrhundert hinein das Kriterium der Ebenbürtigkeit für sie durch Ritterbürtigkeit durchaus erfüllt war. Maximilian Wunibald selbst war sich, noch als Erbgraf, nicht zu schade, um die Hand der Freiin Johanna Josepha von Hornstein-Weiterdingen anzuhalten, an der ihn seinem eigenen Zeugnis zufolge nicht nur der persönliche Liebreiz, sondern auch die zu erwartende Mitgift stark beeindruckt hatten.[5] Sein Vater, Graf Franz Anton von Waldburg-Zeil, hatte vom Brautvater Leopold Thaddä(us) von Hornstein sogar »bare 25000 fl. Heiratgut vorgestreckt haben« wollen, woraufhin dieser seinen als Unterhändler fungierenden Bruder, den Konstanzer Dompropst Johann Nepomuk August, wissen ließ, » daß er zu keiner Zeit den Gedanken gehabt, zum Ruin seines Hauses sich mit Reichsgrafen zu all[i]ieren, er möge unter höflichem Vorwande, man sei wegen der ›Pacta dotalia‹ nicht übereingekommen, dem Herrn Grafen abschreiben; doch der Dompropst überwand mit Beihilfe des jungen Paares, das seine Vermählung nicht länger hinausschieben lassen wollte, alle Schwierigkeiten.«[6]

Johanna Josepha, die von ihrer Mutter her die Herrschaften Göttelfingen, Vollmaringen, Balgheim und Zimmern unter der Burg in die Ehe eingebracht hatte, starb nach 23-jähriger Ehe im Alter von nicht ganz 46 Jahren; von zwölf Kindern, die sie geboren hatte,[7] überlebten sie nur drei: Erbgraf Franz Thaddäus (1778–1845) und die Gräfinnen Maria Theresia (1780–1832) und Maria Josepha (1785–1850), die Josephine genannt wurde. Es erscheint – auch im Hinblick auf die weitere Entwicklung – charakteristisch, dass der Stammhalter eine Tochter aus dem ebenfalls standesherrlichen Haus Löwenstein-Wertheim ehelichte, während die beiden Gräfinnen durch Heiraten mit Reichsfreiherren offenbar als ausreichend versorgt betrachtet wurden. Den Anfang machte Theresia (Therese), die am 10. Februar 1800, ihrem 20. Geburtstag, Johann Franz von Bodman zu Bodman und Espasingen heiratete, nachdem frühere Bewerber entweder von ihrem Vater oder von ihr selbst abgelehnt worden waren. Aus der Ehe ging als viertes Kind der Sohn Johann Wilhelm (1806–1890) hervor, der 1839 mit seiner Cousine Franziska von Enzberg (1820–1900), Josephines Tochter, den Bund fürs Leben schloss; sie begründeten einen bayerischen Zweig der Freiherren von Bodman.[8]

Auch Josephine Zeil wurde schon als 17-Jährige umworben, was ihr Vater in der ihm eigenen bildkräftigen Sprache mit den Worten kommentierte: »Indessen fängt schon das Geläuf von Freyern um die gute Peppi an. Schon vier respective [hier wohl statt: respektable] Liebhaber zeigen sich im Perspectiv [Fernrohr].«[9] Keiner der drei interessierten Grafen und auch nicht der ebenfalls genannte Herr von Schönau erhielt schließlich die Hand der jungen Gräfin, sondern Leopold von Enzberg aus Mühlheim an der Donau, der sich allerdings auch noch mehrere Jahre gedulden und einige Vorleistungen erbringen musste, um die Zustimmung seines Schwiegervaters zu erhalten.

Zuvor wurde jedoch im Februar 1807 die Ehe zwischen Honor von Enzberg, Leopolds Onkel 2. Grades, und Eleonora von Waldburg-Wolfegg-Wolfegg, der letzten Angehörigen dieser Linie, geschlossen. Ihr Vater Joseph Aloys (1752–1791) war der vorletzte regierende Graf der in Wolfegg selbst sitzenden Linie des Hauses Waldburg gewesen, dem dann nur noch dessen kinderloser Onkel, der General Carl Eberhard, folgte, nach dessen Tod 1798 der Besitz dieses Zweiges an Graf Joseph Anton zu Wolfegg und Waldsee überging, den Stammvater des heutigen »anderen« waldburgischen Hauses.[10] »Ehen werden im Himmel geschlossen« war nicht nur damals ein beliebter Satz in Vermählungsansprachen, der mehrfach in den hier herangezogenen Akten zu finden ist. Es scheint aber, dass hierbei Gottes irdische Sendboten in Gestalt der höheren Geistlichkeit nicht selten tatkräftig mithalfen. Wir sahen das schon am Beispiel der ersten Ehe des Fürsten Maximilian Wunibald; es verdeutlicht, dass Klöster, Stifte und Domkapitel wie das des Bistums Konstanz, dem bis zu dessen Auflösung Söhne aus waldburgischen Linien ebenso angehörten wie Angehörige der Rittergeschlechter des weiteren Bodenseeraumes,[11] neben ihren geistlichen Aufgaben nicht nur der standesgemäßen Versorgung von Adligen dienten, sondern auch als gesellschaftliche »Kontaktbörse« fungierten.

Im Fall der Ehe des Freiherrn Honor mit Gräfin Eleonora hat offenbar – durchaus ergänzend zu den im Konstanzer Domkapitel vertretenen Familienangehörigen – die Fürstabtei Kempten eine vermittelnde Rolle gespielt, an deren Spitze zeitweilig Honors Pate, Freiherr Johann Ferdinand Xaver Roth von Schreckenstein (1726–1785), gestanden hatte, der als Mönch und Fürstabt (seit 1760) den Namen Honorius trug.[12] Er muss ein Onkel der Mutter des Honor Enzberg gewesen sein, und wie es Brauch war, ließ er seine Verwandten durch Vergabe von Hofchargen an seinem Erfolg teilhaben. So bekleideten sowohl sein älterer Bruder Franz Anton (1716–1774) als auch dessen Sohn Friedrich (1753–1808), der bedeutende Naturforscher, das Ehrenamt eines Erbtruchsessen des Fürstlichen Stifts Kempten;[13] und wie der Fürstabt selbst den Enzbergischen Hausvertrag von 1782 kommentierend gefördert und schließlich durch sein Siegel ausgezeichnet hatte, so finden wir 1807 die Unterschrift des Friedrich Roth von Schreckenstein unter dem Heiratsvertrag seines Neffen Honor Enzberg mit Eleonora Wolfegg.[14] »Anscheinend war man in Zeil gesellschaftlich vor allem nach Kempten orientiert«, schreibt Mößle,[15] und das mag für die Bewohner der anderen Waldburg-Schlösser nicht minder gegolten haben. Ohne die Berücksichtigung von Honors Verwandtschaftsbeziehungen mütterlicherseits wird der »Brückenschlag« vom oberen Donautal ins Oberland hinüber jedenfalls nicht recht erklärlich; hinzu kam aber, dass sein Vater Ludwig als Direktor des Ritterkantons Hegau, Allgäu und am Bodensee zweifellos auch mit den gräflichen und fürstlichen Häusern Oberschwabens bekannt war und bei diesen in einem gewissen Ansehen stand.

Die Hochzeit fand im Februar 1807, also nur wenige Monate nach der Mediatisierung und dem Zerfall des Reiches und damit in einer Zeit größter rechtlicher und wirtschaftlicher Unsicherheit statt. Die Brautmutter war seit vielen Jahren verwitwet; aus gesundheitlichen Gründen hatte sie den Hochzeitstermin offenbar bereits einmal verschieben müssen, weshalb vielleicht auch der Ehevertrag am 5. Februar in Mühlheim und am 23. Februar in Kißlegg geschlossen wurde. Auf diesen Tag lud die Brautmutter auch Fürst Maximilian Wunibald als Senior des Gesamthauses ein, dessen zweite Frau eine Cousine ihrer Tochter war. Die Vermählung sollte »ohne alle besondere Feyerlichkeithen« begangen werden; es gab ein Mittagessen, nachmittags wurde in der Hauskapelle von Schloss Kißlegg die Trauung vollzogen, »bey welcher ich den Herren Vetter noch bitte, meine Tochter an altar zu führen, und so dann die heyrath-pacten mit zu unterschreiben.«[16] So geschah es auch; den Ehevertrag siegelten neben den Brautleuten, den Eltern des Bräutigams und der Brautmutter die Fürsten Wolfegg-Waldsee und Zeil-Trauchburg, Graf Königsegg-Aulendorf »als Onkel und Beystand der Gräfin Braut«, die Brüder des Bräutigams, Carl (»ehemaliger Domherr«) und Joseph von Enzberg, ihr Schwager Karl Freiherr von Schau(w)enburg,[17] Franz von Enzberg als Chef des anderen enzbergischen Hauses und der bereits erwähnte Friedrich Roth von Schreckenstein.

Über die folgenden, immerhin 37 Ehejahre wissen wir nichts; das Paar blieb kinderlos, was zwar der enzbergischen Nebenlinie ein schnelles Ende bereitete, aber vielleicht nicht unerheblich dazu beitrug, dass Eleonora ein ungewöhnlich hohes Alter erreichte und erst in einer ganz anderen Epoche, nämlich 1865, starb. Aus ihren letzten Lebensjahren sind einige Vereinbarungen erhalten, die sie mit Leopold von Enzberg d. Ä. als nun wieder einzigem Chef des Hauses über die konkrete Anwendung der Wittumsbestimmungen ihres Ehevertrags treffen musste.[18] Ihr Grabstein befindet sich an der Außenwand der St. Gallus-Kirche in Mühlheim.

Leopold Freiherr von Enzberg d. Ä. (1783–1855) Leopold Freiherr von Enzberg d. Ä. als Kind

Stärker nahm Fürst Maximilian Wunibald auf die Eheschließung seiner Tochter Josephine mit Leopold Enzberg Einfluss; es wird deutlich, dass die Besitzübergabe des Freiherrn Franz an seinen ältesten Sohn und der Erbverzicht der Geschwister im Vertrag vom 24. Dezember 1810 ganz wesentlich auf den Druck des Fürsten hin zustande kamen, der dies zur Vorbedingung seiner Zustimmung machte. Das Motiv liegt auf der Hand: wenn seine Tochter schon nur in die »halbe« Herrschaft Mühlheim einheiratete, dann sollte diese Hälfte ihrem Mann wenigstens ganz gehören. Dies festzulegen war umso mehr erforderlich, als die Königliche Verordnung vom 22. April 1808 die bisher im Adel geltenden Erbregelungen außer Kraft gesetzt und durch das bürgerliche Erbrecht ersetzt hatten. Über ein Jahr dauerten die Verhandlungen Leopolds mit seinem Schwiegervater in spe; ihr schriftlicher Niederschlag beginnt wohl nicht zufällig mit einer Vermögensübersicht des Freiherrn Franz, die dieser am 8. März 1810 »unter Cavaliers Treu und Glauben als wahr und richtig« beurkundete.[19] Wenn hier Aktiva in Höhe von 21.900 fl., davon allein 14.000 fl. Außenstände bei herrschaftlichen Untertanen, Passiva von insgesamt 33.720 fl. »zu verschiedenen pro cento verzinslichen und ablößlichen Kapitalien« gegenüber standen, dürfte der Fürst kaum positiv beeindruckt gewesen sein; vielmehr musste ihm umso mehr daran gelegen sein, dass das vorhandene Vermögen nun nicht vollends unter den Kindern des Franz zersplittert wurde.

Insbesondere um die Zustimmung seiner drei Schwäger, die ja ihre Ehefrauen in Rechtsdingen vertraten, musste Leopold mehrere Monate lang kämpfen. Seine ältere Schwester Kreszentia (1782–1851) hatte 1805 den Grafen Ludwig von Preysing-Lichtenegg geheiratet, der in Sulzbach in der Oberpfalz begütert war. Dem Paar wurde 1810 der Sohn Maximilian geboren, der nach Adoption durch seine Verwandten aus der Linie Moos 1837 den Namen »Graf von Preysing-Lichtenegg-Moos« annahm; 1840 heiratete er Anna Gräfin von Waldburg zu Zeil und Trauchburg (1821–1849), eine Tochter des Fürsten Franz Thaddäus aus dessen dritter Ehe mit Theresia geb. Freiin von der Wenge-Beck (1788–1864). Unter den Enkeln des Grafen Max (gest. 1881) und der Gräfin Anna befindet sich der bedeutende Kardinal und Gegner des NS-Regimes Konrad Graf von Preysing-Lichtenegg-Moos (1880–1950), Bischof von Berlin von 1935 bis zu seinem Tod.[20]

Johanna von Enzberg (1789–1839) heiratete 1807 den Freiherrn Karl Theodor von Spiering auf Cronberg in Bayern, während Franziska von Enzberg

Josepha Freifrau von Enzberg geb. Gräfin von Waldburg-Zeil (1785–1850), Ehefrau des Freiherrn Leopold d. Ä.

(1788–1815) sich 1809 mit Friedrich Widmann, Sigmaringischer Obervogt in Hohenfels, vermählte.[21] Um diese Männer ging es also, wenn Leopold dem Fürsten Maximilian am 8. Mai 1810 berichtete: »Mit jedem Posttag erwartete ich die letzte Erklärung meiner Schwäger [...] Den früheren Aeußerungen meiner Schwäger zufolge darf ich mir einen guten Ausgang der Sache versprechen; trüge ich mich nicht in dieser meiner Hoffnung, so werde ich es dann nochmals wagen, Euer Durchlaucht unterthänigst um die Hand der gnädigen Gräfin Tochter zu bitten.«[22]

Der Angesprochene notierte das Konzept seiner Antwort vom 21. Mai gleich auf die freie Seite des erhaltenen Briefes; er entschuldigte sich für die Verzögerung, meinte aber auch, er könne nur wiederholen, was er dem Freiherrn schon in Stuttgart gesagt habe, nämlich »dass es für Sie selbst nun gänzlich nöthig sey, mit allen ihren Geschwister(te)n ein richtiges Arrangement zu treffen, insofern Sie sich zu vermählen gedenken, und Ihr Herr Vatter entschlossen ist, Ihnen seiner Zeit die besitzende Güter zur Begründung Ihres Etablissement allein zu überlassen. Mir, und meiner ganzen Familie wird es übrigens eine Ehre, und ein Vergnügen seyn, wenn Sie uns besuchen wollen, woraus sich dann das Weitere, wenn es Gottes Vorsicht einleithet! näher entwikeln kan.«[23] Bemerkenswert ist hier der Hinweis auf eine Begegnung beider in Stuttgart, einem Ort, der vor 1806 kaum größere Bedeutung für sie hatte, nun aber die Hauptstadt des Königreichs war, dem Fürst wie Reichsfreiherr einverleibt und als Untertanen im vollen Sinn dieses Wortes unterworfen worden waren. Nach Stuttgart begab man sich aus politischen Gründen und 1810 vornehmlich deshalb, weil der König von den Mediatisierten verlangte, mehrere Wochen im Jahr in der Residenzstadt zu leben.

Es kommt vielleicht nicht von ungefähr, dass es gerade Leopold von Enzbergs bürgerlicher Schwager Widmann war, der ihm am längsten Schwierigkeiten machte; dem Staatsbeamten Widmann musste es recht sein, dass nun das bürgerliche Erbrecht mit Pflichtteilsrecht in Kraft war. Seine Zustimmung zu einem Familien-Arrangement band er daran, dass eine Regelung wie beim anderen Familienzweig getroffen werde; Vorbild sollte also die Übergabe von Ludwig an Honor sein. Leopold musste den ehemaligen Oberamtmann Christoph Küttler befragen, der auch diesen, nicht überlieferten Erbvertrag aufgesetzt hatte. Im Oktober 1810 stimmte auch Widmann der Erbeinigung endlich zu.[24]

Über einen weiteren wichtigen Schritt informierte Johann Franz von Bodman den Fürsten mit einem Brief vom 13. November 1810; nach einleitendem Blick auf erneut bedeutsame zeitgeschichtliche Umstände kam er schnell zum privaten Kern der Mitteilung: »Euer Fürstliche Gnaden, Gnädigster Herr Schwiegervater! Man ist würklich in täglicher Erwartung der Übergabe der hiesigen Gegend an Baden.« Da diese nun einmal beschlossene Sache sei, habe man nur die Hoffnung, dass sie sich bald vollziehe, weil sonst »unser neuer Landesherr gänzlich verarmte Unterthanen erhalten würde. – Gestern Abend kam ganz unvermuthet der junge Enzberg zu mir auf Besuch, und machte mir die Eröffnung, daß sein Vater ihm nunmehr alle Güter abgetreten und überlassen habe, er auch mit seinen Geschwistern allbereit im Reinen seye, sobald die Bestättigung seines Vertrages erfolgt seyn werde, seye er gesinnt, Euer Fürstliche Gnaden in Zeil aufzuwarten. Sein Vater wird eine eigene Wohnung beziehen und eigene Haußhaltung führen, was – nach dem Charakter desselben zu schließen – sehr wohl gethan, und für beyde Theile erwünschter ist.«[25] Als nächstes wurde der am Heiligen Abend 1810 geschlossene Übergabe-, Erb- und Auslösungsvertrag dem Fürsten übermittelt, und am 16. März 1811 wandte sich erstmals Franz von Enzberg in einem förmlichen, von Schreiberhand schnörkelreich zu Papier gebrachten Brief an seinen künftigen Gegen-Schwiegervater: »Durchlauchtigster Fürst, Gnädigster Herr! Glücklich ist mein Hauß und meine Familie durch den gnädigen Entschluß, daß Euer Durchlaucht meinen ältesten Sohn Leopold würdigen wollen, ihm Hochdero jüngste Fräulein Tochter Gräfin Josepha zur Gemahlin anzuvertrauen.«[26]

Am 3. April 1811 übersandte der Bräutigam den Entwurf des »Vermählungs-Contracts«, der ebenfalls nach dem Vorbild des Heiratsvertrags des Honor und der Eleonora formuliert worden war und den der Fürst wiederum mit seinen Anmerkungen versah. Rauh ist der schließlich geschlossene Vertrag einen längeren Kommentar wert, der hervorhebt, dass diese Eheschließung in eine Zeit fiel, in der durch die Aushebelung der Hausgesetze andere erbrechtliche Regelungen galten als vor 1808 und nach 1821; hinzu kam die wirtschaftliche Not:

> »Den Erbverzicht leisten die waldburgischen Gräfinnen bei erreichter Volljährigkeit, Heirat oder als Ordensfrauen, die Grafen als Ordensgeistliche [...] oder bei nicht ebenbürtiger Vermählung [...] in der üblichen Art und Weise der vorausgegangenen Jahrhunderte nach dem Herkommen und den Hausgesetzen. Im krassen Gegensatz hierzu steht der Erbverzicht der Gräfin Maria Josepha von Waldburg-Zeil-Trauchburg, der Gemahlin des Nikolaus Leopold Freiherrn von Enzberg zu Mühlheim, vom 1. Juni 1811, weil er in die Regierungszeit des Königs Friedrich von Württemberg fällt, deshalb auch die schlimme Kgl. Verordnung vom 22. April 1808 zitiert und festlegt, daß die Gräfin ›mit dem erhaltenen, vorerwähnten Heiratsgut per dreitausend Gulden und kostbarer Ausfertigung [Aussteuer] den väterlichen gesetzlichen Pflichtteil vollständig erhalten‹ habe, sich damit begnüge und auf alle weitere väterliche Erbschaft verzichte, da sie ›vollständige Kenntnis erhalten habe, daß diese Herrschaften und Güter seit der Mediatisierung und Unterwerfung unter die königliche württembergische Souveränität mit ungemein schweren, fast unerschwinglichen Lasten und Praestationen [Abgaben] überladen worden‹ seien. Diese Urkunde ist erneut ein Beweis dafür, wie hart König Friedrich von Württemberg die Standesherren seines Landes unterdrückt hat.«[27]

Die Trauung fand am 4. Juni 1811 in der Pfarr- und Hofkirche in Schloss Zeil statt; den Gottesdienst hielt der jüngste Bruder des Fürsten, Graf Ferdinand von Waldburg-Zeil, Domherr in Augsburg und Pfarrer der nahe gelegenen Gemeinde Aichstetten. Von da an lebte Josephine – einige Besuche in der Heimat ausgenommen – bis zu ihrem Tod fast 40 Jahre lang in Mühlheim. Mit einer lebhaften Korrespondenz wurde der Kontakt zwischen den Bewohnern beider Schlösser aufrecht erhalten; überliefert sind im Zeil'schen Archiv insbesondere einige Dutzend Briefe von Josephine und Leopold an ihren Bruder und Schwager Franz Thaddäus, wie auch später des jüngeren Leopold an seinen Vetter Constantin. Es war üblich, sich von allen erfreulichen und traurigen Ereignissen im Familienleben Kenntnis zu geben und Glückwünsche oder Mitgefühl auszusprechen.[28]

Es darf als Glücksfall gelten, dass der einzige Brief von der Hand des Fürsten Maximilian Wunibald, der sich im Mühlheimer Schlossarchiv erhalten halt, die

Palette der Themen, die in solchen Briefen berührt wurde, in geradezu mustergültiger Weise umfasst. Es wird einer der letzten Briefe des Fürsten gewesen sein, der ein halbes Jahr später starb; am 24. Oktober 1817 schrieb er aus Zeil an Josephine:[29]

>Liebste Tochter! Ich bin dir überaus dankbar, und zärtlich verbunden für die besten Glückswünsche so du mir für dich, deinen lieben Gemahl, und gute Kinder zu meinem Nahmens Tag zu machen mir die Aufmerksamkeit erwiesen hast. Täglich bitte ich Gott von Herzen, daß er diese gute Wünsche vorzüglich in dir, und allen den lieben Deinigen reichlich erfülle, und dadurch mich Trost, und Freude erleben lasse. Gottes heiliger Wille soll indessen in allem geschehen!

Mit recht viehler Freude, und Beruhigung habe ich die Besserung deiner krank gewesenen lieben Kinderln vernommen. Gott wolle sie erhalten! Die kleine Maxl[30] macht mir als ein schwaches Kind die mehreste Sorgen.

Mit Bedauren vernemme ich, daß dein guter Schwager Anton[31] schon wieder mit der nemlichen schweren Krankheit sich befallen befinde. Freylich ist da alles zu förchten, da es scheint, daß sein Gesundheits System im innersten erschüttert schwerlich mehr eine daurhafte reparation annemmen werde.

Deine beyde Brüder Max, und Wilhelm[32] richten sich nun mit Ernst zu ihrer Abreise nach Landshuth. Heuet über 8 Täge soll sie wills Gott! geschehen.

Wir sind hier Gottlob! alle gesund, haben aber wirklich schon Schnee, doch dabey nicht gefrohren, und hoffen daß er wieder abgehen werde. Nur ein starker Karthar als Folge der wandelbaren Witterung ist mir zu theil geworden, vermindert sich aber bereits merklich. Das Feld ist bey uns Gott sei Dank! völlig geräumt, aber im Allgeu steht noch viehler grüner Haber, der schwerlich mehr in die Scheur komt. Vom See höhren wir wegen der Weinlese gar nichts, können auch bey dieser Witterung kaum einen Essig hoffen.

Ich war vorige Woche mit Franz, Max, und Wilhelm zu Rimbach[33] auf der Herbstjagd. Das Wetter war kalt, und rauh, und die Jagd wenig ergiebig, besonders giebt es fast gar keine Hasen.

Dem jungen Hornstein[34] ist zu seiner Vermählung, wenn sie mit der Tochter des H: v: Schauenburg statt hat, sehr Glück zu wünschen. Vielleicht geht der alte H: v: Hornstein als ritterschäftl: Abgeordneter nun bald zum Bundstag nach Frankfurt. Ich werde wenigst berichtet, daß eine Ritterschäftl: Abordnung dahin geschehen werde.

Deinen lieben Gemahl umarme ich von Herzen, so wie dich, und deine Kinderl. Mama, Franz, deine Brüder vereinigen sich mit mir. Deiner Gdg. Fr. Stiefschwieger Mutter,[35] und Frl: Cathon[36] meine Devoirs [Schuldigkeiten, gebührende Aufmerksamkeiten]. Ich bin unausgeset Dein treuester Vatter MFrWzZeilTr [Maximilian Fürst von Waldburg zu Zeil und Trauchburg].<

Das Ergehen, insbesondere die Gesundheit der Familienmitglieder, Wetter und Ernte, die Jagd, Heiratspläne in der weiteren Verwandtschaft und schließlich auch noch etwas Politik – der Brief enthält nahezu alles, wofür man sich im Adel üblicherweise interessierte und entweder in schriftlicher Korrespondenz oder in mündlicher »Konversation« austauschte; gelegentlich will es scheinen, es sei – etwa hinsichtlich der charakteristischen Frage nach der Jagd oder der Erörterung von Verwandtschaftsbeziehungen – noch heute so. Wichtiger ist aber, dass just diesem einen, eher zufällig erhaltenen Privatbrief ein deutliches Interesse des Fürsten an Vorgängen im ritterschaftlichen Adel, nicht zuletzt auch an dessen politischer

Repräsentanz, zu entnehmen ist. Gewiss nicht ohne eine über das rein Persönliche hinausgehende Absicht hatte er seine beiden Töchter an Reichsfreiherren verheiratet.

Die vorhandene Literatur gibt leider keine Antwort auf die Frage nach dem Verhältnis und einer möglichen Zusammenarbeit der Standesherren und der ehemaligen Ritterschaft. Sie betont einerseits das gemeinsame Mediatisierungsschicksal, andererseits aber auch gegensätzliche Interessen, wie sie etwa im sogenannten »Rittersturm« der Jahre 1803 bis 1806 zutage traten, als auch fürstliche Häuser versuchten, ihr Territorium durch Einverleibung ritterschaftlicher Gebiete zu arrondieren.[37] Im Fall Waldburg-Zeils scheint die Sorge aber besonders jenen Besitzungen gegolten zu haben, die man – wie die erwähnten vormals Hornstein'schen Dörfer – schon besaß, nun aber infolge ihrer Streulage an Württemberg zu verlieren drohte; hier ging das durchaus verständliche Bestreben dahin, die weiter entfernt liegenden Besitzungen gegen solche einzutauschen, die vom eigenen Territorium umschlossen wurden oder unmittelbar an dieses angrenzten.[38] Dieses Problem setzte Waldburg-Zeil weder zu Bodman noch zu Enzberg in Gegensatz; vielmehr vereinte sie die Notwendigkeit, auf die Besitzergreifung ihrer Länder durch Württemberg (und später auch Baden) zu reagieren.

Fürst Maximilian Wunibald wird auch in der neueren Literatur fast nur als führender Kopf des Vereins der Standesherren von 1813 und des Vereins der mediatisierten Fürsten und Grafen von 1815/16 porträtiert. Auf der anderen Seite wurde er unmittelbar nach dem Tod König Friedrichs (30. Oktober 1816) zum Präsidenten des württembergischen Landtags gewählt und widersetzte sich in dieser Zeit Plänen zur Einführung eines Zweikammersystems, hielt er es doch »für höchst bedenklich, sich in einer Situation, in der die Rechte des hohen Adels noch nicht durch den Bundestag sichergestellt waren, von den übrigen Landständen zu trennen und in einer besonderen Kammer abzusondern.«[39] Das auch vom neuen König Wilhelm intendierte »Divide et impera!« stand ihm also als Gefahr deutlicher vor Augen, als ihn die in Aussicht stehende Privilegierung seines Standes verlockte. Eine Untersuchung, wie sich in der Folgezeit die Zusammenarbeit und Interessenabstimmung zwischen den in der I. Kammer repräsentierten Standesherren und den in die II. Kammer gewählten Abgeordneten aus ritterschaftlichen Familien vollzog, wäre wünschenswert.

Kehren wir zu den enzberg-waldburgischen Heiraten zurück, deren weiterer Fortgang hier nur noch im gerafften Überblick geschildert werden soll! Wir gelangen zunächst in die Zeit des Vor-

Leopold Freiherr von Enzberg d. J. (1816–1879)

187

märz, in der sich beide Familien – und zusätzlich die Bodmans – schon seit gut drei Jahrzehnten kannten und miteinander Umgang pflegten. Aus dieser engen Vertrautheit scheinen sich die weiteren Verbindungen ergeben zu haben. Leopold von Enzberg d. J. (1816–1879) hielt es allerdings für richtig, durch seine 1843 erfolgte Heirat mit Marie Luise von Leoprechting (1826–1886) eine neues Element ins Spiel zu bringen und in eine andere Landschaft – die ehemalige Kurpfalz – auszugreifen. Aber die drei seiner Schwestern, die überhaupt heirateten, verbanden sich alle mit Enkeln bzw. Söhnen des Fürsten Maximilian.[40] Den Anfang hatte 1839 Franziska gemacht, die Wilhelm Bodman ehelichte; ihre Mütter waren Schwestern.

Maria Louise Freifrau von Enzberg geb. Freiin von Leoprechting (1826–1886), Ehefrau des Freiherrn Leopold d. J.

1841 folgte die wie ihre Mutter heißende Josepha, über die ihr Vater am 14. November 1841 an seinen Schwager, Fürst Franz Thaddäus, schrieb: »Schwager Max übergab mir den Entwurf seines Ehevertrags mit Josephine nebst deinen Bemerkungen hierüber. [...] Schwager Max wünscht die Hochzeit selbst so viel, wie möglich, still zu feyern.«[41] Bei dem äußerst beschränkten Raum seines Hauses könne die Hochzeit leider nicht in Mühlheim stattfinden, ergänzte Leopold d. Ä. unter Hinweis darauf, dass er Besitz und Gebäude ja immer noch mit den Verwandten der anderen enzbergischen Linie teilen musste. Trotz dieser einschränkenden Bemerkungen machte aber Josephine d. J. mit ihrer Heirat eine außerordentlich gute Partie. »Schwager Max« war Maximilian Clemens Graf von Waldburg-Zeil (1799–1868), der durch Testament seines kinderlosen Onkels, des Grafen Clemens Aloys, nach dessen Tod 1817 die Herrschaften Lustenau und Hohenems in Vorarlberg geerbt hatte und hier einen neuen Zweig des Waldburg'schen Hauses begründen konnte.[42] Josephine – und nicht ihre Schwester Maximiliane – wird jene »Gräfin Max« gewesen sein, deren Besuch in Mühlheim im Brief einer Hausangestellten von etwa 1875 erwähnt wird, den Winfried Hecht mitgeteilt hat.[43]

Als »Gräfin Wilhelm« dürfte dagegen die in Kindertagen »Maxl« gerufene jüngere Schwester bezeichnet worden sein, nachdem sie Josephine drei Jahre später gefolgt war und deren Schwager, den jüngsten überlebenden Sohn des Fürsten Maximilian Wunibald, geheiratet hatte. Das Verwandtschaftsverhältnis beider Schwestern zum damals schon längst verewigten Patriarchen des Zeil'schen Hauses war eigentümlich: durch seine Tochter aus erster Ehe – ihre Mutter – war er ihr Großvater, durch seine Söhne aus zweiter Ehe ihr Schwiegervater. Die Ehen beider Schwestern mit den zwei Brüdern übersprangen eine Generation; in beiden Fällen bestand zwischen den Ehepartnern ein Altersunterschied von 15 Jahren. Maximilianes Ehe währte infolge des frühen Todes des Grafen Wilhelm nur kurz und blieb kinderlos; als Witwe lebte sie offenbar bei der Schwester in Hohenems und starb wie diese in Bregenz.

Die bedeutende Rolle des Fürsten Constantin in der 1848er-Zeit kann hier nur unter Verweis auf die einschlägige Literatur erwähnt werden.[44] Sie zeigt, wie unterschiedlich die politischen Stellungnahmen auch eines Standesherrn je nach den geschichtlichen Umständen ausfallen konnten. Viel vom damaligen Radikalismus des Fürsten scheint jedenfalls vom Verdruss über die württembergische Obrigkeit herzurühren, von der er sich einerseits über Gebühr gegängelt, andererseits im Stich gelassen fühlte. Da mochte es geboten sein, die Verbindung zu den bisherigen Untertanen zu suchen, statt ihrem Aufbegehren schutzlos ausgesetzt zu sein. Immerhin: ein Standesherr, der sich im bürgerlichen Anzug mit der Hand auf der Reichsverfassung porträtieren lässt, aus der ein schwarz-rot-goldenes Leseländchen herausschaut, gehört in eine durchaus ehrenvolle Ahnengalerie, mögen Haltung und Bild auch vorher wie nachher denkbar untypisch gewesen sein.[45] Auch im stillen Mühlheim verfolgte man nicht nur das Familienleben, sondern auch die politischen Aktivitäten des Neffen und Cousins mit Aufmerksamkeit, und als der »rote« Fürst am 1. November 1850 eine fünfmonatige Haft in der Festung Hohenasperg antreten musste, bot man ihm Hilfe bei der Weiterführung seiner Geschäfte an.[46]

Im Februar 1862 heiratete Erbgraf Wilhelm Franz; Leopold von Enzberg d.J. gratulierte seinem Vetter Constantin mit Schreiben vom 15. März und bedankte sich, dass seine »Buben«, nämlich seine Söhne Rudolf und Bruno, an der Hochzeit hatten teilnehmen dürfen.[47] So mag es einen frühen Anlass gegeben haben, bei dem Rudolf von Enzberg die Gräfin Anna, einzige überlebende Tochter des Fürsten Constantin, kennen lernte. Anna ist als etwa sechsjähriges Mädchen zu sehen auf einem eigentümlichen Gemälde, das insgesamt typische Züge des bürgerlichen Familienbildes des 19. Jahrhunderts zeigt und weniger durch das im Hintergrund angedeutete Stammschloss Zeil als durch die auffällige religiöse Note (am Fuß einer Marienstatue betet kniend der Hausgeistliche, die bereits verstorbenen Schwestern sind als Engel dargestellt) auf die besondere Prägung der fürstlichen Familie hinweist.[48]

Jahre gingen ins Land, ehe Rudolf von Enzberg am 5. September 1874 beim Chef des fürstlichen Hauses Zeil, Fürst Wilhelm, schriftlich um die Hand seiner Schwester Anna anhielt, die damals »Hofdame Ihrer Majestät der Königin von Sachsen« war.[49] Als mögliches Ehehindernis war nur betrachtet worden, dass die Braut anderthalb Jahre älter war als der Bräutigam, aber dieser räumte den Einwand aus. Die Hochzeit fand am 27. und 28. Januar 1875 in Schloß Zeil statt; die erhaltenen Skizzen der Sitzordnung an den Festtafeln veranschaulichen die gesellschaftliche Vernetzung, in die beide Familien eingebunden waren.[50] Anna ging finanziell und materiell bestens ausgestattet in die Ehe, auch wenn sie damit traditionsgemäß auf alle weiteren Ansprüche an ihr Stammhaus verzichten musste, den sogenannten ledigen Anfall ausgenommen.[51] Am 25. Mai 1876 gebar sie eine Tochter, die Carola genannt wurde, nach eben jener Königin von Sachsen, deren Hofdame Anna gewe-

sen war; vielleicht kam die Königin sogar zur Taufe, denn einmal soll sie in Mühlheim gewesen sein.[52] Als ihr Geschenk – ob nun zu diesem Anlass oder vorher
schon zur Verlobung oder Vermählung – ist im Familienkreis ein Service von Mok-
katassen aus Meißner Porzellan erhalten geblieben, das auf den einzelnen Tassen
verschiedene Ansichten Dresdens, Meißens und anderer Orte des Elbtals, aber auch
eine Vedute von Schloss Zeil zeigt.

Noch vor der Geburt ihres ersten Kindes hatte Baronin Anna am 3. Mai 1876 ihr
Testament gemacht und hierzu sieben Mühlheimer Bürger als Zeugen ins Schloss
gebeten.[53] Wenn hierin eine Besorgnis über den Ausgang der Schwangerschaft zum
Ausdruck kam, so sollte sich diese tragisch bewahrheiten, als Anna ein Jahr später,
am 17. Mai 1877, zehn Tage nach der Geburt ihres Sohnes Konrad im Kindbett
starb. Seither erinnert nur noch ihr eindrucksvolles Porträt an sie, das offenbar
unverrückt seit mehr als einem Jahrhundert an zentraler Stelle im »Herrenzimmer«
von Schloss Mühlheim hängt, dort dem Sohn bis an sein eigenes Ende immer vor
Augen. Der enge Kontakt zwischen den Familien Enzberg und Waldburg riss nun
ab, gewiss auch infolge der Wiederverheiratung des Freiherrn Rudolf. Allerdings
bedachte Fürst Wilhelm in seinem Testament vom 31. Mai 1899 seinen Neffen und
Patensohn Konrad mit einem Legat und an anderer Stelle schrieb er: »Meinen
Schwägern Franz und Gebhard Wolfegg, Rudolf Enzberg und Gustav Taxis, ferner
meinen Schwägerinnen Sophie Waldburg, Sophie Syrgenstein, Karoline und Mela-
nie Taxis danke ich von ganzem Herzen für ihre mir stets erwiesene verwandt-

Rudolf Freiherr von Enzberg (1846–1901), Kgl.
Württ. Kammerherr, hier in der Uniform eines
Malteserritters

Anna Freifrau von Enzberg geb. Gräfin von
Waldburg zu Zeil und Trauchburg (1844–1877),
Ehefrau des Freiherrn Rudolf

schaftliche und geschwisterliche Liebe und bitte alle Genannten, meiner armen Seele im Gebete zu gedenken.«[54]

Konrad von Enzberg fand wohl im Kreis der Ritter des Kgl. Bayerischen St. Georg-Ordens, in den er 1904 aufgenommen wurde und in dem Angehörige der waldburgischen Häuser führende Funktionen wahrnahmen, die geistige Heimat, in der er väterliches und mütterliches Erbe als standesbewusster Majoratsherr vereinen und mit Gleichgesinnten pflegen konnte.[55] Ein verpflichtendes Bekenntnis zur katholischen Kirche kam als wesentliches Ferment dieser Gemeinsamkeit hinzu. In den folgenden Generationen mögen unterschiedliche Stellungnahmen in zeitgeschichtlichen und konfessionellen Fragen zu einer Entfremdung zwischen beiden Familien beigetragen haben; aber auch eine gesellschaftliche Schere öffnete sich immer mehr: Waldburg ist heute endgültig im Hochadel angekommen und kann seine Ehepartner nicht nur in anderen standesherrlichen, sondern nun auch in bis 1918 regierenden Häusern wie Bayern und Württemberg suchen, die – Ironie der Geschichte – unmittelbar nach dem Aufstieg zu königlichen Würden den der Herkunft nach vollkommen gleichrangigen Standesherren Ebenbürtigkeit abgesprochen hatten.[56] Ein Blick schließlich auf die gar nicht mehr vergleichbaren Besitzgrößen von Enzberg hier und Waldburg dort drängt vollends das Resümee auf, dass da eine bestimmte Zeit lang etwas war, aber jetzt nicht mehr ist. Man könnte auch sagen: Am Ende des Alten Reiches wussten beide Familien zwar um ihre Verschiedenheit, aber auch noch um ihre Nähe; 200 Jahre später hat die innere Differenzierung des Adels im selben Maße zugenommen, in dem seine Bedeutung in Staat und Gesellschaft geschwunden ist.

Konrad Freiherr von Enzberg (1877–1956) im Ornat eines Großkomturs ad honorem des Kgl. Bayer. St. Georg-Ordens, dem er seit 1904 angehörte.

Heiratsverbindungen Enzberg-Waldburg

Josepf Franz Gf v. **Waldburg-Wolfegg-Wolfegg** (1704–1774)
∞ 1735 Anna M. Gfin v. Salm-Reifferscheid-Dyck (1712–1760)

Leopold Thaddäus Frhr v. Hornstein-Weiterdingen (1725–1792) ∞ 1751 M. Anna Gfin v. Welsperg (1722–1785)

Franz Anton Gf v. Waldburg-Zeil (1714–1790) ∞ 1748 M. Anna Gfin v. Waldburg-Trauchburg (1728–1782)

Joseph Aloys (1752–1791) ∞ 1779 M. Anna Gfin v. Königsegg-Aulendorf (1758–1836)

Ferdinand Maria (1763–1779) ∞ 1763 M. Carolin Gfin v. Waldburg-Zeil-Wurzach (1738–1779)

M. Johanna Josepha Freiin v. Hornstein-Weiterdingen (1751–1797) ∞ 1774

Maximilian Wunibald Gf (seit 21.3.1803 Fst) v. Waldburg zu Zeil u. Trauchburg (1750–1818)

M. Eleonora Crescentia (1780–1865) ∞ 1807

Honor Frhr v. Enzberg (1769–1844), Onkel Leopolds d. Ä., u. d. Antonia Carol. Freiin Roth v. Schreckenstein

M.A. Bernhardina (1772–1835) ∞ 1798

Maximilian Clemens Gf v. W-Z-Hohenems (1799–1868) ∞ 1841 Josepha Freiin v. Enzberg 1814–1892

Wilhelm Gf v. W-Z (1802–1847) ∞ 1844 Maximiliane v. Enzberg (1817–1889)

Theresia Gfin v. WZT (1780–1832) ∞ 1800 Johann Franz Frhr v. u. zu Bodman (1775–1833)

Franz Thaddäus Fst v. WZT (1778–1845) ∞ (1.) 1805 Henriette Christiane Prinzessin v. Löwenstein-Wertheim (1782–1811)

Josepha Gfin v. WZT (1786–1850) ∞ 1811 Nik. Leopold Frhr v. Enzberg d.Ä. (1783–1855), Sohn des Franz

Joh. Wilhelm Frhr v. u. zu Bodman (1806–1890) ∞ 1839 Franziska Freiin v. Enzberg (1820–1900)

Nik. Leopold Frhr v. u. zu Enzberg d.J. (1816–1879) ∞ 1843 M. Luise Freiin v. Leoprechting (1826–1886)

Clemens Maximilian Gf v. W-Z-Hohenems (1842–1904)

außerdem: Kreszentia Freiin v. Enzberg (1782–1851) ∞ 1805 Ludwig Gf v. Preysing-Lichtenegg; der Sohn Max (1810–1881) ∞ 1840 Anna Gfin v. WZT (1821–1849): **Stammeltern des Hauses Preysing-Lichtenegg-Moos**

Heutige Linien Waldburg-Zeil-Hohenems und -Syrgenstein

J. F. W. Leopold Frhr v. u. zu Bodman (1840–1915)

Constantin Maximilian Fst v. WZT (1807–1862) ∞ 1833 Maximiliane Gfin v. Quadt-Wykradt-Isny (1813–1874)

Nik. Rudolf Frhr v. Enzberg (1846–1901)

2. Ast der Freiherren v. u. zu Bodman (in Bayern)

Anna Gfin v. WZT (1844–1877) ∞ 1875

Nik. Konrad Frhr v. Enzberg (1877–1956) ∞ 1905 Theresa Frein Rinck v. Baldenstein (1884–1942)

Wilhelm Franz Fst v. WZT (1835–1906)

Heutiges Haus Enzberg (Mühlheim a. d. Donau)

Heutiges Haus Waldburg-Zeil-Trauchburg

Anmerkungen

1 Friedrich Bauser, Mühlheim an der Donau und die Herren von Enzberg. Ein Gedenkblatt zur Feier des 500jährigen Besitzes der Herrschaft (23. September 1409), Coburg 1909, nach S. 40.

2 Nach Bauser, Mühlheim, S. 30, zeichnete sich Friedrich (IX.) von Enzberg 1529 unter Georg von Waldburg (dem »Bauernjörg«) durch Tapferkeit bei Wien aus (anlässlich der ersten Belagerung der Stadt durch die Türken). Das ist eine ehrenvolle, aber auch vom Jahr 1800 aus betrachtet zeitlich entlegene Reminiszenz; sie beweist nur, dass beide Männer die ihrem Stand zukommenden militärischen Funktionen wahrnahmen, damals wohl schon weit eher als Anführer von Söldnertruppen denn als einzeln kämpfende »Ritter«.

3 Vgl. Wilhelm Mößle, Fürst Maximilian Wunibald von Waldburg-Zeil-Trauchburg 1750–1818. Geist und Politik des Oberschwäbischen Adels an der Wende vom 18. zum 19. Jahrhundert, Stuttgart 1968; Rudolf Beck, »Man frißt die Fürstlein auf dem Kraut wie Würstlein...« Die Mediatisierung des Hauses Waldburg, in: Alte Klöster, neue Herren. Die Säkularisation im deutschen Südwesten 1803, Bd. 2.2, Ostfildern 2003, S. 919–928; Frank Meier, »Die Verhältnisse der mediatisierten Herren, Fürsten und Grafen betreffend«. Fürst Maximilian Wunibald von Waldburg-Zeil-Trauchburg (1750–1818) und die Vereine der Mediatisierten 1813 und 1815/16, in: ebenda, S. 943–958 (Das Komma, das hier in Titel und Inhaltsverzeichnis nach dem Wort »Herren« eingefügt wurde, entspricht nicht dem Original der zitierten Denkschrift – siehe S. 945 – und ist falsch und sinnentstellend!); Rudolf Beck, »...als unschuldiges Staatsopfer hingeschlachtet...« Die Mediatisierung des Hauses Waldburg, in: Adel im Wandel. Oberschwaben von der Frühen Neuzeit bis zur Gegenwart, Bd. 1, Ostfildern 2006, S. 265–286.

4 Rudolf Rauh, Das Hausrecht der Reichserbtruchsessen Fürsten von Waldburg, Bd. I, Kempten 1971, Bd. II, Kempten 1972, hier Bd. I, S. 32; vgl. jetzt auch Max Graf zu Waldburg-Wolfegg (Hrsg.), Die Waldburg in Schwaben, Ostfildern 2008.

5 Adel im Wandel. Ausstellungskatalog, Ostfildern 2006, S. 305; dort (wie auch im Anhang zu Mößle, Wunibald) auch Porträts beider Ehefrauen des Grafen bzw. Fürsten Maximilian Wunibald.

6 Edward Freiherr von Hornstein-Grüningen, Die von Hornstein und von Hertenstein, Erlebnisse aus 700 Jahren. Ein Beitrag zur schwäbischen Volks- und Adelskunde, Konstanz 1911, S. 675.

7 Laut Hornstein-Grüningen, ebenda, S. 676, hinterließ Johanna Josepha neun Kinder, vier Söhne und fünf Töchter; da sind offenbar ihr erstes Kind, ein am 8. August 1775 geborener und gestorbener Sohn, und am 11. August 1777 tot geborene Zwillingsmädchen nicht mitgezählt. Auch weitere sechs Kinder starben früh; zum Zeitpunkt ihres eigenen Todes hat die Gräfin nur die drei genannten Kinder hinterlassen. Vgl. Stammtafel des mediatisierten Hauses Waldburg 1892, 13. Stammtafel: Linie Zeil-Zeil.

8 Albert Freiherr von Bodman, Ueberblick über die Stammgutsfrage mit besonderer Berücksichtigung der Stammgutsverhältnisse der Gräfl. und Freiherrl. Familie von Bodman, Karlsruhe 1919, S. 23; Genealogisches Handbuch des Adels (GHdA), Freiherrl. Häuser A, Bd. 1, Glücksburg/Ostsee 1952 (=A I 1952), S. 16–17 (auch in: A VII 1969).

9 Mößle, Wunibald, S. 50.

10 Vgl. Rauh, Hausrecht, Bd. 1, S. 218–221; Stammtafel 1892, Tafel IX: Linie Wolfegg-Wolfegg; Adel im Wandel. Ausstellungskatalog, S. 309. Bauser, Mühlheim, S. 38, irrt, wenn er Eleonora der Linie Wolfegg-Waldsee zuschreibt; auch in Joseph Wiesers zuverlässiger »Personal-Matricel des Freiherrlichen Hauses von Enzberg« (Enzberg-Archiv Mühlheim A 2), die Bauser offenbar benutzte, hat jemand gemeint, die richtige Angabe »Gräfin von Waldburg-Wolfegg-Wolfegg« durch ein »Waldsee« ergänzen zu müssen.

11 Vgl. Franz Xaver Bischof, Das Ende des Bistums Konstanz. Hochstift und Bistum Konstanz im Spannungsfeld von Säkularisation und Suppression (1802/03–1821/27), Stuttgart u.a. 1989, S. 75–80.

12 Vgl. Klaus Schreiner, »Spital des Adels«. Die Fürstabtei Kempten in der Frühen Neuzeit. Adliges Standesdenken und benediktinisches Reformstreben im Widerstreit, in: Adel im Wandel, Bd. 2, S. 497–514; Fürstabt Honorius zusammen mit dem Fürstbischof von Konstanz und dem Fürsten von Fürstenberg als Konservatoren des Damenstifts Buchau abgebildet im Deckengemälde der dortigen Stiftskirche (Andreas Brugger 1775/76), ebenda, S. 537; Liste der Äbte von Kempten im Wikipedia-Artikel »Fürststift Kempten«; Abb. der Wappenkartusche des Fürstabts über dem Chorbogen der Pfarrkirche St. Pankratius in Wiggensbach bei Kempten unter: http://commons.

wikimedia.org/wiki/File:Wiggensbach_St_Pankratius_Wappen_Fürstabt_Honorius_Roth_von_ Schreckenstein (Stand 1.6.2009).

13 Ältere Genealogie der Rothen von Schreckenstein, allerdings ohne Erwähnung des (notgedrungen kinderlosen) Fürstabts in: GHdA, A II 1956; Günther Reichelt, Friedrich Freiherr Roth von Schreckenstein. Mensch, Ortsherr, Wissenschaftler, in: Tuttlinger Heimatblätter 2006, S. 148–160. Friedrichs Sohn Ludwig (geb. 1789), der General und Kommandeur der preußischen Truppen in Baden 1848 und spätere Kriegsminister, hatte seinen Vornamen vermutlich nach seinem Onkel Ludwig von Enzberg erhalten, so wie dieser wohl in Erinnerung an den Markgrafen von Baden, den »Türkenlouis«, bei dem sein Vater in Dienst gestanden hatte – auch eine »Genealogie«, die auf den tiefgreifenden Wandel der wesentlichen politischen Problemstellungen innerhalb von nur drei Generationen hinweist.

14 Heiratsvertrag vom 5./23. Februar 1807, Enzberg-Archiv Mühlheim A 23.

15 Mößle, Hausrecht, S. 51.

16 Brief vom 19. Februar 1807, NZA 98. Herrn Rudolf Beck sei für die Aushebung der einschlägigen Akten aus dem Fürstl. Waldburg-Zeil'schen Gesamtarchiv in Schloß Zeil herzlich gedankt.

17 Karl von Schauenburg war seit dem 11. März 1803 verheiratet mit Sofia von Enzberg (1777–1811), der ältesten Tochter des Freiherrn Ludwig (Bauser, Mühlheim, S. 38).

18 Enzberg-Archiv Mühlheim A 23.

19 NZA 100; die Aktiva umfassten allerdings nur die Bareinkünfte, nicht den Wert der Grundstücke.

20 Bauser, Mühlheim, S. 36; Enzberg-Archiv Mühlheim A 2, Personal-Matricel (mit Angabe der Kinder); Genealogie der Familie ›von Preysing‹, Copyright 1996 Christoph Graf von Preysing, unter: http://www.lichtenegg.de/Content/Archiv/Historie/GenealogieFamiliePreysing.htm (Stand 1.6.2009); Stammtafel des mediatisierten Hauses Waldburg 1892, 13. Stammtafel: Linie Zeil-Zeil; zu Konrad Kardinal von Preysing auch ein recht guter Wikipedia-Artikel.

21 Bauser, Mühlheim, S. 37.

22 NZA 100.

23 Ebenda.

24 Briefe Leopolds an Fürst Maximilian vom 10. Juli, 17. August und 17. Oktober 1810, NZA 100.

25 Ebenda.

26 Ebenda.

27 Rauh 1972, S. 46–47.

28 NZA 414.

29 Enzberg-Archiv Mühlheim A 242.

30 Maximiliane von Enzberg, geb. am 9. Juni 1817, heiratete 1844 den Grafen Wilhelm von Waldburg-Zeil, einen Halbbruder ihrer Mutter; sie wurde 72 Jahre alt (Bauser, Mühlheim, S. 39).

31 Nikolaus Anton (II.) von Enzberg, jüngerer Bruder Leopolds, Fürstl. Sigmaringischer Straßenbauinspektor, geb. am 8. September 1785, starb am 23. Juni 1818 in Bad Imnau (Bauser, Mühlheim, S. 37); vgl. auch Enzberg-Archiv Mühlheim A 34.

32 Josephines Halbbrüder aus der zweiten Ehe des Vaters, die später auch ihre Schwiegersöhne wurden. Nach Landshut, dem Hauptort Niederbayerns, war im Jahr 1800 wegen der Kriegsgefahr die traditionsreiche Universität Ingolstadt verlegt worden; seit 1802 Ludwig-Maximilians-Universität genannt, hat die Alma Mater seit 1826 ihren Sitz in München: http://www.uni-muenchen.de/ ueber_die_lmu/geschichte/landshut/index.html (Stand 1.6.2009).

33 Rimpach bei Friesenhofen, an der Straße Leutkirch-Isny.

34 Welche beiden Herren von Hornstein hier gemeint sind, ist angesichts der Aufspaltung der Familie in mehrere Linien nicht eindeutig zu sagen, zumal es keinen einzigen Beleg für die Heirat eines Hornstein mit einer Schauenburg, wohl aber für die Ehe eines Schauenburg mit einer Enzberg gibt, was vielleicht das besondere Interesse des Fürsten an diesem Namen erklärt. Geht man die Hornstein'sche Familiengeschichte nach einer Konstellation durch, in der der Sohn Ende 1817 noch nicht verheiratet war, während der Vater von Renommee und Alter her für eine politische Tätigkeit im Interesse der ehemaligen Reichsritterschaft in Frage kam, dann wird es am wahrscheinlichsten, dass letzterer Honor Karl von Hornstein-Grüningen (1761–1838) – auch er übrigens ein Patensohn des Kemptener Fürstabts – gewesen ist, der noch 1833 beim deutschen Bundestag eine Beschwerde gegen die württembergische Regierung einreichte. 1805 erbte er zusammen mit seinem Binninger Vetter Joseph Anton die Lehen am Hohenstoffeln; nach der Erbverbrüderung 1818 übertrug er seinen Anteil Bietingen dem Sohn Friedrich (1789–1860?), der am 27. Juli 1818 Auguste Freiin Speth

von Untermarchtal heiratete; gut möglich, dass vorher eine andere Verbindung im Gespräch gewesen, aber nicht zustande gekommen war. Beider Tochter Philippine wurde übrigens Ehefrau des Historikers und Direktors des badischen Generallandesarchivs Karl Heinrich Roth von Schreckenstein, des Verfassers eines bis heute maßgeblichen Werks über die Reichsritterschaft. Biographische Angaben nach Hornstein-Grüningen 1911, S. 644–648, LII–LIV.

35 Anna Maria Freifrau von Enzberg, geb. Freiin von Pappus und Trazberg (1757–1830), seit 1793 zweite Frau des Freiherrn Franz. Ihr Vater war Erb-Hofmarschall des Fürstlichen Stifts Kempten, ihre Mutter eine Freiin Reichlin von Meldegg, deren Familie im 18. Jahrhundert zwei Fürstäbte stellte, darunter den letzten (GHdA, A I 1952, und og. Literatur zu den Fürstäbten von Kempten). Die Pappus-Trazberg waren mit vier Besitzungen im Allgäu, darunter das zwischen Immenstadt und Sonthofen gelegene Rauhenzell, die am weitesten östlich angesiedelte Familie des ehemaligen Ritterkantons Hegau, Allgäu und am Bodensee. Vgl. Historischer Atlas von Baden-Württemberg, Karte VI, 13: Herrschaftsgebiete und Ämtergliederung in Südwestdeutschland 1790, bearb. von Gerd Friedrich Nüske und Joseph Kerkhoff nach Vorarbeiten von Helmut Kluge, Beiwort von Michael Klein, Stuttgart 1987.

36 Katharina von Enzberg (1786–1858), Schwester Leopolds d. Ä., lebte unverheiratet in Mühlheim (Bauser, Mühlheim, S. 37). Die Namensform erscheint auch bei Gottfried Keller; zu Beginn des 21. Kapitels des 1. Bandes des Romans »Der grüne Heinrich« erwähnt der Erzähler seine drei Basen »mit städtisch verwelschten Namen: Margot, Lisette und Caton«. Selbst in dem Brief vom 12. November 1858, mit dem Leopold von Enzberg d. J. seinem Vetter, Fürst Constantin Zeil, den Tod der Tante mitteilt, benutzt er diesen Kosenamen (NZA 414).

37 Vgl. Rudolf Endres, »Lieber Sauhirt in der Türkei als Standesherr in Württemberg…« Die Mediatisierung des Adels in Südwestdeutschland, in: Alte Klöster, neue Herren, Bd. 2.2, S. 837–856; Gerrit Walter, Treue und Globalisierung. Die Mediatisierung der Reichsritterschaft im deutschen Südwesten, in: ebenda, S. 857–872.

38 Mößle, Wunibald, S. 131; soweit erkennbar, ist Waldburg-Zeil nur in den Besitz der vormals Humpiß'schen Herrschaft Ratzenried und von Schloss Syrgenstein bei Eglofs (heute beide Gemeinde Argenbühl) gelangt.

39 Mößle, Wunibald, S. 243.

40 Heiratsverträge der drei Schwestern in: Enzberg-Archiv Mühlheim A 248.

41 NZA 108.

42 Rauh, Hausrecht,, S. 103–115, hier besonders S. 112–113.

43 Winfried Hecht, Aus der verschwundenen Welt der Dienstboten, in: Tuttlinger Heimatblätter 2007, S. 182–185. Bei der Datierung dieses Briefes ist zu beachten, dass Ende Januar/Anfang Februar 1875 das neu vermählte Paar Rudolf und Anna von Enzberg in Schloss Mühlheim einzog. Rudolf übernahm den Besitz zwar erst nach dem Tod seines Vaters 1879, aber Baronin Anna geb. Gräfin Waldburg-Zeil hatte vier »eigene weibliche Dienstboten«, die nach dem frühen Tod ihrer »geliebten gnädigen Frau« am 17. Juli 1877 den Empfang eines Legats von je 50 Mark quittierten. Es waren dies: die Kammerjungfer Elisabetha Bergner, die Köchin Louise Fakler, die Kindsjungfer Fried(e)rika Mößner und das Zimmermädchen Theresia Kübler (Quittung mit Originalunterschriften, in: Enzberg-Archiv Mühlheim A 14, siehe auch A 248). Gut möglich, dass Letztgenannte die Briefschreiberin »Therèse« gewesen ist, wie auch mit der im Brief erwähnten »Babette« die amtlich Elisabetha heißende Kammerjungfer gemeint gewesen sein kann (die französische Koseform kann für Barbara, aber auch für Elisabeth stehen). Dies lässt es wahrscheinlicher werden, dass der Brief in den letzten Dezembertagen 1875 (oder noch ein Jahr später) verfasst wurde: Die Hausangestellten haben mit gewissen Hoffnungen dem Einzug des jungen Paares entgegen gesehen; nach mehreren Monaten müssen sie aber feststellen: »im Schloß ist es immer noch so wie früher«.

44 Vgl. Walter-Siegfried Kircher, Ein fürstlicher Revolutionär aus dem Allgäu. Fürst Constantin von Waldburg-Zeil 1807–1862, Kempten 1980; ders., »Katholisch vor allem«? Das Haus Waldburg und die katholische Kirche vom 19. ins 20. Jahrhundert, in: Adel im Wandel, Bd. 1, S. 287–308; Adel im Wandel. Ausstellungskatalog, S. 163; Martin Zürn, »Vom Untergange retten, was man noch kann…« Das Fürstliche Haus Waldburg zwischen 1806 und 1848, in: Alte Klöster, neue Herren, Bd. 2.2, S. 929–942.

45 Vgl. das Porträt des Fürsten, zuletzt abgebildet in: Adel im Wandel, Bd. 1, S. 284 (auch im Anhang zu Kircher, Revolutionär). In bemerkenswerter Weise charakterisierte Fürst Erich von Waldburg-Zeil, ein Urenkel des Fürsten Constantin, den Wandel in der Darstellung seiner Vorfahren, wie sie

die Ahnengalerie im Truchsesszimmergang von Schloss Zeil erkennen lässt (Schloß Zeil. Ein Bilderband aus Oberschwaben, München 1953, S. 6): »Von 1612 ab sind die Ahnenbilder unmittelbar nach dem Leben gemalt und enthalten eine reizvolle Folge der Ideengeschichte wie die Kraftgestalten des dreißigjährigen Krieges, den noblen Serenissimus der Prinz Eugen-Zeit, den verfeinerten Lebenskünstler des Rokoko, wie den Rationalisten und Freund Voltaire'scher Geistigkeit. Der erste Fürst, und zugleich letzte regierende Waldburg-Zeil, ließ sich noch einmal im Prunk des alten Truchsessengewands malen, in welchem er Franz II., dem letzten regierenden Römischen Kaiser deutscher Nation, den Reichsapfel vorantrug und die Bratenzeremonie stellte. Es folgte der depossedierte Großgrundbesitzer wirtschaftlichen Typs der Biedermeierzeit [Fürst Franz Thaddäus] und schließlich Fürst Konstantin, der des Glaubens war, Reichs- und Weltordnung im Wege der Volksherrschaft wieder errichten zu können, sich 1848 als Demokrat in die Paulskirche wählen ließ und seine Tätigkeit als Revolutionär auf dem Asperg büßte. Als letzter erscheint Fürst Wilhelm, Großvater des Schreibers dieser Zeilen, bärtig und ordenbehangen, Typ der großbürgerlichen Zeit um 1870.« Für den Hinweis auf diese selten gewordene Publikation und stets zuvorkommende bibliothekarische Betreuung sei Herrn Benjamin Wieser von der Hegau-Bibliothek Singen herzlich gedankt.

46 Kircher, Revolutionär, S. 129, mit der etwas merkwürdigen Formulierung: »Der mit dem Hause Waldburg-Zeil-Trauchburg durch eine Heirat befreundete Freiherr von Enzberg bot Zeil an, sich um seine Geschäfte zu kümmern.« Je nachdem, ob Leopold d.Ä. oder d.J. den zitierten (mir nicht vorliegenden) Brief vom 24. November 1850 geschrieben hat, handelte es sich um den Onkel oder den Cousin des Fürsten Constantin.

47 NZA 414.

48 Zuletzt abgebildet in: Adel im Wandel, Bd. 1, S. 294 (auch im Anhang zu Kircher, Revolutionär); vgl. Angelika Lorenz, Das deutsche Familienbild in der Malerei des 19. Jahrhunderts, Darmstadt 1985.

49 Beschreibung der Verlobung und Vermählung der Gräfin Anna von Waldburg-Zeil mit dem Freiherrn Rudolf von Enzberg-Mühlheim nebst Beilagen, in: NZA 127.

50 Ebenda.

51 Ehevertrag vom 28. Januar 1875 mit Nachtrag vom 20. Februar 1876 in: Enzberg-Archiv Mühlheim A 14 und A 248.

52 Mündliche Mitteilung meines Vetters Wilfried.

53 Enzberg-Archiv Mühlheim A 13.

54 Rauh, Hausrecht,, S. 365 und 370.

55 Vgl. Mitgliederverzeichnisse des Ordens in: Enzberg-Archiv Mühlheim A 51; Baron Konrad ließ sich nach dem Ritterschlag – 27-jährig – stolz im Ordensornat fotografieren und ein halbes Jahrhundert später – nach zwei Weltkriegen, der Nazizeit und der Fideikommiss-Auflösung – in derselben Pose, offenbar nach der fotografischen Vorlage unter Einfügung des gealterten Gesichts, malen, als habe er damit gegen allen geschichtlichen Wandel, gegen alle Verletzungen, die ihm das Leben von Beginn an zugefügt hatte, einen trotzigen Anspruch behaupten wollen.

56 Mößle, Wunibald, S. 267, resümiert: »Die Klasse der späteren Standesherren schloß sich also bewußt nach unten und damit gegenüber der Aufweichung des Adels, wie sie in den zahlreichen Adelsbriefen erscheint, ab. Gerade der Kreis der Standesherren wahrte seine Exklusivität – etwa bezüglich der Heiraten – auch in der pluralistischen Gesellschaft des 20. Jahrhunderts.« Nach Stephan Malinowski, Vom König zum Führer. Deutscher Adel und Nationalsozialismus, 2. Aufl., Frankfurt a. M. 2004, S. 107, hat Alois Fürst zu Löwenstein-Wertheim-Rosenberg, immerhin Vorsitzender der »Genossenschaft katholischer Edelleute in Bayern«, in einem Brief an seinen Sohn vom 5. August 1947 dessen großzügige Handhabung des Begriffs »Standesgenosse« mit »einer Mischung aus Nostalgie und Spott« kommentiert; seine Generation, so der Fürst, wäre erschrocken, »wenn man einen gewöhnlichen Grafen oder – horribile dictu – einen Baron einen Standesgenossen genannt hätte. Standesgenosse war der Standesherr, der reichsunmittelbare Fürst oder Graf. Sic transit gloria mundi.«

LUDWIG HENZLER/JÖRG KALTENBACH

»Z'MILLE STOHT A SCHLÖSSLE«:
DAS HAUS ENZBERG UND DIE STADT MÜHLHEIM

Kinder, die in Mühlheim zur Welt kamen, wurden schon in ihren ersten Erdentagen mit dem alten Kinderreim

>»Reite, reite Rössle,
z'Mille stoht a Schlössle
z'Nendinge stoht a Käppele
Bube traged Schäppele
Mädle traged Maie
d'Henne leged Eier
Die alte Weiber supfets aus
Und werfet d'Schale zum Fenster naus«

getröstet oder in den Schlaf gesungen. Sie wussten demnach schon seit ihrer frühesten Kindheit: In Mühlheim gibt es ein Schloss und mit diesem Schloss hat es etwas auf sich. Es ist prägend im Stadtbild, zieht den Blick auf sich und regt die Gedanken an. Warum ist hier ein Schloss in dieser Größe und an diesem besonderen Platz?

Dem Donaueschinger Heimatdichter Max Rieple fällt dieser besondere Platz auch auf, er schreibt dazu:

>»Wie der Bug eines riesigen Schiffes schiebt sich der Bergrücken, auf dem die altertümliche Stadt Mühlheim liegt, gegen die still fließende Donau vor. Statt einer Galionsfigur ragt an der Spitze des sich ergebenden Dreiecks das Enzbergische Schloss hoch über dem Tal empor.«

Wurden die Kinder größer und kamen mit Auswärtigen zusammen, folgten auf den Kinderreim schon spöttische Verse. Unter anderem:

>»I ghör im Barau
vu Mülau
laß mi gau
i hau dir
au nint dau.«

Auch der Tuttlinger Maler und Heimatdichter Hugo Geissler ging auf die Mühlheimer Eigenart mit einem Vers ein, wo es heißt:

>»I dä Droube hocket d'Schtattgard
Gmiatle beim ä Faß voll Biar,
waartet lang schau
uff dä Herr Barau
ond verzwazzlet schiar
Wo no komme ischt des G'fährt,
drinn dä gnädig Herr ischt g'sesse
rennt die Schtattgard d'Stägge abbe,

ond dä Kommedant we bsesse
schreit mit Donnergwalt,
daß ä Echo schallt:
D De-age raus,
dä De-age rei
dä Barau ischt schau vorbei.«

So wird dieses Besondere auch auswärts gesehen und gleichzeitig werden in diese Besonderheit auch die Bewohner Mühlheims mit einbezogen.

Versuchen wir jetzt als Bewohner von Mühlheim dieses Schloss mit seiner Familie näher zu erläutern, aufzuzeigen, wie man in den letzten 100 Jahren damit umging. Welche Begebenheiten haben noch unsere Eltern und Großeltern inmitten Mühlheims erlebt? Was hat sich in diesen 100 Jahren verändert oder was ist heute von einer Adelsfamilie überhaupt noch sichtbar und spürbar? Versuchen wir, auf verschiedenen Gebieten nachzuforschen, festzuhalten, was uns überliefert wurde, und aufzuzeigen, was wir im Stadtbild und der näheren Umgebung noch Erlebbares entdecken. Auch das Zusammenwirken der Stadtverwaltung mit dem Adelsge-

Postkartenansicht von Mühlheim mit der Hochwacht und dem Rathaus

Das Mühlheimer Rathaus, um 1900

schlecht beispielsweise anhand von Mühlheimer Stadtratsprotokollen kann nachverfolgt werden. Was für Auswirkungen hatten der fremde Einfluss von Bediensteten und Personal im Schloss für die hiesige Bevölkerung? Was für Eigenheiten gab es im kirchlichen Leben? Wie hat sich die Herrschaft am bürgerlichen Leben beteiligt?

Bauliche Spuren in der Stadt

Beginnen wir die Spurensuche bei einem Rundgang durch die Stadt und Umgebung. Nach wie vor ist der außergewöhnliche Bau des alten oder Hinteren Schlosses das herausragende Merkmal. Fast von allen Richtungen kommend, fällt dieser Bau ins Auge. Besonders beeindruckend, auch auf unzähligen Postkarten zu sehen, ist der Blick von der Donau hinauf zu den zwei wuchtigen Türmen. Die gewaltige Größe des Baues ist besonders vom Scheibenbühl oder hoch herab vom Glitzigen Kreuz auszumachen. Stehen wir dann vor dem Schlosstor, gibt die Hauptfassade dem Betrachter den Eindruck eines gepflegten herrschaftlichen Anwesens. Wappen am Hauptportal und an den Gartenpforten weisen auf die heutigen und auch auf ehemalige Bewohner hin.

Im Park mit wunderschönen alten Bäumen, der auf die forstliche Tradition der jeweiligen Freiherren hinweist, steht, ebenfalls mit herrschaftlichen Wappen versehen, das Rentamt, jenes Gebäude, welches die Verwaltung beherbergte. Hier hatten Bürger den meisten Kontakt zur Herrschaft, da beim Rentamtmann Holzrechnungen oder Pachtgelder bezahlt wurden.

Ferner sind Reste der ehemaligen landwirtschaftlichen Gebäude zu sehen. Das kleine Jägerhaus, oder auch Bauhäusle genannt, wurde meistens als Wohnsitz von Bediensteten genutzt. Gegenüber das ehemalige neue Bräuhaus, heute in Privatbesitz, und angebaut das alte Bräuhaus, nach wie vor Eigentum der Familie von Enzberg.

Luftaufnahme von Mühlheim-Oberstadt mit dem Hinteren und Vorderen Schloss sowie der Pfarrkirche, 1930er Jahre

Der zweite wichtige Bau, das neue oder Vordere Schloss, ein prägender Bau für das Stadtbild, wurde 1987 an die Stadt Mühlheim verkauft und findet heute vielseitige Verwendung. Das Verkehrsamt, der Stadtrat, kulturelle Veranstaltungen verschiedenster Art und der Museumsbereich machen das Haus zu einem lebendigen Treffpunkt. Viel historische Bausubstanz des ursprünglichen Schlosses ist noch erhalten, kunstvolle Fußböden sowie das herrschaftliche Treppenhaus geben Zeugnis vom ehemaligen höfischen Leben.

In der nahen katholischen Stadtpfarrkirche St. Maria Magdalena ist links über der Sakristei das herrschaftliche »Chörle« zu sehen, der privilegierte Platz für die adligen Besucher der Gottesdienste.

Als weiteres besonderes Gebäude ist der um 1840 gebaute ehemalige Bierkeller am Ettenberg zu nennen. Auch dieser ist heute in Privatbesitz. Er war damals für die Bierlagerung sowie für die Eisherstellung ein wichtiges Gebäude der ehemaligen enzbergischen Brauerei, die bis zum Ende des Ersten Weltkrieges Bier braute. Der Platz um den Bierkeller, mit alten Bäumen bewachsen, durfte lange Jahrzehnte als Waldfestplatz für die Mühlheimer Vereine genutzt werden.

Gehen wir die alte Staig Richtung Donau hinunter, fällt uns an der Sebastianskapelle ein Relief mit Baudatum und dem enzbergischen Wappen auf – ein Hinweis darauf, dass Teile dieser Kapelle von der Herrschaft gestiftet wurden.

Der Stadtmühlenkanal lässt noch erahnen, wo die Stadtmühle stand, welche 1920 vom Haus Enzberg an die ehemalige Uhrenfabrik verkauft und ca. 1970 abgerissen wurde. Eine wichtige herrschaftliche Mühle war, an der Straße nach Kolbingen, die obere Mühle, heute ein Sägewerk in Privatbesitz. 1928 brannte diese ab, und Konrad von Enzberg stellte beim Gemeinderat den Antrag, ein Sägewerk zu errichten.

Vom Mühlenbereich begeben wir uns zum nahe gelegenen Friedhof. In der dortigen St. Galluskapelle weisen Wappen und Stifterbilder auf die enzbergische Tradition hin. Durch den Anbau der herrschaftlichen Gruft an die Galluskapelle um 1600 ist diese Kirche untrennbar mit der Herrschaftsgeschichte verbunden. Drei besonders mächtige Epitaphe an der Nordwand der Gruft zeugen von der großen geschichtlichen Bedeutung. Bis 1960 fanden in der Kapelle Bestattungen der Familie Enzberg statt. Heute weist im neuen Friedhof ein großer Wappenstein auf die herrschaftlichen Gräber hin, in denen vier Familienangehörige beigesetzt worden sind.

Suchen wir nun in der näheren Umgebung von Mühlheim und wenden uns zuerst dem Donautal zu. Hier waren die Ländereien im Bereich Bronner Mühle, Jägerhaus, Schloss Bronnen und Bronnemer Hof ganz wichtige Teile der Herrschaft. Im Bereich des Jägerhauses sind noch Spuren des ehemaligen enzbergischen Hüttenwerks zu sehen (ehemaliger Kanal). Hoch droben, das Tal überschauend, erblicken wir Schloss Bronnen, das heute noch zum Stammbesitz der Familie von Enzberg gehört.

Runden wir die Spurensuche ab, finden wir noch das ehemalige Hofgut Gründelbuch, bis um 1920 im Besitz des Hauses Enzberg, und am Ende des Lippachtales die ehemalige Lippachmühle, lange Zeit eine herrschaftliche Mühle, heute ein Gasthaus im Privatbesitz.

Mühlheim mit Hinterem Schloss auf einer Lithografie von Maximilian Ring, 1849

Wer etwas abseits der normalen Wanderwege geht, kann noch mit viel Glück und Ortskenntnis auf uralte Grenzsteine stoßen, die mit dem Wappen der Enzberg versehen sind. Der Waldbesitz der Adelsfamilie auf Nendinger, Neuhauser und Buchheimer Gemarkung ist heute noch an den Distriktsbezeichnungen erkennbar. Auf dem Ettenberger Kapf steht ein besonderes Naturdenkmal: die sogenannte Leopold-von-Enzberg-Lärche. Im Jahre 1843 gepflanzt, ist sie also bereits 166 Jahre alt – ein beeindruckend großer Baum, der Zeugnis vom forstlichen Wirken des Freiherrn Leopold von Enzberg gibt. Waldhütten auf Geroldseck und am »Wasserloch« sowie der sogenannte »Barons-Reitweg«, noch sichtbar am Nendinger Grund, verdeutlichen die große Bedeutung der enzbergischen Wälder. Ungefähr 25 Holzhauer und rund 20 Kulturarbeiterinnen von Neuhausen und Buchheim waren im Jahr 1911 für diese Waldungen bei der Krankenkasse angemeldet.

Diese vielen Beispiele zeigen uns, welche tiefen Spuren die Herrschaft hinterlassen hat.

Die Beziehungen Stadt – Haus Enzberg im Spiegel schriftlicher Quellen

Der zweite Teil unserer Suche führt uns nun zu den schriftlichen Quellen, wie z.B. die Mühlheimer Stadtratsprotokolle.[1] Beginnen wir 1873 und enden 1973, es ist ein Zeitraum, der weltpolitisch sehr bewegend war. In dieser Zeit erleben wir fünf verschiedene Freiherren: Leopold, Rudolf, Konrad, Heinrich und Wilfried, die in diesen 100 Jahren mit elf verschiedenen Stadtschultheißen zu tun hatten.

Es ist eine überschaubare gegenseitige Geschäftstätigkeit ohne besondere Höhepunkte oder Streitigkeiten, die ohne Weiteres auch mit den Geschäften der jeweili-

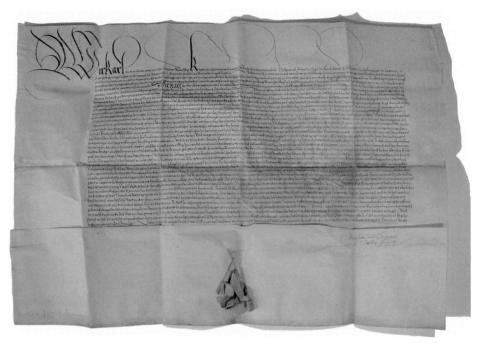

Urkunde vom 2. Januar 1527: Kaiser Karl V. verleiht Friedrich von Enzberg die Stadt Mühlheim mit allen Rechten, dem Blutbann und dem Hochgericht.

gen Einwohnerschaft verglichen werden kann. Dies soll an verschiedenen Beispielen gezeigt werden.

1873–1900

Der Gemeinderat geht in diesem Zeitraum sehr konsequent mit enzbergischen Angelegenheiten um. Leopold Freiherr von Enzberg bittet 1873 durch seinen Gärtner Hinkel um die Bewilligung, etwas Rasen stechen zu dürfen. Der Gemeinderat beschließt, dass dem entsprochen wird, jedoch muss eine Entschädigung an die Stadtkasse bezahlt werden.

1875 macht der Gemeinderat und Felduntergänger Johann Leibinger die Anzeige, dass Freiherr von Enzberg eine Mauer errichtet habe, die teilweise auf Gemeindeeigentum stehe. Eine Deputation überprüft sofort den Sachverhalt und beschließt, dass Freiherr von Enzberg bis zum 15. Mai die Mauer zurückzusetzen habe. 1885 wird dem Freiherrn von Enzberg zum Decken von Pflanzen in den Gärten ein kleinerer Wagen rottannenes Reisig aus »Wagensteig« abgegeben. Für dieses Reisig wird ein Betrag von 50 Pfennig als Ersatz gefordert.

1896 wurde durch starke Regengüsse das dem Freiherrn von Enzberg gehörende Stall- und Scheunengebäude bei der Stadtmühle stark eingeschüttet. Das Geröll, das sich vor dem Tor angesammelt hatte, sollte nun auf Kosten der Stadt beseitigt werden. Der Gemeinderat informiert sich an Ort und Stelle und kommt zum Beschluss. Die Gemeinde könne sich nicht zur Abräumung herbeilassen, weil das Wasser

Kaiser Karl VII. belehnt die Vormünder der Kinder des Niklas Karl von Enzberg mit dem Blutbann und dem Hochgericht zu Mühlheim, 1743.

schon vor mehr als 100 Jahren den gleichen Ablauf gehabt habe, bevor das Gebäude stand. Doch sei man bereit 20 Mark zu geben. Die Gemeinde mache aber in Zukunft keinerlei Zugeständnisse mehr. Rudolf Freiherr von Enzberg ist damit einverstanden. 1898 verkauft die Stadt 35 qm an Enzberg mit der Auflage, dass diese Fläche niemals überbaut werden darf.

1901–1923

Die Stadt hat es nun mit Konrad Freiherr von Enzberg zu tun. Sehr wenige Aktennotizen sind aus dieser Zeit zu verzeichnen. Dass die enzbergische Brauerei noch in Betrieb ist, beweist der Geschäftsvorgang vom 28. Mai 1913. Konrad Freiherr von Enzberg hat bei seinem Garten, jedoch auf Gemeindeeigentum, einen Eisgalgen erstellt. Er benutzt dazu die Wasserleitung, dafür soll Wasserzins erhoben werden. Da der Platz für die Gemeinde keinen Ertrag abwirft, beschließt der Gemeinderat, jährlich 2 Mark Pacht und 15 Mark Wasserzins zu verlangen.

Mühlheim benötigt 1925 dringend Baugelände in Richtung Ettenberg. Konrad Freiherr von Enzberg ist bereit, den sogenannten »Fuchsgruberacker« am Stadtrand gegen andere Felder zu tauschen. Traditionsgemäß gehört die Ausübung der Jagd zu einem Adelshaus. Enzberg pachtet in diesem Jahr den Jagdbezirk rechts der Donau zum Preis von 400 Mark.

Konrad Freiherr von Enzberg mit seiner Verlobten Theresa Freiin Rinck von Baldenstein, 1905

1928 will Konrad Freiherr von Enzberg an Stelle der abgebrannten oberen Mühle ein Sägewerk errichten. Der Gemeinderat stimmt zu, erwartet jedoch kein großes Geschäft für dieses Projekt. Ergänzend dazu will Enzberg auch die vorhandene Wasserkraft für das neue Sägewerk verwenden. Vor Beginn einer Gemeinderatssitzung am 10. Oktober 1930 spricht der Vorsitzende namens des Gemeinderats dem anwesenden Mitglied Freiherr von Enzberg aus Anlass der erst kürzlich in aller Stille abgehaltenen Silbernen Hochzeit die herzlichsten Glückwünsche für ihn und seine Familie aus.

Die wirtschaftlich schlechten Zeiten machen sich auch in Mühlheim bemerkbar. Die Uhrenfabrik Müller und die enzbergische Verwaltung als die zwei größten Arbeitgeber ersuchen 1931 beim Gemeinderat um eine Steuerstundung, der auch stattgegeben wird. Am 28. Februar 1932 wird zugunsten von bedürftigen Kindern ein Wohltätigkeitskonzert durch die Stadtkapelle durchgeführt. Die Verteilung des Erlöses wird durch einen Ausschuss unter Vorsitz des Freiherrn von Enzberg getätigt. Ferner ist in den Ausschuss neben Stadtpfarrer Mesle und Gemeinderäten auch die Freifrau von Enzberg eingebunden.

Kurz spiegelt sich hier auch die Zeit des Nationalsozialismus. Konrad Freiherr von Enzberg, Ortsgruppenleiter der NSV (Nationalsozialistische Volkswohlfahrt), wird zum Fürsorgebeirat berufen. Er organisiert unter anderem auch das Winterhilfswerk und ruft zu Spenden auf.

Kurz nach Kriegsende wird, um den Mangel an Gartenland für die Allgemeinheit zu beheben, vom Freiherrn von Enzberg ein Acker im Ostertal für fünf Jahre gepachtet, 1947 werden durch das Eintreffen von Flüchtlingen weitere Gärten benötigt. Gemeinderat Scherer schlägt vor, mit Freiherr von Enzberg in Verhandlungen zu treten, ob derselbe bereit wäre, einen weiteren Acker zur Verfügung zu stellen. Er habe ja die Möglichkeit, Grundstücke, die an Stetten verpachtet sind, zurückzuziehen.

Nicht ganz problemlos verläuft der Verkauf der Dunglege auf der Stadtmauer (»Schlossmiste«). Konrad Freiherr von Enzberg hat dem Vorsitzenden durch seinen Sohn Heinrich mitgeteilt, dass er die Dunglege verkaufen würde, da er eine solche im Schlosshof anlegen will. Nach eingehender Aussprache, in der auch die schwierige Reparatur der Mauer thematisiert wird, beauftragt der Rat den Bürgermeister zu weiteren Verhandlungen. Im Januar 1951 bringt der Bürgermeister vor, dass die schwierigen Verhandlungen zum Abschluss gekommen seien. Anstatt 4 DM werden 3 DM pro qm bezahlt. Die gesamte Fläche hat insgesamt 2,41 Ar und wird danach von der Gemeinde zum Bau des Gemeinschaftshauses verwendet. 1952 wird die Pacht der Äcker im Ostertal, die als Gärten genutzt werden, um drei weitere Jahre verlängert, ebenso der Pachtvertrag über die Hauswirtschaftsschule im Vorderen Schloss um zwei weitere Jahre. In seiner Tätigkeit als Gemeinderat wird Heinrich von Enzberg in verschiedene Gremien berufen, so schon 1954 als Ortsschulrat und zum Schätzer der Tierseuchenentschädigung. Verschiedene weitere Ämter folgen. Bei der Gemeinderatswahl 1959 erhält er mit 593 Stimmen die höchste Stimmenzahl und wird danach auf Zuruf einstimmig zum stellvertretenden Bürgermeister bestimmt sowie zum stellvertretenden Standesbeamten, Waisenpfleger und Mitglied im Gemeindegericht.

Um Wiesen und Felder besser zu schützen, stellt die Stadt 1954 einen Feldschützen an. Freiherr von Enzberg erklärt sich bereit, dem Feldschützen zu seiner Bewaffung eine Doppelflinte zur Verfügung zu stellen, die monatliche Entschädigung für diese Waffe beträgt 5 DM.

Ende der 50er Jahre setzt auch in Mühlheim eine sehr große Bautätigkeit ein, die Nachfrage nach Bauland steigt. Immer wieder werden größere Flächen benötigt, die sich im Eigentum des Hauses Enzberg befinden. Sie belaufen sich im Laufe der Jahre auf rund 200 Ar. Es zeigt sich hier, dass im Gegensatz zu weiteren Bauland-

Trauerzug bei der Bestattung von Konrad Freiherr von Enzberg, 1956

verkäufern die Stadtverwaltung mit dem Hause Enzberg gute Ergebnisse erzielte. In einer Gemeinderatssitzung am 4. September 1959 schlägt Gemeinderat Heinrich von Enzberg in der Aussprache eine Straßenbenennung vor. »Abgesehen davon, dass es sich bei dem neuerschlossenen Siedlungsgebiet hauptsächlich um Frhrl. v. Enzberg'sche Grundstücke handelt, hat am 23. September 1409, also vor 550 Jahren, Engelhard von Enzberg die Herrschaft Mühlheim gekauft und zog vom Ort Enzberg bei Mühlacker nach Mühlheim. Vor 50 Jahren, am 9. Mai 1909, wurde mein Bruder Engelhard Freiherr von Enzberg geboren, welcher 1944 als Intendant eines Armeecorps auf der Krim fiel.« Der einstimmige Beschluss des Gemeinderats erfolgt und die Querstraße wird Engelhard-Straße benannt.

Die Stadt Mühlheim erhält ein Tanklöschfahrzeug. Zur Unterbringung desselben stellt Heinrich Freiherr von Enzberg die Durchfahrtshalle am Bierkeller zur Verfügung.

Bei den Gemeinderatswahlen 1965 lässt sich Heinrich von Enzberg nicht mehr aufstellen. Damit endet eine Jahrzehnte lange Tradition bürgerschaftlicher Mitarbeit von Konrad und danach Heinrich von Enzberg.

1967 benötigt die Stadt nochmals dringend Grundstücke für den Bau der neuen Schule. Verhandlungen mit zwei Eigentümern aus Stetten scheitern an den Preisvorstellungen. Trotz Androhung von Umlegung gelingt der Kauf nicht. Freiherr von Enzberg verkauft deshalb nochmals 54 Ar Ackerland für den Schulbau zu einem Preis, der den Vorstellungen der Stadt entspricht. Zum Abschluss dieser Grunderwerbungen gehört noch die Vergrößerung des Friedhofes. Hier wird ebenfalls wieder Grundfläche vom Hause Enzberg benötigt. Die Verhandlungspartner kommen überein, dass die Stadt als Gegenleistung ein geschlossenes Grabfeld zur Anlegung von sechs Reihengräbern zur Verfügung stellt. Nach Meinung des Vorsitzenden trägt das Familiengrab zur Verschönerung des Friedhofs bei. Der Gemeinderat stimmt diesem Vorhaben zu. Am Beispiel dieser Auszüge aus den Stadtratsprotokollen wird die enge Verbindung zwischen der Stadt Mühlheim und der Familie von Enzberg seit nunmehr 600 Jahren deutlich. Die Historie der Familie von Enzberg ist folglich zu guten Teilen auch Stadtgeschichte.

Eine rein vergangenheitsorientierte Betrachtung würde der Familienhistorie aber nicht gerecht werden. Bis auf den heutigen Tag ist die Familie von Enzberg ein aktiver und unverzichtbarer Bestandteil des kulturellen und geschichtlichen Bewusstseins der Mühlheimerinnen und Mühlheimer.

Nicht nur in den Köpfen der Bevölkerung, sondern auch und gerade in Fragen der Stadtentwicklung war und ist die Familie von Enzberg ein zentraler Faktor. Nach dem Zweiten Weltkrieg stand die Stadt Mühlheim wie viele andere Städte vor der schwierigen Aufgabe, Hunderten von Flüchtlingen eine neue Heimat zu geben. Aus einzelnen Häusern im Bereich der sogenannten Vorstadt hat sich in wenigen Jahrzehnten ab Mitte der fünfziger Jahre des vergangenen Jahrhunderts der mit Abstand größte Stadtteil mit heute über 2000 Einwohnern entwickelt. Gleichzeitig findet dort auch der Schwerpunkt der gewerblichen Wertschöpfung mit fast 1000 Arbeitsplätzen statt.

Der Großteil der für diese prosperierende Entwicklung notwendigen Flächen wurden seitens der Familie von Enzberg eingebracht. Insbesondere Heinrich Freiherr von Enzberg ist die Stadt zu großem Dank verpflichtet. Er hat in seiner großzügigen und dem Gemeinwohl zugewandten Art die Entwicklung seiner Heimatstadt nach besten Kräften gefördert. Neben seiner vielfachen ehrenamtlichen Tätigkeit in den unterschiedlichsten Funktionen war sein Wirken gekennzeichnet durch die Bereitschaft, Land aus Familienbesitz zu sehr fairen, ja günstigen Konditionen zum Wohle der Allgemeinheit zur Verfügung zu stellen.

In mittlerweile 24 Generationen, davon 18 alleine auf Schloss Mühlheim, versteht sich der jeweilige Familienvorstand als Treuhänder eines anvertrauten Familienbesitzes, welchen es nach besten Kräften und Möglichkeiten für zukünftige Generationen dauerhaft zu bewahren gilt.

Dieses legitime Interesse der Familie von Enzberg und der Wunsch der Bürgerschaft sowie des Gemeinderates nach günstigem Bauland für Wohnungsbau und Gewerbe ist naturgemäß ein Spagat, der von beiden Seiten Kompromissfähigkeit verlangt. In einem Klima der gegenseitigen Wertschätzung und des Respekts für die Position des Verhandlungspartners ist es bis zum heutigen Tag im besten Einvernehmen gelungen, die Entwicklung der Stadt voranzubringen. Dies heißt nicht, dass es nicht im einen oder anderen Fall ein langes und zähes Ringen um eine tragfähige Lösung gab und gibt.

Eine Zäsur im Selbstverständnis des Adelshauses stellte zweifellos der Stabwechsel von Wilfried Freiherr von Enzberg an seine Tochter Annette dar. Seit Beginn des Jahres 2006 ist Annette Freifrau von Enzberg-Pieper Schlossherrin. Bestens vorbereitet auf ihre verantwortungsvolle Aufgabe durch ihren Vater Wilfried, geht die junge Schlossherrin mit viel Elan neue Wege in den altehrwürdigen Schlossmauern.

Der zweite Stock des Schlosses wurde ganz nach den Bedürfnissen einer jungen Familie zu Beginn des 21. Jahrhunderts umgestaltet. Moderne Technik und angesagte Accessoires bilden eine geschmackvolle Symbiose mit jahrhundertealten Böden und Schränken mit aufwändigen Einfassungen aus längst vergangenen Zeiten.

Das sogenannte Rentamt, welches in früheren Jahren als Verwaltungsgebäude der Herrschaft von Enzberg gedient hat, beherbergt heute stilvolle Räumlichkeiten für private Feiern sowie individuelle Gästezimmer. In den kommenden Jahren hat Annette von Enzberg zusammen mit ihrem Ehemann Dr. Joachim Pieper noch viel vor. Der gesamte Komplex zwischen den beiden Schlössern im Herzen der mittelalterlichen Oberstadt soll deutlich aufgewertet werden.

Gratulation von Mühlheims Bürgermeister Kurt Weiss an Heinrich von Enzberg (Mitte) zum 80. Geburtstag am 4. März 1988

Wenn man so will, nimmt die Familie von Enzberg in ihrem direkten Umfeld die Stadtentwicklung selbst in die Hand. In bester Familientradition unterstützt Annette von Enzberg in gleichem Umfang auch die seitens des Gemeinderates angestoßene Entwicklung Mühlheims. Jüngstes Beispiel ist das neue Gewerbegebiet »Am Lippach« am Fuße der Oberstadt mit wunderbaren Blickbeziehungen zum herrschaftlichen Schloss. Rund ein Drittel der Fläche war bisher im Familienbesitz und steht nunmehr bereit für die Schaffung neuer, zukunftsträchtiger Arbeitsplätze.

In früheren Jahren war die Familie von Enzberg ein wichtiger Arbeitgeber. Die Bewirtschaftung des herrschaftlichen Schlosses, die Land- und Forstwirtschaft sowie die Brauerei bedurften vieler fleißiger Hände. Ein Blick in die An- und Abmeldungen im Melderegister zeigt, wie neben einheimischen Angestellten insbesondere viele Auswärtige Arbeitsstellen im herrschaftlichen Bereich antraten und innehatten. Diese haben zum Teil bis zum heutigen Tage Spuren in Mühlheim hinterlassen.

Die Geschichte vom Kutscher Franz Wawra soll hier stellvertretend aufzeigen, wie diese Zugezogenen auch im örtlichen Leben verankert waren. Ludwig Henninger,[2] geb. 1873, erzählte immer wieder, wie der ungarische Kutscher Wawra einmal beim täglichen Ausreiten der Pferde dem damaligen Stadtpfarrer Dörr anbot, auf einem herrschaftlichen Pferd reiten zu dürfen. Stadtpfarrer Dörr ritt nun die Landstraße nach Fridingen hinaus. Alsbald kam das Pferd im Galopp – jedoch ohne Pfarrer – wieder zurück. Aufgeregt rannte Wawra umher und rief: »Habt ihr die Pfarre nicht gesehen?«.

Auch der folgende Spruch wird Wawra zugeschrieben: »Arbeit ich nicht an Peter und Kamerad (Fest Peter und Paul), arbeit ich auch nicht an Maria fliegauf!« (Fest Mariä Himmelfahrt). Dass es diesen Franz Wawra tatsächlich gab, beweisen die ausgestellten Quittungskarten der Krankenversicherung von 1891 bis 1896. Hier ist Franz Wawra als Kutscher aus Teschen, Österreich, aufgeführt.

Ein kleiner Auszug aus den An- und Abmeldungen bei der Stadt Mühlheim zwischen 1900 und 1920[3] soll die Vielzahl der Bediensteten bzw. ihre Herkunft aufzeigen.

Im Jahre 1911 war Maria Mehrle, Zimmermädchen aus Freiburg, bei freier Kost und Wohnung sowie einem monatlichen Verdienst von 20 Mark verzeichnet. Ebenso Charlotte Fauser aus Tübingen und Seraphina Locher aus St. Gallen, welche als Köchin 35 Mark pro Monat verdiente. Als Zimmermädchen trat 1906 Babette Auer aus Erding den Dienst an. Anna Arnold aus Riedlingen war Köchin. Diener und Chauffeur wurde 1909 Gustav Bammerer aus Heilbronn. Im Jahr 1908 war August Eisenhut aus Regensburg Diener. Schon 1907 war Karl Eisele aus Waiblingen Kraftwagenlenker und Maschinist. Er war vorher in der Uhrenfabrik beschäftigt gewesen. Maria Eble aus Zwiefaltendorf wurde Küchenmagd. Monika Gut, Köchin, stammte aus Lauchheim. Diener und Chauffeur war 1910 Ernst Hahn aus Böblingen. 1911 kam Hugo Müller aus Zwiefaltendorf als Diener. Er war vorher beim 124. Infanterieregiment in Weingarten. 1909 kam Genofefa Merig als Zimmermädchen aus Kißlegg. Sie war vorher bei Madame Fleury Hérard in Paris in Stellung gewesen. 1906 war Anna Preyer aus Rottenburg Köchin im Hinteren Schloss, 1907 vermutlich ihre Schwester Dorothea Preyer aus Rottenburg ebenfalls dort

Köchin. 1910 kam Alois Riegger als Bierbrauer aus Hirrlingen. Im Jahre 1908 war Johann Rödel Diener im Hinteren Schloss. Er war aus Emmering und kam direkt von der Dienerschule München.

1911 war Anton Seeger Bierbrauer, er kam von Hochstein, Bayern. Fridolin Stehle war Bierführer und kam aus dem nahe gelegenen Renquishausen. Gottlob Stückle aus Neckartailfingen war Bierbrauer und vorher in Blaubeuren beschäftigt. Bierbrauer Carl Seckel kam aus Sigmaringen und Georg Vielsmaier aus Mallendorf in Bayern.

Des Weiteren arbeitete 1923 Luise Speich als Dienstmädchen, sie stammte aus Straßburg. Josefine und Theresia Schöttle waren Dienstmägde aus Dürbheim. Maria Schanno aus Breisach arbeitete als Kinderfräulein im Hinteren Schloss. 1910 taucht Christina Schmid aus Schorndorf als Köchin in den Unterlagen auf. Sie war vorher bei Freifrau von Hermann in Laupheim tätig.

Im Februar 1908 stellte das Haus Enzberg Anna Keinaht aus Winterlingen als Hebamme und Wärterin an. Heinrich Freiherr von Enzberg wurde am 4. März 1908 geboren. Die Hebamme war also über die Zeit seiner Geburt angestellt und wurde am 1. April 1908 wieder abgemeldet. Zwei Schlossgärtner finden wir ebenfalls unter den Bediensteten: Nazar Leute und Otto Gresser. Gresser ist wiederum ein Name, der sich heute noch in Mühlheim findet.

Neben den zahlreichen Anmeldungen finden wir ebenso viele Abmeldungen. Der Diener Gustav Brunnerer verließ 1910 das Schloss, ebenso der Diener August Eisenhut 1909 nach Regensburg. Der Bierbrauer Johann Fahrmann kehrte nach Bayern zurück, während es seinen Berufskollegen Karl Jäger auf Wanderschaft zog. Der Diener und Chauffeur Ernst Hahn ging zum Stuttgarter Automobilhändler Paul Staiger, der Hausdiener Karl Kriechbaum nach Berlin. Die Küchenmagd Augustine Ruß wechselte zum Privatier Karl Martin nach Tuttlingen. Ein kurzes Gastspiel gab der in Neudörfl, Österreich, geborene Knecht Franz Zink. Er wurde am 19. Juni 1929 vom Arbeitsamt Tuttlingen zugewiesen und verließ bereits wieder am 22. Juni seine Dienststelle als Knecht.

Diese Vielzahl von Personen und die Vielseitigkeit der Berufe zeigt, dass die Herrschaft ein bedeutender Arbeitgeber war. Natürlich waren auch aus Mühlheim und der näheren Nachbarschaft Leute beschäftigt. Dass zu diesen Bediensteten zum Teil auch ein herzliches Verhältnis bestand, beweisen die Kartengrüße der Baronin zu Weihnachten 1907 an eine Angestellte nach Freiburg: »Im Dezember 1907. Lb. Marie! Wenn auch leider etwas verspätet, möchte auch ich Ihnen meine allerherzlichsten Glückwünsche zur Auszeichnung senden, welche Sie liebe Marie für Ihre so treuen Dienste erhalten haben. Mein aufrichtigster Wunsch zu diesem Feste ist natürlich der, dass ›unsere Marie‹ noch viele, viele Jahre in bester Gesundheit bei uns bleiben möge. Auch mein Mann wünscht Ihnen alles Gute. Ihre Baronin«

Diese exemplarischen Einblicke lassen sich durch einen Blick in eine Privat-Feuerversicherungspolice um 1890 ergänzen. Hier versicherte Freiherr Rudolf von Enzberg seine Einrichtungen und Wertgegenstände mit 156.250 Mark. Enthalten waren Gemälde und Kupferstiche im Wert von 7350 Mark, gemeiner Hausrat für 12.000 Mark und eine Sammlung von Hirsch- und Rehgeweihen im Wert von

1000 Mark. Im Vergleich dazu hatte der Mühlheimer Polizeidiener Pius Leute Gegenstände für 1153 Mark versichert und der Schneider Josef Münch Werte von 1550 Mark.

Mündliche Überlieferung

Der letzte Teil dieser Ausführungen soll noch einige Begebenheiten aufzeigen, die mündlich überliefert wurden. Ein besonderes Ereignis war das Austeilen von Spendbrot in der Zeit vor dem Ersten Weltkrieg. Gerne erzählte Margarethe Henzler (1900–1993) diese Geschichte: »Wenn ein Jahrtagsopfer für einen Verstorbenen der Herrschaft von Enzberg gehalten wurde, dann gab es Spendbrot. Das wurde nach der Wandlung im großen Korb mit frischgebackenen Brotlaiben, vom Kreuz-Beck gebacken, in die Kirche gebracht. Oh, wie das duftete! Vom jeweiligen Kirchenpfleger, seinerzeit war es Nikolaus Henninger, ein Bruder von meinem Vater, wurde jedem ein großer Ranken abgeschnitten und beim Hinausgehen ausgeteilt. Es schmeckte herrlich!« Ebenso wurde jeden Sonntag im Hauptgottesdienst folgender Satz beim allgemeinen Gebet mitgebetet: »Wir beten auch für die hiesige, gnädige Patronats-Herrschaft, die Freiherrlich von Enzberg'sche Familie und deren sämtliche Anverwandten.«

Auch die Heimatschriftstellerin Maria Maurer berichtet von einem damaligen Brauch: »Besonders wichtig war, dass auch am Hof zur Hochzeit eingeladen wurde. Bei jeder Hochzeitsmesse war dann ein Vertreter vom Schloss anwesend. Vor dem Hochzeitsmahl, etwa um 11.00 oder 11.30 Uhr, ging dann das Brautpaar mit G'spiel und G'sell ins Schloss, um sich für den Kirchgang zu bedanken. Als Geschenk erhielt dann die Braut ein Tüchlein.«

Lange der Einwohnerschaft in Erinnerung blieb auch die jährliche weihnachtliche Einladung für Kinder während des Ersten Weltkrieges. Dies wurde im Gränz-Bote Nr. 303 am 28. Dezember 1914 berichtet: »Mühlheim 27. Dezember. Am gestrigen Stefanstag hatte die Gattin des Majoratsherrn Freifrau Theresa von Enzberg die Kinder der hiesigen Ausmarschierten zu einer Weihnachtsbescherung um sich versammelt. Es waren 45 Kinder, die in der Halle des Schlosses zusammenkamen. Dort war der Kaffeetisch gedeckt und die Kinder ließen sich den dargereichten Kaffee und Kuchen gar trefflich munden, sodass die vielen Plappermäulchen schnell verstummten. Da ertönte ein Glockenzeichen und jetzt kam Leben in die Kinderschar. Voller Erwartung und mit leuchtenden Augen betraten die Kinder den Salon, wo unter dem strahlenden Christbaum die Gaben ausgebreitet lagen. Nach Aufsagen einiger Gedichte durch die Kinder des Majoratsherren und nach gemeinschaftlichen Gesängen wurden die Gaben verteilt und hochbeglückt und mit dankbarem Herzen zog die Kinderschar von dannen. Ein herzliches Vergelt's Gott der edlen Frau, welche sich der Kinder mit so liebevoller Fürsorge angenommen hat.«

Fest verankert war und ist bis heute bei älteren Einwohnern die Erinnerung an die Zeit des Zweiten Weltkriegs. Freiherr Konrad von Enzberg gab von seiner Landwirtschaft persönlich Milch an die Einwohner Mühlheims ab. Sein Gruß an die Milchabholer war dann meistens: »Guten Tag, grüß Gott, Heil Hitler.« So konnte er niemanden beleidigen. Täglich kam auch ein behindertes Mädchen, um ihre Milchkanne füllen zu lassen. Sie kam – ohne Gruß. Der Baron wollte ihr aber unbedingt das Grüßen beibringen und gab nicht auf. Eines Tages kam sie, streckte ihre Kanne hin und sagte »Dag Baron«.

Die folgende Erzählung eines älteren Bürgers von Mühlheim reicht ebenfalls in diese Zeit zurück. Bei ihm und einem Freund stand die Firmung bevor. Sie gehörten zu den Ärmsten des Ortes und ihnen fehlte noch ein Firmpate. In ihrer traurigen Stimmung wurden sie von Konrad von Enzberg angesprochen. Sie trugen ihr Anliegen vor und erhielten die spontane Zusage, er mache ihnen den Firmpaten. Aufgeregt standen sie am Tag der Firmung in der Kirche. Als sie an der Reihe waren, kam tatsächlich der Baron von seiner Empore herunter und waltete seines Amtes. Nach der Kirche erhielten die anderen Firmlinge ihr Geschenk. Die meisten wurden zum Essen oder in ein Gasthaus mitgenommen Die beiden Jungen aber gingen leer aus. Beim nächsten Milchabholen jedoch wurden sie vom Baron wieder angesprochen. Sie sollten ihm ihren Wunsch mitteilen. Rasch sagte der eine, sie wünschten sich eine Armbanduhr, meinten aber eigentlich nur eine Attrappe, die es damals gab. Konrad von Enzberg ließ sich nichts anmerken, hatte aber bei der nächsten Milchausgabe für jeden eine richtige Kienzle-Armbanduhr dabei. Voller Stolz und Freude trugen sie nun ihre Uhren und erweckten den Neid der anderen Firmlinge. Das traurige Ende einer der Uhren war dann schließlich, dass der stolze Besitzer sie in der Notzeit nach Kriegsende »verhamstern« musste. In dieser schlimmen Zeit erhielten auch Wöchnerinnen bei der Geburt eines Kindes ein kleines Geschenk. Auf einem Notizzettel einer Mutter ist vermerkt: »Von Frau Baronin acht Äpfel erhalten.«

Die vorher erwähnte Empore für die Herrschaft ist allen alten ehemaligen Ministranten in bester Erinnerung. Die herrschaftliche Familie musste beim Kirchenbesuch immer durch die Sakristei gehen und von dort über eine enge Treppe zur herrschaftlichen Empore hochsteigen. Für die Ministranten gehörte es wie selbstverständlich dazu, die Türen offen zu halten, die Herrschaften zu begrüßen bzw. am Ende des Gottesdienstes in einer Reihe aufgestellt zu sein und mit einer Verbeugung die Kirchenbesucher zu verabschieden. Ein größeres Unglück konnte einmal vermieden werden, als der Freiherr im Teppich hängen blieb und ein Sturz durch das beherzte Eingreifen der Ministranten verhindert wurde.

Zur öffentlichen Teilnahme an kirchlichen Veranstaltungen gehörte bei Konrad Freiherr von Enzberg und seiner Gattin bis ins hohe Alter die Beteiligung an der Fronleichnamsprozession. Dabei war der Platz der Herrschaft beim Gang durch das Städtchen direkt hinter dem Himmel. Bis heute gehört das Aufstellen des herrschaftlichen barocken Tragealtars aus dem 18. Jahrhundert am Hauptportal des Schlosses als erste Station der jährlichen Prozession zum festen Bestandteil. Jedoch nicht nur bei diesem kirchlichen Anlass, sondern auch bei Festzügen von Vereinen oder wie jedes Jahr an der Fasnet geht der Umzugsweg durch den Schlosshof vorbei am Schloss, wo sich meistens Vertreter der Familie am Fenster zeigen und Ehrerbietungen annehmen.

Unweigerlich gehört zum menschlichen Leben auch der Tod. Besonders bei Schicksalsschlägen und Beerdigungen der herrschaftlichen Familie zeigte sich das

Mitgefühl der Mühlheimer Bevölkerung. Auch in den vielfach gedruckten Reden zu Beerdigungen kam dies zum Ausdruck. Ein besonders tragisches Ereignis, das noch lange in der Erinnerung der Einwohnerschaft haften blieb, war der Unglückstod von Leopold Heinrich von Enzberg.

Der Gränz-Bote vom 28. Dezember 1891 berichtet darüber: »Eine erschütternde Trauernachricht traf am gestrigen Sonntag mittag hier ein. In Mühlheim ist der zehnjährige (dritte) Sohn des Herrn Baron von Enzberg auf der Donau, wo er sich mit Schlittschuhlaufen beschäftigte, an der besonders tiefen Stelle am Rank unterhalb der Fabrik ausgeglitscht, hierbei ins Wasser gefallen und, da er sofort unter das Eis kam, ertrunken. Ein gerade anwesender Arbeiter wollte schnell Hilfe leisten, ist aber hierbei auch beinahe verunglückt und musste schnell in der nahe liegenden Mühle zu Bett gebracht werden; er soll sich heute wieder besser befinden. Dieser Unglücksfall hat mit der Freihrl. v. Enzberg'schen Familie die ganze Gemeinde Mühlheim in tiefe Trauer versetzt.«

Bei der Beerdigung der Anna Freifrau von Enzberg geb. Freiin Groß von Trockau, geboren 1855 und gestorben am 29. April 1941, passierte Folgendes: Bekanntlich ging in Mühlheim der Leichenzug vom betreffenden Wohnhaus den weiten Weg zum Friedhof in die Altstadt, in diesem Fall vom Schloss aus die Staig hinunter. Ein plötzlich aufkommender Regen ließ die Teilnehmer am Leichenzug die Schirme öffnen. Durch das Geräusch scheuten die Pferde, die den Leichenwagen zogen, und waren vom Fahrer nicht mehr zu halten, so dass im sogenannten »Kehrranken« der Sarg vom Wagen stürzte und bis ins Ostertal fiel. Zum Glück blieb der Sarg verschlossen und konnte schließlich wieder auf den Wagen gebracht werden, um endgültig zum Friedhof zu kommen.

Ein Nachruf berichtet 1942 auch vom frühen Tod der damaligen Schlossherrin: »Am Ostersonntag wurde in der Altstadtkirche im Alter von erst 58 Jahren Freifrau Theresa von Enzberg geb. Freiin Rink von Baldenstein beigesetzt. Nach langem schweren Leiden ist sie am Gründonnerstag im Kreiskrankenhaus gestorben. Eine

Heinrich von Enzberg und seine Ehefrau Marie Luise beobachten den Fasnetumzug, 2000

212

gebürtige Freiburgerin, kam sie im Herbst 1905 als Schlossherrin nach Mühlheim und hat seitdem Freud und Leid mit den Einwohnern getragen. Von ihren vier Söhnen, die alle in soldatischer Pflichterfüllung vor dem Feinde stehen, war es nur einem vergönnt, an ihrem Grabe zu sein.«

Am 12. April 1956 starb Konrad Freiherr von Enzberg. An dieser sehr beeindruckenden Trauerfeier durfte der Autor als Ministrant teilnehmen. Zuvor war der Verstorbene zwei Tage lang in der Schlosskapelle aufgebahrt, wobei auch die Bevölkerung Gelegenheit hatte, ihre Anteilnahme auszudrücken. Der Gränz-Bote berichtete unter anderem: »Unter Anteilnahme des ganzen Städtchens und vieler auswärtigen Trauergäste wurde am Sonntag Reichsfreiherr Konrad von Enzberg zu Grabe getragen. Ganze Berge von Blumen und Kränzen füllten die Schlosskapelle. Nicht nur die Angehörigen, sondern auch große Teile der Bevölkerung trauern um den stets liebevollen, gütigen und allzeit hilfsbereiten Schlossherrn. Man kann wohl sagen, dass mit ihm ein Großstück herrschaftlicher Tradition gegangen und ein Teil Geschichte abgeschlossen ist. Seit dem Jahre 1901 war Konrad von Enzberg Majoratsherr auf Schloss Mühlheim und Inhaber des Patronats der katholischen Kirchen Mühlheim, Nendingen, Mahlstetten und Böttingen. Alle Geistlichen des Patronats und H. H. Erzabt Dr. Bauer aus dem Kloster Beuron wohnten in kirchlichem Ornat der Beisetzung bei. Ein großer Zug bewegte sich unter den Trauerklängen der Stadtkapelle aus dem Schlosspark auf den Weg zum Friedhof. Vor der Friedhofskapelle fand eine ergreifende Trauerfeier statt. Stadtpfarrer Schaupp schilderte das Leben des Entschlafenen und lobte seine Güte und sein Christentum. Er nannte ihn einen Hüter 500 Jahre alter Tradition, der sich bei seinem Wirken zum Wohle der katholischen Kirche große Verdienste erworben hat. Bürgermeister Leibinger dankte dem Reichsfreiherr für seine immer aufgeschlossene Mitarbeit am Gemeindegeschehen. Forstmeister Kreidler gab dem Toten als letzten Bruch einen Fichtenkranz mit auf den Weg. Nachdem der Kirchenchor und der Gesangverein Harmonie gesungen hatten, erfolgte die Beisetzung in der Familiengruft. Während dieser erklang auf Wunsch des Verstorbenen der ›König-Karl-Marsch‹, der dem ehemaligen Rittmeister als Regimentsmarsch immer viel bedeutet hat.«

Nicht mehr diesen großen Rahmen hatte die Beerdigung von Heinrich Freiherr von Enzberg. Er wurde am 4. März 1908 auf Schloss Mühlheim geboren und verstarb am 8. Januar 2004. Die feierliche Beisetzung fand auf dem Friedhof in Mühlheim am 14. Januar 2004 statt. Unter großer Anteilnahme der Bevölkerung und von Vertretern des schwäbischen Adels wurde die sterbliche Hülle des Freiherrn in einem schlichten naturbelassenen Fichtensarg zu Grabe getragen. Eine Ehrenwache von enzbergischen Förstern und Jägern begleitete den Sarg. Pfarrer Anton Merkt sprach die Totengebete und würdigte das Leben des Majoratsherrn in einfühlsamen Worten. Bürgermeister Oliver Ehret dankte im Namen der Stadt und der Vereine für das im öffentlichen Leben Geleistete und insbesondere sein soziales Engagement. Der Vertreter der Raiffeisenbank ging auf das langjährige Wirken Heinrichs von Enzberg in der Genossenschaftsarbeit ein und bedankte sich für sein entschlossenes Auftreten in schwierigen Situationen. Unter den Klängen des letzten Halalis senkte sich der Sarg in das Familiengrab. Danach nahm die Familie Abschied am offenen Grab, während in der Ferne das Schloss Mühlheim, beleuchtet von der Wintersonne, einen letzten Gruß herübersandte.

Das öffentliche Auftreten der Familie von Enzberg zu besonderen Anlässen ist seltener geworden. Das Zusammenleben zwischen Bürgerschaft und der freiherrlichen Familie hat einer Normalität Platz gemacht. Von der Besonderheit des herrschaftlichen Anwesens und seiner jahrhundertelangen Geschichte ist jedoch etwas zu spüren, wenn die alljährliche Fronleichnamsprozession traditionsgemäß durch den Schlossgarten führt und die erste Station am Hauptportal des Schlosses stattfindet. Auch der jährliche Umzug am Fasnetmontag durch den Schlosshof verleiht dem fastnächtlichen Treiben etwas Besonderes. Ebenso wurde beim großen Stadtjubiläum 1991 der »Enzbergische Hochzeitszug« vom 9. November 1843 in Szene gesetzt. Dieser hinterließ bei allen Zuschauern und insbesondere bei den am Zug Beteiligten eine bleibende Erinnerung.

In dem Bewusstsein einer 600-jährigen gemeinsamen Geschichte ist sich die Familie von Enzberg bis zum heutigen Tage ihrer besonderen Verantwortung sowohl für die Bewahrung der Familientradition als auch für das gute Miteinander mit der politischen Gemeinde und der Bevölkerung insgesamt bewusst. Nur durch dieses selbstverständliche Miteinander ist die prägende Bedeutung der Familie Enzberg für die Stadtgeschichte erklärbar. Andernorts sind die Adelsgeschlechter vielfach nur noch Marginalien der jeweiligen Heimatgeschichte.

Die Familiengeschichte der Freiherren von Enzberg wird allem Anschein nach noch sehr lange in Mühlheim fortgeschrieben und ist damit ein hervorragendes Beispiel von erlebbarer und personifizierbarer (Heimat-)Geschichte.

Anmerkungen

1 Stadtarchiv Mühlheim Bände B 46–B 66.
2 Ludwig Henninger ist der Großvater des Autors Ludwig Henzler.
3 Stadtarchiv Mühlheim Akten A 709 und A 750.

WINFRIED HECHT

DIE HERREN VON ENZBERG UND DIE STADT ROTTWEIL

Wohl die frühesten Beziehungen der Herren von Enzberg in den Bereich am oberen Neckar und der obersten Donau waren genealogischer Natur. Schon um die Mitte des 11. Jahrhunderts scheint es eine erste greifbare Eheverbindung der Enzberg mit den Grafen von Sulz gegeben zu haben, in deren Familie eine Enzberg eingeheiratet haben muss.[1] In den Rottweiler Archivalien taucht der Name »von Enzberg« im November 1394 auf. Damals schlichtete Erzherzog Leopold IV. von Österreich in Freiburg i. Br. mit seinen Räten zwischen Graf Eberhard III. »dem Milden« von Württemberg und der Stadt Rottweil.[2] In diesem Zusammenhang wurde gegen die Stadt Rottweil der Vorwurf erhoben, sie hätte dem Volz von Weitingen, der auf württembergischer Seite stand, dadurch Schaden zugefügt, dass sie für Ansprüche im von den Städtern besetzten Ort Bondorf, wo Friedrich von Enzberg als Schwiegervater dem Volz von Weitingen aus württembergischem Pfandbesitz 1000 Gulden Heiratsgut versprochen hatte, nicht aufgekommen sei.[3] Verheiratet war Volz von Weitingen in zweiter Ehe mit Beatrix von Enzberg, für die er 1396 ins Kloster der Augustinerinnen nach Oberndorf einen Jahrtag gestiftet hat.[4]

Neuerliche, wenig erfreuliche Kontakte zwischen Angehörigen der Familie von Enzberg und der Stadt Rottweil scheint es schon 1395 im Verlauf des sogenannten »Schleglerkrieges« gegeben zu haben. Die Brüder Reinhard und Friedrich von Enzberg führten ja zusammen mit Wolf von Stein die Rittergesellschaft »zum Schlegel«, welche in Südwestdeutschland die Interessen von König Wenzel gegen Fürsten und Städte vertreten hat und am nordöstlichen Schwarzwaldrand vor allem von Heimsheim aus operierte.[5] Im Spätsommer 1395 kam es dabei zu einem gefährlichen Angriff der Schlegler gegen die Stadt Rottweil, der allerdings abgewehrt werden konnte. Den zeitweiligen Ernst der Lage verdeutlicht dabei der Beitritt der Stadt Rottweil zum Pforzheimer Bündnis vom 18. Dezember 1395, bei dem sich der Erzbischof von Mainz, der Bischof von Speyer, Pfalzgraf Ruprecht II., Markgraf Bernhard von Baden, Graf Eberhard von Württemberg und 15 Städte zum Kampf gegen die Rittergesellschaft verbanden. Nach der Niederlage der Schlegler im folgenden Jahr wurde ihre Gesellschaft aufgelöst. In diesem Zusammenhang scheint es zu einem speziellen Vertrag zwischen Rottweil und den von Enzberg gekommen zu sein, auf welchen noch 1401 hingewiesen wird.[6]

Seit dem Erwerb der Herrschaft Mühlheim und bis nach der Hohenberger Fehde

Nachdem die Brüder Engelhard und Friedrich von Enzberg 1409 die Herrschaft Mühlheim samt dem Dorf Nendingen von Konrad von Weitingen und seinem Bruder Volz um 8500 Gulden erworben hatten[7], konnte es aus nahe liegenden Gründen

215

Das Enzberg-Wappen auf einem Grenzstein an der Gemarkungsgrenze Wurmlingen-Tuttlingen-Nendingen, 1626

nicht lange dauern, bis ihre Familie sich auch zum mächtigsten städtischen Zentrum im weiteren Umkreis um Mühlheim in Verbindung setzte – und dies war nun einmal die Reichsstadt Rottweil. Und gerade nach Rottweil wurden schon die 20 Bürgen des Kaufvertrages, unter ihnen so angesehene Herren wie Graf Rudolf von Hohenberg und zwei Grafen von Zollern, 1409 einbestellt, um den Erwerb der Herrschaft Mühlheim durch die von Enzberg mit dem »Einlager« vollends rechtskräftig zu machen.[8]

Aus dem Gefängnis des Junkers Friedrich von Enzberg wurden im April 1445 die Rottweiler Bürger Konrad Lenz und Hans Schlaitz genannt Hütschelin entlassen[9], von denen Schlaitz auch durch das Rottweiler Steuerbuch von 1441 namhaft gemacht werden kann. Zwar wird der Grund ihrer Haft nicht deutlich, aber es ist durchaus denkbar, dass es um diese Zeit erneut im Zusammenhang mit einer Fehde Spannungen zwischen den Herren von Enzberg und der Stadt Rottweil gegeben hat.

Der Anlass für die nächste, bedeutsamere »Kontaktaufnahme« zwischen beiden Seiten scheint gleichfalls nicht unbedingt erfreulich gewesen zu sein, aber dafür recht aufschlussreich: Ende März 1451 trat Hans von Enzberg in Heidelberg bei den Vergleichsverhandlungen zwischen dem tatkräftigen Erzherzog Albrecht VI. von Österreich und der Stadt Rottweil wegen der 1449 durch die Reichsstädter erfolgten Zerstörung der Burg Hohenberg vor Pfalzgraf Friedrich bei Rhein als »fürsprech« der österreichischen Seite auf.[10] Hans von Enzberg nahm zur Vorgeschichte der Fehde Stellung, erhob gegen die Rottweiler schwerste Vorwürfe und machte Schadensersatzforderungen für den »Schlossbruch« in Höhe von 40.000 Gulden geltend. Als Sühne für die beim gleichen Anlass erfolgte Tötung von zwei Villinger Knechten durch die Rottweiler forderte Hans von Enzberg sodann »ein gotlich werk«.[11] Der Adelige befand sich demnach in einer besonderen Vertrauensstellung gegenüber Herzog Albrecht von Österreich und kann somit als einer der maßgeblichen politischen Köpfe im Umkreis des Habsburgers gelten.

Im Umkehrschluss bedeutete dies, dass Hans I. von Enzberg nicht gerade ein Freund der Städte und Rottweils im Besonderen war. So ist es dann auch nicht verwunderlich, wenn die Mühlheimer Familie Spreter, die im enzbergischen Residenz-Ort im 14. und 15. Jahrhundert die Ämter des Schultheißen und des Bürgermeisters bekleidet hat, im Verfassungsstreit mit Hans I. von Enzberg um 1470 nach Rottweil abgewandert ist, wo sie einen beachtlichen Aufstieg erlebte.[12] Schon nach dem Tod Hans II. von Enzberg im Jahre 1496 vermittelte Hans Spreter, nun Bürger der Reichsstadt Rottweil, zwischen den Mühlheimer Bürgern und den Erben Hans II. in der Auseinandersetzung um das Stadtrecht von Mühlheim.[13] Fast 100 Jahre später vermittelte 1579 in Rottweil Dr. Johann Spreter, der vormalige Leiter der Rottweiler Hofgerichtskanzlei und bald mit dem Adelsprädikat »von Kreudenstein« ausgezeichnete Jurist, zusammen mit Veit von Reischach zu Immendingen nach einem lange Jahre dauernden Rechtsstreit erfolgreich zwischen Hans Rudolf III. von Enzberg und Abt Caspar Thoman von St. Blasien, dem Sohn des Schlossers Conrad Thoman von Mühlheim.[14]

Ergötzlichkeit und gute Werke

Schon wenige Jahre nach der eindeutigen Parteinahme derer von Enzberg in der Hohenberger Fehde gegen Rottweil trat ein Angehöriger der Adelsfamilie als Stadtherr von Mühlheim unter wesentlich erfreulicheren Vorzeichen mit der benachbarten Reichsstadt in Verbindung.[15] Unter dem 14. August 1466 lud Friedrich von Enzberg »der elter«, und damit sicher der VII. seines Namens, zusammen mit Schultheiß, Bürgermeister und Rat der Stadt Mühlheim die Rottweiler »schiessgesellen« zu einem Armbrustschießen auf den 23. September 1466 nach Mühlheim ein. Den »besundern guotten herren und fründen« in Rottweil wurden dabei die ausgesetzten Preise – der Sieger des Schießens sollte einen Ochsen im Wert von sieben Gulden erhalten – und der Umstand mitgeteilt, dass die Teilnehmer an diesem Schützenfest freies Geleit nach Mühlheim und wieder nach Hause haben sollten, wofür sich Friedrich d. Ä. von Enzberg am Schluss der Einladung mit seinem Siegel verbürgte.[16]

1473 wird Junker Friedrich von Enzberg im Zusammenhang mit der Stiftung einer Klause in Hausen ob Rottweil genannt, in welcher, betreut von einem Rottweiler Kaplan, drei vornehme Bürgerinnen der Reichsstadt leben wollten.[17] Zu diesem Zweck sollte der Junker immer auf Nikolaus jeden Jahres vier Gulden aus den Erträgen seiner Steuer in Stetten an der Donau und noch einmal sechs Pfund Haller, die ihm als Vorzins aus der Badstube von Mühlheim zustanden, der Verwaltung des Kleinklosters reichen. Warum Friedrich von Enzberg gerade bei dieser Stiftung in Erscheinung tritt, ist unbekannt. Andererseits fällt auf, dass der Betrieb der Badstube in Mühlheim um diese Zeit nach Auffassung des Stadtherrn ausgerechnet nach Rottweiler Vorbild organisiert werden sollte, setzte sich die Stadtherrschaft doch gerade im Vorfeld des Vergleichs mit der Bürgerschaft Mühlheims von 1483 dafür ein, die Badordnung der Reichsstadt für die Mühlheimer Badstube zu übernehmen.[18]

In den Zusammenhang der Kontakte zwischen den Herren von Enzberg und der heutigen Stadt Rottweil gehört in dieser Zeit auf kirchlich-religiösem Gebiet, dass die Familie mit Beatrix von Enzberg, der Tochter Friedrichs VII. von Enzberg, eine Reichsäbtissin für das Zisterzienserinnenkloster Rottenmünster vor den Toren von Rottweil gestellt hat.[19] Natürlich wurde Beatrix bei ihrem Eintritt in Rottenmünster von ihrer Familie im Hinblick auf ihr Vermögen abgefunden, was auch im Erbteilungsvertrag der Brüder Friedrich und Hans von Enzberg aus dem Jahre 1470 seine Spuren mit der Klosterfrau zugesprochenen Geldzinsen bescheideneren Umfangs hinterlassen hat.[20] In ihrem Amt hat sie dann – bisher unberücksichtigt – beispielsweise 1464 Matthias Landolt von Rottweil als Pfarrer von Buchenberg im Schwarzwald vorgeschlagen.[21]

In die Regierungszeit von Äbtissin Beatrix, die etwa 1430 geboren sein mag und von 1461 bis 1475 in Rottenmünster mit ihrem Amt nachgewiesen werden kann, fiel zumindest noch teilweise der Wiederaufbau der Reichsabtei nach dem verheerenden Brand von 1447, aber ebenso seit 1468 eine Spaltung ihres Konvents in zwei Parteien, von denen die andere von Agnes von Wehingen angeführt wurde. Allerdings scheint sich Beatrix von Enzberg zunächst behauptet zu haben, und die aufrührerischen Schwestern, welche Beatrix die Insignien der Äbtissin und das Klostersiegel abgenommen hatten, mussten strenge Buße tun.[22]

Äbtissin Beatrix stellte noch am 1. Mai 1473 zusammen mit Abt Burkard von Tennenbach für die Stegmühle in Villingen einen Lehensbrief aus, und Kaiser Friedrich III. bestätigte ihr Ende November desselben Jahres in Trier alle Privilegien von Kloster Rottenmünster.[23] Agnes von Wehingen steht dann jedoch ab 1475 unbestritten an der Spitze der Zisterzienserinnen von Rottenmünster, während Beatrix von Enzberg unter dem 17. Mai 1475 auf ihr Amt verzichtet hatte, im Konvent aber noch 1478 nachgewiesen werden kann.[24] Äbtissin Beatrix erhielt unter Vermittlung der Äbte von Salem, St. Urban und Tennenbach eine Ehrenerklärung und protokollarisch den Rang hinter der neuen Äbtissin und der Priorin ihres Konvents; außerdem konnte sie sich eine Entschädigung, eine Pension, Befreiung vom Chorgebet, die persönliche Bedienung durch eine Schwester und eine Magd sowie eine besondere Wohngelegenheit im Kloster sichern und bekam noch im November 1478 von württembergischer Seite ein Leibgeding in Höhe von zehn Gulden.[25] Schwester Beatrix war anscheinend 1497 noch am Leben.[26]

Zur Johanniterkommende Rottweil ergaben sich für die Herren von Enzberg offenbar keine Kontakte, obwohl verschiedene Angehörige der Familie im Johanniterorden und in dessen Kommenden Villingen und Schwäbisch Hall nachzuweisen sind.[27] Diesbezüglich ist Friedrich Bauser bei Wendelin III. von Enzberg zu berichtigen[28], der wie in Malta auch in Villingen Johanniter – und nicht Deutschordenskomtur – war, weil es dort gar keine Niederlassung des Deutschen Ordens gegeben hat.

Ein Schwerpunkt der Beziehungen zwischen den Herren von Enzberg und der Reichsstadt Rottweil lag während des Spätmittelalters und der beginnenden Neuzeit »mengenmäßig« unübersehbar im Bereich des Kaiserlichen Hofgerichts in Rottweil, bis Kaiser Rudolf II. 1602 die Gebrüder Hans Rudolf, Brun, Sigmund und Hans Friedrich von Enzberg mit allen ihren Untertanen von allen fremden Gerichten und vor allem vom Rottweiler Kaiserlichen Hofgericht befreite[29]; dies bedeutete allerdings nicht, dass die Freiherren oder ihre Untertanen nicht auch danach noch ihrerseits das angesehene Zivilgericht in Rottweil mit Rechtsfragen oder als Beurkundungsstelle hätten bemühen können.

Die urkundliche Dokumentation der Verbindungen der Familie von Enzberg zum Rottweiler Hofgericht setzt 1452 in der Zeit von Friedrich von Enzberg und Hofrichter Graf Johann II. von Sulz ein. Der Graf lud Friedrich von Enzberg – wohl Friedrich VII. – damals in einer Erbschaftssache vor sein Gericht, bei der es um Ansprüche in Höhe von 1500 Gulden der Familie von Bebenburg im Hohenlohischen ging.[30] Offenbar hatte sich das Gericht in Rottweil schon früher mit diesem Fall abgegeben. Friedrich von Enzberg konnte ihn damit für seine Person vorläufig abschließen, dass er unter Eid erklärte, nicht in den Besitz des strittigen Betrags gelangt zu sein. Ein Rechtsstreit um die 1486 als Darlehen vorgestreckte Summe von 1000 Gulden zwischen Friedrich und Rudolf von Enzberg und Bernhard Schenk von Winterstetten beschäftigte 1512 nach dem Rottweiler Hofgericht auch noch das Reichskammergericht in Speyer.[31] Bei beiden Gerichten waren 1540 bzw. 1542 auch Prozesse anhängig, welche Friedrich der Jüngere und Hans Rudolf von Enzberg mit Jakob Ernst von Hornstein über eine Bürgschaft führten, die ihr Vater 1531 übernommen hatte.[32]

Natürlich nutzten die Herren von Enzberg in dieser Zeit auch die sonstigen gerichtlichen Möglichkeiten des Rottweiler Hofgerichts. Als hoch angesehenes Beglaubigungsorgan nahmen schon 1465 Friedrich von Enzberg und sein Sohn Wendel das Hofgericht in Rottweil in Anspruch.[33] Als Friedrich von Enzberg Volmar Rot d. J. aus Rottweils Oberschicht in seiner Heimatstadt verklagt hatte, teilte Hofrichter Graf Alwig IX. von Sulz der Stadt Mühlheim Ende November 1488 mit, der Beklagte sei in die Acht des Hofgerichts gekommen und dürfe daher im Bereich der Stadt nicht geduldet werden.[34] Als die Vormünder der Brüder Friedrich und Hans Rudolf von Enzberg 1501 gegen den zollerischen Statthalter Burkhard von Ehingen vorgehen wollten, ließen sie die entsprechende Ladung vor das Rottweiler Hofgericht von einem Rottweiler Notar beglaubigen.[35]

Besonders schmerzlich muss der Prozess vor dem Rottweiler Hofgericht im späteren 16. Jahrhundert für die Familie von Enzberg verlaufen sein, der um das Erbe von Friedrichs X. minderjährig verstorbenem Sohn Joachim zu führen war. Die Schad von Mittelbiberach erhoben Anspruch auf Joachims Erbe, dessen Herausgabe sie auf Grund des vor dem Hofgericht abgeschlossenen Ehevertrags von Joachims Mutter Apollonia mit Friedrich von Enzberg aus dem Jahre 1536 verlangten. Der Prozess, welcher von der in Wellendingen ansässigen Familie Humpiss-Waltrams weitergeführt wurde, endete schließlich 1580 mit einem für die Enzberg recht ungünstigen Vergleich.[36] Und noch einmal um eine Erbschaft hatten die von Enzberg vor dem Kaiserlichen Hofgericht in Rottweil zu prozessieren: 1596 bestellte Hofgerichtsstatthalter Georg Leo von Staufen Hans Friedrich von Enzberg beim Rottweiler Hofgericht ein, nachdem dort die Erben des Rottweiler Prokurators Christian Scherlin gegen ihn vorstellig geworden waren.[37]

Auch wenn die freiherrliche Familie von Enzberg nach 1602 selbst nicht mehr vor das Kaiserliche Hofgericht in Rottweil geladen werden konnte, so nahm sie doch noch verschiedentlich die Dienste des immer noch recht angesehenen Rottweiler Reichsgerichtes in Anspruch. So beauftragte Hofrichter Graf Johann Ludwig II. von Sulz Oberst Johann Gaudenz von Rost zu Kallenberg, den Stadthauptmann der vorderösterreichischen Stadt Konstanz, und den fürstenbergischen Rat und Oberamtmann Johann Friedrich Ebinger mit der Wahrnehmung der Vormundschaft über die Kinder Nikolaus Friedrich, Veronika Helena, Maria Barbara, Maria Anna, Maria Agatha, Maria Jakobe und Maria Franziska des kurz zuvor verstorbenen Johann Friedrich von Enzberg und seiner Gemahlin Maria Anna, einer geborenen von Herbstheim.[38]

Derartige juristische Verwicklungen bedeuteten mit Sicherheit immer wieder, dass Angehörige der Familie von Enzberg mit Rottweiler Juristen in Kontakt traten, mit dem Hofgericht in der Reichsstadt Schriftsätze wechselten oder sogar persönlich in Rottweil nach dem Fortgang der anhängenden Gerichtssachen schauten. Daraus ergaben sich mit Bestimmtheit auch sonstige Kontakte unterschiedlicher Art, so dass man annehmen kann, der kleine enzbergische Hof in Mühlheim habe Rottweil ganz gut gekannt. Eines fällt indessen auf: Bei der vergleichsweise respektablen Machtgrundlage der Freiherren von Enzberg in ihrer Herrschaft hätte man eigentlich auch im Blick auf andere Adelsfamilien unseres Raumes davon ausgehen können, dass sie über kurz oder lang am Rottweiler Hofgericht in führender Position, beispielsweise als Hofgerichtsstatthalter, auftauchen. Dies ist nicht der Fall, Gründe dafür lassen sich nur vermuten.

Einen guten Namen hatte Rottweil von seinem Kaiserlichen Hofgericht abgesehen auch als Standort der freiwilligen Gerichtsbarkeit. Die Geschichte der Freiherren von Enzberg hat dazu Beispiele zu bieten. Als es sich 1461 vor dem Gericht der Stadt Engen als unmöglich erwies, eine Streitsache zwischen Friedrich von Enzberg d. Ä., seinen Söhnen und den Vertretern der Stadt Mühlheim und einem Mühlheimer Bürger durch die Grafen Heinrich und Sigmund von Lupfen sowie die Ritter Heinrich von Randegg und Eberhard von Reischach zu schlichten, wurde auf 14 Tage später ein neuer Schlichtungstermin vor Bürgermeister und Rat der Stadt Rottweil anberaumt.[39]

Das »liebe« Geld verbindet

Auch wenn Rottweil nicht der ganz große spätmittelalterliche Wirtschaftsstandort war, so bot die stark befestigte Stadt doch in höherem Maß als andere städtische Zentren der Gegend die erforderliche Sicherheit für Geldgeschäfte und konnte aus öffentlicher oder privater Hand bis zu einem gewissen Grad demjenigen Geld anbieten, der es gerade benötigte. Im Enzberg-Archiv in Mühlheim finden sich demnach Zinsquittungen von Rottweiler Bürgern für die Freiherren aus der Zeit von 1430 bis 1686.[40] Einzelne namhafte Rottweiler Bürger sind dabei als besonders wichtige Kreditgeber festgehalten wie Rottweils Bürgermeister Johann Beck seit 1566 sowie der Notar und spätere Mühlheimer Stadtschreiber Christian Dettinger für die Zeit zwischen 1602 und 1622.[41]

Dass man beim Adel auch für eine bescheidenere Hofhaltung immer wieder einmal zusätzlich Geld benötigte, trifft nicht nur für die Familie von Enzberg zu, ebenso, dass die benötigten Beträge vielfach aus benachbarten Städten und von dort wohnhaften Bürgern besorgt wurden, die sich eines gewissen Wohlstandes erfreuten. Friedrich von Enzberg erhielt schon 1477 für sich und seinen Bruder einen Kredit in Höhe von 120 Gulden vom Rottweiler Bürger Berthold Keller, der schon 1473 über Besitz zu Irndorf mit Hans von Enzberg in Verbindung zu stehen scheint.[42] Für das Darlehen von 1477 wurde übrigens der Zehnte zu Mühlheim von den Kreditnehmern als Sicherheit geboten.[43] Um die gleiche Zeit legten die Brüder Friedrich und Hans von Enzberg bei einem weiteren Kreditgeschäft die Stadt Rottweil als den Ort fest, wohin die entsprechenden Zinsleistungen zu tätigen waren.[44]

Im Jahre 1516 verpfändete Friedrich von Enzberg Schloss Bronnen für 300 Gulden an den Rottweiler Bürger Johann Gättling.[45] 1527 nahm Friedrich von Enzberg schließlich beim Rottweiler Hofgerichtsschreiber Gall Möcker, dessen Familie bald selbst in den Adel aufsteigen sollte, einen Kredit in Höhe von 300 Gulden.[46] Bemerkenswert scheint in diesem Zusammenhang aber auch, dass die Gemeinde Mahlstetten 1525 ausgerechnet in Rottweil den Sühnebetrag von 140 Rheinischen Gulden aufnahm, welchen sie wegen ihrer Beteiligung am Bauernkrieg an Junker Friedrich von Enzberg zu zahlen hatte, von dem sie während des Aufstands abgefallen war.[47] Die Abhängigkeit der Familie von Enzberg in Richtung Rottweil wird aber auch 1593 deutlich, als Johann Rudolf von Enzberg die Untere Mühle in Mühlheim mit Wiesen und Äckern an den Bürgermeister von Rottweil verpfändete.[48]

Meist gute Verwaltungskontakte

Schon 1478 beurkundet der Rottweiler Schultheiß Ulrich Bletz die Aussagen von immerhin vier Rottweilern darüber, dass sie in den Jahren zuvor als Jäger in enzbergischen Diensten gestanden haben.[49] Dieser Dienst in einem für die adelige Familie von Enzberg zentralen Bereich lässt daran denken, dass Rottweiler häufiger für die Frei- und Stadtherren von Mühlheim an der Donau tätig gewesen sein dürften. Umgekehrt war es sicher kein Nachteil, wenn der von einem Brand geschädigte Martin Schaub von Königsheim im Frühjahr 1596 auf dem Rottweiler Rathaus »ain Schein von dem von Enzberg fürgezaigt« hat, als er dort um Unterstützung bat.[50] Auch erwies es sich als bei den Bemühungen des Schreiners Veit Probst von Mühlheim an der Donau um das Rottweiler Bürgerrecht offenbar als gute Empfehlung, dass sich 1606 die »Gevetter und gebrüedere von Entzberg zu Mülnhaim« beim Rat der Reichsstadt für ihn einsetzten.[51]

Im 16. Jahrhundert brachte die Entscheidung sowohl der Herren von Enzberg wie auch der Reichsstadt Rottweil für das katholische Bekenntnis eine neue, zusätzliche Grundlage für die gegenseitigen Beziehungen. An zwei Beispielen kann dabei gezeigt werden, dass sich die Enzberg im Besitz von Stadt und Herrschaft Mühlheim damals bis zu einem gewissen Grad an Rottweil als Vorbild bei der Verwaltung ihres Besitzes orientiert haben. So ließ Hans Rudolf von Enzberg im Jahre 1544 den Rottweiler »Verwaltungsjuristen« Konrad Spreter die erhaltene Forstkarte der hohenbergischen und enzbergischen Wälder nördlich und südlich der Donau oberhalb und unterhalb von Mühlheim an der Donau malen, ein Dokument, das nicht nur grundlegend für die Arbeit der enzbergischen Verwaltung wurde, sondern außerdem erstmals das Aussehen des entsprechenden Gebiets optisch einigermaßen zuverlässig festhält.[52]

1581 gehört in einen ähnlichen Zusammenhang, dass der Rottweiler Prokurator und Notar Christian Dettinger den Auftrag erhielt, das Archiv der Freiherren von Enzberg zu ordnen.[53] Er war schon seit 1575 Stadtschreiber und Schulmeister von Mühlheim.[54] Allerdings schied Dettinger im Unfrieden und vor allem ohne Abschied aus enzbergischen Diensten, so dass der Jurist ab etwa 1593 über zehn Jahre kein angemessenes neues Amt finden konnte und sich stark verschuldete.[55]

Im Schutz der Stadt

Dass Rottweil schon auf Grund seiner Größe zu Kriegszeiten mehr als andere Städte einen gewissen Schutz bieten konnte, war offenbar auch der Familie von Enzberg bekannt. Unter dem Eindruck des ersten schwedischen Angriffs im Dreißigjährigen Krieg auf Mühlheim a. d. D. suchten deshalb im Sommer 1632 verschiedene Angehörige der Familie des Stadtherrn in der benachbarten Reichsstadt Zuflucht.[56] Am 18. November 1633 starb in Rottweil dann die mit Hans Conrad II. Ifflinger von Granegg wiederverheiratete Witwe Sigmunds von Enzberg, Veronica[57], während ihre noch minderjährigen Söhne Friedrich und Rudolf von Enzberg zunächst noch weiter in der Anfang 1633 durch württembergische Truppen besetzten Stadt blieben.[58] Vermutlich haben sie Rottweil 1635 verlassen, als in der Reichsstadt eine schlimme Epidemie grassierte.

Spätestens um diese Zeit hat der Rottweiler Glasmaler Sebastian Spiler (1579–nach 1647) das Wappen der Familie von Enzberg in sein bekanntes Wappenbuch aufgenommen.[59] Das Spilersche Wappenbuch war als eine Art Musterbuch gedacht, nach welchem Wappenscheiben aus Glas für Geschenk- und Repräsentationszwecke hergestellt werden konnten. Es ist durchaus denkbar, dass Spiler auch die Herren von Enzberg zu seiner Kundschaft zählen konnte. Als andererseits das Haus Enzberg 1662 finanziell zusammenbrach, sind unter den nicht abgesicherten Gläubigern der Familie zwei Rottweiler Anwälte mit Forderungen von jeweils über 300 Gulden zu finden.[60]

Seit dem Dreißigjährigen Krieg scheinen die Enzberg stärker in Richtung Bodensee ausgerichtet gewesen zu sein. Hier spielte zweifellos die Bischofsstadt Konstanz mit ihren Möglichkeiten zur Versorgung der nachgeborenen Söhne der Familie in kirchlichen Diensten eine Rolle. Zudem war die Familie von Enzberg im Rahmen der schwäbischen Reichsritterschaft eher auf deren Kanton Hegau-Allgäu-Bodensee orientiert als auf den Kanton Neckar-Schwarzwald.

Dessen ungeachtet gab es erneut Bezugspunkte für die von Enzberg nach Rottweil. Die nachhaltige Förderung, welche die Freiherren von Enzberg nach dem Dreißigjährigen Krieg der Wallfahrt nach Maria-Hilf auf dem Welschenberg angedeihen ließen, brachte zweifellos auch in der Reichsstadt Rottweil die Adelsfamilie unter erfreulichen Vorzeichen wieder ins Gespräch.[61] Umgekehrt konnten und wollten sich die von Enzberg offenbar der Attraktivität, welche die Rückkehr der Jesuiten 1692 der Schulstadt Rottweil bescherte, nicht ganz entziehen. Unter dem 30. August des genannten Jahres ließ Baron Nikolaus Friedrich XIII. von Enzberg deshalb dem Magistrat der Reichsstadt mitteilen, er sei willens, »beede seine Junge Herren ad studia allhero zu schickhen undt von Haus aus verpflegen zu lassen«; den Adeligen interessierte, mit welchen Gebühren er in diesem Fall von Seiten der Stadt zu rechnen habe.[62] Die Reichsstadt beabsichtigte, dem Baron entgegenzukommen, und verlangte nur ein Wachtgeld mit dem üblichen Satz von fünf Batzen sowie die Versteuerung des von den beiden jungen Herren konsumierten Weins, während man auf die Erhebung von Schutz- und Schirmgeld verzichten wollte. Auf das Rottweiler Jesuiten-Gymnasium schicken wollte man damals wahrscheinlich den zwölfjährigen Nikolaus Karl und den zwei Jahre jüngeren Nikolaus Anton von Enzberg. Was daraus wurde, ist nicht bekannt.

Dass eine so beeindruckende Persönlichkeit wie Nikolaus Friedrich XIII. von Enzberg im Hochbarock zur Reichsstadt Rottweil gleich mehrfach in Beziehung trat, wird kaum überraschen. Zunächst wird von dem Adeligen, der seit 1691 im Rang eines Oberstleutnants stand, im Frühjahr 1701 berichtet, er habe die Reichsstadt darum gebeten, für ihn ein gutes Wort einzulegen, als er sich beim Schwäbischen Kreis um ein eigenes Regiment bemühte.[63] Der Rottweiler Magistrat ließ dem Offizier allerdings mitteilen, »dass die parole bereits einem anderen gegeben worden seye«. Nikolaus Karl von Enzberg wird in den Rottweiler Unterlagen 1701 nochmals erwähnt, als in Heilig Kreuz am 12. Juli ein unehelicher Sohn von ihm und Anna Rauh aus Mühlheim an der Donau getauft wurde, vermutlich um außerhalb des enzbergischen Residenz-Ortes weniger Aufsehen zu erregen.[64]

Ganz offiziell von der Obrigkeit der Reichsstadt Rottweil zu begrüßen war Nikolaus Friedrich von Enzberg jedoch 1705. Von Enzberg hatte sich inzwischen bei der Verteidigung der Festung Kehl gegen die Franzosen ausgezeichnet und kam im genannten Jahr am 2. April als Oberst an der Spitze seines Regiments nach Rottweil. Hier wurde er zusammen mit einem zweiten Obersten mit zwölf Kannen Wein als Gastgeschenk der Reichsstädter empfangen.[65] Der Offizier hat dann in der »Armbrust« an Rottweils oberer Hauptstraße übernachtet, wofür die Kosten in Höhe von fast drei Gulden ebenfalls von der Stadt Rottweil übernommen wurden.[66]

Nikolaus Friedrich XIII. von Enzberg (1650–1726), Offizier des Schwäbischen Reichskreises, 1708 Generalfeldmarschallleutnant, 1709–1711 General im Dienste Peters des Großen

Die Stadt trug aber auch die Bezahlung von Franz Holdenriedt, dem Feldprediger des Regiments Enzberg, der auch als Pfarrer von Aixheim in den Akten erscheint und möglicherweise in Rottweil gepredigt hat.[67] Ein paar Monate später wurde Oberst von Enzberg zum Generalwachtmeister befördert und 1708 zum Generalfeldmarschallleutnant, bevor er mit zwölf weiteren Offizieren des Schwäbischen Kreises und seinem ältesten Sohn in russische Dienste trat.[68] Aus der Zeit zwischen 1706 und 1708 hat sich ein Briefwechsel erhalten, den der Oberst über die damaligen Verteidigungsanstrengungen im Schwarzwald mit Reichsabt Stephan I. Jung von Kloster Salem geführt hat.[69]

Zar Peter der Große setzte bei den schweren Kämpfen im Großen Nordischen Krieg mit Karl XII. von Schweden und dann mit den osmanischen Türken von Sultan Ahmed III. in der Ukraine

Epitaph des Generals Nikolaus Friedrich von Enzberg (1650–1726) in der St. Gallus-Kirche in der Mühlheimer Altstadt gerne erfahrene Offiziere aus Westeuropa ein. Bereits Friedrich IX. von Enzberg hatte ja schon 1529 gegen die Türken vor Wien gekämpft.[70] Nachdem General Nikolaus Friedrich von Enzberg unter der Zaren-Fahne mit seiner Division jedoch in den Monaten Juni und Juli 1711 am Pruth mit wenig Glück gegen die Janitscharen unter Großwesir Baltaci Mehmed Pascha gestritten hatte,[71] kehrte er nach dem Friedensschluss wieder heim nach Schwaben und übernahm bis zu seiner »Resignation« im Jahre 1724 nochmals sein früheres Regiment.[72] Gerade von seinem Regiment scheinen die Rottweiler allerdings nicht restlos begeistert gewesen zu sein. Als es im Herbst 1712 hieß, der Stab der Einheit werde nach Rottweil verlegt, waren die Reichsstädter von dieser Nachricht offenbar nicht sonderlich angetan. Die meisten Häuser der Stadt seien schon belegt, brachten sie vor und wollten den Syndikus der Stadt nach Ulm zum Kreistag schicken, damit »besagter staab abgewendet werden möge«.[73] Zumindest Teile des Regiments Enzberg haben dann anscheinend von 1712 auf 1713 in Lauffen o. R. auf dem Gebiet der Reichsabtei Rottenmünster überwintert.[74]

Wesentlich positiver scheint sich ein möglicher Kontakt von Nikolaus von Enzberg nach Rottweil entwickelt zu haben, der quellenmäßig bisher nicht dokumentiert werden kann. Wohl um 1711 oder wenig später erhielt nämlich der bedeutende Rottweiler Barockmaler Johann Achert (ca. 1655–1730) den Auftrag, Hauptblatt und Oberbild des Altars in der Grabkapelle derer von Enzberg in St. Gallus in Mühlheim a. d. D. in Öl zu malen.[75] Achert hat dabei auf dem größeren Gemälde des Altares eine Kreuzigung mit den Armen Seelen und auf dem Oberbild den auferstehenden Christus dargestellt, sehr wahrscheinlich unter dem unmittelbaren Einfluss der damaligen Familie von Enzberg und wohl auch von Nikolaus von Enzberg. Dazu würde dann auch passen, dass die Rottweiler ihren Abgesandten beim Schwäbischen Kreis 1714 entsprechend instruieren wollten, als Baron von Enzberg die Reichsstädter schriftlich ersuchte, die »promotion seines Herrn Tochtermanns« mit einem »favorablen votum« zu befürworten.[76]

Am Ende des Feudalismus

Für die militärische Laufbahn einzelner Angehöriger der Familie von Enzberg blieb die Reichsstadt Rottweil auch weiter und bis zum Ende des Alten Reiches von Bedeutung, weil sie beim Schwäbischen Kreis über die Besetzung von Offizierposten mitzuentscheiden hatte. Aus diesem Grund wandte sich 1791 der 20-jährige Rittmeister Joseph von Enzberg an die Rottweiler Obrigkeit, als in seinem Regiment, dem Kürassier-Regiment Rassler der Truppen des Schwäbischen Kreises, die Stelle eines zweiten Majors zu besetzen war;[77] die Rottweiler Obrigkeit antwortete auf das Ersuchen des Freiherrn aber ähnlich ausweichend wie schon 1701 im Fall von Nikolaus Friedrich von Enzberg.

Umgekehrt Standesinteressen vertreten hat gegenüber der Reichsstadt Rottweil vor allem in den Jahren 1776 bis 1778 Ludwig von Enzberg (1729–1817), der sich anfangs auf einen geistlichen Beruf vorbereitete. Er trat dabei als Vormund der minderjährigen Angehörigen der Familie von der Schleuß in Erscheinung, welche im damals rottweilischen Dorf Deißlingen den Kelhof besaß.[78] Ludwig von Enzberg war der Bruder der Maria Ursula von Enzberg, welche Joachim von der Schleuß geheiratet hatte.[79]

Beziehungen bis in die Gegenwart

In deutlich herabgesetztem Umfang gab es auch nach 1802 Beziehungen derer von Enzberg nach Rottweil. 1821 gehörte Freiherr Leopold von Enzberg zu den Subskribenten der »Beiträge zur Geschichte der Stadt Rottweil am Neckar«, der ersten gedruckten Darstellung der Rottweiler Stadtgeschichte aus der Feder Carl von Langens.[80] Bezeichnend ist weiter eine Verbindung im damaligen Justizwesen, wo beispielsweise 1853 ein von Enzberg als Sprecher der Geschworenen am Rottweiler Schwurgericht in Erscheinung trat.[81] Nicht nur der Vollständigkeit halber zu erwähnen ist in unserem Zusammenhang, dass an der Spitze des Kreises Rottweil von 1953 bis 1973 als zweiter Landrat nach dem Zweiten Weltkrieg Dr. Nikolaus (Klaus) Georg Maria Freiherr von Enzberg stand, der mit seiner Familie in Rottweil lebte, 1976 in der Kreisstadt verstorben ist und in Mühlheim beerdigt wurde.[82] Landrat von Enzberg stand in einer Zeit an der Spitze des Kreises Rottweil, während welcher der Wiederaufbau nach dem verlorenen Krieg zu leisten war. 1973 erhielt er das Bundesverdienstkreuz 1. Klasse.

Anmerkungen

1   V. Schäfer, Die Grafen von Sulz im Mittelalter. Studien zur Genealogie und Besitzgeschichte. Diss. phil. Tübingen 1963, S. 25ff.
2   Urkundenbuch der Stadt Rottweil, hrsg. von H. Günter, Stuttgart 1896 (zit.: RUB), Nr. 575 S. 228, 16ff. mit Kurzregest nach Hauptstaatsarchiv Stuttgart B 203 PU 147 von 1394, November 7.
3   Heinrich Ruckgaber, Geschichte der Frei- und Reichsstadt Rottweil, Bd.II. 2, Rottweil 1838, S. 135.
4   Hans Peter Müller, Die Adeligen von Weitingen, in: Der Sülchgau 47/48 (2003/2004), S. 43ff.
5   Volker Press, Reichsritterschaft, in: Handbuch der baden-württembergischen Geschichte, Bd. 2, hrsg. von Meinrad Schaab und Hansmartin Schwarzmaier, Stuttgart 1995, S. 778ff.
6   Hauptstaatsarchiv Stuttgart B 203 PU 573, Urfehde von 1401, Mai 20.
7   Vgl. auch Müller, S. 44.
8   Enzberg-Archiv Mühlheim Urkunden 75.
9   Enzberg-Archiv Mühlheim Urkunden 148.
10 RUB Nr. 1149, S. 494, 30ff.
11 Vgl. RUB Nr. 1149, S. 495, 8ff.
12 Elmar Blessing, Mühlheim an der Donau. Geschichte und Geschichten einer Stadt, Sigmaringen 1985, S. 34 und S. 186.
13 Blessing, Mühlheim, S. 93.
14 Blessing, Mühlheim, S. 202.
15 RUB Nr. 1345, S. 593, 33ff.
16 Winfried Hecht, Armbrustschützen und Sebastians-Bruderschaft in Rottweil, in: Festschrift 575 Jahre Königl. Priv. Schützengilde Rottweil, Rottweil 1983, S. 1ff.
17 RUB Nr. 1411, S. 629, 19ff.
18 Blessing, Mühlheim, S. 88 und S. 285.
19 Margareta Reichenmiller, Das ehemalige Reichsstift und Zisterziensernonnenkloster Rottenmünster. Studien zur Grundherrschaft, Gerichts- und Landesherrschaft (Veröffentlichungen der Kom-

mission für Geschichtliche Landeskunde in Baden-Württemberg. Reihe B Forschungen, Bd. 28), Stuttgart 1964, S. 182ff.

20 Enzberg-Archiv Mühlheim Urkunden 238.

21 Manfred Krebs, Die Investiturprotokolle der Diözese Konstanz aus dem 15. Jahrhundert, in: Freiburger Diözesan-Archiv N. F. 40 (1940), S. 128.

22 Karl J. Glatz, Das ehemalige Reichsstift Rottenmünster in Schwaben, in: Freiburger Diözesan-Archiv 6 (1871), S. 39ff.

23 Inventar des Stadtarchivs Villingen I., Villingen 1970, S. 114, Nr. 550 und RUB Nr. 1421, S. 636, 6ff.

24 Glatz, Rottenmünster, und Reichenmiller, Reichsstift, S. 183 und S. 197.

25 Württembergische Regesten von 1301 bis 1500, Bd. I (1916), Nr. 3488, S. 128.

26 Archiv Vinzenz von Paul Hospital gGmbH, Rottweil-Rottenmünster, Kopialsammlung des Klosters Rottenmünster, Umschlag Nr. 8, Nr. 143.

27 Winfried Hecht, Ehemalige Ordensniederlassungen in Baden-Württemberg. Die Johanniterkommende Villingen, in: Der Johanniterorden in Baden-Württemberg 82 (1990), S. 21.

28 Friedrich Bauser, Mühlheim an der Donau und die Herren von Enzberg, Coburg 1909, S. 32.

29 Enzberg-Archiv Mühlheim Urkunden 749.

30 Enzberg-Archiv Mühlheim Urkunden 167, 168 und 175 sowie 184.

31 Enzberg-Archiv Mühlheim Urkunden 431.

32 Akten des Reichskammergerichts im Hauptstaatsarchiv Stuttgart, bearb. von Alexander Brunotte und Raimund J. Weber, Stuttgart 1999, S. 384ff., Nr. 2090 und Nr. 2091.

33 Enzberg-Archiv Urkunden 214.

34 Enzberg-Archiv Urkunden 329.

35 Enzberg-Archiv Urkunden 383.

36 Bauser, Mühlheim, S. 31ff.

37 Enzberg-Archiv Urkunden 736.

38 Enzberg-Archiv Urkunden E 863.

39 Enzberg-Archiv Urkunden 196 und 197.

40 Enzberg-Archiv Akten 115.

41 Enzberg-Archiv Akten 127 und 138.

42 Enzberg-Archiv Urkunden 246.

43 Enzberg-Archiv Urkunden 275.

44 Enzberg-Archiv Urkunden 258.

45 Josef Adolf Merkle, Die Entwicklung des Territoriums der Stadt Rottweil bis 1600, Diss. phil. Tübingen, Stuttgart 1913, S. 57.

46 Enzberg-Archiv Urkunden 488.

47 Enzberg-Archiv Urkunden 480.

48 Blessing, Mühlheim, S. 323.

49 Enzberg-Archiv Urkunden 279.

50 Stadtarchiv Rottweil, Stadtrechnungsbuch 1596 f. 37 r.

51 Stadtarchiv Rottweil, Rottweiler Ratsprotokoll (zit.: RPR) vom 5. Juni 1606, p. 505.

52 Winfried Hecht, Rottweil vor 400 Jahren. Die Rottweiler Pürschgerichtskarte des David Rötlin von 1564 in Einzelansichten, Rottweil 1987, S. 10ff.

53 Hansmartin Schwarzmaier, Das Archiv der Freiherrn von Enzberg und der Aufbau ihrer Herrschaft, in: Zeitschrift für Württembergische Landesgeschichte XXVI (1967), S. 73ff.

54 Blessing, Mühlheim, S. 264.

55 Akten des Reichskammergerichts im Hauptstaatsarchiv Stuttgart A–D, bearb. von Alexander Brunotte und Raimund J. Weber, Stuttgart 1993, S. 472, Nr. 694.

56 Bauser, Mühlheim, S. 43ff. – Die von Enzberg zahlten dabei mit lediglich vier Gulden einen ausgesprochen günstigen Satz »Kontribution« an die Rottweiler Stadtkasse (vgl. Heinrich Ruckgaber, Geschichte der Frei- und Reichsstadt Rottweil II. 2. Rottweil 1838, S. 263, Anm.39).

57 Pfarr-Archiv Heilig Kreuz Rottweil, Totenbuch 1626–1643, p. 33.

58 Bauser, Mühlheim, S. 43ff.

59 Württembergische Landesbibliothek Stuttgart, Cod. Don. 498 f. 96 r.

60 Blessing, Mühlheim, S. 13.

61 Winfried Hecht, Rottweil und die Wallfahrt nach Maria-Hilf bei Mühlheim, in: Tuttlinger Heimatblätter 1984, S. 75ff.

62 RPR vom 30. August 1692, p. 384.
63 RPR vom 1. März 1701, p. 274; dazu Hans Kungl, Die militärische Laufbahn des Freiherrn Nikolaus Friedrich von Enzberg (1650–1726), in: Tuttlinger Heimatblätter 1974, S. 33- 60, sowie Peter-Christoph Storm, Adel und Kreismiliz. Bemerkungen zur Führerschaft der Truppen des Schwäbischen Kreises im 18. Jahrhundert, in: Adel im Wandel, Bd. 2, hrsg. von Mark Hengerer und Elmar L. Kuhn in Verbindung mit Peter Blickle, Ostfildern 2006, S. 627f.
64 Pfarr-Archiv Heilig Kreuz Rottweil, Taufbuch 1696–1719, p. 100.
65 Stadtarchiv Rottweil, Stadtrechnungsbuch 1704 f. 58 v.
66 Stadtarchiv Rottweil, Stadtrechnungsbuch 1704 f. 74 r.
67 Stadtarchiv Rottweil, Stadtrechnungsbuch 1704 f. 83 r.
68 Kungl, Laufbahn, S. 45ff., und Manfred Hellmann, Eine Urkunde Peters des Großen, in: Jahrbücher für Geschichte Osteuropas N. F. 16 (1968), S. 250–254.
69 Generallandesarchiv Karlsruhe, Abt. 98 Salem Nr. 1407.
70 Bauser, Mühlheim, S. 30.
71 Josef Matuz, Das Osmanische Reich. Grundlinien seiner Geschichte, Darmstadt 1985, S. 194
72 Kungl, Laufbahn, S. 57.
73 RPR vom 10. November 1712, p. 916.
74 Pfarrarchiv St. Pelagius Rottweil-Altstadt, Kirchenbuch 1601 ff., p. 585 mit Randbemerkung zum Taufeintrag vom 9. März 1713.
75 Johann Achert (ca. 1655–1730). Katalog zur Ausstellung aus Anlass des 250. Todestages des Künstlers am 14. Oktober 1980, hrsg. von Winfried Hecht, Rottweil 1980, S. 34, Nr. 29 und Nr. 30.
76 RPR vom 26. April 1714, p. 206.
77 RPR vom 17. März 1791 f. 51 r sqq.
78 Winfried Hecht, »Adel« in Deißlingen, in: Casimir Bumiller (Hrsg.), Deißlingen – altes Dorf am jungen Neckar, Villingen-Schwenningen 2002, S. 242ff.
79 Bauser, Mühlheim, Stammbaum nach S. 40, Nr. 57.
80 Carl von Langen, Beiträge zur Geschichte der Stadt Rottweil am Neckar, Rottweil 1821, Verzeichnis der Herren Subskribenten o. Pag.
81 Rottweiler Anzeiger Nr. 74 vom 3. Juli 1853, S. 293 und S. 295.
82 Bernhard Rüth, Artikel »Enzberg, Nikolaus Georg Maria, Freiherr von«, in: Die Amtsvorsteher der Oberämter, Bezirksämter und Landratsämter in Baden-Württemberg 1810 bis 1972, hrsg. von der Arbeitsgemeinschaft der Kreisarchive beim Landkreistag Baden-Württemberg, Stuttgart 1996, S. 238. Der Sohn des Landrats, der Diplom-Verwaltungswissenschaftler Michael Freiherr von Enzberg, gehörte von 1980 bis 1984 dem Gemeinderat der Stadt Rottweil an und kandidierte 2009 auf der Liste der FDP im Wahlkreis I Rottweil für den Rottweiler Kreistag.

WOLFGANG KRAMER

DAS HAUS ENZBERG UND DIE HEGAU-RITTERSCHAFT

Es gibt nur wenige Regionen in Deutschland, die eine solche Fülle von Burgen und Schlössern, Ruinen und befestigten Plätzen aufweisen können wie der Hegau. Diese Landschaft in unmittelbarer Nachbarschaft zum Bodensee ist dicht bestanden von ehemaligen oder auch noch bewohnten adligen Residenzen aller Größen und Ausprägungen, die die Mitte vieler Dörfer immer noch bestimmen. Der Hegau war zur Zeit des Alten Reichs ein vorwiegend von der Reichsritterschaft dominiertes Gebiet. Ein Blick auf die Territorialkarte aus der Zeit vor 1800 bestätigt diese Feststellung.[1] Der Hegau war in kleine und kleinste Herrschaften aufgeteilt, eine Zersplitterung, vor der die Verfasser dieser Karte fast kapitulieren mussten. Im Hegau gab es Herrschaften, die nur aus einem halben Dorf bestanden. Im Fall von Hilzingen regierten in der Zeit vor dem Dreißigjährigen Krieg sogar drei Herren über das Dorf, und deshalb saßen sie auch zu dritt auf der recht kleinen Burg Staufen. Der Hegau war das Land der Reichsritterschaft, obwohl der größte Teil des Hegau zur Landgrafschaft Nellenburg gehörte, die sich seit 1465 in österreichischer Hand befand. Österreich hatte im Hegau fast überall die Landeshoheit, die hohe Gerichtsbarkeit, die hohe Forstgerechtigkeit und alle anderen Rechte inne, die damit zusammenhingen. Die Landgrafschaft Nellenburg war aus der alten Grafschaft Hegau hervorgegangen, die sich einst vom Kamm des Randen im Westen bis zur Konstanzer Rheinbrücke im Osten, vom Untersee und Rhein im Süden fast bis zur Donau erstreckte.[2]

Die Territorialkarte macht nicht nur die Zerplitterung deutlich, sondern zeigt auch, dass die enzbergische Herrschaft Mühlheim fast gänzlich außerhalb der Landgrafschaft Nellenburg lag. Ihren Schwerpunkt hatte dieses Herrschaftsgebilde an der oberen Donau um Mühlheim und reichte bis Böttingen und Königsheim auf den klimatisch wenig begünstigten Heuberg hinauf, der mit der fast mediterran anmutenden Landschaft des Hegau nur wenig gemein hat. Nur der mühlheim-enzbergische Herrschaftsort Buchheim lag zumindest in Teilen noch in der Landgrafschaft Nellenburg, die mit dem Sprengel des Landgerichts im Hegau und Madach identisch war. Die nellenburgische Grenze verlief durch die Buchheimer Gemarkung. Sie kam vom bekannten »Lachenden Stein« südwestlich des Witthoh nach Aichhalden, das als Kirchort bezeichnet wird, ging von dort nach Gründelbuch und dann »gegen Buchheim in die obere Linden« und weiter zum Brunnen von Worndorf. So gehörte die Herrschaft Mühlheim-Enzberg nur mit einem winzigen Zipfel zur Landgrafschaft Nellenburg. Ob dies von Vorteil war, werden wir noch sehen. Auf alle Fälle hatte die vorderösterreichische Grafschaft Hohenberg, insbesondere die Obere Grafschaft Hohenberg, eine weitaus größere Bedeutung für die Enzberger als die Landgrafschaft Nellenburg, denn Hohenberg war an gleich drei Seiten unmittelbarer Nachbar der enzbergischen Herrschaft.

Das Ritter-
schaftshaus der
Hegau-Ritter-
schaft in Radolf-
zell

Portal des Ritterschaftshauses in Radolfzell

Die Freiherren von Enzberg waren Mitglieder des Bezirks Hegau des Ritterschaftskantons Hegau, Allgäu und am Bodensee. Dieser Bezirk ist nicht deckungsgleich mit dem Sprengel der Landgrafschaft Nellenburg. In den Mitgliederverzeichnissen des Rittervereins vom St. Georgenschild im Hegau und am Bodensee aus dem Jahre 1488 ist mit Friedrich von Enzberg ein Vertreter der Familie an zehntletzter Stelle genannt.[3] Auch im Katalog sämtlicher Mitglieder des Kantonsbezirks Hegau aus dem Jahre 1752[4] finden wir mit Nikolaus Friedrich Freiherr von Enzberg, Herr zu Mühlheim und Bronnen, wiederum einen Enzberger im Kreise der Hegau-Ritter an 62. Stelle. Diese hinteren Ränge auf den Listen sagen jedoch nichts über ihre Stellung unter den Standesgenossen aus, hatten die Enzberger doch eine besondere Position unter den Hegau-Rittern inne: Zum einen unterstanden sie nicht der österreichischen Landgrafschaft Nellenburg, weil sie wie einige andere Ritterfamilien ihre Herrschaft außerhalb der nellenburgischen Grenzen hatten. Zu dieser Gruppe gehörten die Inhaber der Rittergüter in Aach-Linz, Hausen vor Wald, Altmannshofen, Aulfingen, Bachheim, Immendingen und Bittelschieß.[5] Diese Familien spielten im Konzert der Ritter des Bezirks Hegau eine Sonderrolle, weil sie die über Jahrhunderte hinweg andauernden Zwistigkeiten mit dem Erzhaus Österreich und seinen nellenburgischen Beamten am Verwaltungssitz Stockach nur am Rande oder gar nicht betrafen. Zum anderen besaßen die Enzberger mit der Herrschaft Mühlheim eine der flächenmäßig größten ritterschaftlichen Herrschaften aller Hegau-Ritter.[6] Trotz der peripheren Lage ihrer Herrschaft und der Platzierung auf den hinteren Rängen in den Mitgliederlisten gehörten die Enzberger zu den herausragenden Vertretern der Hegau-Ritter. Der letzte Vorsteher des ganzen Ritterkantons war ein Enzberger.

Entstehung und Organisation des Ritterkantons

Johannes von Bodman schlug beim Kampf gegen die Türken 1392 vor, dass die Deutschen, die gegen die Heiden in den Krieg gezogen waren, »ein Teutscher Sannt Georgen Panner In der Handt haben« sollten. Einige aus Böhmen waren dagegen. Daraufhin wurde ein »Verbindtnus Brieff« der Herren Grafen, Freien, Richtern [verschrieben für Ritter?] und Edlen Knechten »umb Sanct Georgen Panner« an Heiligabend dieses Jahres 1392 geschlossen, dem 27 Grafen und 430 Freiherren, Ritter und Knechte beitraten.[7] Unter den aufgeführten Rittern lassen sich zahlreiche aus dem Hegau finden.

Der in Turniergesellschaften recht lose zusammengeschlossene Ritterstand trat im frühen 15. Jahrhundert erstmals als politische Gemeinschaft auf, als es galt, die rebellischen Appenzeller (1401–1408) zu bekämpfen, die gegen den Abt von St. Gallen aufbegehrten. Aus diesem Konflikt mit dem Abt entwickelte sich immer mehr eine Auseinandersetzung mit jeder Adelsherrschaft, was nicht nur im nordschweizerischen Bereich, sondern schnell auch in vielen Teilen Schwabens auf Sympathien bei den Untertanen stieß. Der schwäbische Adel erkannte die Gefahr, die hieraus entstehen konnte, und schloss sich 1406 in der Allgäu-Donau-Gesellschaft zusammen. Der Adel des Hegau spielte darin früh eine wichtige Rolle. 1408 wurden durch das Zusammenwirken von Rittern, Städten und Adligen wie den Grafen von Württemberg und den Markgrafen von Baden die Appenzeller geschlagen. Die Rittergesellschaft, die sich bald »Gesellschaft vom St. Jörgenschild« nach dem hl. Georg, dem Patron der Ritter, nannte, war zu einem Machtfaktor geworden, der sich durch Treue zu Kaiser, Reich und Habsburg auszeichnete. Besonders die Ritter des Hegau waren für ihre feste Vasallentreue zum habsburgischen Kaiser bekannt. Die war eine doppelte, denn neben der traditionellen Verbundenheit zum deutschen Kaiser war Habsburg im zu Vorderösterreich zählenden Hegau zugleich auch Landesherr.

1422 erhielten die deutschen Ritter in Nürnberg das Privileg, sich überall zu vereinigen und zu verbinden. Dieses Recht war die staatsrechtliche Grundlage für die Herausbildung der Reichsritterschaft als Stand mit festen Strukturen, Gliederungen und Verwaltungen. Trotz ihrer engen Verbundenheit zu Kaiser und Reich hat diese Treue es nie vermocht, dass die Ritter eine Reichsstandschaft erlangen konnten, also Sitz und Stimme auf dem Reichstag. Im 16. Jahrhundert bildeten sich die drei Kreise der Ritterschaft heraus: der schwäbische Kreis, der fränkische Kreis und der »am Rheinstrome«. Diese Kreise wiederum waren in Kantone aufgeteilt. Der erste und bedeutendste Ritterkreis war der in Schwaben, der aus den Kantonen Donau, Neckar-Schwarzwald-Ortenau, Kocher, Kraichgau und Hegau-Allgäu-Bodensee bestand, wobei bei Letzterem auch die Bezeichnung »Hegau, Allgäu und am Bodensee« anzutreffen ist. Der Gliederungen nicht genug, hatte dieser Kanton seit 1543 zwei Quartiere, Viertel oder Bezirke: Hegau mit Sitz in der österreichischen Stadt Radolfzell und Allgäu-Bodensee mit Sitz in der Reichsstadt Wangen im Allgäu. Radolfzell war auch Sitz des gesamten Ritterkantons.

Kurz vor seinem Tod am 29. März 1609 hatte Hans von Schellenberg, der mit dem Zusatz »der Gelehrte« eine Ausnahmepersönlichkeit unter den Hegau-Rittern war, sein stattliches Haus in der Nähe von Rathaus und Münster »zur bequemeren Traktierung ihrer Handlungen«[8] der Ritterschaft vermacht, zumal er keine direkten Nachkommen hatte. Seit diesem Jahr residierte der Ritterkanton in diesem Haus, wo Kanzlei, Konventssaal, Kasse, Archiv, Wohnung für den Syndicus und Stallungen untergebracht waren. Die anderen Bediensteten wohnten in der Stadt. In diesem Haus saß die administrative Zentrale der Ritter im Hegau.

Die Ritter trafen sich nach ihren Statuten[9] alljährlich am St. Georgentag (23. April) in Radolfzell. Später musste sich der Inhaber der Herrschaft Mühlheim viermal im Jahr zu diesen Treffen in die Stadt am Untersee aufmachen. Nach einer gemeinsam gefeierten Messe und einer Mahlzeit, an der auch Repräsentanten der Stadt teilnahmen, traten die Herren Ritter in die Beratung ein. Mindestens alle zwei Jahre fanden Plenarkonvente statt.

Dem Ritterkanton stand im 18. Jahrhundert in Radolfzell der Direktor vor, der ein veritabler Ritter und auf Lebenszeit gewählt war. Er wurde vom Direktorialausschuss, sechs Ritterräten und Ausschüssen unterstützt.[10] Die große Zahl von Organen lässt schon vermuten, dass die Verwaltung des Ritterkantons kein leichtes Unterfangen war, weil die unterschiedlichen Meinungen und Ansichten der recht selbstbewussten Ritter, die alle als Niedergerichtsherren in ihren Herrschaften regieren, nicht einfach auf einen gemeinsamen Nenner zu bringen waren. Die Radolfzeller Kanzlei war für eine Verwaltung im alten deutschen Reich mit Syndicus, Konsulent, Kassier, zwei Kanzlisten und einem Ritterboten recht üppig ausgestattet. Die wichtigste Aufgabe des Ritterkantons bestand in der Überwachung der Einhaltung der Privilegien der Ritter, der Ausführung der kaiserlichen Befehle und der Erhaltung der Hoheitsrechte des Kantons und vor allem seiner Mitglieder. Diese Privilegien erstreckten sich auf die Gebiete der Landeshoheit und des Militärwesens, der niederen Gerichtsbarkeit – einige Ritter hatten auch die hohe Gerichtsbarkeit in ihren Herrschaften oder in Teilen davon inne –, der Polizeigewalt, des Patronatsrechts und des Steuerrechts. Aus der Verpflichtung zum persönlichen Kriegsdienst für den Kaiser hatte sich die Leistung von Subsidien entwickelt, die eine Ablösung des persönlichen Kriegsdienstes durch Geldzahlungen darstellten. Der Kanton war die Interessenvereinigung der Hegau-Ritter. Die genannten Hauptaufgaben zogen eine Vielzahl von Zwistigkeiten, Streitereien, Klagen und Prozessen nach sich, von denen auch heute noch die vielen Archivalien in den Adels- und Staatsarchiven zeugen.

Mit der Landgrafschaft Nellenburg schlossen die Hegau-Ritter im Jahre 1497 den sogenannten Hegauer Vertrag, der die Hoheitsrechte Österreichs als Inhaber der Landgrafschaft regelte und der mancherlei Ergänzungen erfuhr. Trotzdem war an Streitpunkten zwischen beiden Seiten zu jeder Zeit kein Mangel. Dies berührte den enzbergischen Vertreter eigentlich nur am Rande, weil seine Herrschaft nur mit dem Zipfel Buchheim in der Landgrafschaft lag. Doch auf anderen Feldern nahm der Ritterkanton Aufgaben wahr, deren Überlieferung die Archive füllte. Zu nennen wären hier die Vormundschaft für minderjährige »Pupillen« (Mündel), die Bewertung und die Prüfung des Nachweises über die »Stiftsmäßigkeit« von neuen Mitgliedern oder Ehepartnern, die Aufsicht darüber, dass Rittergüter nicht in die Hände von Bürgerlichen fielen, und die Verwaltung von Gütern, die unter Sequester standen, wie wir im Fall von Mühlheim noch sehen werden. Die Entscheidungsbefugnis des Direktors war nicht groß. Mit Zirkularschreiben, die von Schloss zu Schloss gebracht und mit Kommentaren der einzelnen Ritter versehen wurden, versuchte die Ritterschaft, gemeinsame Beschlüsse herbeizuführen. Für viele Entscheidungen reichte dieses umständliche Verfahren nicht aus. Deshalb mussten Plenarsitzungen nach Radolfzell einberufen werden, zu denen sich dann alle Mitglieder einfanden, um einen Beschluss zustande zu bringen.

Durch die Anwesenheit der Ritterschaftskanzlei und der vielen Ritter, die gern an den schönen Bodensee kamen, wurde die österreichische Stadt Radolfzell zu einer Adelsstadt. Viele Adlige kauften sich hier Häuser für das Einlagern von Gütern, aber hauptsächlich für sich selbst, um dort Wohnung zu nehmen. Denn in der Stadt konnte man bequemer und komfortabler leben als auf vielen zugigen Burgen in luftiger Bergeshöh' oder in kalten Schlössern in einsamen Bauerndörfern, wo sich das gesellschaftliche Leben und das Amüsement in engen Grenzen hielten. Zudem versuchten viele Ritter, das Radolfzeller Satzbürgerrecht zu erlangen, das ihnen zwar keine bürgerlichen Rechte in der Stadt einräumte, aber auch keine bürgerlichen Pflichten auferlegte. Sie konnten so das Stadtleben in vollen Zügen genießen. Um 1600 waren den Radolfzeller Stadtoberen dann doch zu viele Blaublütige in ihren Mauern, so dass sie ein Verbot erließen, das den Verkauf von Häusern an Adlige untersagte.[11] Man fürchtete um die soziale Balance in der Stadt. Die Anwesenheit der vielen Adligen bescherte Radolfzell eine Vielzahl von stattlichen Häusern, die zu Sehenswürdigkeiten wurden, von denen aber leider heute nur noch wenige zu sehen sind. Das enge Beieinander von Adligen und Bürgerlichen war nicht immer ganz spannungsfrei, sodass andererseits auch der Ritter-Kanton 1795 ernsthaft erwog, seinen Sitz in die Reichsstadt Überlingen zu verlegen.[12]

Trotz aller Beachtung der Ritterbürtigkeit wandelte sich die Zusammensetzung der Ritter des Kantons im Laufe der Zeit. Rittergüter wurden vor allem durch das Aussterben von Geschlechtern aus dem Ritterstand verkauft. Die verstärkte Verleihung des Briefadels an verdiente Bürgerliche vor allem im 18. Jahrhundert und die dadurch hervorgerufene Konkurrenz brachten den Ritterstand auch im Hegau in Bedrängnis. Ein »Receptionsstatut« wurde 1766[13] erlassen, um der vielen Aufnahmegesuche Herr zu werden, denn trotz aller Schwierigkeiten hatte die Zugehörigkeit zum Ritterstand immer noch einen hohen Prestigewert. Ein Aspirant hatte vor allem zwei Voraussetzungen zu erfüllen: Er musste auf väterlicher und mütterlicher

Seite je vier »ritterbürtige Ahnen«, belegt mit Wappen, Urkunden und Diplomen, nachweisen können und ein Rittergut besitzen. Den letzten Aufnahmeantrag in den angesehenen Stand der Hegau-Ritter stellte »kurz vor Toresschluss« Karl Anton von Krafft, der als nellenburgischer Landvogteidirektor und Landrichter in Stockach amtierte und erst 1787 die Niedergerichtsrechte des Hofguts Zizenhausen erworben und so eine Miniherrschaft begründet hatte.[14] Dem Gesuch wurde am 8. Januar 1806 und somit nur wenige Monate, bevor die Hegau-Ritter ihre Besitzungen an den König von Württemberg verloren, entsprochen.

Der Blick auf die Mitgliederlisten macht deutlich, dass sich sehr viele Hegau-Ritter in »Herrendiensten« – was im Gegensatz zu städtischen Diensten erlaubt war – außerhalb des Kantons und fern ihrer Rittergüter befanden. Im »Catalog sämtlicher Mitglieder des Kantonbezirks Högaw« von 1752[15] lassen sich nicht nur viele in Fürstendiensten tätige Ritter, sondern auch der Bischof von Konstanz wegen seiner Rittergüter Homberg und Stahringen sowie die Fürsten von Fürstenberg wegen der Herrschaft Waldsberg (unweit Meßkirch) und des Dorfs Stetten bei Engen finden.

Das Ende für die Ritter war hart. Im Frieden von Preßburg vom 26. Dezember 1805 fiel die Landgrafschaft Nellenburg an Württemberg. Es kam in den nächsten Monaten wegen der Inbesitznahme zu Zwistigkeiten zwischen badischen und württembergischen Kommissionen und Militärs.[16] Die Hegau-Ritter verloren ihre Privilegien zuerst an die Krone Württembergs und dann, nachdem Nellenburg respektive das Oberamt Stockach 1810 an Baden gekommen war, an das neue Großherzogtum Baden. Das reichhaltige Archiv des Ritter-Kantons kam von Radolfzell zunächst nach Stuttgart, später nach Karlsruhe. Den Übergang an Baden kommentierte der Dorfvogt Alois Schneble im hegauischen ritterschaftlichen Ort Duchtlingen mit folgenden Worten: »1810, den 23. November, seind wir, Gott sei Dank, von Württemberg weiter abgegeben und […] an das Haus Baden übergeben worden und wären jetzt in der Hoffnung, badisch zu bleiben und dieses im Schutz Gottes des Allmächtigen und aller Heiligen.«[17]

Die Verwaltung der Herrschaft Mühlheim durch die Ritterschaft

Wie um andere ritterschaftliche Herrschaften, so kümmerte sich die Hegau-Ritterschaft auch um das Haus Enzberg, als es in Not war. Das war es nach dem Dreißigjährigen Krieg, der an der Donau schwere Verheerungen hinterlassen hatte, viele Jahre lang. Die herrschaftlichen Dörfer waren verwüstet, die Zahl der Untertanen zurückgegangen und vor allem die Kassen leer. Ein gewaltiger Schuldenberg hatte sich aufgetürmt. 1663 wurden die zahlreichen Gläubiger, die sich zusammengeschlossen hatten und auf Rückerstattung des Geliehenen vor dem Landgericht in Wangen klagten, in die enzbergischen Güter eingewiesen.[18] Vom Buchheimer Wirt über Schweizer Bürger, Hegau-Ritter bis zu den Äbten von Gengenbach und Zwiefalten reicht die Liste der Gläubiger. Sie alle hatten den Enzbergern Geld geliehen – von 100 Gulden bis zu fünfstelligen Beträgen – und hatten Güter, Mühlen, Dörfer oder einfach »enzb. Hab und Gut« als Pfand dafür bekommen.[19] Die Schulden wuchsen auch nach dem großen Krieg. Die Gründe lagen, wenn auch zu einem geringeren Teil, im großzügigen Lebensstil des in russischen Diensten engagierten Generals Nikolaus Friedrich XIII. von Enzberg (1650–1726) und vor allem im ehrgeizigen Vorhaben der Errichtung eines Eisenwerks in Bronnen zur Verhüttung des in der Gegend auffindbaren Bohnerzes. Benachbarte wesentlich größere Territorialherren wie Württemberg, Fürstenberg oder Österreich hatten es vorgemacht, da wollte die kleine Herrschaft Mühlheim im Zeitalter des Merkantilismus gleichfalls an der Frühindustrialisierung teilhaben. Das Vorhaben scheiterte kläglich, noch größere Schulden waren die Folge. Nun war Hilfe von außen erforderlich, aus eigener Kraft schafften es die Mühlheimer Regenten nicht, ihrer Schulden Herr zu werden.

Als Hilfe boten sich an erster Stelle die »Vettern« in der Ritterschaft an. Doch das Haus Enzberg sah Rettung in der Person des Benediktinerbruders Christof Gessinger aus Isny, der sich weniger als Finanzfachmann, sondern als Baumeister respektabler Schlösser wie Tettnang oder Achberg oder des bischöflichen Priesterseminars in Meersburg einen Namen gemacht hatte. Gessinger soll »durch eine besondere oeconomische Wissenschaft gleichsam Wunder in Bezahlung der Schulden zu thun versprochen« haben.[20] Ihm wurde die Verwaltung der Herrschaft übertragen, doch er hat die Lage der Herrschaft »deterioriret« [verschlechtert]. 1720 wandte sich nach dieser Enttäuschung das Haus Enzberg an die Hegau-Ritterschaft. Diese gab zunächst ein Darlehen von 30.000 Gulden, um die dringendsten

Nikolaus Karl von Enzberg (1680–1732), Offizier des Schwäbischen Kreises, 1709–1711 zusammen mit seinem Vater als Oberst in russischen Diensten, danach Oberstjägermeister des Markgrafen Ludwig von Baden in Rastatt

Nikolaus Friedrich XIV. Marquard von Enzberg (1685–1740), Domkapitular in Konstanz, begraben im Kreuzgang des Münsters

Schulden bezahlen zu können. Doch dessen nicht genug, übernahm die Ritterschaft die Administration der maroden Herrschaft Mühlheim. Innerhalb von sechs Jahren wollte sie durch die Einkünfte vor allem aus dem »Bräu-Haus« und dem Bergwerk, letzteres sollte 5 bis 6000 Gulden Überschuss jährlich abwerfen, die Zinsen und das Geld für die Rückzahlung des Darlehens erwirtschaften. Die ritterschaftliche Administration sollte dem Lehensherr der Enzberger, dem Bischof von Konstanz, jedes Jahr die Verwendung der Mittel aus dem erhaltenen Kapital und den »Nutz und Frommen« für die Herrschaft nachweisen. Im November 1725 wandte sich der Bischof an die Ritterschaft und klagte darüber, dass er noch keine »Administrations-Rechnung« der mit einer »fast ohnerträglichen Schulden-Last« beladenen Herrschaft Mühlheim erhalten habe. Der Bischof musste noch mehrmals mahnen. Als endlich die Rechnung kam, stellte sich heraus, dass der eingesetzte ritterschaftliche Administrator, der Syndicus Doringer von Radolfzell, noch schlechter die ohnehin desolate Herrschaft verwaltet hatte als der Baumeister und ominöse »Finanzfachmann« Gessinger. Belege, Quittungen und Urkunden seien »weder in Einnahm noch in Außgaab in gehörige Rubriquen gestellt worden, sondern alles untereinander geworfen«.

Mittlerweile hatten nach dem Tod des Generals Nikolaus Friedrich seine Söhne das schwere Erbe angetreten.[21] Doch die Brüder Nikolaus Karl (1680–1732) und Nikolaus Friedrich XIV. (1685–1740), der Domkapitular in Konstanz war, überließen die langwierigen Auseinandersetzungen mit der Ritterschaft ihrem Bruder Nikolaus Anton (1682–1752), der als Malteserritter über zehn Jahre auf Malta gelebt hatte und sich danach abwechselnd in Mühlheim und Schwäbisch Hall aufhielt. In ihm hatte die Herrschaft einen denkbar schlechten Landesherrn. Als »Prunk und Pracht liebend« und »äußerst schlechter Wirtschafter« wird er vom enzbergischen Familienchronisten Bauser beschrieben.[22] Der Verschwender Nikolaus Anton und der offensichtlich überforderte ritterschaftliche Administrator Doringer waren eine doppelte Belastung für die Herrschaft und natürlich auch für die Untertanen. Doringer brachte trotz mehrfacher Mahnung aus Mühlheim an die »Herren Vetter« der Ritterschaft keine Rechnung zustande. Um aus der Malaise herauszukommen, wurde auf Vorschlag der Ritterschaft der Licentiat Abraham Körbele[23] mit der »Subadministration« der Herrschaft beauftragt. Körbele bezeichnete die Erstellung einer geordneten Rechnungsführung in Mühlheim als »Herculsche Arbeit«. Eine »Conferentia« mit dem Syndicus der Ritterschaft im Kraichgau, Saltzmann, und anderen »Offizianten«, darunter auch der belastete Hegau-Syndicus Doringer, ging den Beschwerden der Enzberger nach und listete sie auf. Neben dem leidigen mangelhaften Rechnungsgeschäft und dem Erhalt der enzbergischen Häuser und des Forsts, die wegen der schlechten Verwaltung in Gefahr waren, wurde die Handhabung der verschiedenen Jurisdiktionen angesprochen. Das Haus Enzberg bot an, »in 12 Jahren sich in nichts zu mischen, sondern lediglich Löbliche Reichs-Ritterschaft schalten und walten zu lassen«.[24]

Als endlich die verlangten Rechnungen vorlagen, wurden sie von zwei Fachleuten, nämlich dem baden-durlachischen Rentkammerrat Christoph Meerwein und dem ulmischen Verwalter auf Werenwag, Georg Eckmann, geprüft. Das Urteil war vernichtend. Meerwein schreibt in seinem Bericht, dass er »diese gantze Oeconomie und Verwaltung durchaus vor gar schlecht geführt und administriret gefunden habe«.[25]

Der Ton zwischen dem Haus Enzberg und der Ritterschaft wurde schärfer. Nikolaus Anton befürchtete, dass durch diese Verwaltung sowohl die Herrschaft Mühlheim als auch die Ritterschaft »je länger je mehr in das Verderben einsinke«. Es kam zum Bruch mit der Hegau-Ritterschaft. Eine kaiserliche Kommission wurde eingesetzt, die zwar aus Rittern bestand, aber nicht aus dem Hegau, sondern aus dem Ritter-Bezirk Allgäu-Bodensee in Wangen, die den äußerst verzwickten Fall der hoch verschuldeten Herrschaft Enzberg-Mühlheim untersuchen sollte. Der schon beachtliche Stapel von Akten mit Beschwerden und Zurückweisungen, Ausflüchten und immer neuen Anschuldigungen wurde höher und ist auch heute im Archiv noch recht eindrucksvoll. Die Kommission zwang Nikolaus Anton zum Verzicht auf seine Ansprüche auf Mühlheim. Ein Teil seiner Privatschulden wurde durch die anderen Herrschaftsinhaber bezahlt.[26] Der Reichshofrat im fernen Wien, den die kaiserliche Kommission angerufen hatte, beschloss, die Verwaltung der Herrschaft durch die Hegau-Ritterschaft aufzuheben und sie den ritterschaftlichen »Vettern« des Bezirks Allgäu-Bodensee zu übertragen, die sich 1738 an die schwere Aufgabe machten. Das war ein deutlicher Hinweis auf das Versagen der Hegauer Ritter bei der Verwaltung der hoch verschuldeten Herrschaft Mühlheim. Die Tätigkeit der kaiserlichen Kommission hatte noch ein langes Nachspiel, das ebenfalls wieder viele Akten produzierte. Von 1749 bis 1764 wurde ein langwieriger Prozess vor dem Reichshofrat in Wien um die Erstattung der Kosten der kaiserlichen Kommission geführt.

In der Mitte des 18. Jahrhunderts verbesserte sich langsam die wirtschaftliche Situation des Hauses Enzberg. Einer der oben genannten enzbergischen Brüder, Nikolaus Karl, war russischer Oberst und auch Garderittmeister des Markgrafen Ludwig von Baden und lebte deswegen meist in Rastatt. Er heiratete 1722 Maria Ursula von Hallweil, die Besitzungen und Geld in die Ehe und nach Mühlheim brachte. Mit diesem finanziellen Polster und ihrem Sohn Friedrich XV. (1723–1753) konnte sie das Mühlheimer Schloss nach Plänen Johann Caspar Bagnatos in seinen heutigen Stand umbauen lassen. Es waren aber vor allem tüchtige Beamte wie der enzbergische Oberamtmann Josef Anton Häußler, die langsam Ordnung in die Finanzen und die Verwaltung der Herrschaft bringen konnten, was die ritterschaftlichen Administratoren aus dem Hegau nicht vermocht hatten. Mit der Konsolidierung der Finanzen kamen die verpfändeten Güter, darunter mühlheimische Herrschaftsorte wie Mahlstetten, das zeitweise an Ritter aus dem Hegau verpfändet war, wieder zurück. Die Herren von Bodman waren von 1688 bis 1701 Pfandinhaber von Mahlstetten.

Erst mit dieser Wiederherstellung der Herrschaft Mühlheim war das wenig rühmliche Engagement der Ritterschaft aus dem Hegau in Mühlheim abgeschlossen. Doch das Verhältnis zur Hegau-Ritterschaft blieb nicht lange getrübt.

Der Ritterschaftsdirektor Nikolaus Ludwig von Enzberg

Nikolaus Anton von Enzberg (1682–1752), Ritter des Johanniterordens, lebte von 1714 bis 1725 in Malta, danach abwechselnd in Mühlheim und auf seiner Kommende Schwäbisch Hall-Affaltrach.

Es ist fast tragisch, dass beim traurigen Ende der stolzen Hegau-Ritterschaft ein Mitglied des Hauses Enzberg an ihrer Spitze stand. Nachdem Leopold Thaddäus von Hornstein-Weiterdingen 1788 freiwillig auf das hohe Amt verzichtet hatte,[27] wurde sein Nachfolger Nikolaus Ludwig von Enzberg (1729–1817). Er war damals immerhin schon knapp 60 Jahre alt. Um das enzbergische Geschlecht vor dem Aussterben zu retten, weil sein Bruder Friedrich XV. mit 30 Jahren gestorben war und nur einen Säugling hinterlassen hatte, trat er mit päpstlicher Dispens aus dem geistlichen Stand wieder aus und heiratete 1769 Antonia Karolina Roth von Schreckenstein.[28] Nun stand ein Vertreter des Hauses Enzberg ganz oben auf der Liste der Hegau-Ritter und führte die erlauchte Schar an. Im Verzeichnis der Hegau-Ritter von 1790 findet sich auch sein Neffe Franz (1753–1814), mit dem er sich in wechselndem Turnus von zwölf Jahren die Regentschaft über die Herrschaft teilte.[29]

Der Ritterschaftsdirektor Nikolaus Ludwig hatte in sehr schwieriger Zeit zu agieren. Kaum hatte er sein Amt angetreten, brach in Frankreich die große Revolution aus, und bald zogen fremde Truppen durch die ritterschaftlichen Orte, verlangten Quartier, Nahrungsmittel für Mensch und Tier und ließen das Land verarmen. Kein Ort, der nicht große Summen aufbringen musste. Für die Stadt Mühlheim findet sich eine Zusammenstellung der Kriegsschäden, womit Leistungen an Truppen gemeint sind, in Höhe von über 6000 Gulden. Das kleine Königsheim auf dem Heuberg kam mit 500 Gulden davon.[30] In der Ritterschaftskanzlei in Radolfzell wurden die Summen aufgelistet und versucht, die Not zu verwalten – wie immer im Auftrag der »Herren Vettern« auf ihren Schlössern im Ritterkanton.

Doch Nikolaus Ludwig sollte noch schwierigere Zeiten erleben. Im Reichsdeputationshauptschluss vom 25. Februar 1803 wurde den Reichsrittern ihre Fortexistenz versprochen, doch dieses Versprechen hielt nur ganze zweieinhalb Jahre. Es war sicherlich die dunkelste Stunde für einen Hegauer Ritterschaftsdirektor, als er im Dezember 1805 das Schreiben des badischen Kurfürsten und künftigen Großherzogs Karl Friedrich lesen musste, in dem dieser den Direktoren der Ritterkantone mitteilte, »dass er sich genötigt sähe, die Besitzungen der Reichsritter in landeshoheitlichen Schutz, Schirm und Aufsicht zu ziehen«.[31] Es kam sogar noch schlimmer.

Denn nicht badische, sondern württembergische Truppen besetzten viele ritterschaftliche Territorien im Hegau. Kurze Zeit später setzte Kaiser Franz II. seine Reichskrone ab, der den schwäbischen Rittern erst 1793 noch einen Orden verliehen hatte. Nur volljährige Mitglieder der ritterschaftlichen Häuser durften in diesen Orden aufgenommen werden, die sich »einer vorzüglichen Treue, Wahrheits- und Menschenliebe, Gerechtigkeit, Grossmut, Mässigkeit, Fleiss, Tapferkeit und jeder anderen Tugend des gesellschaftlichen Lebens befleissigen, wodurch allein Geburts- und Standesvorzüge ihren wahren Wert erhalten«. Doch die Treue zu Kaiser und Reich, die die Reichsritter über Jahrhunderte ausgezeichnet hatte, nützte nun nichts mehr. Das stattliche Ritterschaftshaus in Radolfzell, auf das die Hegau-Ritter mit Recht stolz sein konnten, wurde von württembergischen Truppen besetzt. Nikolaus Ludwig blieb nur noch übrig, um seine Pension zu kämpfen. Im Kampf um den Erhalt der winzigen ritterschaftlichen Herrschaften hatten er und seine Vettern von der Ritterschaft im Zeitalter der Schaffung von großen

Nikolaus Ludwig August von Enzberg (1729–1817), begründete nach dem frühen Tod seines Bruders Friedrich XV. eine zweite Linie, die aber mit seinen Söhnen schon wieder erlosch. Von 1789 bis zum Ende des Alten Reiches war er Direktor des Ritterschaftskantons Hegau, Allgäu und am Bodensee; das Porträt zeigt ihn mit dem vom Kaiser verliehenen Orden der Schwäbischen Reichsritterschaft.

deutschen Mittelstaaten keine Chancen mehr. Nikolaus Ludwig erhielt als ehemaliger Ritterschaftsdirektor 800 Gulden Sustentationsgelder bewilligt.[32]

Anmerkungen

1   Historischer Atlas Baden-Württemberg. Karte VI, 13: Herrschaftsgebiete und Ämtergliederung in Südwestdeutschland 1790, bearbeitet von Gerd Friedrich Nüske und Joseph Kerkhoff nach Vorarbeiten von Helmut Kluge, Stuttgart 1987.

2   Herbert Berner, Die Landgrafschaft Nellenburg, in: Hegau 47/48 (1990/91), S.69f.

3   Johann Christian Lünig, Des Teutschen Reichs Archivs Part. Sec. Cont. III., zit. nach Franz Werner Ruch: Die Verfassung des Kantons Hegau–Allgäu–Bodensee der unmittelbaren freien Reichsritterschaft, Diss., Mainz 1955, Anhang III, S. 3–5.

4   Fürstlich Fürstenbergisches Archiv Donaueschingen, Vol. I: Reichsritterschaft, zit. nach Ruch, Verfassung, Anhang VII, S. 77–81.

5   Zusammenstellung nach Ruch, Verfassung, S. 8, Anm. 4.

6   Auf diese Tatsache machte ein Mitglied der Familie Enzberg, Dr. Horst-Dieter Freiherr von Enzberg, den Verfasser bei einer Veranstaltung des Hegau-Geschichtsvereins im Herbst 2008 mit gewissem Stolz aufmerksam.

7   Abschrift des Briefs von 1392 im Schlossarchiv Mühlingen (z.Zt. im Kreisarchiv Konstanz) A 50. Siehe auch Karl Heinrich Freiherr Roth von Schreckenstein, Geschichte der ehemaligen freien Reichsritterschaft in Schwaben, Franken und am Rheinstrome, Tübingen 1886, Bd. 1, S. 497f.

8   Herbert Berner, Die Landgrafschaft Nellenburg und die Reichsritterschaft des Kantons Hegau-Bodensee, in: Hegau Heft 1, 19. Jg. 1965, S. 74.

9   Zit. nach Ruch, Verfassung, Anhang Nr. V, S. 72–74. Die Statuten stammen vom 16.11.1608.

10 Und im Folgenden Ruch, Verfassung, S. 60.

11 Franz Götz, Geschichte der Stadt Radolfzell. Schrift- und Bilddokumente, Urteile, Daten, Radolfzell 1967, S. 148f.

12 Herbert Berner, Die Aufhebung des reichsritterschaftlichen Kantons Hegau-Radolfzell, in: Hegau 47/48 (1990/91), S. 51.

13 Ruch, Verfassung, Anhang IX, S. 83–92.

14 Ruch, Verfassung, S. 67 Anm. 2. Zur Herrschaft Zizenhausen: Der Landkreis Konstanz. Amtliche Kreisbeschreibung, hrsg. von der Landesarchivdirektion Baden-Württemberg, Sigmaringen 1984, Bd. IV, S. 460.

15 Ruch, Verfassung, Anhang VIII, S. 77–82.

16 Siehe hierzu bei Berner, Aufhebung, S. 55ff.

17 Zit. nach Hildegard Bibby, Die Hilzinger Ortsteile im 19. und 20. Jahrhundert, in: Wolfgang Kramer (Hrsg.), Hilzingen. Geschichte und Geschichten, Bd. III, Hilzingen 2005, S. 132.

18 Hans Kungl, Die militärische Laufbahn des Freiherrn Nikolaus Friedrich von Enzberg, in: Tuttlinger Heimatblätter 1974, S. 33–60, hier S. 34.

19 Aufstellung der enzbergischen Schulden im Vorwort von Hansmartin Schwarzmaier zum Urkundenrepertorium des Archivs der Freiherren von Enzberg in Mühlheim an der Donau, Sigmaringen 1966, S. Xf., und in: Elmar Blessing, Mühlheim an der Donau. Geschichte und Geschichten einer Stadt, Sigmaringen 1985, S. 11–13.

20 Enzberg-Archiv Mühlheim Akten 1123, S. 2a.

21 Friedrich Bauser, Mühlheim an der Donau und die Herren von Enzberg. Ein Gedenkblatt zur Feier des 500jährigen Besitzes der Herrschaft, Coburg 1909, S. 33f.

22 Ebenda, S. 34f.

23 Enzberg-Archiv Mühlheim Akten 1123, S. 25.

24 Ebenda, S. 30.

25 Ebenda, S. 32.

26 Bauser, Mühlheim, S. 35.

27 Eduard Freiherr von Hornstein-Grüningen, Die von Hornstein und von Hertenstein. Erlebnisse aus 700 Jahren. Konstanz 1911, S. 600, und Generallandesarchiv Karlsruhe 74/6842 (Verzeichnis der Mitglieder der Reichsritterschaft aller drei Kreise, 1790), Kopie im Kreisarchiv Konstanz (KAKN) S 13/1, Nr. 245.

28 Bauser, Mühlheim, S. 38.

29 Generallandesarchiv Karlsruhe 123/360, Kopie in KAKN 13/1, Nr. 244.

30 Ebenda, Nr. 244.

31 Zit. nach Ruch, Verfassung, S. 80.

32 Berner, Aufhebung, S. 61.

OTTO H. BECKER

DAS ARCHIV DER FREIHERREN VON ENZBERG

Die Grundlage für die Forschungsarbeiten zum Jubiläum »600 Jahre Haus Enzberg in Mühlheim und im Raum Tuttlingen 1409 bis 2009« bildet vornehmlich das im Archiv der Freiherren von Enzberg in Mühlheim/Donau verwahrte Dokumentationsgut. Dieser Umstand mag es rechtfertigen, das im Schloss zu Mühlheim verwahrte Adelsarchiv in vorliegender Festschrift einem breiteren Publikum kurz vorzustellen.[1]

Von den Anfängen bis in die Mitte des 20. Jahrhunderts

In diesem Adelsarchiv, dessen Anfänge bis ins 14. Jahrhundert zurückreichen, werden nicht nur einschlägige, von der Familie von Enzberg stammende bzw. diese betreffende Unterlagen seit dem Spätmittelalter, sondern auch Dokumente verwahrt, die aus der Verwaltung ihrer Herrschaft an der Enz und ab 1409 an der oberen Donau, also der eigentlichen Herrschaft Mühlheim mit der Stadt Mühlheim, der Burg Bronnen und den Dörfern Königsheim, Böttingen und Mahlstetten, ihren Rechten und Gerechtigkeiten zu Buchheim, Worndorf, Kolbingen, Irndorf und Stetten sowie der Vogtei über das ehemalige Augustinerchorherrenstift Beuron erwachsen sind. In das sich ausbildende Archiv gelangte ferner Archivgut der Vorbesitzer ihrer Güter an der oberen Donau, der Herren von Weitingen, sowie einer Reihe von Adels- bzw. Patrizierfamilien mit Besitzungen in Oberschwaben und rund um den Bodensee, die im Verlauf der Neuzeit in die Familie von Enzberg eingeheiratet hatten. Es handelte sich dabei um die Herren von Balgheim, von Neideck, von Anweil, von Rotberg, Riff gen. Welter von Blidegg, von Hallweil, von Bernhausen, von Herbstheim, von Muntprat und die Familie Vogt aus Radolfzell. Das Mühlheimer Adelsarchiv enthält ferner Archivalien der Herrschaft Liebburg im Kanton Thurgau, die sich im 19. Jahrhundert in enzbergischer Verwaltung befand.[2]

Im Unterschied zu den Territorien verfügten die zumeist sehr kleinen reichsritterschaftlichen Herrschaften und somit auch die Herrschaft Mühlheim bis in die Neuzeit über eine recht rückständige Verwaltung. Rückständig war auch ihr Archivwesen. So wurden die Urkunden im Mühlheimer Archiv noch im 16. Jahrhundert ohne sichtbare Ordnung verwahrt. Erst ab 1581 begann der Mühlheimer Stadtschreiber Christian Dettinger damit, das Enzberg-Archiv durch ein Findbuch bzw. Repertorium[3] zu erschließen. Die Archivalien wurden dabei ohne saubere Struktur in 17 mit Nummern versehenen Körben, Säcken oder Laden und in zwei Kästlein verwahrt, die ihrerseits in 19 bzw. 21 Laden unterteilt waren. Das später in das Archiv gelangte Schriftgut wurde offenbar recht willkürlich den bestehenden Gruppen zugeordnet.[4]

Eine anspruchsvollere Erschließung und Strukturierung erfuhr das Archiv der Freiherren von Enzberg erst durch den Rentbeamten Franz Xaver Küstler, der nachweisbar von 1741 bis 1744 in Mühlheim tätig war. Er ordnete den gesamten Archivkörper nach einzelnen Sachbetreffen und legte von den einzelnen Betreffen jeweils ein Repertorium an, das er systematisch und chronologisch gliederte. In den 68 Repertorien, die er dabei vorlegte,[5] ist nicht nur jede einzelne Urkunde, sondern auch jedes einzelne Schriftstück verzeichnet. Küstler versah gleichfalls jedes Archivale mit der im Repertorium enthaltenen Titelaufnahme.[6]

1840, also rund 100 Jahre später, wurde der im Ruhestand lebende ehemalige sigmaringische Oberamtmann Mattes mit der Neuordnung des Enzberg-Archivs und des ins Archiv abgegebenen jüngeren Registraturguts beauftragt.[7] Der ehemalige Verwaltungsbeamte beabsichtigte, die vorliegenden Archivalien nach einem alphabetischen Schlagwortregister zu ordnen. Vorbild war wohl die Registraturordnung für die Behörden und Gerichte im Fürstentum Hohenzollern-Sigmaringen von 1840.[8] Das Vorhaben von Mattes ist freilich über Anfänge nicht hinausgekommen.[9] Die in der zweiten Hälfte des 18. bzw. des 19. Jahrhunderts für das Archiv in Mühlheim zuständigen Rentbeamten Christoph Küttler und Joseph Wieser beschränkten sich darauf, aus dem Archivgut Exzerpte für geschichtliche Abhandlungen anzufertigen.[10] Anlässlich der 500-Jahr-Feier der Besitzergreifung der Herrschaft Mühlheim durch die Herren von Enzberg im Jahr 1909 wurde lediglich eine kleine Festschrift von Friedrich Bauser vorgelegt.[11] Größere Ordnungs- und Erschließungsarbeiten im Archiv hatten im Vorfeld zu dieser Festschrift offenbar nicht stattgefunden.

Die Ruhe, die dem Enzberg-Archiv im Schutze des Schlosses zu Mühlheim an der oberen Donau bisher beschieden war, wurde 1935 nachhaltig gestört. Wie wir aus einem Schreiben des Freiherrn Konrad von Enzberg vom 14. August 1935 erfahren, waren am 26. Juni des Jahres um 13 Uhr sechs SS-Männer und ein weiterer Herr in Zivil von der Geheimen Staatspolizei München vor seinem Schloss in Mühlheim erschienen und erkundigten sich, ob ein Archiv vorhanden sei und ob darin Unterlagen über Hexenprozesse und Akten über das Kloster Beuron vorhanden wären. Die ungebetenen Gäste ließen, wie wir aus dem Schreiben weiter erfahren, das Archiv sodann in Kisten verpacken und in zwei Fuhren mit einem Lastwagen nach Tuttlingen wegschaffen.[12] Gemäß Lieferschein vom 27. Juni 1935 transportierte man die Archivalien danach mit dem Zug nach Berlin zur Geheimen Staatspolizei.[13] Das Archiv der Freiherren von Enzberg wurde, wie wir aus einem Schreiben des Rentamtmanns Zitrell vom 3. Oktober 1935 erfahren, am 12. September 1935 in 34 Kisten verpackt und wieder nach Mühlheim zurückgebracht. In dem Schreiben heißt es ferner: »Eine amtliche Übergabe durch die Geh. Staatspolizei oder eine Mitteilung seitens dieser Behörde über die Rückgabe des Archivs ist nicht erfolgt. Wir mussten auch keine Bescheinigung über den Empfang ausstellen. Der Unterzeichnete hat in 10 Tagen die 34 Kisten ausgepackt und die Akten einstweilen so gut wie möglich geordnet. Es wird aber noch lange Zeit dauern, bis alles wieder an seinem Platz ist.«[14]

Hinterlegung, Ordnung und Verzeichnung im Staatsarchiv Sigmaringen

In der Zeit nach dem Zweiten Weltkrieg scheint das Interesse der Familie von Enzberg an ihrem Archiv etwas nachgelassen zu haben. Jedenfalls erfahren wir aus einem Schreiben des Verwaltungsaktuariats Tuttlingen vom 18. Dezember 1952 an das Staatsarchiv Sigmaringen, dass Baron Konrad von Enzberg die Absicht zu erkennen gegeben habe, alle einschlägigen Unterlagen des Archivs ohne direkte Bezüge auf seine Familie »abzustoßen« und den betreffenden Gemeinden zur Übernahme anzubieten. In Ermangelung eigener fachlicher Kompetenz rief die Behörde in dem Schreiben das Staatsarchiv Sigmaringen als zuständige Fachbehörde daraufhin um »Beratung« und »Unterstützung« in dieser Angelegenheit an.[15] Um eine drohende Aufteilung und eine unsachgemäße Behandlung von Teilen dieses Adelsarchivs zu verhindern, setzte sich der Leiter des Staatsarchivs Sigmaringen, Oberarchivrat Dr. Franz Herberhold, sogleich mit Freiherr Konrad und dessen Sohn, Freiherr Heinrich, in Verbindung und vermochte die Eigentümer bei einer Unterredung im Schloss Mühlheim am 29. Dezember 1952 für eine Deponierung ihres gesamten Archivs unter Eigentumsvorbehalt im Staatsarchiv zu gewinnen.[16]

Nach weiteren Verhandlungen mit den Eigentümern und dem Staatsministerium Baden-Württemberg als Ressortministerium für die Landesarchivverwaltung konnte am 17./24. März 1953 schließlich der Vertrag über die Hinterlegung des Enzberg-Archivs im Staatsarchiv Sigmaringen abgeschlossen werden. In dem Vertrag[17] wurde u.a. vereinbart, dass das zur unentgeltlichen Leihgabe dem Land Baden-Württemberg übergebene Adelsarchiv im Staatsarchiv Sigmaringen ordnungsgemäß verwahrt und diesem in Zeiten der Gefahr der gleiche Schutz und die gleiche Fürsorge wie den eigenen gleichwertigen Beständen zu gewähren sei. In Abs. 3 verpflichtete sich das Staatsarchiv Sigmaringen, sobald es die anderen ihm obliegenden Aufgaben gestatteten, das Enzberg-Archiv neu zu ordnen und geschlossen unter der Bezeichnung »Depositum von Enzberg Herrschaft Mühlheim« aufzustellen. Für die Nutzung des Depositums galten gem. Abs. 4 die Vorschriften der staatlichen Archivverwaltung. Wichtig sollten die Bestimmungen in Abs. 5 werden. Diese lauten: »Freiherr von Enzberg und seine Rechtsnachfolger können die Leihgabe frühestens nach Ablauf von 20 Jahren zurückfordern. In diesem Falle haben sie die Kosten des Rücktransportes zu tragen. Für die auf das Archiv verwandten Ordnungsarbeiten ist bei Rückforderung eine angemessene Entschädigung zu zahlen.«[18]

Das Enzberg-Archiv wurde daraufhin am 14. August 1953 nach Sigmaringen übergeführt und im so genannten Gartensaal des Prinzenbaues, der bis zur Sanierung des ehemaligen fürstlichen Gebäudes Magazin des Staatsarchivs Sigmaringen war, als Depositum 31 gelagert.

Nach einem Aktenvermerk vom 29. Oktober 1954 umfasste das Enzberg-Archiv bei seiner Überführung nach Sigmaringen 15 Kisten mit je 10 mehr oder minder angefüllten Schubladen, etwa 10 Truhen und Schachteln und 263 zusammengeschnürte Aktenpakete. Der Inhalt der Truhen und Schachteln befand sich wohl als Folge der Überführung des Archivs nach Berlin 1935 in völliger Unordnung, so dass Zusammenhänge kaum noch zu erkennen waren.[19]

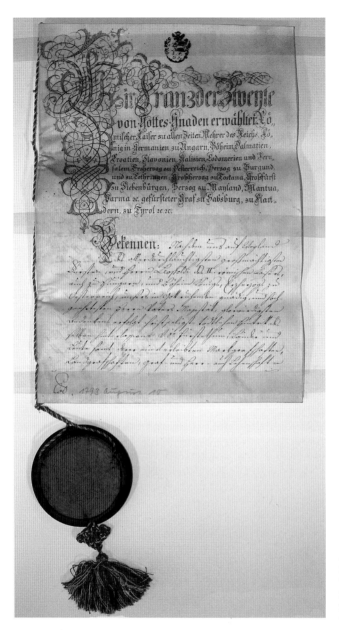

Kaiser Franz II. belehnt
Freiherr Niklas Ludwig
August von Enzberg mit den
Dörfern Böttingen und
Königsheim, 1793.

Nach Vorarbeiten von Dr. Eberhard Gönner übernahm im Spätjahr 1964 der damalige Staatsarchivassessor Dr. Hansmartin Schwarzmaier die vereinbarte Neuordnung und Erschließung des Depositums, die bereits 1965/66 mit der Vorlage von Archivrepertorien abgeschlossen werden konnten. Das Archivgut wurde in die Hauptgruppen Urkunden, Akten und Amtsbücher unterteilt. Hinzu kamen gesondert als weitere Hauptgruppen die »Militärischen Akten des Generals Nikolaus

Friedrich von Enzberg (1650–1726)« und Regesten aus dem »Kopialbuch der Vogt-Pfründe zu Radolfzell«.

Die geleistete Arbeit im Überblick:

I. Urkunden: 965 Einheiten; Laufzeit: 1278–1862; Umfang: 12 lfd. m.

Archivrepertorien: Hansmartin Schwarzmaier (1966).

Bd.: 1 Nr. 1–426; Bd.: 2: Nr. 427–965; Bd. 3: Orts- und Pesonenindizes.

II. Akten: 3151 Einheiten; Laufzeit: 1506–1954; Umfang: 65 lfd. m.

Archivrepertorium: Hansmartin Schwarzmaier (1966).

Bd. 4: Nr. 1–1054; Bd. 5: Nr. 1055–2182; Bd. 6: Nr. 2183–3151 (mit Orts- und Personenindizes).

III. Amtsbücher: 703 Einheiten; Laufzeit: 1483–1891; Umfang: 28 lfd. m.

Archivrepertorium: Hansmartin Schwarzmaier (1965/66).

Bd. 7: R. 1–68, Nr. 1–635 (mit Orts- und Personenindex).

IV. Militärische Akten des Generals Nikolaus Friedrich von Enzberg: 340 Einheiten; Laufzeit: 1670–1730; Umfang: 3 lfd. m.

Archivrepertorium: Hans Kungl (1965).

Bd. 8: Nr. 1–346 (mit Orts- und Personenindizes).

V. Kopialbuch der Vogt-Pfründe zu Radolfzell: 24 Urkundenregesten; Laufzeit: 1381–1548.

Archivrepertorium: Hansmartin Schwarzmaier (1965).

Bd. 9 (mit Orts- und Personenindizes).

Zurücknahme und weitere Erschließung in Mühlheim

Mit Schreiben vom 23. März 1981 teilte Wilfried Freiherr von Enzberg dem Staatsarchiv Sigmaringen seine Absicht mit, das Familienarchiv gem. Abs. 5 des Depositalvertrags vom 17./24. März 1953[20] wieder nach Mühlheim zurückholen zu wollen.[21] Wünsche in diese Richtung waren bereits 1966 von Seiten der Familie angedeutet worden.[22] Über die Motive des Archiveigentümers werden wir in einem Aktenvermerk des Staatsarchivs Sigmaringen über eine Besprechung am 19. Juni 1981 unterrichtet. Danach räumte Wilfried Freiherr von Enzberg dem Archiv eine zentrale Bedeutung für die Traditionspflege seiner Familie ein. Nach seiner Meinung sei im Hinblick auf die Entfernung zwischen Mühlheim und Sigmaringen eine Entfremdung seiner Nachkommen von der Geschichte seiner Familie und ihres kulturellen Erbes zu befürchten.[23]

Die Verhandlungen zwischen der Landesarchivdirektion Baden-Württemberg, dem Staatsarchiv Sigmaringen und dem vorgesetzten Ministerium für Wissenschaft und Kunst Baden-Württemberg auf der einen sowie dem Eigentümer auf der anderen Seite über die Auflösung des Depositalvertrags waren wegen der komplizierten archivischen und denkmalpflegerischen Sachverhalte, die hier im Einzelnen nicht behandelt werden sollen, sehr langwierig. Als äußerst schwierig erwies sich vor allem die Lösung der im Absatz 5 des Depositalvertrags festgelegten Entschädigung für die angefallenen Ordnungsarbeiten im Falle einer Rücknahme des Archivs.[24] Die von Archivseite ermittelte Entschädigungssumme von mehreren zehntausend

DM war der Eigentümer nicht bereit zu übernehmen. Da sich der Freiherr von Enzberg umgekehrt gegenüber allen archivischen und denkmalpflegerischen Forderungen und den damit verbundenen materiellen Belastungen als sehr kompromissbereit zeigte, verzichtete das Finanzministerium Baden-Württemberg schließlich auf die Zahlung einer Entschädigung, so dass der für die Rückführung des Enzberg-Archivs nach Mühlheim erforderliche Auflösungsvertrag am 4./11. Oktober 1983 von der Landesarchivdirektion Baden-Württemberg und dem Archiveigentümer unterzeichnet werden konnte.[25]

Aus Platzgründen sollen im Folgenden nur die für potentielle Nutzer wichtigen Bestimmungen des Vertrags[26] wiedergegeben werden. So verpflichtete sich der Archiveigentümer in Abs. 7, sein Familienarchiv »auch weiterhin der historischen Forschung zugänglich zu machen«. Weiter heißt es in dem Vertrag: »Für die Benutzung gelten sinngemäß die Grundsätze der Benutzungsordnung für die Staatsarchive in Baden-Württemberg.« In Abs. 3 wurde schließlich vereinbart: »Die bei der Neuordnung im Staatsarchiv Sigmaringen angefertigten Repertorien und die dem Land vom Bund überlassenen Filme der Sicherungsverfilmung verbleiben in der Verfügung der Archivverwaltung. Die allgemeine Verbreitung bedarf der vorherigen Zustimmung des Eigentümers.« Hinsichtlich der Nutzung wird in Abs. 8 ausgeführt: »Das Staatsarchiv Sigmaringen ist bei der Abwicklung der einzelnen Benutzungen behilflich. Es berät den Eigentümer bei der Benutzungsgenehmigung, kann Auskünfte im Einvernehmen mit dem Eigentümer erteilen und ermöglicht die Benutzung der Archivalien in seinem Lesesaal.« Durch diese Bestimmungen blieb die Nutzung der Repertorien und des Archivguts in Mühlheim sowie der Findbücher und der vom Enzberg-Archiv angefertigten Filme im Staatsarchiv Sigmaringen auch in Zukunft prinzipiell gewährleistet, ein Entgegenkommen, zu dem der Archiveigentümer rechtlich nicht verpflichtet war.

Das Enzberg-Archiv wurde am 17. Oktober 1983 vom Magazin Bittelschießer Straße des Staatsarchivs Sigmaringen, wohin es nach dessen Anmietung 1974 verbracht worden war, wieder in sein angestammtes Archivlokal im Schloss Mühlheim übergeführt.[27] Infolge neuer Zugänge von Schriftgut und der vereinbarten Nutzung vor Ort ist das bedeutende Adelsarchiv von einem »Dornröschenschlaf« denn auch verschont geblieben.

So waren bei der Deponierung des Adelsarchivs im Staatsarchiv Sigmaringen noch zahlreiche Rechnungen und Akten sowie einzelne Urkunden, Pläne und Karten im Enzberg'schen Rentamt bzw. in der Gutsverwaltung in Mühlheim zurückgeblieben. Nicht nach Sigmaringen gelangt waren ferner einzelne Unterlagen von historischem Wert, die sich in verschiedenen Räumen des Schlosses zu Mühlheim befunden hatten. In den 1960er Jahren begann der damalige Schlossherr Heinrich Freiherr von Enzberg damit, die für die Verwaltung nicht mehr benötigten Unterlagen auszusondern, nach einem groben Aktenplan, der zehn Hauptgruppen aufwies, zu ordnen und mit kurzen Titelaufnahmen zu versehen. Diese Unterlagen sowie weitere, die Familie oder die Forst- und Gutsverwaltung betreffende Dokumente, die danach noch angefallen waren, wurden von Dr. Horst-Dieter Freiherr von Enzberg unter Mitarbeit von Dr. Hans-Joachim Schuster und Bernd Klein vom Kreisarchiv Tuttlingen geordnet und 2008 durch die Vorlage eines maschinenschriftli-

Blick ins Enzberg-Archiv im Hinteren Schloss in Mühlheim

chen Archivrepertoriums mit dem Titel »Findbuch zur Ergänzungserschließung (10. Band des Gesamtrepertoriums)«[28] erschlossen, wovon eine Fertigung auch an das Staatsarchiv Sigmaringen abgegeben wurde.

Dieses Repertorium ist in die folgenden Hauptgruppen gegliedert: I. Urkunden, II. Akten, III. Rechnungen und IV. Karten und Pläne. Die Akten sind untergliedert in die folgenden sachthematischen Betreffe: Familiensachen; Grundbesitz und Verpachtung; Gebäude und Inventar; Wald, Jagd und Fischerei; Landwirtschaft; Personalsachen; Banken, Geldsachen, Schulden, Versicherungen; Steuersachen; Kirchen- und Schulsachen, Stiftungen; Verschiedenes.

Die Rechnungen sind unterteilt in: Hauptbücher; Rechnungsbeilagen; Brauereirechnungen; Holzrechnungen; sonstige Rechnungen. Keine sachthematische Strukturierung weist demgegenüber die Hauptgruppe »Karten und Pläne« auf.

Wie aus dem 10. Band des Gesamtrepertoriums ersichtlich, weist das in Mühlheim nachträglich inventarisierte Teilarchiv sieben Urkunden (U 966–U 972) aus einem Zeitraum von 1610 bis 1881 auf. Die Hauptgruppe Akten umfasst 278 Archivalieneinheiten mit einer Laufzeit von 1601 bis 1986 und misst insgesamt 13 lfd. m. Die Hauptgruppe »Rechnungen« mit insgesamt 272 Einheiten aus einem Entstehungszeitraum von 1837 bis 1973 weist 22 lfd. m auf. Die Hauptgruppe »Karten und Pläne« besteht aus neun Einheiten (K 1–9) mit einer Laufzeit von 1838 bis 1947.

Schlussbemerkung

Das Archiv der Freiherren von Enzberg zu Mühlheim stellt ein bedeutendes Adelsarchiv im deutschen Südwesten dar. Es enthält, wie eingangs schon dargelegt wurde, nicht nur wichtiges Dokumentationsgut zur Geschichte und Landeskunde des Raums an der oberen Donau, sondern infolge der zahlreichen darin aufgegangenen

Archivteile anderer Adelsgeschlechter auch wichtige Quellen zur Geschichte Oberschwabens und des Raums rund um den Bodensee. Vor allem dank der Ordnungs- und Verzeichnungsarbeiten im Staatsarchiv Sigmaringen und dann auch in Mühlheim wurde dieser Quellenschatz für die Geschichtswissenschaft und die Heimatkunde gehoben und erschlossen. Dank der Kompromissbereitschaft der Landesarchivverwaltung Baden-Württemberg auf der einen und des Archiveigentümers auf der anderen Seite konnte 1983 die Benutzbarkeit des Enzberg-Archivs auch für die Zeit nach der Beendigung der Hinterlegung im Staatsarchiv Sigmaringen sowohl in Mühlheim und als auch Sigmaringen vertraglich abgesichert werden.

Dieses Angebot wird, wie der Autor während seiner Tätigkeit im Staatsarchiv Sigmaringen selbst feststellen konnte, von Forschern und Heimatkundlern gerne wahrgenommen. Bemerkenswert dabei ist vor allem auch das Ansteigen der Zahl von Nutzern, die Themen zur Geschichte sowohl des deutschen als auch des schweizerischen Bodenseeraums bearbeiten.

Anmerkungen

1 Die folgenden Ausführungen beruhen vor allem auf Hansmartin Schwarzmaier, Archiv der Freiherren von Enzberg, Bd. 1: Einleitung zum Urkundenrepertorium. Maschinenschrift, Sigmaringen 1966, S. I–LI; ders., Das Archiv der Freiherrn von Enzberg und der Aufbau ihrer Herrschaft, in: Zeitschrift für Württembergische Landesgeschichte 26 (1967), S. 62–78.
2 Schwarzmaier, Urkundenrepertorium, S. XXXVII–XXXIX; ders., Das Archiv der Freiherrn von Enzberg, S. 71.
3 Enzberg-Archiv Mühlheim Akten 9.
4 Schwarzmaier, Urkundenrepertorium, S. XLIII–XLV.
5 Enzberg-Archiv Mühlheim R 1–R 68.
6 Schwarzmaier, Urkundenrepertorium, S. XLV.
7 Enzberg-Archiv Mühlheim Akten 16; Schwarzmaier, Urkundenrepertorium, S. XLV.
8 Registratur-Ordnung für sämmtliche Justiz-und Verwaltungs-Behörden des Fürstenthums, Sigmaringen 1840.
9 Schwarzmaier, Urkundenrepertorium, S. XLVI.
10 Ebenda; Enzberg-Archiv Mühlheim Akten 17 und 18.
11 Friedrich Bauser, Mühlheim a. d. Donau und die Herren von Enzberg. Ein Gedenkblatt zur Feier des 500jährigen Besitzes der Herrschaft, Coburg 1909.
12 Enzberg-Archiv Mühlheim Akten 22.
13 Ebenda.
14 Ebenda.
15 Staatsarchiv Sigmaringen Wü 119 T 2 Nr. 503.
16 Ebenda. Aktenvermerk vom 30. Dezember 1952.
17 Staatsarchiv Sigmaringen Wü 119 T 2 Nr. 503.
18 Ebenda.
19 Ebenda.
20 Oben zu Anm. 17.
21 Staatsarchiv Sigmaringen Wü 119 T 2 Nr. 503.
22 Ebenda. Schreiben vom 16. Juni 1966.
23 Staatsarchiv Sigmaringen Wü 119 T 2 Nr. 503.
24 Wie Anm. 18.
25 Ebenda.
26 Ebenda.
27 Ebenda. Schreiben des Staatsarchivs Sigmaringen vom 8. November 1983.
28 In der Einleitung zu dem Findbuch (S. I–IV) sind wichtige Angaben über die Entstehung des Teilbestands und seine Erschließung enthalten.

DAS VORDERE UND HINTERE SCHLOSS
IN MÜHLHEIM AN DER DONAU. ZUR BAUGESCHICHTE
IM 17. UND 18. JAHRHUNDERT

Die beiden enzbergischen Schlösser in Mühlheim, das Vordere Schloss und das Hintere Schloss, lassen sich archivalisch seit 1470 belegen.[1] In Zusammenhang mit der Teilung der Herrschaft Enzberg wird das Vordere Schloss auch als das alte Schloss bezeichnet und das Hintere Schloss als das neue Schloss. Für das Hintere Schloss wurden drei Hauptbauperioden vermutet: das mittelalterliche Schloss, ein Erweiterungsbau mit zwei runden Ecktürmen an der Nordfassade und ein barocker Erweiterungsbau an der Südseite des Schlosses. Letzterer wurde wiederholt dem Deutschordensbaumeister Johann Caspar Bagnato (1696–1757) zugewiesen.[2] Hans Martin Gubler gliederte den Umbau des Hinteren Schlosses aus dem Œuvre von Bagnato aus, da die Planungs- und Baugeschichte keinen Hinweis auf seine Beteiligung oder von Handwerkern und Künstlern, mit denen Bagnato in der Regel zusammengearbeitet hat, gebe.[3] Am 29. Oktober 1750 erhielt der Konstanzer Baumeister Johann Steyr (auch Steuer oder Steyer, 1700–1762) 23 fl 4 xr für eine fünftägige Augenscheinnahme am Schloss und die bei diesem Anlass gezeichneten Pläne.[4] Am 29. Februar 1752 schließlich wurde Steyr mit der Ausführung der Bauarbeiten beauftragt. Die Jahreszahl 1752 über dem Portal bezeichnet dabei den Beginn der Arbeiten, die sich wohl bis 1755 hinzogen.[5] Gubler geht dabei wie die früheren Autoren davon aus, dass der heutige Querflügel an der Südseite im Zuge der Umbaumaßnahmen von 1752/55 vollständig neu erbaut worden sei.

Das Hintere Schloss

Das Hintere Schloss erhebt sich auf einem Felssporn hoch über dem Donautal. Es besteht im Wesentlichen aus einem längeren Flügel in Nord-Südrichtung, der sich über die Hangkante hinausschiebt, und einem nach Osten erweiterten Kopfbau an der Südseite, der heute die Hauptfassade des Schlosses ausbildet. Den nördlichen Gebäudekanten sind schlanke Rundtürme vorgelagert, die mit welschen Hauben bedeckt sind. Das Schloss weist an der Südfassade ein niedriges Erdgeschoss auf, über dem sich zwei Obergeschosse erheben. Zur Donau hin sind unterhalb des Erdgeschosses zwei weitere Geschosse vorhanden. Die Fenster der Westfassade besitzen sehr unterschiedliche Dimensionen. Die drei nördlichen Fensterachsen unterscheiden sich in allen Geschossen von den Fenstern des sich südlich anschließenden Baugefüges. Der L-förmige Baukörper wird heute von einem gebrochenen Dach bedeckt. Die nördlichen Ecktürme überragen die Mauerkrone des Hauptgebäudes

249

Hinteres Schloss,
Ansicht von
Norden

um ein Stockwerk. An der Ostseite ist in den Winkel zwischen den beiden Flügeln
ein Treppenhaus eingefügt.

Der Umfang der nach 1470 als neues Schloss bezeichneten Anlage lässt sich heute
nur in den Ansätzen erschließen. Diesem Bau dürften Teile der östlichen Umfas-
sungsmauern sowie der Rest eines eingestürzten, offenbar relativ mächtigen Rundturms zuzuweisen sein. Heute sichtbar ist der nordöstliche Teil der Turmaußen-
mauer, doch zeigte sich bei Bauarbeiten im Schloss, dass sich das Mauerwerk des
Rundturms unter dem heutigen Schloss fortsetzt.[6] Das Alter dieses ursprünglich
wohl freistehenden Turms lässt sich bislang noch nicht näher eingrenzen. Er dürfte

Hinteres Schloss,
Ansicht von
Süden

in jedem Fall älter sein als die seine Grundfläche heute teilweise überbauende Bausubstanz des Ostflügels. Es kann sich hier um den Rest eines Bergfrieds handeln, der vielleicht bis in die vermutete Erbauungszeit der ersten Burg um 1190/1200 zurückreichen könnte. Bereits Elmar Blessing hatte aus der Interpretation des Vertrages mit dem Baumeister Georg Braun vom 6. Mai 1674[7] geschlossen, dass es sich bei diesen Mauerzügen um Reste eines solchen Bergfrieds handele.[8]

Die Bezeichnung als neues Schloss im ausgehenden 15. Jahrhundert spricht dafür, dass kurz zuvor größere Baumaßnahmen im Bereich dieser mittelalterlichen Burg durchgeführt worden sind. Mit einer solchen Baumaßnahme können Mauerzüge im tiefsten Keller der heutigen Schlossanlage in Zusammenhang stehen, wobei auch dessen Umfassungswände aus verschiedenen Zeiten stammen. Baufugen an den Längswänden belegen, dass dieser Kellerraum später, vielleicht im Zuge einer Vergrößerung der Anlage auf die heutige Grundfläche, nach Osten verlängert wurde. Der Zugang zum Keller mündet heute in einen Vorraum, der zwischen einer vermutlich älteren Ostwand des Gebäudes und der Mauerflucht des vermutlich im 16. Jahrhundert ausgebauten Schlosses liegt. Der Keller liegt im Bereich der zweiten und dritten Fensterachse (v. N.) des nach Norden ausgerichteten Flügels. Die Baupläne aus dem 18. Jahrhundert weisen für das Mauerwerk im Bereich der fünf südlichen Fensterachsen der Westfassade eine deutlich verstärkte Außenwand aus. Vergleichbare Mauerstärken besitzt nach den alten Bestandsplänen keine weitere Außenmauer des Schlosses, die Kellermauern ausgenommen. Möglicherweise hat sich in dieser Mauer ein Teil des mittelalterlichen Vorgängerbaus erhalten. Es könnte sich um die Längswand eines Palas handeln, die sich bis in Höhe des ersten Obergeschosses erhalten hat. Der Grundriss des zweiten Obergeschosses zeigt in diesem Bereich keine dickeren Mauern, so dass nicht auszuschließen ist, dass das Mauerwerk des zweiten Obergeschosses keine Bausubstanz des mittelalterlichen Schlosses mehr enthält.

In den Jahren ab 1559 kam es zu umfangreichen Baumaßnahmen, die vermutlich in einen weitgehenden Neubau des Hinteren Schlosses mündeten. Vom 5. Juli 1559 datiert ein Vertrag mit dem Maurermeister Peter Streblin und dem Maurer Jerg

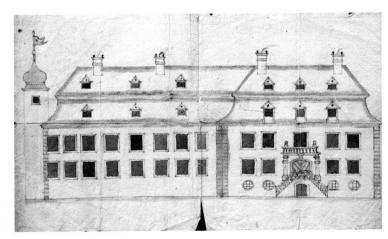

Johann Jakob Häring(?), Ansicht der West- und der Südseite des Hinteren Schlosses, 1730er Jahre

Hoppen über die Maurerarbeit am Schloss.[9] Mit den von den beiden Maurern aus-zuführenden Kellergewölben können jene drei Kellergewölbe gemeint sein, die im südlichen Teil des Hauptflügels erhalten sind. Das Mauerwerk besteht aus Bruch-stein, ebenso die über Schalungen errichteten Gewölbe. An den Fenstergewänden des nördlichen Kellers ist zu erkennen, dass das nördliche Gewölbeauflager und das Gewölbe gegen eine ältere Mauer gesetzt sind. Im Bereich der älteren Mauer besit-zen die schlanken, hochrechteckigen Fensteröffnungen waagerechte Steinstürze, im Bereich des jüngeren Mauerwerks wurden die Stürze segmentbogig über einer Schalung aufgemauert. Nördlich der älteren Wand durchzieht eine Baufuge den Hauptflügel. Der nördliche Keller hat an der Westwand ein Außenportal mit kiel-bogigem Abschluss.

Die Forschung ging bislang davon aus, dass der Schlossbau aus dem 16. Jahrhun-dert aus einem langgestreckten Flügel mit zwei Rundtürmen an der nördlichen Schmalseite bestanden hat. Dem lag auch die Annahme zugrunde, dass der Südflü-gel erst im Zuge des Umbaus 1752/55 errichtet worden sei. Dabei blieben zwei Pläne aus der ersten Hälfte des 18. Jahrhunderts (Kat. Nr. 1, 2) unbeachtet, die bereits eine Umplanung dieses Flügels zum Gegenstand haben. Die bauliche Situation auf der kombinierten Ansicht von West- und Südseite wird durch die Entwurfserläuterun-gen zu dem Projekt von Johann Caspar Bagnato aus dem Jahr 1741 bestätigt. Dabei bleibt zunächst offen, ob der Südflügel dem Neubau aus dem 16. Jahrhundert zuzu-weisen ist oder ob dieser erst im Laufe des 17. Jahrhunderts hinzugefügt wurde. Für das Jahr 1585 ist weiterhin der Bau einer Altane am Hinteren oder großen Schloss überliefert.[10] 1688/89 schließlich erfolgten Umbauarbeiten am Schloss, bei denen ein Teil der Fenster neue Kreuzstöcke erhielt.[11]

Die Grundkonzeption des Hinteren Schlosses mit einem winkelförmigen Bau-körper, dessen längerer Schenkel aus einem langgestreckten, dreischiffigen Baukör-per besteht, an dessen Nordwestseite zwei vorspringende Rundtürme die Gebäude-kanten betonen, findet ihre Parallele in zahlreichen Schlossbauten des mittleren und ausgehenden 16. Jahrhunderts in Oberschwaben, während sie für die zweite Hälfte des 17. Jahrhunderts eher retrospektiv, altertümlich erscheinen würde. Einen weite-ren Anhaltspunkt für die Konzeption des im 16. Jahrhundert erbauten Schlosses gibt der Fassadenaufriss des Schlosses, der wohl im Zuge von Umbauplanungen im frühen 18. Jahrhundert angefertigt worden ist. Der Plan, der West- und Südansicht miteinander kombiniert, zeigt in der Mittelachse der Südfassade ein Portal in Höhe des Hochparterres bzw. des ersten Obergeschosses, das von wohl toskanischen Pilastern gerahmt wird. Unklar bleibt, ob diese einen schmalen Balkon trugen oder ein solcher nur vorgeblendet war. 1674 erfolgten weitere Bauarbeiten am Schloss. Die gebrochene Dachform erscheint für die Umbaumaßnahme von 1674 beinahe zu modern, so dass anzunehmen wäre, dass dieses gebrochene Dach Teil der Umbau-planungen aus der ersten Hälfte des 18. Jahrhunderts war. Bemerkenswert ist die Anordnung des Hauptzugangs zum Schloss in der Mittelachse des Hochparterres. Eine doppelläufige Treppe führt zu diesem Eingang; der Kellerzugang liegt eben-falls in der Mittelachse unterhalb des Hauptportals. Der Entwurf zeigt relativ große, beinahe quadratische Fensteröffnungen, die gleichfalls auf eine Planung aus dem späten 17. oder frühen 18. Jahrhundert verweisen. Übereinstimmend mit den jüngeren Plänen und dem heutigen Baubestand weisen die Fenster in den beiden südlichen Fensterachsen der Westfassade allerdings deutlich geringere Fensterweiten auf als die anderen Fenster. Wiederholt sind Reparaturen an den Fenstern überliefert, so beispielsweise 1716.[12]

Aus den Akten lassen sich erhebliche Umbaumaßnahmen in den Jahren 1731 bis 1735 erschließen.[13] Die Arbeiten wurden von dem aus Au im Bregenzer Wald stammenden und in Immendingen ansässigen Baumeister Johann Jakob Häring (1674–1743)[14] ausgeführt.[15] Als Parliere sind ebenfalls ein Jakob Härig,[16] als Unterpalier Joseph Schnell (*1702)[17] und später Peter Moosbrugger[18] genannt. Die Maurer und Steinhauer dürften, den Familiennamen nach zu urteilen, ebenfalls überwiegend aus dem Bregenzer Wald stammen.[19]

Aus dem Kostenüberschlag zu den Maurerarbeiten ergibt sich, dass die Arbeiten die Schlosskapelle, das Treppenhaus sowie die Wohnräume, die Kanzlei und das Archiv betrafen. Das Schloss sollte im Zuge dieser Arbeiten auch innen und außen neu verputzt und die Fensterstöcke mit Steinfarbe, d.h. wohl grau, gestrichen werden. Die Steinplatten für die Fußböden lieferte der Steinhauer Zacharias Oxner aus Obereschach. Die Zimmerarbeiten führte der Mühlheimer Zimmermann Joseph Ammann aus. Im Zuge der Bauarbeiten wurden 64 Fensterstöcke, d.h. vermutlich alle Fenster des Schlosses, ersetzt. Aus einem Schreiben Ammanns vom März 1734 ergibt sich weiterhin, dass er für den Schlossbau vier Welsche Hauben angefertigt hat, bei deren Herstellung er merklichen Schaden gelitten habe, da er mehr Bauholz als kalkuliert benötigt habe.[20] Zwei dieser Welschen Hauben waren für die beiden nördlichen Rundtürme bestimmt. Die beiden anderen Hauben dürften für die in die Umfassungsmauer integrierten Rundtürme bestimmt gewesen sein.

Die Räume im oberen Stockwerk, d.h. vermutlich im zweiten Obergeschoss, wurden von dem aus Como stammenden Stuckator Franz Anton Bert(h)i 1732 ausstuckiert.[21] Zu diesen Stuckaturen haben sich mehrere Alternativentwürfe (Kat. Nr. 4, 5) erhalten. Die Zeichnungen zeigen dabei ausschließlich die Struktur des Bandelwerks, nicht aber die konkreten Zierelemente. Die Stuckarbeiten in den drei vorderen Zimmern sowie in den kleineren Zimmern gegen den Ehegraben wurden

Franz Anton Berti, Entwurf
für eine Stuckdecke, 1732

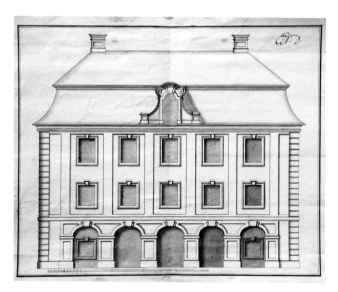

Johann Caspar Bagnato,
Entwurf zur Südfassade des
Hinteren Schlosses, 1741

am 15. Mai 1736 dem Stuckator Johannes Schmid verdingt.[22] Die notwendigen
Schreinerarbeiten lieferten Franz und Joseph Korb. Die Menge der von zwei Zieg-
lern gelieferten Dachziegel weist darauf hin, dass die gesamte Dachfläche des
Schlosses, d. h. beider heute bestehenden Gebäudeflügel, neu eingedeckt wurde.

Möglicherweise steht eine erste Umbauplanung zur Südfassade (Kat. Nr. 2)
damit in Zusammenhang. Der Entwurf sieht den Abbruch der doppelläufigen Freitreppe und den Bau eines schmalen, der Fassade vorgelagerten Treppenhauses

Johann Caspar Bagnato,
Entwurf zur Westfassade des
Hinteren Schlosses, 1741

254

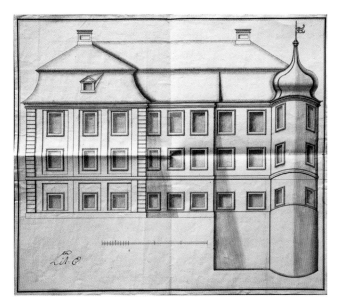

Johann Caspar Bagnato,
Entwurf zur Ostfassade des
Hinteren Schlosses

vor. Die mittlere Durchfahrt sollte erhalten bleiben. Gewendelte Treppen an der West- und der Ostseite sollten zum ersten Obergeschoss führen. Das Treppenhaus reicht nur bis zum ersten Obergeschoss und besitzt einen horizontalen oberen Abschluss.

Vermutlich aus derselben Zeit dürfte ein zweiter Entwurf datieren, der einen Treppenhausvorbau mit einer mehrläufigen Treppe vorsieht (Kat. Nr. 3).

Bereits 1741 lassen sich erneute Planungen für das Hintere Schloss belegen. Vom 8. April 1741 datiert ein Kostenvoranschlag von Johann Caspar Bagnato für eine Umgestaltung des Hinteren Schlosses, zu dem sich ein Plansatz erhalten hat (Kat. Nr. 9–13). Anlass für die abermaligen Umbauplanungen zu dem Schloss dürfte in erster Linie die doppelläufige Freitreppe vor der Südfassade gewesen sein. Bagnato plante den Abbruch der Freitreppe und den Ausbruch von Gewölben und Wänden im Erdgeschoss, um hier im Zentrum des Südflügels ein Vestibül zu schaffen, das bei widriger Witterung auch befahrbar war. Um dies zu erreichen, sollten drei große Arkaden in die Südfassade gebrochen werden. Die Südfassade sollte dabei im Erdgeschoss mit großen Blendarkaden gestaltet werden, die Fenster der beiden Obergeschosse sind als Rechteckfenster mit keilförmigem Schlussstein ausgebildet. Die Gebäudekanten werden von einer stilisierten Eckquaderung betont. Lisenen und waagerechte Putzstreifen gliedern den Baukörper. Die beiden Obergeschosse werden zu einer kolossalen »Ordnung« zusammengefasst und das Erdgeschoss wird als Gebäudesockel charakterisiert. Der dreiteilige Giebelaufsatz findet eine gewisse Entsprechung in Bagnatos Entwurf zu dem Waldvogteigebäude in Waldshut aus dem Jahr 1736.[23] Die Wandgliederung mit den rustizierten Ecklisenen und den Putzstreifen findet sich ähnlich an dem wenige Jahre später gebauten Rorschacher Kornhaus der Fürstabtei St. Gallen aus den Jahren 1745 – 1749.[24]

In vergleichbarer Weise sind die Westfassade und die Ostfassade des Südflügels gestaltet. Bemerkenswerterweise sieht der Entwurf keine entsprechende architektonische Gestaltung des von Bagnato neu geplanten Treppenhauses und der zwei verbleibenden östlichen Fensterachsen des Nordflügels vor. Zur Geschlossenheit des Entwurfs trägt wesentlich das einheitliche und überall durchlaufende Traufgesims bei. Bei den beiden talseitigen Ecktürmen sollten die Turmfreigeschosse abgetragen und die Welschen Hauben mit dem gebrochenen Dachwerk des Hauptgebäudes verschmolzen werden.

Nachhaltige Veränderungen waren im Inneren des Gebäudes geplant. Im Erdgeschoss mussten Gewölbe und Unterzüge ausgebrochen werden, um Platz für das Vestibül zu schaffen. Das nur wenige Jahre zuvor neu gebaute Treppenhaus sollte wieder abgebrochen und durch eine zweiläufige Treppe ersetzt werden. Die Raumeinteilung scheint Bagnato weitgehend von dem kurz zuvor erfolgten Umbau übernommen zu haben. Die Binnenwände des Schlosses in den beiden Obergeschossen sollten zum überwiegenden Teil aus Fachwerkwänden (»Riegelwänden«) bestehen. Nur im Bereich der Kaminzüge verweisen die Mauerstärken auf Massivwände. Die massiven Binnenwände des ersten Obergeschosses könnten auf ältere Bausubstanz hinweisen.

In den Rechnungen fand sich bislang kein Zahlungsbeleg für Johann Caspar Bagnato, doch lassen sich Kontakte zu dem Konstanzer Baumeister Peter Thumb belegen, der 1742/43 im Auftrag der Freiherren von Enzberg Schreiben nach Innsbruck übermittelte.[25]

Das bislang unbekannte Projekt von Johann Caspar Bagnato für die Umgestaltung des Hinteren Schlosses greift Gestaltungselemente vom Corps de logis der ehemaligen Deutschordenskommende Mainau[26] und vom Corps de logis der Deutschordenskommende Rixheim[27] auf. Anders als auf der Mainau und in Rixheim interpretiert Bagnato in den Entwürfen für Mühlheim das Erdgeschoss des Südflügels als einheitlich durchgebildetes Sockelgeschoss für den Baukörper. Das die gesamte Fassadenbreite durchlaufende Arkadenmotiv lässt sich in der hier vorliegenden Form bislang an keinem zweiten Projekt Bagnatos nachweisen. In der Tendenz ähnlich ist die Fassadengestaltung des Schlosses Wehr, das 1748 für die Freiherren von Schönau ausgeführt worden war.[28] Vielleicht griff Bagnato bei diesem Entwurf Entwurfsgedanken französischer Architekten auf, die er im Zuge seiner Aufträge für die im Elsass befindlichen Deutschordensniederlassungen, insbesondere in Rixheim, kennengelernt hatte. Hier wäre etwa auf den 1732 entstandenen Mittelrisalit des ehemaligen Militärhospitals in Colmar zu verweisen. Die Gestaltung der Schlusssteine an den Arkaden des Erdgeschosses und die Gliederung der unteren Wandzone mit eingetieften Wandfeldern findet ihre Parallele an der Wandgestaltung der Damenstiftskirche in Lindau aus den Jahren 1748–1751.[29] Möglicherweise finden in den Entwürfen für Mühlheim auch Planungsgedanken für die nicht ausgeführten Teile der Deutschordenskommende Altshausen ihren Niederschlag.[30] Jedenfalls zeigt die 1766 datierte Intarsienansicht der Idealplanung von Altshausen an den Flügelbauten und dem Mittelrisalit des Corps de logis eine vergleichbare durchlaufende Arkadengliederung in Höhe des Erdgeschosses.

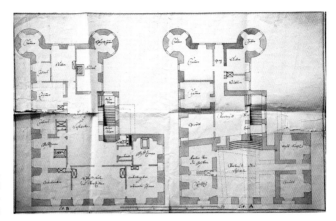

Johann Caspar Bagnato,
Grundrisse des Erdgeschosses
und des ersten Obergeschosses des Hinteren Schlosses

Am 15. April 1750 erhielt der Konstanzer Baumeister Johann Steyr wegen eines Augenscheins am hinteren Schloss 1 fl. 34 xr.[31] und am 29. Oktober 1750 für gemachte Risse über das Schloss in Mühlheim weitere 23 fl. 15 xr.[32] Nochmals 7 fl. 45 xr. wurden Steyr für entsprechende Arbeiten am 31. Mai und am 25. Juli 1751 bezahlt.[33] Spätestens im Juli desselben Jahres war der Bau eingerüstet.[34] In diesem Jahr erhielten die beiden nördlichen Türme des Schlosses neue Schindeldächer.[35] Das in den 1730er Jahren neu erbaute Treppenhaus wurde abgebrochen und durch einen Neubau ersetzt.[36] Gleichzeitig wurden die Wohnräume des Schlosses moder-nisiert.[37] Aus dieser Zeit stammt auch der neue, über dem gesamten Bau einheitliche Dachstuhl des Zimmermeisters Joseph Ammann.[38] Die Vorbereitungsarbeiten bis zum Frühjahr 1752 wurden von dem jeweils tageweise in Mühlheim anwesenden Baumeister Johann Steyr überwacht.[39] Ab 1752 arbeitete Steyr nach seinem Accord.[40] Während der Bauausführung wurden auch Arbeiten ausgeführt, die nicht von Steyrs Umbauplänen erfasst waren.[41] Die in den Unterlagen explizit genannten Arbeiten, wie der Abbruch des Treppenhauses und der Bau eines neuen Treppen-

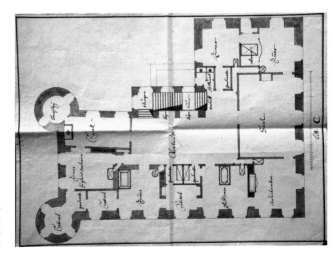

Johann Caspar Bagnato (?),
Grundriß des zweiten
Obergeschosses des
Hinteren Schlosses

hauses, legen nahe, dass man bei den Umbauten auch Elemente der Planung von Bagnato umgesetzt hat.

Der Gips für die Stuckarbeiten wurde aus Neufra bei Rottweil geliefert.[42] Für die Innenausstattung beschaffte man Tapeten aus Regensburg.[43] Im Zuge des Umbaus der beiden Wohngeschosse verzeichnen die Rechnungseinträge umfangreiche Ausgaben für Schreinerarbeiten. Die Arbeiten setzten sich bis 1754/55 fort.[44]

Im Zuge dieses Umbaus wurden in den beiden Obergeschossen des Hinteren Schlosses Appartements eingebaut, die jedoch im Zuge weiterer Umbauten im 19. und 20. Jahrhundert nochmals umgestaltet wurden. Dies betrifft insbesondere auch die im zweiten Obergeschoss gelegene Schlosskapelle, deren heutige Raumschale auf eine Renovierung im Jahr 1917 zurückgeht.[45] Das Altargemälde des Barockaltars dürfte jedoch noch auf den Altar der Schlosskapelle des 16. Jahrhunderts zurückgehen und wurde für die Anbringung am heutige Ort nochmals umgearbeitet.

Das Vordere Schloss

Das Vordere Schloss gilt aufgrund der Quelle von 1470 als das ältere Schloss, doch wäre zu erwägen, dass diese Differenzierung letztendlich auf eine nur kurz vor 1470 erfolgte Baumaßnahme am Hinteren Schloss zurückzuführen ist. Der Lage nach und den sichtbaren Baubefunden sowie den in den Grundrissen aus dem 18. Jahrhundert dokumentierten Mauerwerksbefunden nach zu urteilen, dürfte jedoch das Hintere Schloss tatsächlich der ältere Baukomplex sein. Das Vordere Schloss stammt in seinem heutigen Kernbestand wohl noch aus dem 17. Jahrhundert, wurde aber im Inneren wiederholt im 18. und 19. Jahrhundert umgestaltet. Es zeigt einen dreizonigen Grundriss mit einer Erschließung durch einen Mittelgang. Im Untergeschoss haben sich Reste älterer Bausubstanz erhalten. Es handelt sich um tonnenüberwölbte Keller, die wohl im Zuge des Neu- oder Ausbaus im 17. Jahrhundert vergrößert worden sind. Baufugen im Gewölbe und Mauerwerksausbrüche an den Längsseiten dokumentieren diese Arbeiten. An der Südseite sind weiter, allerdings verunklart durch Umbauten im Zuge der späteren Brauereinutzung, ältere Eingangssituationen in Resten erhalten. Die rundbogigen Portale könnten aus der Zeit des Spätmittelalters, vermutlich aus dem 15. Jahrhundert stammen.

Anmerkungen

1 Elmar Blessing, Mühlheim an der Donau. Geschichte und Geschichten einer Stadt, Sigmaringen 1985, S. 81.
2 Joseph L. Wohleb, Das Lebenswerk der Deutschordensbaumeister Johann Caspar Bagnato und Franz Anton Bagnato, in: ZWLG 11 (1952), S. 195–213, hier S. 213; Gustav Roeder, Württemberg. Vom Neckar zur Donau. Landschaft, Geschichte, Kultur, Kunst, Nürnberg 1972, S. 270.
3 Hans–Martin Gubler, Johann Caspar Bagnato 1696–1757 und das Bauwesen des Deutschen Ordens in der Ballei Elsaß–Burgund im 18. Jahrhundert. Ein Barockarchitekt im Spannungsfeld von Auftraggeber, Bauorganisation und künstlerischem Anspruch, Sigmaringen 1985, S. 398.
4 Enzberg-Archiv Mühheim Rechnungsband 252, 1750/51, fol. 150, zit. nach Gubler, Bagnato, 1985, S. 398.
5 Gubler, Bagnato, 1985, S. 398f.

6 Freundliche Auskunft von Wilfried Freiherr von Enzberg.

7 Enzberg-Archiv Mühlheim Ergänzungserschließung A 117.

8 Blessing, Mühlheim, S. 82.

9 Enzberg-Archiv Mühlheim Ergänzungserschließung A 117.

10 Enzberg-Archiv Mühlheim Akten 1427, Rechnungsauszug aus dem Rechnungsband für das Jahr 1585, S. 62 b.

11 Enzberg-Archiv Mühlheim Akten 1425, Glaserrechnungen 1688, 1689, 1690 und 1691, Schlosser-rechnung vom 31. 3. 1688. Die Bezahlung der Glaserarbeiten scheint 1700 noch nicht vollständig erfolgt gewesen zu sein, wie ein Schreiben der Glaserin Anna Maria Angebrandkin (?) vom 5.1.1700 belegt.

12 Enzberg-Archiv Mühlheim Akten 1691, Rechnung des Glasers Hans Jakob Roll aus Tuttlingen von 1716.

13 Enzberg-Archiv Mühlheim Ergänzungserschließung A 117; A 1425, Handwerckhs-Leuthen Buch Lit:D.

14 Norbert Lieb, Die Vorarlberger Barockbaumeister, München/Zürich 1976, S. 93.

15 Enzberg-Archiv Mühlheim, Akten 1601: Verzaichnus, waß ich mit meinen gesellen an dem schloß Mühlhaim dis 1732 gearbeitet (...) Jacob Hering Baumeister.

16 Enzberg-Archiv Mühlheim Akten 1425.

17 Enzberg-Archiv Mühlheim, Akten 1425; zu Joseph Schnell s. Lieb, Barockbaumeister, S. 115.

18 Enzberg-Archiv Mühlheim Akten 1425; 1731 erhielt Peter Moosbrugger noch als einfacher Geselle 24 xr/Tag.

19 Enzberg-Archiv Mühlheim Akten 1425. Die Zahlungsaufstellung für das Jahr 1731 nennt Hans Erhardt, Jakob Erhardt, Joseph Moosbrugger, Anton Bentz; Joseph Erhardt, Pirminus Zünß (?), Michael Bawhoffer, Johannes Rauch, Jos. Ebla, Anton Miller, Hans Jakob Hering Jung Bawmais-ters sohn, die Steinhauer Jakob Keller und Germanus Hapler.

20 Enzberg-Archiv Mühlheim Ergänzungserschließung A 117.

21 Enzberg-Archiv Mühlheim Ergänzungserschließung A 117, Verträge vom 29. 11. 1731 und vom 22. April 1732. Akten 1425, Schreiben vom 29. 9. 1732 betr. die Restforderung Bertis.

22 Enzberg-Archiv Mühlheim Ergänzungserschließung A 117.

23 Gubler, Bagnato, 1985, S. 372.

24 Gubler, Bagnato, 1985, S, 338ff.

25 Enzberg-Archiv Mühlheim Amtsbücher 246, 1742/43, p. 31.

26 Gubler, Bagnato, 1985, S. 289ff.

27 Gubler, Bagnato, 1985, S. 334ff.

28 Gubler, Bagnato, 1985, S. 390f. als ungesichertes Werk von Bagnato.

29 Siehe dazu Gubler, Bagnato, 1985, S. 273ff.

30 Zu Altshausen s. Gubler, Bagnato, 1985, S. 114ff., 205ff.

31 Enzberg-Archiv Mühlheim Amtsbücher 252, 1750/51, S. 203: den 15: dito da Herr Johann Stauer Constant. Statt Bawmeister zue Erinnerung eines augenscheins über die herrschftl. gebäw abge-hohlet worden, ist sowohl ihme H. Bawmaister, als dem Knecht Jacob sambt pferdten verzöhrt worden 1.34.

32 Enzberg-Archiv Mühlheim Amtsbücher 252, 1750/51, p. 150: den 29. octobris wurden H(errn) Johann Steuer bawmeistern der Statt Costanz wegen gemachter Riss über das Schloss zue Mühl-heim Lauth scheins vergüethet 23 fl 25 xr.

33 Enzberg-Archiv Mühlheim Amtsbücher 253, 1751/52, p. 172: den 31. May wurde Hr. Joh: Georg Steuer bawmaister zue Costanz in ansehung daß diser wegen dem vorhabenden schlossbaw sich anhero begeben vor seine disertwegen gehabte Müechewaltung abgegeben 7.45.-; p. 174: den 25. July als H. Bawmaister Steur zue Costanz Zur Einnamb eines augenscheins über das allhiesig herr-schaftl. Schloss anhero berufen wurde, ist selbem vor diet und discretion abgeben worden 8.32.

34 Enzberg-Archiv Mühlheim Amtsbücher 253, 1751/52, p. 173: den 17: dito (Juli) seind Johannes Hauser sailern zur Tuttlingen wegen 36 stuckh starke strickh, welche ein gewicht von 29:# gehal-ten, und in bevorstehendem Bawwesen zuo aufrichtung der gerist appliciert werden muessen. L. scheins bezalt. 7.15.

35 Enzberg-Archiv Mühlheim Amtsbücher 253 1751/52, p. 175: den 2: dito (Oktober) seind Joh: Jacob Gübelmann Kupferschmidt zue Costanz vor überlliffertes Kupfer zue denen schloss tach rinnen Lauth schein bezahlt worden 119.20.; den 23: dito seind bernhard und Bollicardus bregenzer wegen

gedeckhten zwey schloss thürmen Lauth schein bezahlt worden 77.-.-; Bd. 254, 1752/53, p. 178: den 8. 7bris wurden bernhardt bregenzer schindlen machern zu Hechingen wegen vorm Jahr gemachten schloss türmen ausstehend demselben verbliebenen : 4 : fl diss Jahr Lauth scheins bezahlt 4 fl.

36 Enzberg-Archiv Mühlheim Amtsbücher 253, 1751/52, p. 176: den 15. 9bris wurden Heinrich berchthold wegen fällung : 15 : thannen zue Stieg Klözen zum Herrschafftl. schlossbaw L: scheins vergüthet 2.-.-; dito (16. November) seind abermahle Ihme Joseph Würth Maurer zue Mühlheimb wegen abbrech- und wiederaufbawung des stiegenhauses im schloss und viel ander Maurer arbeith Lauth Conto bezahlt worden 89.22.

37 Enzberg-Archiv Mühlheim Amtsbücher 253, 1751/52, p. 176: dito (16. November) wurde widerumben Joseph würth Maurer zu Mühlheimb wegen denen dem Regierenden Gnd. Herrn ausgebesserten Zimmern, und vor die Maur im schlosshof aufzuführen, nebst anderer Maurer arbeith Lauth Conto vergüethet 56.10.-; dito ist auch mit Joseph Würth maurer zu Mühlheimb wegen dem zum schlossbau erforderlichen sand und stein zu sprengen Ein accord getroffen, und darvor Ihme zue bezahlen versprochen worden : 60 : fl, Empfangt L: scheins 30.

38 Enzberg-Archiv Mühlheim Amtsbücher 253, 1751/52, p. 177: den 18. Feb. wurden Joseph Ammann Zimmermann auf abschlag deß im accord genommenen schlossbaws Lauth quittung bezahlt 165.-.-; Bd. 254, 1752/53, p. 174: dito (4. 12.) empfanget er Zimmermann an dem veraccordierten schloss baw den letzten zahlungs termin lauth Contracts mit 50.-.

39 Enzberg-Archiv Mühlheim Amtsbücher 253, 1751/52, p. 177: den 28. febr. wurden Johann Steuer bawmeistern zue Costanz in ansehung das dieser wegen dem bevorstehenden schlossbau mehrenmahlen anhero geraist, und sich dahier disertwegen 2 Täg aufgehalten, vor diet und discretion abgeraicht 7.45.

40 Enzberg-Archiv Mühlheim Amtsbücher 254, 1752/53, p. 168: den 6. aprilis 1752 wurden herren Johann Steüer statt bawmeistern zu Costanz an dem errichteten schlosbaw contract der erste termin Lauth quittung abgeführet mit 300.-.-; p. 171: den 19. 9bris seind Herrn Steüer statbawmaistern zue Costanz wegen an dem schlossbaw verfallenen anderten termin lauth Quittung bezahlt worden 300.-.-; Bd. 255, 1753/54, p. 177: diro (27. 1.) seind Joseph Würth Maurer dahier anstatt Herrn Johann Steür Bawmaistern in Costanz dessen dahier annoch wegen fürgenommenen schlossbaw stehend habenden 400 fl Lauth Quittung bezahlt worden 70.

41 Enzberg-Archiv Mühlheim Amtsbücher 254, 1752/53, p. 172: dito (19. 11.) wurden ihme Hr. Joh. Steüer stattbawmaistern zu Costanz wegen an dem herrschafftlichen Schloss gemachter Extra und nicht in dem riss angezaigten arbeit Lauth scheins bezahlt 180.20.-; p. 173: den 4. Xbris seind Joseph Ammann Zimmermann wegen bey dem schlossbaw verferthigter und in dem Riss nit angezeigter arbeit extra gelohnet worden lauth quittung 15.-.

42 Enzberg-Archiv Mühlheim Amtsbücher 254, 1752/53, p. 168: den 30. May wurden wiederum georg Hessler ypsmachern zue Niefern wegen zeithero gelieferten yps lauth scheins bezahlt 6.56.-.

43 Enzberg-Archiv Mühlheim Amtsbücher 254, 1752/53, p. 175: dito (15. 3.) wurden Johann Georg leypoldt zu Regenspurg wegen übermachten Tepetten in die Zimmer lauth Conto bezalt 61.9.-.

44 Enzberg-Archiv Mühlheim Amtsbücher 255, 1753/54, S. 173: den 24. Juny seind augustin berchtold schreiner zue Nendingen wegen in dem neuen schloss verferttigter Schreiner arbeith lauth schein zahlt worden 13.40. (No. 202); S. 174 No. 207: dden 17. aug. wurden Johann Jakob gibelmann Kupferschmid zue Costanz wegen einer kupferenern Tachrinnen zum Neuwen Schloss lauth schein zalt 23.54.-, N. 207; den 24. aug seind augustin berchtold schreiner von Neudingen wegen im neuen schloss gemachter schreiner arbeit lauth schein zalt worden 27.28.00, S. 177, N. 233 dito (27.1.1754) seind joseph Würth Maurer dahier anstatt Herrn Johann Steür bawmeistern in Costanz auf abschlag dessen dahier annoch wegen fürgewesemem schlossbaw stehend habenden 400 fl lauth Quittung bezahlt worden 70.-.

45 Enzberg-Archiv Mühlheim A 117.

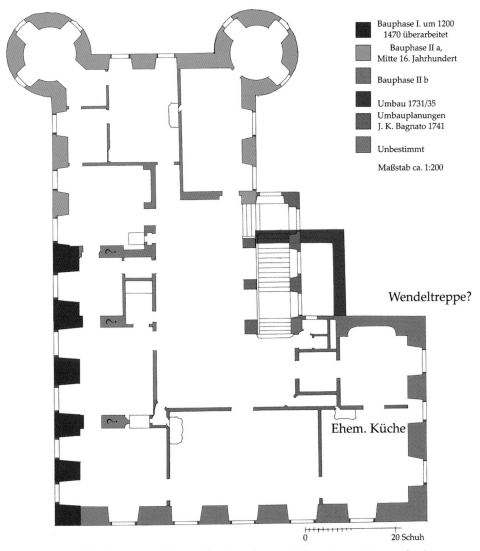

Bauphase I. um 1200
1470 überarbeitet

Bauphase II a,
Mitte 16. Jahrhundert

Bauphase II b

Umbau 1731/35
Umbauplanungen
J. K. Bagnato 1741

Unbestimmt

Maßstab ca. 1:200

Wendeltreppe?

Ehem. Küche

0   20 Schuh

Baubestandsplan für das Hinter Schloss auf der Grundlage von Johann Caspar Bagnato für das erste Obergeschoss. Die Grundrisse verzeichnen an der Nordfassade nur die mittleren und westlichen Fenster, nicht jedoch die deutlich schmaleren, teilweise vermauerten östlichen Fenster. Die grau angelegten Mauerzüge konnten nicht einwandfrei einer Bauphase zugeordnet werden. Der heutige Zustand nach den Umbauten von 1752 ff. weicht von den Planungen Bagnatos ab.

Anhang

I. Verzeichnis der Pläne

Kat. Nr. 1
Aufriss der Südwestfassade
190 x 330, braune Feder über schwarzem Stift, koloriert, Wz.: Narrenkappe
Enzberg-Archiv Mühlheim Ergänzungserschließung A 117

Die Zeichnung dürfte im frühen 18. Jahrhundert entstanden sein. Sie zeigt die doppelläufige Freitreppe, die zu dem im Hochparterre befindlichen Hauptportal führt. Die rahmende Ädikula dieses Portals ist noch deutlich der Formensprache des 17. Jahrhunderts verpflichtet.
Mittels der Kolorierung wird bei den Dachflächen zwischen den unterschiedlichen Dachdeckungsmaterialen differenziert: Das Schlossgebäude selbst verfügt über eine Ziegeleindeckung, während die grün kolorierte Turmhaube auf ein Kupferdach verweist.

Kat. Nr. 2
Teilaufriss der Südwestfassade und Grundriss einer Treppenanlage
198 x 329, braune Feder über schwarzem Stift, koloriert, o. Wz.
Enzberg-Archiv Mühlheim Ergänzungserschließung A 117

Das Blatt steht in einem Zusammenhang mit dem wohl etwas älteren Fassadenaufriss Kat. Nr. 1 und entstand im Zuge einer Umplanung der Eingangssituation. Der Hauptzugang sollte nun in das Untergeschoss verlegt und die alte Türe im Hochparterre zu einem Fenster umgestaltet werden. Da mit dem Abbruch der alten Außentreppe der alte Hauptzugang zum Hochparterre entfiel, musste im Inneren des Gebäudes ein entsprechender Ersatz geschaffen werden. Der kleine Treppenhausgrundriss dürfte einen Lösungsvorschlag hierzu bilden.

Kat. Nr. 3
Grundriss und Aufrisse zu einer Treppenanlage
305 x 187, braune Feder und schwarzer Stift, Wz.: Narrenkappe
Enzberg-Archiv Mühlheim Ergänzungserschließung A 117

Die Zeichnung ist auf demselben Papier gezeichnet wie Kat. Nr. 1. Sie zeigt ein Treppenhaus von 2 x 2 Fensterachsen, das vor die Mittelachse der Südfassade gebaut werden sollte. Der zweigeschossige Bau besitzt eine Terrasse, die vom zweiten Obergeschoss aus zugänglich sein sollte.

Kat. Nr. 4
Entwurf zu einer Stuckdecke
Franz Anton Berti zugeschrieben
210 x 310, braune Feder über schwarzem Stift, Wz.: Kapuzinermönch
Enzberg-Archiv Mühlheim Ergänzungserschließung A 117

Die Zeichnung steht in Zusammenhang mit dem Auftrag an den aus Como stammenden Stuckator Franz Anton Berti, zwei Räume im Mühlheimer Schloss mit Deckenstuckaturen zu versehen. Der Vertrag datiert vom 26. November 1731.

Kat. Nr. 5
Entwurf Stuckdecken
Franz Anton Berti zugeschrieben
325 x 417, braune Feder über schwarzem Stift, Wz.: Kapuzinermönch
Enzberg-Archiv Mühlheim Ergänzungserschließung A 117

Das Blatt gehört zu Kat. Nr. 4 und zeigt insgesamt vier Entwurfsvarianten für Bandelwerkstuckaturen.

Kat. Nr. 6
Entwurf Stuckornament
318 x 207, Wz.: Winkel B M
Enzberg-Archiv Mühlheim Ergänzungserschließung A 117

Das Blatt befindet sich bei den Entwürfen zu den Stuckdecken von Franz Anton Berti, ist aber nicht sicher zuzuordnen.

Kat. Nr. 7
Entwurf zu einem schmiedeeisernen Gitter
192 x 322, roter und schwarzer Stift, Wz.: H M B in drei Kreisen
bezeichnet verso: Zwey Zerschidene Modellen und riss eines Schlossers aber für porten des Nei Schlosses betr.
Enzberg-Archiv Mühlheim Ergänzungserschließung A 117

Kat. Nr. 8.
Ornamententwurf
192 x 325, schwarzer Stift, rot koloriert, Wz.: H M B in drei Kreisen
Enzberg-Archiv Mühleim Ergänzungserschließung A 117

Das Blatt gehört zur Katalog Nr. 7.

Kat. Nr. 9.
Grundrisse Erdgeschoss und 1. Obergeschoss
Johann Caspar Bagnato
465 x 710, schwarzbraune Feder über schwarzem Stift, grau und rot laviert
Grundriss Erdgeschoss bezeichnet »Litt: A« in brauner Feder, Räume bezeichnet in brauner Feder,
Grundriss 1. Obergeschoss bezeichnet »Litt. B.« in brauner Feder, Räume bezeichnet in brauner Feder,
verso »A & B« in brauner Feder, mehrere Einrisse, 2 Hinterklebungen
Wz.: Straßburger Lilie in bekröntem Wappenschild, unten angehängt WR
Enzberg-Archiv Mühlheim Ergänzungserschließung A 117

Die beiden Grundrisse gehören zu dem Kostenvoranschlag von Johann Caspar Bagnato vom 8. April 1741. Die Angaben zur Raumnutzung sind von der Hand Bagnatos.

Kat. Nr. 10
Grundriss des zweiten Obergeschosses
Johann Caspar Bagnato (?)
473 x 356, braune Feder über schwarzem Stift, rot und grau koloriert, Beschriftung in brauner Feder
bezeichnet »Lit: C« in brauner Feder, verso »C.« in brauner Feder
Wz.: PHW in Lorbeerkranz
Enzberg-Archiv Mühlheim Ergänzungserschließung A 117

Das Blatt scheint zu dem Plansatz Bagnatos zu gehören, unterscheidet sich aber in der Zeichentechnik und im Papier von den sicher Bagnato zuzuweisenden Plänen. Es kann nicht ausgeschlossen werden, dass der vorliegende Grundriss erst im Zuge einer Überarbeitung der Bagnato-Planung entstanden ist.

Kat. Nr. 11
Aufriss der Südfassade
Johann Caspar Bagnato
299 x 372, schwarze Feder über schwarzem Stift, grau und rot laviert
bezeichnet »Lit. D.« in brauner Feder; verso: »D« in brauner Feder, Wz.: Wangen in Schild
Enzberg-Archiv Mühlheim Ergänzungserschließung A 117

Der Fassadenaufriss gehört zu dem von Bagnato 1741 angefertigten Plansatz.

Kat. Nr. 12.
Aufriss der Ostfassade
Johann Caspar Bagnato
386 x 439, schwarze Feder über schwarzem Stift, grau und rot laviert
bezeichnet »Lit. E:« in brauner Feder, verso »E.« in brauner Feder
Wz.: K (?);2 Papiere, eine Hinterklebung
Enzberg-Archiv Mühleim Ergänzungserschließung A 117

Der Aufriss gehört zu dem Plansatz von Bagnato aus dem Jahr 1741.

Kat. Nr. 13.
Aufriss der Westfassade
Johann Caspar Bagnato
432 x 461, schwarze Feder über schwarzem Stift, grau und rot laviert
bezeichnet »Lit. F:« in brauner Feder, verso »F« in brauner Feder, Wz.: Wappen
Enzberg-Archiv Mühleim Ergänzungserschließung A 117

Kat. Nr. 14.
Grundriss Gefängniszellen
302 x 212, schwarze Feder über schwarzem Stift, grau laviert, Wz.: Straßburger Lilie isoliert
Enzberg-Archiv Mühlheim Ergänzungserschließung A 117

Das Blatt ist eine Beilage zu einem Kostenvoranschlag des Mühlheimer Maurermeisters Jakob Würth vom 14. Mai 1788.

Kat. Nr. 15.
Entwurf Turmhaube
325 x 205, schwarze Feder über schwarzem Stift, Wz.: HN
Enzberg-Archiv Mühlheim Ergänzungserschließung A 117

Die Zeichnung gehört zu einem Kostenvoranschlag des Maurermeisters Jakob Würth vom 24. Hornung 1788. Er bezieht sich auf den Rundturm westlich des Hinteren Schlosses.

nicht zuordnenbar
Kat. Nr. 16.
Grundriss Schlossanlage
292 x 227, braune Feder über schwarzem Stift, o. Wz.
bezeichnet verso »Grundtriss« in brauner Feder

II. Bauüberschlag von Johann Caspar Bagnato

Baw Überschlag
betreffend die Maurer arbeith, so wird dissen beygelegten rissen
nach, alles undaugliche mauren ab und aussgebrochen, so wohl daß der
mahlige stiegen hauß, alß auch die außwendige stiegen Vor den gebew
sambt denen alten, im weeg stehenden gewölber und Mauren, im
Untereßten stockhwerckh, wie nicht wneiger, alle andere undaugliche rigel
und schidwänd Verenderet werden müessen, in beeden condigantionen
worunter auch alle camin in Ihren Nöthigen orthen aufführen,
wo solche die mehriste nicht mehr gebraucht werden können, also das alle
vorkommende Maurer arbeith, hierinnen begriffen, und gemeint seyn
solle.

der Zimmermann solle Ebenmäßig waß durch solchen nöthig zu Endern
mit ausbrechen alß wieder Einrichtung der riegelwänden, alß stiegen
und andereß, welcheß Von der Zimmermanns arbeith Erforderlich seyn
wird hiermit bedungen, sambt
der völligen Stuckhatohr, oder Jbesser arbeith, welche nach proportion des
othß gemacht werden solle, mit nicht Villes ziraden, nur wenig an den Ecken
und Holkellen, in der mitten sollen alle däckhen sauber glatt Ver
bleiben.
Vor solche sambtliche Maurer, alß Zimmermanß, und Stuckatohr arbeith,
wormit alles, waß sich im Gebew befindet mit nutzen und Menage wieder
Verwendt werden sollen, mögte Verdient werden 2350 fl. und
dan mögten die materialien auch noch auf 650 fl belauffen, so
Kalch, Sand, Ibeß, und Nägel sambt anderen hierzu Nöthigen
von schreiner, alß schlosser, und glaser, sambt Haffner arbeith, be
findet sich dergleichen schon einiger orthen ausgemachter, als wirdt
sich zeigen, wie in Zukunfft solche, nach und nach Eingericht werden
solle, auch auf waß fasson solche gnädiger Herrschafft beliebig seyn mögte
Altshausen, den 8 ten
april 1741
Johann Caspar
Bangnato Baw Meister

Anmerckungen
Über die anbey ligende Rüss, welche gemacht nach der
grösse, des schlossbaw, Hochfreyherrlich Gnädiger herrschafft
von Entzberg p. Zue Mühlheimb, alß benantlich Litera
A:
welcheß der Erste und unterste grund riss, mit N.ro 1. drey bögen
oder arcaten, welche gemacht werden, umb in der drückhenne in
daß unterste grosse Vorhauß, oder vestibull zue fahren, und im
drückhennen absteigen zue können, wor durch dann
2.tenß
die der damahlige stiegen= Vor dem schloss baw abgebrochen, und
völlig abgethan würdte, weillen solche stigen ohne dem Nichts recht
alß auch bey übler witterungen nicht wohl zue gebrauchen, wor nach
dann auch
3.tenß
in solchem, unteren Condignationen die Canzley alß dessen
arcivfh, wie auch Vor die domestiquen, und andere, der Hauß
haltung nöthige gelegenheithen Eingericht, sambt allen alten
gewölbern außgebrochen, allwo, daß Vorhauß hinkomen solle,
wie dann solche alte gewölber, und Mauren, mit getuschten (?)
linien zue sehen, wie auch daß dermalige stiegen hauß an
gemerckhet, sambt der Eintheylung, Einer Neyeren stuiegen, welche
weith mehreß hellung, in daß gebew geben wird, alß auch am dach
werckh, alles regen, und schnee wasser abgewiessen werden kann
disem zue folget

L: B.
die zweyte Condignation, welche Ebenmässig Ein Völlige andere
abtheilung bekommen solle umb weith mehreß bequemlichkeith, alß der
mahlen in solchem gebew zue Erhalten, wie dann Vor allem nöthig eyn
wirdt, die Kuchel in daß angemerckte orth uner die Capellen zue
versetzen, da ohne dem die alte Kuchel an dem angenembsten orth
gegen dem gartten lieget, so sich die Zimmer weith bequemer hinschickhen

werden, auff daß auch von dem Mittleren grossen SpeißZimmer zue
beeden seithen zwey apardement, Eingericht werden können, wie
Eß auch in Einem solchem Herrschafftlichen gebew Ersprießlich seyn will.

L:C.
daß dritte, und oberste Condignation, welcheß dann also Einge
richt das die mehriste wände auf die untere schidwänd, befestiget
stehen können, als das neben der Comoditaet auch noch Eine dauer
haffte Einrichtung Erfolge, so Vill sich immer auß solchen gebew machen
lasset.

L:D:
Zeiget die Faccaten gegen der Einfarth des schloss hoffes, wie solche
mit Ihren bögen zum Einfahren Eingetheylt, und die äussere
stiegen abgeschafft werden kann.

L:E:
Zeiget die neben seiten gegen dem gartten, wie daß Neye stiegen
hauß, mit dem dach an daß grosse dach angestossen, und Vor
allem reghen alß schnee wohl Versorget werden kann.

L:F:
Zeiget die neben seithen gegen die Donaw aufwerths.

WILFRIED FREIHERR VON ENZBERG

EIN ADELSHAUS AN DER SCHWELLE
ZUM 21. JAHRHUNDERT

Unser Jubiläum wirft die Frage auf, ob es nur ein glücklicher Zufall war, dass wir noch als Familie existieren, oder ob es Gründe gab, die eine solche Kontinuität ermöglichten. Aus der Rückschau betrachtet, lässt sich ein »sowohl als auch« formulieren. Dies bedeutet Fakten zu analysieren, welche innerhalb der letzten 100 Jahre das Fortbestehen ermöglicht haben. 100 Jahre deshalb, weil sie in die Zeit meines Großvaters Konrad zurückreichen, den ich als Kind und Heranwachsender noch erlebt habe.

Schon als kleinem Jungen von vier Jahren hat er sich mir eingeprägt als ein Mann, der nicht geklagt, sondern die Dinge so angenommen hat, wie sie nun einmal kamen. Seine bisweilen stoische Ruhe und seine Art, sich selbst nicht zu überschätzen, hat ihm hierbei sicherlich sehr geholfen. Dies war nicht ganz selbstverständlich, zumal bei seiner Geburt die Mutter verstarb, er von seiner Stiefmutter, die noch neun Kinder bekam, großgezogen wurde und beim plötzlichen Tode seines Vaters den Besitz relativ unvorbereitet in jungen Jahren übernehmen musste. Da noch mit seinen Halbgeschwistern über einen längeren Zeitraum Abfindungen bzw. Deputate ausgehandelt werden mussten, war die materielle Basis zu Beginn des 20. Jahrhunderts alles andere als komfortabel. Die folgenden wirtschaftlichen und politischen Verwerfungen in Deutschland erschwerten die Bestandswahrung eines überschaubaren land- und forstwirtschaftlichen Besitzes mit drei Schlössern erheblich. Trotzdem gelang es meinem Großvater, den Besitz im Wesentlichen über zwei Weltkriege zu retten und diesen kurz vor seinem Tod an meinen Vater zu übergeben.

Mein Vater, von Beruf gelernter Forstwirt mit Assessorenexamen, hat nach viereinhalb Jahren Krieg als einfacher Soldat und weiteren viereinhalb Jahren russischer Gefangenschaft zunächst – wie schon kurz vor dem Krieg – als Forstmeister im Freiherrlich Stauffenbergschen Forstbetrieb gearbeitet

Konrad Freiherr von Enzberg, um 1950

und dann zu Hause den elterlichen Betrieb, der von den Folgen des Zweiten Weltkrieges gezeichnet war, stabilisiert. Ein besonderes Problem war, dass bei den denkmalgeschützten Gebäuden ein jahrzehntelanger Reparaturstau aufgeholt werden musste. Als Kind habe ich miterlebt, wie die im Schloss wohnenden Familienmitglieder bei sommerlichem Unwetter das durch die undichten Fenster eindringende Wasser auf der Nord- oder Südwestseite des Hauses mit Putzlumpen und eilig herbeigeschafften Eimern wieder aus dem Haus schaffen mussten.

Mit der offiziellen Übergabe 1955 begann dann eine den vorhandenen, aber geringen finanziellen Mitteln entsprechende Anfangssanierung der Schlösser. Da sich mein Vater später auch kommunalpolitisch engagierte und zeitweilig als stellvertretender Bürgermeister amtierte, hat er sich immer auch für soziale Belange eingesetzt. Dies unterstreichen die vielen ehrenamtlichen Tätigkeiten, die er zusätzlich übernommen hat. Durch den Verkauf von Grundstücken zu niedrigen Preisen an ein ausländisches Unternehmen half er Arbeitsplätze in Mühlheim sichern, wodurch auch unter anderem manchem Heimatvertriebenen ein neuer Start ermöglicht wurde.

Der Einsturz eines tragenden Dachbalkens unseres landwirtschaftlichen Gebäudes im Jahr 1963 führte zu einer beschleunigten Aufgabe der damals noch selbst geleiteten Landwirtschaft und zu einer intensiven Zuwendung zum Forstbetrieb. Mit dem Erlös aus dem Verkauf der angeschlossenen Sägerei an die Familie Maurer,

ebenso des Gasthauses Jägerhaus in Bronnen, einer ehemaligen Försterei, an die Familie Stehle, deren Vorfahren viele Generationen lang dem Haus Enzberg als Förster gedient hatten, konnten weitere notwendige Investitionen, aber auch dringende Reparaturen im Betrieb vorgenommen werden. Der finanzielle Spielraum, größere Ausgaben auf einmal zu tätigen, blieb immer eingeschränkt. Die einfache Lebensführung meiner Eltern, die sich auf gutes Zureden ihrer Söhne erst im hohen Alter einmal eine längere Reise genehmigten, unterstreicht den eisernen Willen, den Familienbesitz im Großen und Ganzen weiterzugeben nach dem Motto »Was Du ererbt von Deinen Vätern ...«

Mein Vater hat mir dann am 1. Juli 1973 per Übergabevertrag die Verantwortung für den gesamten Grundbesitz übertragen. Obwohl selbst gelernter Forstwirt und kurze Zeit wissenschaftlicher Assistent am zoologischen Forstinstitut der Universität Freiburg, habe

Heinrich Freiherr von Enzberg (1908–2004), Zeichnung von W. Siudmak 1988 nach fotografischen Vorlagen ich schon während meines Studiums schnell erkannt, dass die Erhaltung unseres Betriebes ein solides Erwerbseinkommen durch eine Berufstätigkeit außerhalb des ererbten Besitzes zur Bedingung macht. So habe ich dann auf Umwegen über ein Traineeprogramm bei einer Großbank einen zweiten Beruf erlernt und ab Oktober 1972 32 Jahre lang in einer Genossenschaftsbank Verantwortung getragen. Diese berufliche Neuorientierung ermöglichte es einerseits, die Familie ordentlich zu ernähren, den Kindern eine ihren Wünschen entsprechende Ausbildung zu ermöglichen und darüber hinaus Mittel für die Erhaltung denkmalgeschützter Gebäude aufzubringen, soweit die Holzpreise noch einen Überschuss über die Ausgaben der Forstwirtschaft zuließen.

Den Erhalt von drei Schlössern zu gewährleisten, war jedoch auf längere Sicht undenkbar, so dass ich nach vorheriger Außenrenovierung das Vordere Schloss 1986 an die Stadt Mühlheim veräußert habe. Wenn dieser Schritt nach über 570 Jahren Enzberg'scher Zugehörigkeit auch nicht leicht fiel, hat doch der neue Eigentümer, die Stadt Mühlheim, es mir erleichtert, diesen Weg zu gehen. Zum einen war kein Weiterverkauf zu befürchten, hat doch die Stadt Mühlheim ebenso Interesse an der Historie und einer Kontinuität, zum anderen konnte durch die gelungene Innensanierung, für die ein renommierter Architekt gewonnen wurde, und mit erheblichen Zuschüssen, die der damalige Bürgermeister Weiss erkämpfte, eine hervorragende Nutzung für die Einwohner der Stadt Mühlheim mit Ausstrahlung bis in den Landkreis erzielt werden.

Der Erlös wiederum setzte Mittel frei, um den anfallenden Reparaturarbeiten an anderen Gebäuden gerecht zu werden. So konnte insbesondere Schloss Bronnen davon profitieren und gleichzeitig langfristig an einen Gleichgesinnten vermietet werden. Danach musste das Rentamt, in das über 100 Jahre nicht mehr investiert worden war, einen neuen Verputz bekommen und gleichzeitig das Dach erneuert werden. Eine unerwartet notwendig werdende Sanierung vieler Dachbalken drohte die Kosten über das Erträgliche hinauszutreiben, wurde dann aber dank Unterstützung durch die Denkmalstiftung Baden-Württemberg doch möglich. Mit dem vorerst teilweise durchgeführten Innenausbau wurde im neuen Jahrtausend begonnen, um zukünftig eine zeitgemäße, ansprechende und wirtschaftliche Nutzung des ehemaligen Rentamts zu erreichen.

Die Erhaltung des Schlosses, in dem immerhin bis zum heutigen Tage 18 Generationen Freude und Leid erlebt haben, war eine ständige Herausforderung, die sich in meiner Generation mit Innen- und Außenrenovierung über 22 Jahre hinzog. Die Pflege des Inventars erforderte darüber hinaus materiellen wie auch persönlichen Einsatz. An dieser Stelle muss in ganz besonderer Weise die Leistung meiner Frau in verschiedenen Rollen, als Mutter, Hausfrau und Organisatorin, gewürdigt werden. Ohne diesen tatkräftigen Einsatz wäre dies alles nicht zu einem vorzeigbaren Abschluss gekommen.

Neben meiner eigenen Familie hat der Stammsitz auch für die Gesamtfamilie von Enzberg große Bedeutung, einmal sich der Wurzeln bewusst zu werden, zum anderen Heimat »hautnah« zu erleben, einen Fixpunkt zu haben. Ein Gebäude dieses Zuschnitts ermöglicht es inzwischen drei Generationen, dort zu wohnen, sich gegenseitig im täglichen Zusammenleben behilflich zu sein und auch hin und wieder zu ertragen, eine gute Übung übrigens, echte Werte des Lebens zu erfahren. Auch konnten im Schloss Mühlheim in der Vergangenheit Feste zu besonderen Jubiläen veranstaltet werden, was dem Zusammenhalt der Großfamilie wiederum förderlich war. Das Interesse an der Teilnahme beweist die Anreise von Verwandten selbst von anderen Kontinenten. Man besinnt sich der Wurzeln und erlebt Geschichte.

Dieser Gedanke führt unmittelbar zum Archiv, das nach einer über Jahre sich hinziehenden Ordnung durch das Staatsarchiv in Sigmaringen, wo es nach 1953 über 29 Jahre lagerte, von mir nach Mühlheim zurückgeholt wurde. Ein wesentlicher Grund für die notwendige Neuverzeichnung des Archivs war dessen unvorhergesehene, zwangsweise Verlagerung Mitte der 1930er Jahre und die abenteuerlich zu nennende Rückholung aus Berlin. Als ich das Sigmaringer Depositum wieder für Mühlheim zurückverlangte, konnte gemutmaßt werden, dies sei ein erster Schritt zur teilweisen Veräußerung. Das Gegenteil war der Fall; vielmehr sollte auch hier den Nachkommen demonstriert werden, dass man durch das sporadische Betrachten alter Urkunden Geschichte auf eine besondere Art erleben kann und ebenso anderen an der Heimatgeschichte Interessierten ermöglicht, vergangenheitsbezogene Vorgänge zu erforschen und objektiv beurteilen zu können. Um diesem Umstand und der Erhaltung als Ganzem gerecht zu werden, wurde dem damaligen Wunsch des Staatsarchivs meinerseits gerne Rechnung getragen, unser Hausarchiv in das Verzeichnis national wertvoller Archive und ins Denkmalbuch eintragen zu lassen. Inzwischen konnte dank großzügiger Unterstützung durch die Stiftung Kulturgut Baden-Württemberg und den Landkreis Tuttlingen die Ergänzungserschließung bislang noch nicht archivierter Akten durch meinen Vetter Horst-Dieter zu einem erfolgreichen Abschluss gebracht werden.

Um die Historie mit Leben zu füllen, pflege ich gerne den Kontakt mit »Leidensgenossen«, will heißen: Besitzern ehemaliger Rittergüter, die sich mit den gleichen Interessen befassen. Die Pflege der Tradition findet auch ihren Niederschlag in der Übernahme des Vorsitzes des 1858 gegründeten St. Georgen-Vereins der Württembergischen Ritterschaft, der sich insbesondere um die Gewährung von Stipendien, Unterstützung Bedürftiger und die Förderung von geschichtswissenschaftlichen Arbeiten und Maßnahmen der Denkmalpflege im Rahmen der aus einer privaten Stiftung anfallenden Mittel kümmert.

Nach meiner beruflichen Pensionierung war eine Zeit des Nachdenkens und der Besinnung angesagt. Die Verbundenheit mit der Region und der Stadt Mühlheim war hierbei für mich ein Wert an sich. Allein die wirtschaftliche Entwicklung, die sich bereits nach dem Ersten, aber insbesondere nach dem Zweiten Weltkrieg in unserer Region abgespielt hat, ist enorm und zeugt von dem Geist tüchtiger und erfindungsreicher Menschen. Sie lässt hoffen, auch kommende Stürme mit Geduld zu überstehen. Ich erinnere mich an manche Auslandsreise in jüngeren Jahren, in der mir gewisse Regionen auf der Welt als Daueraufenthalt reizvoll erschienen. Aber je mehr ich hiervon gesehen habe, desto nachdenklicher wurde ich. Heute bin ich dankbar, dass ich in einer solchen Heimat leben und alt werden darf.

Wie und zu welchem Zeitpunkt führt man einen solchen Besitz unter den heute geltenden rechtlichen Rahmenbedingungen in die nächste Generation über? Eine zügige Entscheidung erschien sinnvoll, und der Entschluss reifte, nach dem 65. Lebensjahr die Übergabe vorzunehmen. Die weichenden Erben, also die Geschwister meiner Tochter Annette, haben unter Zurückstellung eigener Interessen erheblich dazu beigetragen, den Gesamtbesitz ungeschmälert übergeben zu können. Die angesetzten Abfindungen konnten nicht dem Wert des Besitzes entsprechen, um eine Zerschlagung desselben zu verhindern. Unterstützt wurde dies durch eine lastenfreie Übergabe, auch bezüglich der Rentenzahlung an die ältere Generation. Andererseits hat aber die Übernehmerin sich ihrerseits verpflichtet, alles Mögliche zu tun, um den Besitz für künftige Generationen zu erhalten. Zweifelsfrei erbringen so alle Beteiligten ein Opfer. Für den Übergeber war das Loslassen nicht so einfach wie gedacht, wird aber gemildert durch den Umstand, dass die jüngere Generation frühzeitig Verantwortung übernimmt, machbare Zukunftsprojekte angeht und gelegentlich den Rat des Vaters einholt. Dies versöhnt einen mit der Tatsache, dass im Rückblick vielleicht manches sogar noch besser hätte gemacht werden können.

Wenn auch die nächste Generation sich Herausforderungen wird stellen müssen, die nicht immer leicht zu lösen sind, so kristallisiert sich doch eine Erkenntnis heraus, dass nämlich der Blick in die Vergangenheit lohnt, damit man sich seiner Wurzeln bewusst wird und die Schritte in die Zukunft sorgfältiger abwägen kann, um so eine Verbesserung für sich und seine Mitmenschen zu erreichen. Das Bewusstsein, dass man ein Glied in einer Kette und ein Treuhänder der Erbmasse ist, verhindert Handlungen, den Erfolg um jeden Preis maximieren zu wollen, was am Ende nur zu großen Problemen führt. Dieser Tradition verpflichtet zu bleiben, ist der Schlüssel dafür, an Werten festzuhalten, die das Leben kostbar machen. So gibt es keinen Grund zur Resignation, aber umso mehr zur Freude, die Dinge nachhaltig und positiv zu gestalten. Der unvoreingenommene Blick zurück auf seine Vorfahren mit all ihren Stärken und Schwächen ermöglicht es, die Gegenwart anzunehmen, wie sie ist, und die Zukunft kraftvoll und positiv zu gestalten. Möge die kommende Generation auch zum Ergebnis kommen, dass sich dieser Einsatz lohnt. Ihnen sei ein Spruch gewidmet, den man George Orwell zuschreibt: »Wer die Vergangenheit unter Kontrolle hat, hat auch die Zukunft im Griff; wer die Gegenwart unter Kontrolle hat, hat die Vergangenheit im Griff.«

Glückauf ins 21. Jahrhundert!

Autorenverzeichnis

Dr. Otto H. Becker, Oberarchivrat a.D., Sigmaringen

Markus Benzinger, Historiker, Bad Wurzach

Dr. Elmar Blessing, Historiker, Stuttgart/Irndorf

Dr. Horst-Dieter Freiherr von Enzberg, Historiker, Tuttlingen

Wilfried Freiherr von Enzberg, Mühlheim an der Donau

Dr. Karl Augustin Frech, Historiker, Tübingen/Königsheim

Dr. Winfried Hecht, Stadtarchivar und Museumsleiter i.R., Rottweil

Ludwig Henzler, Heimatgeschichtsforscher und Stadtarchivar, Mühlheim an der Donau

Konstantin Huber, Kreisarchivar des Enzkreises, Pforzheim

Jörg Kaltenbach, Bürgermeister, Mühlheim an der Donau

Dr. Ulrich Knapp , Kunsthistoriker, Leonberg

Wolfgang Kramer, Kreisarchivar des Landkreises Konstanz, Konstanz

Prof. Dr. Wilfried Schöntag, Präsident des Landesarchivs Baden-Württemberg i.R., Stuttgart

Dr. Hans-Joachim Schuster, Kreisarchivar des Landkreises Tuttlingen, Tuttlingen

Bildnachweis